JIAO XUE LUN
教 学 论

主　编　林德全　徐秀华

河南大学出版社
·郑州·

图书在版编目(CIP)数据

教学论/林德全,徐秀华主编. —郑州:河南大学出版社,2014.9
ISBN 978-7-5649-1708-1

Ⅰ.①教… Ⅱ.①林… ②徐… Ⅲ.①教学理论—教材 Ⅳ.①G42

中国版本图书馆 CIP 数据核字(2014)第 216833 号

责任编辑　王亚辉
责任校对　赵海霞
封面设计　王四朋

出　版	河南大学出版社		
	地址:郑州市郑东新区商务外环中华大厦 2401 号	邮编:450046	
	电话:0371—86059712(高等教育出版分社)		
	0371—86059713(营销部)	网址:www.hupress.com	
排　版	郑州市今日文教印制有限公司		
印　刷	开封智圣印务有限公司		
版　次	2015 年 3 月第 1 版	印　次	2015 年 3 月第 1 次印刷
开　本	787mm×1092mm　1/16	印　张	18
字　数	405 千字	印　数	1—2000 册
定　价	32.00 元		

(本书如有印装质量问题,请与河南大学出版社营销部联系调换)

总 序

《新世纪教育类专业与教师教育精品系列教材》是为了适应教育类本科专业教学质量标准的实施和贯彻教师教育课程标准的需要,组织一批教学经验丰富、长期致力于教育类专业主干课程教学和教师教育课程改革的高等院校教师和专家编写的系列丛书,以体现教育类专业发展的时代性要求和教师教育课程改革的迫切需要。本套教材力求面向现代化、面向世界、面向未来,反映当代教育转型发展的趋势;力求体现教育类专业的基础性,同时结合教师教育课程改革的实践性;力求根据教师教育课程以人文本、实践取向、终身学习的要求,既科学地安排通识知识和专业知识,又加强实践导向,重视教师职业技能训练和职业能力的培养。

教育学是以教育现象、教育问题为研究对象,归纳总结人类教育活动的科学理论与实践,探索教育活动产生、发展过程中遇到的实际问题,揭示一般教育规律的一门社会科学。教育类学科旨在深化人们对教育的认识,更新人们的教育观念,为教育的发展和改进提供决策依据,为提高教育管理水平和教学水平提供理论选择。教育类专业主干课程应该与其他人文社会学科及自然科学密切结合,培养集广博教育学知识与深厚人文素养为一体,融强烈时代意识和宽阔国际视野于一身的教育类创新型人才。

教师教育课程标准体现国家对教师教育课程的基本要求,是制定教师教育课程方案、开发教材与课程资源、开展教学与评价以及认定教师资格的重要依据。教师教育课程应该反映社会主义核心价值观,吸收研究新成果,体现社会进步对中小学学生发展的新要求,引导未来教师树立正确的学生观、教师观与教育观,掌握必备的教育知识与能力,参与教育实践,引导教师因材施教,帮助中小学学生逐步树立正确的价值观,培养社会责任感、创新精神和实践能力。

《新世纪教育类专业与教师教育精品系列教材》是高等院校教育类专业教育、教师教育和通识教育的系列教材,主要供教育类专业本科或研究生教育、各级各类教师教育和大学通识教育课程教学之用。本书编写主要遵循三项原则:第一,重视教育类专业教育、教师教育和通识教育相结合。教育类专业和教师教育课程的基础性地位已被普遍认可,是培养合格专业人才和教师不可或缺的主干课程和必修课程,受教者通过学习教育类专业课程和教师教育课程可以形成合理的专业知识结构和良好的教育素养。同时,教育类专业和教师教育课程所蕴含的人文精神、理性训练和人格陶冶,对塑造全面和谐发展的高水平人才具有无可比拟的引领提高和潜移默化的陶冶作用。第二,重视教育理论与实践的结合。教育类专业和教师教育课程均以教育理论为基础。然而,当代教育观强调教师不仅是知识的传授者,更是反思性实践者,他们在研究自身经验和改进教育教学行为的过程中实现专业发展。因此,教育类专业和教师教育课程应强化实践意识,关注现实问题,体现教育改革与发展对教师的新要求。教师教育课程应引导未来教师参与和研究基础教育改革,主动建构教育知识,发展实践能力;引导未来教师发现和解决实际问题,创新教育教学模式,形成个人的教学风格和实践智慧。第三,重视教育理论经典内容与学术研究成果的有机结合。教育类专业包容各种教育理论,内容丰富,为教师教育提供了理论研究与实践指导的滋养,也为教育研究铺垫了扎实的思想基础。近年来教育理论研究者不断运用新的思想理论和研究方法,阐释不同视角的认识和理解,涌现出许多新观点、新方法和新成果。将教育理论和教师教育研究新成果、新发现融入教材之中无疑是培养学生理解教育本质和掌握正确思想方法的一种有效途径,也是教师具有教育基本理论素养、具备实际教学工作和理论研究基本能力的必由之路。

刘志军

目 录

第一章 教学内涵及本质 …………………………………………………… (1)
　　第一节 教学的内涵 ………………………………………………… (2)
　　第二节 教学本质的争论 …………………………………………… (10)
第二章 教学主体与行为 …………………………………………………… (19)
　　第一节 教学主体 …………………………………………………… (20)
　　第二节 教学行为 …………………………………………………… (34)
第三章 教学过程与组织 …………………………………………………… (47)
　　第一节 教学过程 …………………………………………………… (48)
　　第二节 教学组织 …………………………………………………… (61)
第四章 教学目标与任务 …………………………………………………… (78)
　　第一节 教学目标 …………………………………………………… (79)
　　第二节 教学任务 …………………………………………………… (97)
第五章 教学原则与方法 …………………………………………………… (111)
　　第一节 教学原则 …………………………………………………… (112)
　　第二节 教学方法 …………………………………………………… (125)
第六章 教学模式与艺术 …………………………………………………… (145)
　　第一节 教学模式 …………………………………………………… (146)
　　第二节 教学艺术 …………………………………………………… (165)
第七章 教学评价与管理 …………………………………………………… (184)
　　第一节 教学评价 …………………………………………………… (185)
　　第二节 教学管理 …………………………………………………… (202)
第八章 教学资源与手段 …………………………………………………… (220)
　　第一节 教学资源 …………………………………………………… (221)
　　第二节 教学手段 …………………………………………………… (237)
第九章 教学研究及实践 …………………………………………………… (253)
　　第一节 教学研究 …………………………………………………… (253)
　　第二节 教学研究实践 ……………………………………………… (259)
参考文献 …………………………………………………………………… (276)

第一章　教学内涵及本质

【内容提要】

教学论作为高师院校教育学专业的主干课程,主要是系统地对教学活动的各个方面进行探讨,以规范教学活动,提高教学质量。

本章主要围绕教学的内涵及其本质的争论展开。在历史上人们对教学的内涵存在着教学即学习、教学即教授、教学即教学生学、教学即教师的教和学生的学习等多种不同的认识,现在越来越倾向于把教学看作教学主体间以经验为载体的转换生成活动,具有双向性、主体性、教育性、计划性及直接与间接相融等特点。

人们对于教学本质的认识也不尽相同,有特殊认识说、认识发展说、传递说、学习说、实践说、交往说、关联说、认识实践说和层次类型说等九种不同的主张。这些不同的论争实际上反映的是人们把握教学本质方式的不同。对于教学本质的把握,应从科学和艺术两个既有关联亦有区别的基本路径入手。通过科学的路径,探询教学的基本规律,通过艺术的路径,展现教学的艺术之魅。

【学习目标】

1.了解教学的语源,掌握教学语义的发展及教学的内涵,理解教学的相关范畴及教学的地位和作用。

2.了解教学本质争论的观点,能对这些观点进行简要的评价。

【核心术语】

教学　教学本质

教学作为人类社会中的重要现象和活动,在历史上很早就已经出现了。人们为了更好地开展认识教学和开展教学,也在很早的时候就开始了对教学内涵及其本质的探讨,而且这些探讨也在不断地深化。

第一节　教学的内涵

一、教学的语源与语义

（一）教学的语源

从汉语世界来看，"教学"二字早在我国古代就已经出现了，商代的甲骨文中就已经有了今天的教字，如"丁酉卜，其呼以多方小子小臣其教戒"，其字形有 ▨、▨、▨ 等。从 ▨ 来看，其左半部分的爻代表的是书籍或文献，右半部分的 ▨ 代表的是孩子。因此，教也就是让孩子和书籍紧密地结合在一起。甲骨文中也已有了"学"字，如"壬子卜，弗酒小求，学"。而且，"学"字的写法更多，从最简单的 ▨、▨ 开始，一直到比较复杂的 ▨、▨、▨、▨、▨ 。但无论哪种写法，都包含有爻，也即书籍。因此，无论是教还是学，都离不开书籍。在甲骨文中，教和学是分开使用的，《尚书·兑命》中的"斅學半"把两者在形式上连在了一起。需要说明的是，虽然把教与学连在了一起，但并不具备今天所说的教学之义。在这一时期，教学更多地从属于学。唐代大儒孔颖达就把这句话解释为："上学为教，音 xiao；下学者，学习也。言教人乃是益己学之半也。"宋人蔡沈对《学记》中"教学相长"的进一步解释就是："学，教也……始之自学，学也；终之，教人，亦学也。"意思是说，一开始自己学，这当然是学，而学了以后去教别人，这也是学。这与夸美纽斯的"教导了别人就是教导了自己"以及布鲁纳所说"教，是最好不过的学习方式"，其见解和论断都是差不多的。因此，这个时期的教学一词并不是现代意义上的教学。对此，有学者考证指出，与现代意义上的教学比较接近的含义出现在宋朝。宋人欧阳修在给胡瑗先生的墓表中写道："先生之徒最盛，其在湖州学，弟子来去常数百人，各以其经传相传授，其教学之法最备，行之数年，东南之士，莫不以仁义礼乐为学。"这里所说的"教学"二字，与今天的教学一词的含义比较接近，是指教师的"教"和学生的"学"。

从英语世界来看，大多使用 teach、instruct、learn 等来表征"教学"。这三个词一方面各自的来源不同，另一方面各自的侧重点也不同。从来源方面来看，teach 的古英语形式是 taecan，来源于希腊语 deiknyne，意思是"解释"、"指示"、"演示"、"引导"；instruct 来源于拉丁语 instruere，有"积累"、"堆积"的意思；learn 的中世纪英语形式是 lernen，来源于盎格鲁—撒克逊语言中的 lernian 一词，意思是"学习"或"教导"。从侧重点方面来看，teach 作为一种活动，多与教师的行为相联系；instruct 作为一种过程，多与教学的情景有关；learn 作为一种结果，多指学会或教会。

(二) 教学的语义[①]

虽然教学是一个使用频率很高的词汇,但无论在历史上,还是在现实中,人们在使用教学时各自所要表达的含义、所传递的信息并不尽一致。概略起来,人们对于教学的理解主要有以下四种。

1. 教学即学习

这种理解把教学看成是学习。从前述蔡沈对《学记》的"教学相长"的解释可以明显地看出这种对教学的理解。在这里,教者先学后教,教中又学,实际上都是学习的活动,还没有真正地涉及教的问题。尤其是在个别教学的组织形式下,教与学不分,往往以学代教。教学即学习,是指通过教人而学,以提高自己,这是我国"教学"一词的最早含义。

2. 教学即教授

19世纪末20世纪初,由于光绪皇帝宣布废除科举制度,兴办新式学校,各地新式学校如雨后春笋般地出现,1903—1909年间,"学校数由719所增加到52348所,增加近73倍"。学校猛增,而教学"苦于善策",临时召集来的教师,没有受过培训,"素重背诵而不讲解"。鉴于班级授课制兴起对教师提出的客观要求,加上留学日本回国的学生对当时日本非常流行的"五段教学"(源于德国教育学家赫尔巴特)的介绍,人们自然会对教师的"教"重视起来,"怎样教"的问题成了当时的热门话题。于是,与此对应的"教授"这一词便被人们所接受。如:1912年教育部公布的《师范学校规程》和1913年公布的《高等师范学校规程》都规定教育学科包含"教授法"。从而"教学"就有了第二种语义:在近代班级集体教学的组织形式前提下,"教学"的语义演变为"教授",如《中国教育辞典》(1928)就把"教学法"解释为"各种教授方法者"。

3. 教学即教学生学

20世纪初叶,"教学"的语义再度发生变化。1917年,陶行知从美国学成回国后对当时学校教育的状况极为不满,因为"先生只管教,学生只管受教"。"论起名字来,居然是学校,讲起实在来,却又像是'教校'。这都是因为重教太过"。在他看来,"教的法子必须要根据学的法子……先生的责任不在教,而在教学,教学生学"。因此,他极力主张把"教授"改为"教学",并将南京高等师范学校全部课程中的"教授法"改为"教学法",这样,"教学"又有了一种特别的语义,即"教学生学"。这种语义的确定显然是受美国教育哲学家杜威的"学生中心"思想的影响。

4. 教学即教师的教和学生的学

新中国成立后,在全面学习前苏联教育学家凯洛夫主编的《教育学》时,了解到前苏联教育学家对"教学"所下的定义是:"教学过程一方面包括教师的活动(教),同时也包括学生的活动(学)。教和学是同一过程的两个方面,彼此不可分割地联系着。"于是就接受了

[①] 参见施良方、崔允漷主编,《教学理论:课堂教学的原理、策略与研究》,上海:华东师范大学出版社,1999年版,第4—8页。

这样一种定义:教学是教师教和学生学的统一活动。我国的教育学或教学论教科书以及教育方面的辞典大多是这样解释的,一直沿用至今,这可作为"教学"的第四种语义。

教学的上述四种语义,既是教学发展的历史必然,也反映了人们对教学的认识在不断深入。

二、教学的概念与特征

(一)教学的概念

人们不但对教学的语义存在着不同的理解,而且,对教学的定义也各不相同。这就使得教学的概念也非常丰富,异彩纷呈。

专栏 1—1

教学的定义方式

(1) 描述性定义——教学就是传授知识或技能;
(2) 成功式定义:教学即成功;
(3) 意向式定义:教学是有意进行的活动;
(4) 规范性定义:教学是规范性行为;
(5) 科学式定义:教学将由用"和"、"或"、"含义为"等词连结起来的一组句子构成,即以 $a=df(b,c,\cdots)$ 来表示命题的组合式定义或并列建议式定义。其中 a 表示"教学是有效的",$(b,c,\cdots)$ 表示各种命题,如"教师作出反馈"等的命题组合,$=df$ 表示随着命题之间的微小变化,a 将发生变化。

[资料来源]施良方、崔允漷主编:《教学理论:课堂教学的原理、策略与研究》,第 8—10 页;中央教育科学研究比较教育研究室编译:《简明国际教育百科全书·教学》(下),第 233—240 页。

以已有研究的共识为基础,结合我们的认识,这里把教学理解为教学主体间以经验为载体的转换生成活动。

对于这一界定,需要注意以下四个方面的要义。

1. 教学是一项活动

虽然人们对于教学的理解各不相同,但是这些不同是基于教学理解为活动这一共识基础上的不同。如:"所谓教学,乃是教师教、学生学的统一活动"[1];"教学就是指教的人指导学的人进行学习的活动"[2];"教学包括学生的活动(学)和教师的活动(教)"[3]。因此,这里也首先遵循这一共识,把教学理解为活动。

---

[1] 王策三著.《教学论稿》,北京:人民教育出版社,1985 年版,第 88 页.
[2] 李秉德主编.《教学论》,北京:人民教育出版社,1991 年版,第 2 页.
[3] [俄]达尼洛夫、叶希波夫编著,北京师范大学外语系 1955 级学生译.《教学论》,北京:人民教育出版社,1961 年版,第 4 页.

专栏1—2

众说纷纭的教学

（1）教学是以课程内容为中介的师生双方教和学的共同活动。（顾明远主编：《教育大辞典》（增订合编本），上海教育出版社，第711页）

（2）教学是教师的教与学生的学的共同活动。学生在教师有目的有计划的指导下，积极主动地掌握系统的文化科学基础知识和基本技能，发展能力，增强体质，并形成一定的思想品德。（《中国大百科全书·教育》，中国大百科全书出版社，第150页）

（3）教学是教师教和学生学，共同完成预定任务的双边统一活动。（刘克兰主编：《现代教学论》，西南师范大学出版社，第46页）

（4）教学就是教师"教"和学生"学"的相结合或相统一的活动，具体地说，就是教师指导学生进行学习的活动。在这个活动中，学生掌握一定的知识和技能，同时身心获得一定的发展，形成一定的思想品德。（田慧生、李如密著：《教学论》，河北教育出版社，第1页）

（5）教学论所研究的教学，是狭义的教学，它是专指在学校中教师与学生之间的有组织的教和学的活动。（唐文中主编：《教学论》，黑龙江教育出版社，第1页）

（6）教学活动是按照学校各门课程所规定的目的、内容、方法而组织起来的一种由教师和学生共同参加的教育活动。（吴也显主编：《教学论新编》，教育科学出版社，第2页）

（7）教学即教师引起、维持、促进学生学习的所有行为方式。教学是教师行为，而不是学生行为；教师行为包括主要行为（如呈示、对话、辅导等）和辅助行为（如激发动机、教师期望、课堂交流和课堂管理等）两大类别。（施良方、崔允漷主编：《教学理论》，华东师范大学出版社，第13页；又见袁振国主编：《当代教育学》，教育科学出版社，第158页）

（8）教学是专指学校中教师引导学生一起进行的，以特定文化为对象的教与学相统一的活动。（黄甫全、王本陆主编：《现代教学论学程》，教育科学出版社，第4页）

（9）教学是教育目的规范下的、教师的教与学生的学共同组成的一种教育活动。通过教学，学生在教师的有计划、有步骤的积极引导下，主动地掌握系统的科学文化知识和技能，发展智力、体力，陶冶品德、美感，形成全面发展的个性。（王道俊、王汉澜主编：《教育学》（新编本），人民教育出版社，第178页）

（10）教学活动是教师的教和学生的学组成的双边活动。（叶澜主编：《新编教育学教程》，华东师范大学出版社，第275页）

（11）教学是教师引导学生按照明确的目的、循序渐进地以掌握教材为主的一种教育活动。（南京师范大学教育学系编：《教育学》，人民教育出版社，第372页）

2. 教学还是一项特殊活动

教学不但是一项活动，而且还是一项特殊的活动。这种活动的特殊性一方面表现为一种双向的人与人之间的活动，另一方面还表现为价值增值的活动。

就前者来说，教学中客观上涉及教的人和学的人，即通常所说的教师和学生两类不同的主体。这两类主体既有从教到学的活动流程，也有从学到教的活动流程。这种不同主体之间进行的双向交互活动明显有别于其他一些单向的人与人或人与物之间的活动。

就后者来说，教学中两类不同主体之间的双向活动，并不仅仅是信息的流动，而是基于信息流动的价值增值的过程。这也即教学不但有助于学生的成长和发展,而且也有助于教师的成长和发展。

3. 教学是以经验为载体的活动

教学作为教师和学生两类不同主体间的交互活动,必须有交互展开的中介或桥梁。这既是教学要素的必然要求,也是教学展开的必然要求。具体说来,这就是教师和学生之间在经验视域上的融合。这也即无论是教师还是学生,在进行双向的交流时,都必须围绕着共同的经验视域来进行。否则,双向性的教学就会异化成单向度的灌输。

4. 教学是经验转换生成的活动

教学既是师生之间在经验视域上的融合,也是经验视域上的游移。这也即不同主体把各自的经验传递给对方,并使对方能够在理解的基础上进一步拓展经验的空间,深化经验的内涵。因此,教学也还是基于经验的转换生成活动。

总而言之,教学是活动,而且是一项特殊的活动,是教学主体基于经验载体的转换生成活动。

(二) 教学的特征

1. 双向性

如上所述,教学是教学主体间围绕经验载体进行的转换生成活动。因此,教学离不开教学主体。而且,教学主体既包括施教一方,也包括受教一方。施教和受教双方的交互影响从而使得教学具有双向性的特点。这种双向性,既表现为施教方对受教方的影响,受教方需要根据施教方的要求和指示来开展学习活动,也表现为受教方对施教方的影响,施教方需要根据受教方的反馈来开展教的活动。

2. 主体性

教学既然是教学主体间的双向活动,自然也具有主体性的特性。所谓主体性,简单地说就是人之能动性。教学中有很多方面都需要教学主体发挥他们的主观能动性。无论是教学环境的创设,还是教学任务的落实;无论是教学过程的展开,还是教学目标的达成,都需要他们根据实际情况进行灵活调整。否则,不但难以实现教学目标,落实教学任务,而且还有可能会产生负面效果,干扰教学的顺利进行,影响教学的效益。

3. 教育性

德国教育家赫尔巴特在谈到教学时明确提出了"教学的教育性"命题。在他看来,教学不但是教学的,而且也还是教育的,尤其是涉及对受教方的思想方面的教育。对于教学来说,确实不仅仅是教学的,也包含有教育的成分,需要考虑对受教方在思想方面的培养。但是,教学的教育性并不仅仅停留在思想方面的教育上。教学的教育性实际上还涉及教学活动的价值诉求,即更好地实现或促进施教和受教双方的发展和提高。

4. 计划性

"凡事预则立,不预则废",实际上就是对计划性的强调。教学作为教学主体间以经验为载体的活动,也还有着明显的计划性。这种计划性一方面表现在经验载体的计划性,另一方面也表现为教学过程的计划性。就前者来说,主要表现为对经验载体的安排上。这也即教学需要完成多少任务,什么时候完成等都有着比较明确的安排。就后者来说,主要表现为教学过程中的准备。这也即对某项具体的任务怎样进行的过程筹划。

5. 直接与间接相融

教学活动一方面是直接的,另一方面也还是间接的。所谓直接的,也就是教学的很多方面,如教学内容的选择、教学过程的安排等都需要考虑生活的实际、考虑学生的实际。否则,将会脱离实际,影响到受教方的理解和认识,自然也会影响到教学效果。所谓间接的,则主要是就教学内容的性质而言的。虽然教学内容的选择要考虑生活的实际,但就教学内容本身的性质来说,主要是间接的,是对人类已知经验的掌握,而不是对人类未知经验的探索。因此,教学既是直接的,需要关注现实,同时也是间接的,是对已知的反映。

三、教学的相关范畴

教学与课程、教育、智育、学习等范畴既密切相关,又有明显区别。了解教学与这些相关范畴的关系,有助于进一步把握教学的内涵。

(一)教学与课程

教学与课程的关系颇为复杂。简单说来,主要有以下五种不同的理解和主张。

1. 大教学观,认为教学包含课程,课程只是教学中的一个组成部分;
2. 大课程观,认为课程包含教学,教学只是课程中的一个组成部分;
3. 二元独立观,认为教学是教学,课程是课程,两者互不相关;
4. 二元交叉观,认为课程与教学作为两个不同的系统,一方面各不相同,另一方面又存在着部分的交叉;
5. 二元相互作用观,认为课程与教学是两个不同的系统,但这两个系统具有相互影响性,即课程会影响教学,教学也会影响课程。

上述五种关于教学与课程关系的理解,虽然都各有其立论依据,但比较起来,课程与教学的二元相互作用观或课程教学的二元交叉观更为合理一些。[①] 虽然课程与教学各有其独特性,但是两者也不可能截然分割开来。

(二)教学与教育

教学是教育中的重要组成部分。一般说来,教育涉及的范畴非常广泛,除了教学之外,还包括德育、管理等多个方面。同时,教学作为教育活动中的一个重要组成部分,还具有不同于教育中的其他方面,如德育、管理等的特殊性。因此,教学作为教育的重要组成部分,其间既有相同之处,亦有不同之处,既不能简单地拿教育来代替教学,也不能简单地拿教学来代替教育。

---

① 林德全、徐秀华著.《课程概论》,开封:河南大学出版社,2009年版,第171页.

(三) 教学与智育

教学与智育的关系也颇为复杂。

1. 教学和智育分别从属于两种不同的话语体系。教学是作为教育活动中的重要组成部分而言的,而智育则是作为人的全面发展的教育中的重要组成部分而言的。

2. 教学和智育因同属于教育而具有相互渗透性。虽然教学和智育分别从属于不同的话语系统,但从他们的话语系统的归属来看都是基于教育的。因此,他们之间虽然具有不同,但亦具有相互渗透性,教学有助于智育,智育也需要教学。

3. 教学和教育的价值范畴也各不相同。教学虽然包含有智育的成分,有助于智育,但教学还具有教育性,还会有助于与智育并列的德育等方面;智育虽然需要依赖于教学,但智力的发展、能力的培养也不全然都需要教学来完成。

(四) 教学和学习

对于教学来说,有两种范畴不同的理解。一种是把教学理解为教和学的统一,即教学既有教,也有学;一种是把教学单纯地理解为施教,只有教而没有学。因此,对教学和学习的关系也应该从这两种不同的理解来进行分析。

从前者来看,教学和学习具有包容关系,即学习是包括在教学之中的。由于教学包括了教和学两个方面,所以学习就只是教学中的一个组成部分。需要说明的是,即便如此,学也不一定都完全包容在教之中。特别是在目前倡导的终身学习背景下,还有很多学习是在学校之外、是在学校教育阶段之外进行的。

从后者来说,教学和学习具有交互性,即有教必须要有学。如果只有教而没有学,由于教失去了对象,失去了依托,那么就根本谈不上教。同时,学也应该有所教。如果只有学,而没有教,特别是在学校教育阶段里,如果只有学而没有教,将会降低学的效率,影响学的收益。

四、教学的作用和地位

(一) 教学的作用

教学作为一种严密组织起来的传递系统知识、促进学生发展的最有效的活动,无论是对人类社会还是对个体发展都起着非常重要的作用。

1. 教学是适应并促进社会发展的有力手段

社会的进步离不开教学。社会要延续和发展,就必须有一代又一代人的接替,每一代新生者都需要掌握前代人已经学会的东西,才能在此基础上进一步认识和改造客观世界;否则,那就将延缓社会的发展。而教学就是把社会和个人——特别是新生一代联系起来的重要纽带,是社会完成人类知识文化传递和继承的中间环节或必要桥梁,是社会延续发展不可缺少的条件。通过教学活动,个体可以在较短的时间内基本掌握人类历史经验的精华,将人类长期积累起来的科学文化知识迅速转化为学生个人的精神财富,有力地促进他们的身心健康发展,使青少年学生的个体发展能在较短时期内达到人类发展的一般水平,以便为其从事各种社会实践并创造新的知识经验奠定基础。所以教学肩负着社会历史的重任,对人类社会的发展和进步有着举足轻重的作用。

2. 教学是培养学生个性全面发展的重要途径

教学对个体发展的影响是直接而具体的,并在其个性发展的各个方面都有所表现。

教学作为实现全面发展教育的基本途径,能够使学生的认识突破时间和空间以及个人直接经验的局限,从而扩大认识范围,赢得认识速度。在教学中,学生可以用较少精力在较短时间内较顺利地获得人类经历几百年甚至几千年才获得的大量知识技能,并且在掌握知识的过程中智力也能得到发展。

教学可以使学生的政治思想、世界观和道德品质的形成建立在科学知识基础上,因此正确的世界观和高尚的道德情操,特别是辩证唯物主义世界观和共产主义道德品质,必须建立在科学基础之上,这是同自发的习俗或宗教迷信相区别的关键所在。列宁指出:只有用人类创造的全部知识财富来丰富自己的头脑,才能成为共产主义者。

教学还可以促进学生身心健康。如:生理卫生、人体解剖、体育等课程,都对保证学生身体健康和科学地锻炼身体提供有关理论知识和方法的指导;教学的科学组织安排、学习负担的合理适宜等,也直接影响到学生体力的发展。教学对学生影响的最重要特点,就是在教学中,学生德、智、体、美、劳诸方面的发展,或是紧密结合科学知识的传授和学习进行的,在一个统一的过程中实现。教学质量的高低,直接关系到学校所培养出来的人的质量,关系到各种专门人才和劳动后备力量的科学文化水平、政治思想修养和身体素质,从而直接影响社会主义现代化建设。由此可见,学校教学工作无论对个体的发展还是对社会的发展,都具有十分重要的意义。

(二) 教学的地位

上述教学的价值也间接地反映了教学的地位。这也即教学是学校的中心工作,学校工作必须坚持以教学为主。

学校是培养人才的专门场所,教学则是学校培养人才的基本途径。在学校教育工作中,教学所占的时间最多,涉及的知识面最广,对学生发展的影响最全面、深刻,对学校教育质量的影响也最大。中小学是为培养人才打基础的时期,也是青少年长知识、长身体和形成世界观的重要时期,学校只有认真搞好教学,才能使青少年掌握基础知识和基本技能,发展智力和体力,树立正确的思想观点和道德观念,为全面发展打好基础。可见,只有提高教学质量才能提高教育质量、保证人才质量;而教学质量的提高,又要依靠学校工作坚持以教学为主来保证。

学校教育必须以教学为主,是就学校的工作安排而言的,指学校应将大部分的时间和精力用于教学。作为学校,有许多职能部门,如教务部门、后勤部门、管理部门等,也有许多工作,如教务工作、行政工作、党务工作、思想工作等。在这诸多部门和工作方面,教务部门、教务工作无疑是最为重要的。各个部门和各项工作都要围绕教务、教学展开,牢固树立教学是学校的中心工作,必须坚持以教学为主。

当然，坚持以教学为主，并非教学唯一，搞"教学压倒一切"也是错误的，教学必须与其他工作相互配合，相互支持，只有这样，教学才能取得满意的效果。因为教学这一教育形式不能脱离其他教育形式而孤立地发挥作用，必须与其他教育形式相联系、相配合，所以学校工作应该在保证教学为主的前提下全面统筹、合理安排。

第二节 教学本质的争论

一、教学本质诸说

人们对教学本质的理解也不尽相同。概略说来，对教学本质的理解有特殊认识说、认识发展说、传递说、学习说、实践说、交往说、关联说、认识实践和层次类型说等九种。[①]

（一）特殊认识说

特殊认识说是一种影响很大，认同者最多的教学本质观，是在学习前苏联教育学的基础上逐步形成和完善起来的。特殊认识说抓住教学过程中"学生领会知识"的过程与人类一般认识过程既基本一致又有其特殊性的特点，对整个教学过程进行了概括，认为人类认识过程与教学过程的一致性表现为：认识主体的一致性；认识的检验标准的一致性；认识过程的顺序一致性；认识结果的一致性等等。但同时教学过程作为一种认识过程又具有"间接性、有领导、有教育性"的特点。

特殊认识说把教学过程看作本质上是一种认识过程，按照认识的普遍规律来把握教学的一般过程，找到了一个有价值的组织具体教学活动的制高点，确定了教学理论与实践的一个方法论前提，但同样也应该看到特殊认识说及其指导下的教学实践尚存在诸如重手段轻目的、见特殊忘普遍、以认识代实践等问题。

（二）认识发展说

这种教学本质观认为教学过程不仅是教师领导下学生自觉地认识世界的一种特殊认识过程，而且也是以此为基础的促进学生身心全面发展的过程。这种观点的理由是对教学过程本质的探讨不能局限于认识论的角度，因为在教学过程中，教师和学生都是以个性的全部内容参加活动的。

把教学过程看作促进学生发展的过程，可以说部分地找到了"教学"这一事物的实质。古今中外的任何教学，在一定形式与中介的作用下，学生都可能有所发展。因为，教学作

---

① 参见李定仁、张广君.《教学本质问题的比较研究》，《华东师范大学学报》（教育科学版），1997年第3期.

为一种专门组织的活动,其目的性、计划性保证学生所受影响和所发生变化的预期方向性,即某种合目的的发展性。

但一方面,由于人们对"发展"的含义,特别是其具体化的内容,并未探讨得很清楚;另一方面,教学实际工作中如何有效地促进发展,更是处于摸索之中。这种只有笼统的发展概念而缺乏可操作的发展性目标的状态,使得发展之于教学几乎成了空头口号和现代标签。

(三)传递说

传递说认为,教学就是传授知识经验的过程。典型的表述如"教学是传授知识技能","教学就是经验的传递",这是着重教学内容侧面的观点;另一种观点认为"教学是教师有目的地传授和指导学生学习科学文化知识与技能的教育活动",试图兼顾教授与指导两方面。

教学本质的传递说从教师的角度来看待教学,强调教师在教学活动中的主导地位,注重教师所授内容即文化知识、经验对社会与个人发展的意义。这样来理解教学的本质,是大多数教师、家长、社会人士通常所采用的最简单的方式之一。传递说基本上是一种描述性的认识,它虽然正确地看到了教师、知识内容及教学指导关系的教学论意义,但忽视了学与教在教学概念中作为等价义项的逻辑意义,降低了学习对于教学论所具有的认识论价值,抹杀了学生在教学论中作为主体的地位,因而是对完整教学片面的、表层的概括,未能全面、深刻地把握教学的本质。可以说,我国教学论发展过程中出现的重教不重学,理论体系单极化的现象,与对教学的这种理解不无关系。当然,这类观点在教学理论界的影响远不及其在教学实践中的实际作用大,而且这种作用对于教学整体目标的确定,对于教学完整功能的发挥仍在造成某些负面效应。

(四)学习说

教学本质学习说的基本观点与传递说相对应,认为教学是学生在教师指导下的学习活动。在他们看来,"所谓教学本质是学生在教师指导下,批判继承和探索创新的学习过程"。

坚持学习说的论者,依据对学生及其活动在教学过程中的地位和作用的理解,强调学生学习之于教学的本质意义。应该说,这种观点在很大程度上是符合当代教学重视学生积极主动学习成长的发展趋势的。它从学生学习的角度审视教学,把教师的指导作为一种必要条件,教师通过为学生的学习和发展提供方向、支持与评价而获得其教学论意义。这种立足于学习、学生来认识和把握教学活动本质的思维方式,虽然有它一定的合理性,但在方法论上与立足于教、教师的传递说一样,也是有缺陷的。教学作为一种生成系统,既不可以还原为作为其要素之一的教,也不可以还原为另外的要素之一的学。

(五)实践说

实践说认为,教学是一种特殊的实践活动。这是所有持教学实践本质说的人所能共同接受的一种表述方式。首先需要说明的是一些非专业术语的"教学实践"之说和泛化的

"实践性教学环节"与对教学本质的理解无关,不属于教学本质实践说的关注对象。

涉及对教学本质的认识的"教学实践说",基本上有两种:一种是指教师作为实践主体对学生客体进行转变、塑造的过程,是"信息型实践",认为"教师的教学活动是一种特殊的实践活动,其特殊性主要表现在教学过程中教师通过教学引起了学生信息状态的变化,并由此逐渐导致学生内在结构的发展变化";另一种则认为教学活动从本质上讲是一种共同型实践,或双向对象化实践,"教学实践是教师主体与学生客体之间能动而现实的双向对象化过程,也就是教学实践的客体的主体化和主体的客体化的辩证的过程"。

客观地说,以实践的观点来看待教学过程,所关注的是从师生展开活动,学生获得一定的意义,到学生发生某种成长性变化的最终结果这一系列逻辑链中的"过程"和"最终结果"的意义。这样,实践说是在更为深层的意义上来把握教学活动的本质的。这样的理解,有可能使得教学过程中组织开展具体学习、认识活动的目的性更强,根本方向更为明确。但是,实践说所面临的问题是,从教师的角度概括教学的实践本质,自然较易论证,却有以偏概全之嫌,分析的对象实际上是教而非教学;从学生的角度论述教学的实践本质,除面临与前者同样的疑难外,更有获得文化知识的过程本身究竟是认识还是实践的问题存在;而在师生共同实践的角度上,也有学校作为一种"共同生活"的教学活动与作为一种"交会形式"的教学活动,到底是两种不同的活动、一种过程的两个侧面抑或原来就是不可分割的一个过程的问题,等等。诸如此类的疑难或问题,尚有待实践说的进一步澄清或解决。

(六)交往说

教学本质的交往说认为:教学是一种特殊的交往活动。教学本质的交往说,不论在国内还是在国外,都可以说是提出比较晚,影响比较小的一派观点。原联邦德国的交往教学论于20世纪70年代初始形成。前苏联心理学界维果茨基学派的心理学早在60年代就已对交往在人的发展中的意义进行过全面的探讨,他们曾经明确指出:儿童只有凭借同成人的交往,掌握人类历史发展的成就并作为其个人资产而再现,才能获得实在的发展。由此并认为,广义的教学是交往的一般形式,学校中的教学是交往的特殊形式。但直到70年代末,教育学家们才对此研究成果有所吸收、借鉴,并通过著作有所反映,如休金娜的《中小学教育学》,斯卡特金主编的《中学教学论》,巴班斯基主编的《教育学》等,对交往作为教学过程的条件因素所起的作用均有所涉及。至90年代初,季亚琴科才明确提出教学的交往本质说。而我国关于教学交往的研究除了极个别的富有原创的意味外,相当多的研究成果要么是直接转译国外的有关研究成果,要么是仅停留在师生关系这一表层。因此,这一类观点尽管有其科学根据和现实基础,但理论上毕竟还很不成熟,其对教学中交往的许多问题都尚未来得及深入、系统地探讨,各家的具体理解又有诸多的差异,故而该说对教学实际的影响很小亦是事实。不过也应该看到,这种理论关于教育形态起源、教学存在形式、人的发展的源泉与过程的实质的认识,关于学校教育、教学实践中交往的功能、公理、原则、类型、方式的具体研究,关于教学过程结构的独特分析,等等,都是非常富有启发意义的,也是其他各类观点所不能替代的。

(七) 关联说

教学是教师的教和学生的学统一的活动,这是教学本质关联说的基本观点。"关联说"的着眼点是教和学的联系、相互作用及其统一。由此出发,认为教与学的关联是教学存在的前提,没有二者的相互作用就没有教学,教与学同居首位,教学不是自在的,而是人为构成的,因而重视教学的社会实质,把教学活动看成是社会的一种特殊形式,从人类活动的统一的整体来考察,并从教学论的立场强调反映社会目的的教学内容的特点和教学过程的教育学实际的客观性以及两者之间的相互制约和统一。这些观点涉及对教学论根本问题的认识,对于教学论理论体系的建设,对于有关具体问题的研究,都具有重要的方法论意义。这样的理论视角和研究结果,对于目前教学论研究中存在的"非本体化偏向"亦即"非教学论"研究倾向来说,是一种深刻的批判,也构成了一种回归性研究的范例。正是由于该说坚守教学论研究的教育学立场,对教学基本问题展开深入、系统的教学论研究,才使其自身获得了人们较多的关注和对教学理论与实际的较大影响力。当然"关联说"本身也存在着一些问题。用"教与学的统一"来概括教学的本质,仍是停留在具体成分的罗列及其间关系的分析上,未达到本质层次的理解,解释了现象但未能进一步把握本质;对"统一"的强调更多的有价值判断的成分和构想的色彩,虽然价值判断在教学论中也是重要的,但教学本质的研究首先是事实判断;本质与现象是同一的,但"关联说"未能达到教学论现象与本质的同一所在。

(八) 认识实践说

教学本质的认识实践说认为,教学过程是认识和实践统一的过程。教学本质的认识实践说注意到教学过程中教与学,认识与实践的统一,看到了这一过程的整体性;对学生的主体地位予以全面肯定,认为教学过程中学生不仅是认识的主体,也是实践特别是自我实践的主体,表现出对教学目的性的较深入的理解;在对教学过程的全面分析、探讨基础上,试图用系统的观点,完整、准确地表述其本质特征,说明其对教学本质的认识已趋向综合。这些都有其合理性的一面。认识实践说的不足之处在于:不能全部包容教学存在;历史上、现实中的教学,其目的指向未必都是"健全个性"或"和谐发展个性",因而更多的是对理想教学的构想和期望,而不是对现实或既存教学事实的确定,主要回答"教学应该是什么"而非"教学是什么"的问题;所下"统一"的判断仍然只是一种折中,其实并未找到教学的确切归属。

(九) 层次类型说

教学本质层次类型说的核心内容是:教学过程是一个多层次、多方面、多形式、多序列和多矛盾的复杂过程,教学过程的本质应该是一个多层次、多类型的结构。持此种教学本质观的研究者主张用系统论的观点,从整体性和全过程上对教学过程的各个侧面进行客观的、系统的、全面的、综合的分析研究,认为从认识论、心理学、生理学、经济学、伦理学等不同学科来看,教学过程各有其不同方面的本质,而且随着我们对教学过程各方面关系的认识深化,教学过程本质的层次类型将会不断增多。我们对教学过程本质认识的层次、类型越多,教学理论就越深刻,教学理论的探讨也就越丰富,对教学实践的指导意义也就越广泛。

层次类型说主张从多学科、多角度对教学过程进行分析研究,有利于打开人们的思路,清除教学论研究中的形而上学的弊端,这不论在当时还是在十几年后的今天,都具有重要的理论意义和启发作用。"但是,我们应该看到教学过程虽然是一种复杂的社会现象,受到多种因素的制约,但究其本质只能有一个,对其表达应该一致。如果认为教学过程有多重本质,那就会走向二元论或多元论的歧路"。层次类型说的一个主要失误在于以"质"代替了"本质",将"多方面的质"混同为"多类型的本质",而对这许多的认识,又未能从整体上进行合理的综合与把握,结果有放无收,多而无一,"结构"也就不成其为结构了。

由此可以看出,上述诸说在看待教学本质的问题上视角各不相同。那么,究竟该如何来评价这些各不相同,甚至相互冲突的本质观则是我们需要进一步思考的问题。按照帕森斯(T. Parsons)的见解,对任何一个理论的新创见往往都是从其"剩余性范畴"开始的。这里所谓的"剩余性范畴"实际上就是指由于任何理论都有其有限性,都有其所不完全周延性和完备性。为了让这些理论成立,理论的创立者们对这些所不能的方面进行了诸多限制,从而使其成立。这些被限制了的范畴实际上就是原理论所不能够解释或包容的领域,也就是剩余性范畴。帕森斯认为这往往是理论创新的生长点。而如何抓住这个生长点,则取决于人们对这些剩余性范畴的认识、领会和把握。① 帕森斯的"剩余范畴"实际上也就有点类似于我们现在通常所说的边缘学科、交叉学科之间的边界。当然两者在具体的指称上也有所区别。"剩余性范畴"是指那些已被人们关注到了的领域,而边缘学科、交叉学科所形成的空白还是灰暗的,尚未被人们发现的。可以说,列举上述关于教学本质的不同类型的见解并不是最终目的,还要在这些不同类型的本质中寻找、发现其"剩余性范畴",以提供我们自己的见解,推动教学本质研究的深化。当然,这不是一个简单的过程,必须进行深入的思考、作出富有睿智的把握。

二、教学本质的把握方式

关于教学本质的多重论争实际上也反映了对教学本质的不同把握。关于教学本质的把握,应该从科学和艺术既有关又有别的两条基本路径入手。

科学与艺术之所以是把握教学的两条基本路径,原因有二:

一是所有的经验性活动都包含这两个层面,即科学的层面与艺术的层面。美国著名的人类学研究者怀特(L. A. White)指出:"科学是处理经验的两种基本方式之一,另一种

---

① 参见[美]T.帕森斯著,张明德等译.《社会行动的结构》,南京:译林出版社,2003年版,第18—23页.

方式是艺术"①;而且,他还进一步指出,"艺术和科学是从相反而又不可分割的两极来把握同一个经验或现实的"②。教学作为教学主体间的经验转换生成活动,实际上也就意味着教学也是人类的经验性活动之一,因而也同样存在与一般经验性活动相同的情形,即也包括科学的层面和艺术的层面。因此,对教学进行研究,也可以此为据,从科学和艺术两个层面来进行。

二是科学与艺术存在着既不同又互促的关系。这里在对两者间关系分析的基础上,来对教学这种经验活动中的科学与艺术稍作分析。

科学和艺术是人类把握世界的两种特殊方式,各有自己的特点。具体说来,科学和艺术在以下五个方面存在着明显的区别:一是从研究对象上来看,科学以"真"为对象,强调规律性,艺术以"美"为对象,强调审美性;二是从反映形式来看,科学用概念、范畴、理论体系的形式进行,艺术通过形象体系的形式进行;三是从反映途径来看,科学通过扬弃个别而掌握一般,艺术通过运用个别来表现一般;四是从想象成分来看,科学运用抽象思维,虽有想象,但必须重视现实,所谓"大胆假设,小心求证",艺术运用形象思维,可以大胆想象和虚构;五是从表现方式来看,科学强调价值中立,用客观世界的真实作用于人的理智,艺术强调主观感受,用富于激情的方式感染欣赏者。

科学与艺术存在上述区别的同时还存在着一定的联系。科学中有艺术的因素,艺术中也有科学的因素,任何一种事物或活动既离不开科学的层面,也离不开艺术的层面,二者是互补的。从研究对象来看,科学虽以真为对象,但包含着美,艺术虽以美为对象,但离不开真;从反映形式来看,科学虽以抽象逻辑思维为主,但不能完全脱离于形象思维,艺术虽以具体形象表现一般,但必须渗透抽象的普遍的概念因素;从想象成分来看,科学虽必须以客观逻辑为依据,但在事实不足的情况下,也可以借助想象,艺术虽主要凭借想象和幻想,但必须有逻辑起作用。

科学与艺术的互补反映着人类在把握世界的实践中真与美的统一,感性与理性的统一,想象与逻辑的统一,主观与客观的统一,充分说明了科学创造需要艺术手段,艺术创造也需要科学手段,科学与艺术有着和谐统一的关系。

如上所述,科学主要强调的是对经验的普适性概括,带有放之四海而皆准的追求和表现。这也即它不因空间、时间等方面的不同而有不同的认识。教学作为人类活动中的重要方面,肩负着人类文明的传承和创新的重任,也同样必须遵循着一定的带有普遍性的东西。教学规律、教学原则、教学方法等即是其中比较突出的带有普遍性的方面。关于这些内容,将分别在本书后面的相关部分分别进行探讨,故这里不予展开。

与科学对经验的普适性把握相反,艺术则主要强调的是对经验的个别性把握。就普

---

① [美]L.A.怀特著,沈原等译.《文化的科学:人类与文明研究》,济南:山东人民出版社,1988年版,第3页.
② [美]L.A.怀特著,沈原等译.《文化的科学:人类与文明研究》,济南:山东人民出版社,1988年版,第3页.

适性与个别性来说,普适性一般强调的是继承、一致,而个别性则反映的是创新、求异。前者虽然能够在一定时期保证人类活动的基本规范性、科学性和可参照性,但长此以往,必将会造成发展迟缓、动力不足等问题。所以,还需要后者的个别性来丰富、深化前者的普适性。而且,这也往往是人类活动的创新性的表现。教学活动中也同样存在着这种对教学的个别性把握,也即教学的艺术之魅。这将在本书"教学模式与艺术"一章中进行专门交待,故不再赘述。

本 章 结 语

第一,从语源上来看,我国古代的甲骨文当中就已经有了教和学,但具有现代含义的教学一词则是到了宋朝才出现的。而在英语世界里,与教学一词对应的英语单词有 teach、learning 和 instruct 三个单词。

第二,从语义上来看,教学的含义经历了教学即学习、教学即教授、教学即教学生学、教学即教师的教和学生的学的演变。

第三,教学作为人类社会的重要活动和现象,是教学主体间以经验为载体的转换生成活动,具有双向性、主体性、教育性、计划性和直接与间接相融的特点。而且,教学还与课程、教育、智育等相关范畴既有关联,亦有区别。

第四,教学既是适应并促进社会发展的有力手段,也是培养学生个性全面发展的重要途径。因此,教学是学校的中心工作,学校工作必须坚持以教学为主。当然,坚持以教学为主,并不是要教学成为唯一。

第五,目前,人们对教学本质的认识有特殊认识说、认识发展说、传递说、学习说、实践说、交往说、关联说、认识实践说和层次类型说等九种不同的观点。这些观点各有其合理性,也有其不足之处。了解这些关于教学本质不同见解的最终目的是要进一步寻找、发现教学本质的"剩余性范畴",推动教学本质研究的深化。当然,这不是一个简单的过程,必须进行深入的思考,通过科学和艺术两条既有区别又有关联的路径来做出富有睿智的把握。

[讨论和思考]

1. 简述教学语义的发展。
2. 简述教学的内涵。
3. 简述教学与课程、教育及智育的关系。
4. 关于教学本质争论的观点有哪些?你认为应该怎样看待这些争论?
5. 你认为应该怎样把握教学的本质?

[阅读导航]

1. 王策三著.《教学论稿》.北京:人民教育出版社,1985年版.

该书是新中国第一部由原国家教育委员会委托编写的教学论专业教材,自1985年初版以后,受到广大师生的好评,对提高师范生素养和教育学专业人才的培养发挥了重要作用,是我国20世纪80年代中期以后经典性的教学论专业教材。

2. 李秉德主编.《教学论》.北京:人民教育出版社,1991年版.

该书由我国教学论研究领域的重要基地之一的西北师范大学的研究者们共同努力编写而成,全书共分十三章,涉及教学论学科及研究实验、教学过程、教学目的、教学原则、教学方法、教学环境、教学反馈等方面,集中反映了20世纪90年代初我国教学论的研究水平,并对以后我国教学论学科建设产生了重要影响。

3. 施良方、崔允漷主编.《教学理论:课堂教学的原理、策略与研究》.上海:华东师范大学出版社,1999年版.

该书共三个部分十章,主要探讨了课堂教学的原理、策略与研究,对教学与教学理论、教学的基本问题等一系列的问题作了阐述,内容丰富,通俗易懂,具有一定的系统性、科学性、理论性及实用性,对提高教师的课堂教学水平具有一定的帮助作用。

4. 李定仁、徐继存主编.《教学论研究二十年》(1979—1999).北京:人民教育出版社,2001年版.

该书共15章,对20年间我国教学论研究中的诸多成果做了比较全面的梳理,资料详实。每章分为三个部分,一是这一专题近20年研究的历程及其特征;二是对这一专题的研究内容进行评析;三是对这一专题研究的反思与展望。

5. [俄]达尼洛夫、叶希波夫编著,北京师范大学外语系1955级学生译.《教学论》,北京:人民教育出版社,1961年版.

该书是作者总结前苏联普通学校教师的教学经验写成的,论述了教学的本质、原则、内容、方法和普通学校的教学组织形式等。对我国20世纪50年代以后的师范教育及教学论学科建设有着非常重要的影响。

6. [美]T.帕森斯著,张明德等译.《社会行动的结构》.南京:译林出版社,2003年版.

该书是当代社会科学的经典著作,社会学结构功能学派的巅峰之作。全书通过对19世纪末至20世纪初西方社会理论的代表人物马歇尔、帕雷托、涂尔干与韦伯的分析和吸收,重建了"一般社会行动理论"体系。本书把以目的—手段为成分的社会行动作为社会科学的根本方法,不仅确立了一门规范的社会学学科,而且对自然科学、社会科学与人文科学的方法论,作了经典的规定。

7. [美]L.A.怀特著,沈原等译.《文化的科学:人类与文明研究》.济南:山东人民出版社,1988年版.

该书作为美国著名文化人类学家、新进化论学派主要代表人物莱利斯·怀特的一部重要著作,系统地阐释了他的"符号论"的文化观,论述了文化演进的"能量说",考察了人与文化的关系,并提出建立一门"文化科学"的构想,在文化科学史上占有极为重要的地位。

第二章　教学主体与行为

【内容提要】

教师和学生是教学活动中的两类非常重要的主体。教师劳动具有创造性和灵活性、复杂性和艰巨性、主体性和示范性、长期性和长效性的特点，需要教师具有相应的职业道德、职业知识和职业能力。学生作为在各级各类学校或其他教育机构学习的人，具有主体性、发展性、潜能性和整体性的特点。对于学生来说，还应关注学生集体的教学论意义。教师和学生之间形成的错综复杂的师生关系既是影响学生个性和谐发展的重要条件，也是促进教学活动成功的因素之一。良好的师生关系应具备人文性、民主性、合作性、教育性，可以通过与学生携手共建、综合利用多种交往途径及在反馈调控中形成良性循环等建立。

教学行为是教学主体为应对具体教学情境所采取的各种操作方式的总和，具有实践性、个体性、情境性和生成性的特点。教学行为包括备课与预习、授课与听讲、课后指导与课后练习三个方面。

【学习目标】

1. 掌握教师劳动的特点，领会教师职业的特殊性。
2. 掌握教师职业素养的内容。
3. 掌握学生的内涵。
4. 了解传统的师生关系类型和实践中的师生关系类型。
5. 掌握良好师生关系的标志及其建设。
6. 掌握教学行为的内涵。
7. 掌握教学行为的内容及要求。

【核心术语】

教师劳动　教师职业素养　师生关系　教学行为

教师和学生是教学活动中两类非常重要的主体，而且其间的关系也是制约和影响教学活动的重要因素。教学行为是教学主体为应对具体的教学情境而采取的各种活动方式的总和，涉及备课与预习、授课与听讲、课后指导与课后练习等多个方面。

第一节 教学主体

在教学这一经验转换生成的活动中,教学主体毫无疑问是其中最为重要的构成性要素。这里将从教师、学生及其关系三个方面对教学主体进行探讨。

一、教师职业特点与职业素养

(一)教师职业特点

1. 教师劳动的创造性和灵活性

教师的劳动对象是人,主要是具有思想感情的、受着社会各方面影响的、又富有个性特点并正在迅速成长中的青少年儿童。对他们不可能像对物质产品一样,可以按固定的工艺流程、统一型号,用一个模子来铸造。教育工作应遵循教育、教学的一般规律和原则,但又不能千篇一律地按照固定的机械程式来进行,而是需要极大的创造性和灵活性。

教师劳动的创造性和灵活性,首先表现在对不同的学生区别对待、因材施教上。教师劳动的对象千差万别,每个儿童就是一个特殊的世界。教师既要按统一的标准教育学生,又要根据学生的个性差异,提出不同的要求,采取不同的方法,发展他们的个性和特长,弥补他们的不足,从而使每一个学生都有所发展。例如,在课堂教学中,教师不仅要熟练地运用教材,而且还要把课上得生动活泼,对程度不同的学生都要有强烈的吸引力。特别是在思想教育工作中,更需要注意学生的个性特点,"一把钥匙开一把锁",善于创造性地做人的工作,否则就不会有好的效果。

其次,教师劳动的创造性和灵活性也表现在对教育内容、形式、方法的不断创新上。不同年龄阶段的学生的生理、心理特点有很大差异,教育的内容、形式和方法,要同他们的年龄特点、兴趣爱好、知识水平、生活经验和能力体力相适应,生搬硬套是无济于事的。同时,教育内容、形式还应反映时代的特点,并根据学科性质和教学条件的不同,进行不断的创新。

最后,教师劳动的创造性、灵活性还表现在对变化了的情况善于作出恰当处置的教育机智上。由于教师劳动对象是正在成长中的、各具个性的、生动活泼的青少年儿童,而不是固定不变的物体,因此,在教学过程中,事先预料不到的情况是经常发生的,一切都按事先"准确无误"地安排好的计划行事几乎是没有的。这就要求教师要有随机应变的能力,善于采用灵活多变的方法去随时处理偶然出现的问题,而不是拘泥于原定计划,当新问题出现时而束手无策。富于创造性和灵活性的教师,常常善于利用临时发生的情景,化消极因素为积极因素,进行生动活泼的教学。

2. 教师劳动的复杂性和艰巨性

教师劳动的复杂性和艰巨性,首先表现在教育任务的多方面性上。教师既要教书,又要育人,既要传授知识,又要发展学生的智能;既要关心学生的学习、思想,又要关心他们的身体健康;既要管课内,又要管课外……总之,要使学生在德、智、体、美、劳各方面都得到和谐的发展,这个任务是异常艰巨的。

其次,教师劳动的复杂性和艰巨性,还表现在影响学生成长的因素的多异性上。由于学生天赋及身体条件的差别,家庭与社会环境的不同,他们原有的学习兴趣、习惯、能力差别等都会对学生的成长产生这样或那样的影响,因此,这就需要教师精心观察了解,周密调查研究,多方联系配合,综合利用各方面的积极因素,努力排除不利因素,因势利导,促进学生的成长。

最后,教师劳动的复杂性和艰巨性还表现在教师的劳动不仅是辛勤的脑力劳动,而且也是繁重的体力劳动,既劳神,又费力。教师劳动在时间上具有无限性。上班下班,白天黑夜,都是教师劳动的时间,有人总结教师的劳动时间是:"紧张的早晨,战斗的中午,疲劳的下午,连续作战的晚上,干不完的星期天。"教师劳动在空间上具有广延性。课上课下,校内校外,都是教师活动的舞台。备课、上课、批改作业,是教师的经常性工作。此外,还要指导学生的课外活动,组织学生参加社会公益劳动,去参观游览等。通过种种途径,开阔学生的视野,丰富学生的精神世界。另外,教师还要终身不断地学习,从各方面充实自己,提高自己,以便用最好的方法把丰富的知识教给学生。因此,可以说,教师的工作量是难以用数字来计算的。

3. 教师劳动的主体性和示范性

与其他行业相比,教师不是单纯地使用物质工具去影响学生,而更多的是运用凝结在教师自己身上的知识、才能、品格、情感和意志等个人素质去直接影响学生,感染学生,教育学生。即我们常说的"用心灵塑造心灵"、"用人格去创造人格",这就使教师的劳动手段和劳动者自身融为一体,因此,教师劳动的手段便具有主体性。另外,由于学生对教师往往有一种特殊的信任感和依恋感,又朝夕与教师相处,教师的一言一行都会成为学生的榜样。学生这种"向师性",加上模仿性强等特点,便形成了教师的劳动具有示范性的特征,即教师的一言一行、一举一动都成了学生效法的楷模。因此,"此处无声胜有声"、"身教重于言教",就成为历代教师的座右铭。因为身教作为一种无声的、强有力的教育力量,对学生不仅起着潜移默化的作用,而且直接证明着教师言教内容的真实性和可行性。

4. 教师劳动的长期性和长效性

教师劳动的长期性是指教师对学生的教育是一个长期的过程,它不是一次就完成的,而是需要反复进行才能见到成果。这种长期性是由人的身心发展规律决定的。我国古代思想家管仲说:"一年之计,莫如树谷;十年之计,莫如树木;终身之计,莫如树人。"[①]人的成长不是在短时间内所能完成的,无论是一个知识的掌握,还是一种道德观念、一种行为习惯的养成,都需要经过一个长期反复的过程。这一特点要求教师在教育工作岗位上做坚持不懈的艰苦努力,即使遇到种种困难与挫折,仍要锲而不舍。

教师劳动的长效性是指教师劳动所产生的效果会对学生长期起作用,不会随学生学

---

① 《管子·权修》.

业的结束而消失。教师在学生身上曾经付出的劳动往往会影响学生的一生,教师为学生在德、智、体、美诸方面打下的基础,会成为学生一生发展的宝贵财富。因此,不论教师对学生进行教育的实际时间或长或短,都必须考虑到他的劳动对学生的长远影响,从幼儿园、小学阶段起,教师就必须放眼未来,全面规划,为学生的进一步发展打下坚实的基础。

(二) 教师的职业素养

教师的职业特点既反映了教师这一职业的独特性,同时也对教师的职业素养提出了相应的要求。

对于教师的职业素养,人们的主张各不相同。这里拟从职业道德、职业知识和职业能力三个方面来进行讨论。

1. 教师的职业道德

教师的职业道德,是对教师这一特定职业从业者在道德上的要求,是对他们在从事教育教学工作应遵守的道德规范和行为准则的总称。教师的职业道德通常也简称为师德。

教师职业道德的内容,既是教师职业道德的核心成分,也是教师职业道德的关键方面。因此,要了解教师职业道德,还必须掌握教师职业道德内容。根据我国《中小学教师职业道德规范》的规定可以看出教师职业道德内容比较广泛,从多个方面对教师的职业行为进行了规范。

我国《中小学教师职业道德规范》最初由原国家教育委员会于1991年颁布,经过1997年和2008年两次修订,目前共有六个方面的内容。

专栏2-1

中小学教师职业道德规范
(2008年修订)

一、爱国守法。热爱祖国,热爱人民,拥护中国共产党领导,拥护社会主义。全面贯彻国家教育方针,自觉遵守教育法律法规,依法履行教师职责权利。不得有违背党和国家方针政策的言行。

二、爱岗敬业。忠诚于人民教育事业,志存高远,勤恳敬业,甘为人梯,乐于奉献。对工作高度负责,认真备课上课,认真批改作业,认真辅导学生。不得敷衍塞责。

三、关爱学生。关心爱护全体学生,尊重学生人格,平等公正对待学生。对学生严慈相济,做学生良师益友。保护学生安全,关心学生健康,维护学生权益。不讽刺、挖苦、歧视学生,不体罚或变相体罚学生。

四、教书育人。遵循教育规律,实施素质教育。循循善诱,诲人不倦,因材施教。培养学生良好品行,激发学生创新精神,促进学生全面发展。不以分数作为评价学生的唯一标准。

五、为人师表。坚守高尚情操,知荣明耻,严于律己,以身则则。衣着得体,语言规范,举止文明。关心集体,团结协作,尊重同事,尊重家长。作风正派,廉洁奉公。自觉抵制有偿家教,不利用职务之便谋取私利。

六、终身学习。崇尚科学精神,树立终身学习理念,拓宽知识视野,更新知识结构。潜心钻研业务,勇于探索创新,不断提高专业素养和教育教学水平。

2. 教师的职业知识

教师的职业知识主要包括以下三个方面：精深的学科知识、广博的文化知识、熟练的教育知识。

（1）精深的学科知识

教师应该深入钻研自己所教的学科，具有精深的学科知识。

第一，教师应对学科的基础知识、技能有广泛而准确的理解，熟练掌握相关的技能、技巧。这不仅是因为不能把不准确和错误的东西教给学生，还因为只有在对知识和技能准确熟练掌握的基础上，教师才有可能花更多的精力去设计教学，在课堂上更多关注学生和整个教学的进展状态，而不是把注意力集中到不要把知识讲错、习题做错上。一个教师如果经常在教学中显露出对所教学科专业知识的无知和浅薄，甚至出现常识性的错误，那么他就失去了做教师的基本资格。实践证明，学生或许可以原谅教师的严厉、刻板，甚至教学技巧的缺乏，但却不能原谅他的不学无术。

第二，教师要对与该学科相关的知识，尤其是相关点、相关性质、逻辑关系有基本了解，这使教师有可能与相关学科的教师在教学上取得协调，在组织学生开展的综合性活动中相互配合。

第三，教师需要了解该学科发展历史和趋势，了解推动其发展的因素，了解该学科对于社会、人类发展的价值以及在人类社会生活实践中的多种表现形态。这些知识的意义在于使教师能在教学中把学科知识与人类的关系、现实世界的关系揭示出来，使科学具有更丰富的人文价值，同时也能激起学生发现、探索和创造的欲望、为人类和社会的发展作贡献的愿望。

第四，教师需要掌握每一门学科所提供的独特的认识世界的视角、域界、层次及思维的工具与方法，熟悉学科内科学家的创造发现过程和成功原因及在他们身上展现的科学精神和人格力量，这对于增强学生的精神力量和创造意识具有重要的、远远超出学科知识所能提供的价值。

这四个方面的要求都服务于教师教学的成功，使教师具有丰富的、扎实的知识底蕴，能在科学体系中把握自己讲授的学科，能使知识在教学中不只是以符号形式存在，以推理、结论方式出现，而且能展示知识本身发展的无限性和生命力，能把知识活化，在教学中真正实现科学精神与人文精神、理论与实践、知识与人生的统一，充分发挥学科知识全面育人的价值。

（2）广博的文化知识

教师合理的知识结构应当以所教学科的专业知识为中心，对相关学科知识尽可能多的了解和熟悉，具备广博的文化科学知识素养。教师的博学是建立教师威信的重要条件之一，因为学生往往把教师当作"无所不懂"的知识的化身。同时，处于信息开放环境中的学生，兴趣广泛、求知欲强，常会给教师提出超越专业范围的问题，教师面临这些问题，没有广博的文化科学知识修养是不行的。教师具备广博的相关学科的知识，有助于开阔科学视野，唤起学生强烈的求知欲望，提高教学效果。正如苏霍姆林斯基所说：只有当教师的知识视野比教学大纲宽广得无可比拟的时候,教师才能成为教育过程的真正能手、艺术家和诗人。教师广博的文化科学知识修养,离不开他孜孜不倦地读书学习和坚持不懈的日积月累。因此,教师在教学中一方面"诲人不倦"地将知识传授给学生,另一方面又要"学而不厌"地吸取广博的科学文化知识,不断地充实自己。

(3) 熟练的教育知识

教育科学理论知识,可以帮助教师"既知教之所由兴,又知教之所由废"①,掌握教学教育的规律与技巧,提高教学的质量和效率。著名特级教师魏书生说:"我的教学不过是雕虫小技。只要认真学习教育理论,把学与教的规律搞清楚了,人人都可以有上百种方法把学生教好。"②"教书育人涉及一系列有关教育学、心理学、哲学等理论方面的问题,越思考越觉得自己所面对的未知领域极其广阔、新奇,这更激励我潜心于教学实践与理论学习中探求教书育人的真知。"③魏书生通过自觉学习理论,为自己的教学奠定了教育学、教学论和心理学等方面坚实的理论基础。魏书生把学习教育教学理论、提高自己的理论素质作为教学改革的一项基本功,也是其取得成功的一条重要经验。这说明现代教学要求教师不能仅凭经验办事,而应该遵循教育教学理论所深刻揭示出来的教育教学规律,才能真正有效地实施教学,促进学生身心健康发展。

3. 教师的职业能力④

教师的职业能力是进行教学的必备条件。教师只有具备多方面的教学能力,才能胜任教学工作,做好教育活动。一般说来,教师应具有以下六种职业能力。

(1) 加工和驾驭教学内容的能力

教师的教学并不是简单重现教学内容。为了帮助学生更好地认识和掌握教学内容,教师常常要根据所了解的学生学习实际而对教学内容做教学法的加工处理,以使教学内容更便于教师驾驭和运用,有助于学生更好地学习。

(2) 多讯道教学表达能力

教师良好的教学表达能力是提高教学质量和效率的重要保证,而教师的教学表达具有多讯道的特点,或者说,教学信息的传授是通过多种讯道完成的。而且,每种讯道各有其特点。教师应在教学中根据需要灵活地利用多种讯道进行教学表达,以追求教学表达的"立体"效果,使教学成为高超精湛的艺术。

(3) 组织管理能力

教学活动及其过程的复杂性,要求教师具有一定的组织管理能力,以确保教学活动的顺利进行和教学过程的充分展开。

---

① 《尚书·学记》.
② 转引自田慧生、李如密著.《教学论》,石家庄:河北教育出版社,1996年版,第7页.
③ 转引自田慧生、李如密著.《教学论》,石家庄:河北教育出版社,1996年版,第7页.
④ 参见田慧生、李如密著.《教学论》,石家庄:河北教育出版社,1996年版,第102—107页.

(4) 自我调控能力

教师自我调控能力包括两个方面的内容：一是根据客观需要调控自身主体结构的能力，如教学和教育中根据社会的需要、科技的发展以及学生的反馈不断调控教学计划、教学内容及教学方法等能力；二是调控自身的心境、情绪和情感的能力、教师在学生面前应该始终保持最佳心理状态，以愉快乐观、奋发向上的精神状态去感染、影响学生。

(5) 教学实验、研究能力

实践证明，通过一定的教学实验和研究，可以有效地提高教师的素质和教学的水平。许多优秀教师都是一边教学、一边实验、一边研究、一边著述，逐渐成长为学者型教师的。教师要充分利用长期在教学第一线，对教材和学生有深入了解的优势，学习在实践中发现问题，从事教学实验与研究。"从事创造性劳动的教师，不单纯是一种教育科学知识的需要者，更不单纯是一名合理化的建议者。如有相应的准备，他可以成为一名另一个活动领域——科研的参加者。这种准备就是掌握科学认识的手段和科研方法"。教学实验、研究能力的获得，必将极大地促进教学的科学化和规范化，带来教学质量和效率的大幅度提高。

(6) 教学直觉、想象能力

教学既是科学也是艺术，要成功地驾驭教学过程，还要求教师具备教学直觉、想象能力。实践表明，教学最佳时机的内发、外现和准确把握，都与教师的教学敏感和教学直觉有着微妙的契机和直接的联系。

二、学生的内涵与类型

(一) 学生的内涵

1. 学生的界定

学生是指"在各级各类学校或其他教育机构学习的人"[①]。对这一界定我们可从以下两个方面来进行把握。

(1) 学生是特定的人

学生是特定的人意味着学生是针对特殊的人而言的，不能泛指所有的人。所谓特定的人有两层含义：一方面是指不是所有的人都可以称作学生，是特指在各级各类学校或其他教育机构中的人。在学习化社会的时代背景下，强调这一点显然很有必要。学习化社会要求人们要时时学习、处处学习、终身学习，也就是学习全民化，所有人都应该而且都能够学习，都可以看作学生。但是这里所说的学生，不是指学习全民化视域下的学生，而是特指在各级各类学校或其他教育机构中的人。另一方面还是指必须是在各级各类学校或教育机构中从事学习的人，而不是各级各类学校或其他教育机构中所有的人。众所周知，

---

① 顾明远主编.《教育大辞典》(增订合编本)，上海：上海教育出版社，1998年版，第1806页.

在各级各类学校或其他教育机构中有很多人,他们有的是教育者,有的是管理者,也有些是辅助人员。学生只是其中的一个组成部分。因此,不能把各级各类学校或其他教育机构中的所有人都当作学生。

(2)学生要有开展学习的活动

学生作为特定的人,之所以不是指各级各类学校或其他教育机构中所有的人,还与学生的具体活动有关。这也即只有参与和从事学习活动时,他们才能被称作学生。否则,如果他们不是在从事学习活动,就不能被称作学生。比如,中小学生虽然以学习为业,但他们并不一定都一直在进行学习活动。对于他们来说,除了学习活动之外,他们还有一些其他活动,比如社会活动、交往活动等。在这些活动中,他们并没有从事或展开学习。因此,从严格意义上来说,在这些活动中尽管他们的身份仍然是中小学生,但他们不能被称为学习主体,充其量只能说是以学生的身份参与一些活动。

2. 学生的特点①

(1)主体性

学生在教学过程中之所以处于主体地位,是由学生的主体意识所决定的。教学的影响只有在经过学生的主体意识的选择、支持后,才能对其知识、能力、个性品质、身体等各方面的发展起作用。学生在教学过程中的这种主体性表现为以下四个方面:第一,对教育影响的选择性。学生对教师的教育影响并不是无条件接受的,而是根据其主体意识(积极的或消极的)进行选择的。这就要求教师的教学要最大限度地适应学生的需要。第二,学习的(个体)独立性。学生学习的现有水平、学习的目标与追求、制约学习的个性心理特征等是各不相同的。因此,教师的教学要注意因材施教。第三,学习的(主动)自觉性。学生学习活动的主动性、自觉性是学生学习主体性的本质体现。教师的教学活动要建立在学生对学习的自觉的、主动的、自我追求的基础上。第四,学习的(创新)创造性。学生完成学习任务的方式、方法、思路及对问题的认识等,并不一定完全按照教科书或教师预定的"轨道"进行,往往表现出一定的(创新)创造性。教师在教学中要允许并鼓励这种创造性,并把它看作学生创造能力发展的结果和必要表现形式。

(2)发展性

在校学习的青少年是处于发展中的人,其身心发展具有顺序性和阶段性、稳定性和可变性、不均衡性和个别差异性等特点。在教学中,教师即应用发展的眼光来看待学生,从学生身心发展的实际出发,适应其身心发展的规律性,诸如教学目标的难易高低,教学内容的多少与深浅,教学方法的选择是否恰当等,都要根据学生的身心发展水平来确定。同时,青少年学生既然在各方面的发展都还不够成熟,那么,取得成人的教育和关怀就成为他们发展中的必然需要。而这种来自学生发展的内部需要就是对青少年学生进行教育教学的重要依据和基础。"可教性"或"可塑性",就成为发展中的青少年学生的基本特点。对学生来说,在学校里的生活是以学习为主要任务的,有教师指导的、规范化的学习,乃是

---

① 参见田慧生、李如密著.《教学论》,石家庄:河北教育出版社,1996年版,第110—114页.

社会为促进青少年身心健康发展所提供给学生的有利条件。

(3) 潜能性

越来越多的科学发现证明:人体内潜存着大量未被开发利用的能力。如何将这些潜能有效地化为可供每个人自如运用的能力,应该是教育教学义不容辞的责任。这正如富尔在《学会生存》中说的:在当代"人们不断要求教育把所有人类意识的一切创造潜能都解放出来"①。学习潜能的存在,昭示了教育教学的乐观前景。学生的潜能有如下表现:第一,丰富性。科学家对正常人潜能的估计令人惊讶,特别是丰富的人脑潜能。第二,隐藏性。因为就人的潜能存在方式来说,其大部分在常态下看不到,而沉睡在人体中不为人们所认识。第三,个别差异性。每个人都有自己的潜能领域,但潜能的能量级因人而异、显现早晚有别。第四,可开发性。人的潜能是可以通过教育教学的训练而得到开发的。现代教学论中,无论是苏霍姆林斯基的"让每个学生都抬起头来走路"的教育信条,还是马卡连柯"高度尊重与严格要求相结合"的教育原则;无论是维果斯基的"最近发展区"教学理论,还是赞科夫的"高速度、高难度"教学实践;无论是布卢姆的"掌握学习",还是洛扎诺夫的"暗示教学";等等,都从不同的方面不同程度地认识到学生是有潜力可开发的人,对学生在教育教学中的地位和作用给予了高度的尊重,从而表现出乐观的教学观。

(4) 整体性

学生是整体性的人,这是一个客观的现实。但某些以人为对象的社会实践领域所面对的却往往限于人的某一方面,如医师所面对的主要是人的生理方面,艺术家所面对的主要是人的精神方面。然而,教学工作作为一种培养人的专门活动,它所面对的人——学生,却是一个完整的人。教学所要实现的是人的德、智、体、美等全面的发展,而不是某个方面的片面发展。著名教育家杜威说得好:我们所需要的是儿童以整个的身体和整个的心灵来到学校,并以更圆满发展的心灵和甚至更健全的身体离开学校。赞科夫的"一般发展"亦是着眼于学生的整体性特点提出的,他说:"我们所理解的一般发展,是指儿童个性的发展,它的所有方面的发展。因此,一般发展也和全面发展一样,是跟单方面的、片面的发展相对立的。"赞科夫反复强调,一般发展绝不仅限于学生智力的发展,而且还应包括发展情感、意志品质、性格、集体主义思想和体力。面对具有整体性的学生,教师施教的手段、方法也应注意完整性。洛扎诺夫的暗示教学就注意将学生的认知活动与情感活动相协调、有意识与无意识相统一,取得令人瞩目的成效。学生是整体性的人这一客观现实,给教育教学工作者提供了许多重要的启示,促进学生整体发展的教学,乃是一种高超精湛的"立体塑像艺术"。

(二) 学生的类型

1. 学生类型的概述

对于学生的理解,既可以从个体层面来进行,也可以从集体层面进行。从个体层面来

---

① 联合国教科文组织国际教育发展委员会编著,华东师范大学比较教育研究所译.《学会生存:教育世界的今天和明天》,北京:教育科学出版社,1996年版,第188页.

看,即单个的学生,如张同学、李同学、王同学等。从集体层面来看,则是指多个同一类的个体所构成的集合体。学习活动既可能是一个人的事情,也可能是一类人的事情。因此,对学生进行研究,既应该研究前者,也应研究后者。在已往的研究中,有些研究侧重于个体主体,也有些研究侧重于集体主体。还有些研究根据实际情况,不断地在个体主体和集体主体之间来回跳跃。这是因为,虽然从事具体的学习活动在很大程度上都是具体的个别主体,但同时他们也都是集体主体中的一员,反映的是集体主体的学习。而且,通过对集体主体的学习进行研究,发现同一类别集体主体学习的共同性及不同类别集体主体学习的不同,可以更好地优化个体主体的学习活动。

2. 学生集体[①]

如上所述,对学生的理解,既有基于个体层面的,也有基于集体层面的。这既是从实际出发的结果,也是对学生集体价值的认可。

学生是生活于集体中的人,而学习是一种社会性的行为,在集体中学习,有助于产生"共生效应"和平行影响。我国古代教育论著《学记》中指出,大学教学"相观而善之谓摩"、"独学而无友,则孤陋而寡闻",并将"乐群"、"取友"作为考查学生学业与修养的一个重要方面,所谓"一年视离经辨志,三年视敬业乐群,五年视博习亲师,七年视论学取友;谓之小成",可见古人对学友的重视。捷克教育家夸美纽斯在论述班级授课制的优越性时,也指出"在学生方面,大群的伴侣不仅可以产生效用,而且也可以产生愉快(因为人人乐于劳动的时候有伴侣);因为他们可以互相激励,互相帮助"[②]。实践证明,学生集体的教学论意义是不容忽视的。

(1) 学生的同伴交往

学生的同伴关系是年龄相同或相近的学生之间一种共同活动并互相协作的关系。在同伴关系中,由于学生的生理和心理方面处于接近的水平,相互之间是平等互惠的关系,很容易产生思想共振和情感共鸣。源于美国中小学的伙伴教学,正是以学生的同伴交往为基础的。伙伴教学的基本做法是:让一个学生去教另一个学生,前者为施教者,后者为受教者。伙伴教学的主要形式有两种:一种称为"跨龄伙伴教学",即由较高年级学生个别指导较低年级学生;一种称为"同龄伙伴教学",即由同一班级或年级内的学生充当施教者。从伙伴教学的基本主张可以看出,它是十分重视学生间同伴交往的教学论价值的。诺贝尔奖获得者温伯格曾说:你想成为什么样的人,多少有点取决于你与谁一起上学。这里有一种共生效应。学生间的同伴交往,实质上就是一种人际交往过程,是有利于学生使用精神的培养和个体经验的交流的。

(2) 学生的分组区别

鉴于学生的年龄、知识、能力等方面存在着程度差异,教学中往往采取分组区别的策略。而学生小组一旦成为教学或学习的单位,则其教学论意义就值得研究。20世纪70

[①] 参见田慧生、李如密著.《教学论》,石家庄:河北教育出版社,1996年版,第114—116页.
[②] [捷]夸美纽斯著,傅任敢译.《大教学论》,北京:人民教育出版社,1984年版,第139页.

年代初兴起于美国的合作学习理论,即是以重视学生小组对学生学习的影响为特色的。这从合作学习的重要代表人物对合作学习的阐释中可见一斑。如:美国约翰斯·霍普金斯大学的斯莱文教授认为,合作学习是指使学生在小组中从事学习活动,并依据他们整个小组的成绩获取奖励或认可的课堂教学技术。明尼苏达大学的约翰逊兄弟认为,合作学习就是在教学上运用小组,使学生共同活动以最大限度地促进他们自己以及他人的学习。嘎斯基博士认为,合作学习"要求学生在一些由 2—6 人组成的异质性小组中一起从事学习活动,共同完成教师分配的学习任务。在每个小组中,学生们通常从事于各种需要合作和互助的学习活动"。尽管目前各国的合作学习理论不尽相同,但在重视学生小组的组建并充分发挥其教学功能这点上却是一致的。这是因为从集体动力学角度来看,"当所有的人聚在一起为了一个共同目标而工作的时候,靠的是相互团结的力量。相互依靠为个人提供了动力,使他们:①互勉,愿意做任何促使小组成功的事;②互助,力使小组成功;③互爱,因为人都喜欢别人帮助自己达到目的,而合作最能增加组员之间的接触"。

(3) 学生的班级建设

学生的学习活动大多是在班级中进行的,目前的课堂教学形式要求教师面向学生班级集体实施教学,而不是面向个别学生。同时,学生班级集体不仅是教学的对象、客体,而且也是学生个体学习的背景、条件,还是学生进行自我教育的主体。一个良好的集体,不仅作为一种影响源自发地对其成员产生作用,而且确实可以成为一种很大的教育力量,自觉地培养和塑造人。一个良好的班级集体,一般说来应当具有共同的奋斗目标、坚强的领导核心、严密的组织纪律、正确的集体舆论以及团结友爱、勤奋好学的良好风气。教师在良好的学生班级中教学,可以获得顺利成功和愉悦体验,而良好的班级集体又是教育培养的结果,所以教师应致力于通过长期教学,与学生一道建设良好的班级集体,同时通过良好的班级集体,影响每一个学生个体的健康成长。在班级集体建设中,还会自发地形成学生非正式群体。这种非正式群体常常具有双重作用,当非正式群体与组织目标相一致的情况下,能够成为班级集体的辅助力量,有利于班级集体任务的完成。否则,会成为班级集体的异己力量,削弱甚至阻碍班级集体目标的实现。教师应注意在正确的教育思想指导下,善于引导和教育学生非正式群体,使之成为班级集体的积极力量。实践表明,学生非正式群体只要引导有方,是可以充分发挥其积极作用,限制其消极影响的。

三、师生关系

教学中的师生关系,是指教师和学生在教学过程中所发生的直接交往和联系。它对教学目标实现的关系极大,正如教育家赞科夫所说:"就教育工作的效果来说,很重要的一点是要看教师与学生之间的关系如何。"[1]教学中的师生关系涉及教学过程中两个最活跃

---

① [俄]列·符·赞科夫著,杜殿坤译.《和教师的谈话》,北京:教育科学出版社,1980 年版,第 24 页.

的主体因素,因而是十分复杂的,很有深入研究的必要。

(一) 师生关系的类型

1. 传统的师生关系类型[①]

传统的师生关系类型可以概括为两个方面的表现:学生中心论和教师中心论。

学生中心论以卢梭、杜威等为代表。他们首先把学生的发展视为一种自然的过程,认为教师不能主宰这一过程而只是"自然仆人"。同时他们还认为,儿童的发展是一种主动过程,教师的作用只在于引导学生的学习兴趣,满足学生的个人需要,而不是直接干预学生的学习。他们还认为学生只能从个体经验中获得发展,由直接经验中获取所需知识。因此,教育过程不应由教师直接进行,而应放手让学生自己经验或体验。例如,杜威主张,教师在教学中只应充任"看守者"和"助手",他不应站在学生面前的讲台上,而应站在学生背后。

学生中心论者一般都把学生看作教学过程的一种自变量,看作能够完全决定教育、教学过程及其结果的主体。从哲学观来分析,他们较多强调学习过程中学生内因的作用,贬低甚至否定外因的作用。从心理观来分析,他们比较倾向于人本主义,认为学生具有一种内在的潜能,不需外力帮助便可展现出和谐的社会行为。他们的学习理论极为重视学生的需要、态度、情感等动机系统或内部机制等因素,认为主要是这些内部因素的变化才引起学习行为的变化。他们主张教学应尽力排除教师在内的各种外部条件,创造一种能最大限度允许学生作出个人选择并主动活动的教学环境。这些人大多对教育问题持理想主义态度,一般不是来自教学第一线的实践家而是教学思想家。

教师中心论以赫尔巴特等为代表。赫尔巴特坚决反对 18 世纪启蒙时期出现的"自然教育"思想,认为"把人交给自然,甚至引向自然,并在自然中锻炼只是一种蠢事"。他把人的自然本性比做航行中的大船,认为对学生来说,教师的作用犹如舵手一般,学生的心智成长全仰仗于教师对教学形式、阶段和方法的刻意求工和定式指导。为此,他十分重视教师的权威,强调发挥教师对教学过程的绝对支配作用,并断言"在教育的其他任何职能中,学生是直接在教师的心目中,作为教师必须在他身上工作的人,学生对教师必须保持一种被动状态"。

教师中心论者一般都重视环境和教育对学生发展的决定性影响,把环境变化和行为变化之间的关系看成是一种函数关系,视社会或教育影响的代表者教师为教学过程的绝对支配者,并单纯强调学生是教育的对象而无视其主体地位。从哲学观分析,他们大多数是外因论者或机械唯物论者。从心理观分析,他们则倾向于行为主义,认为不应从人的内部世界寻求对人的行为的解释,而应从决定行为的外部条件来寻求对行为的解释,教师完全可以按预期的目标并通过由他组织的活动中发生的应答反应矫正或形成学生的行为。这些人大多对教育问题持比较现实的态度,一般不是富于浪漫色彩的思想家而是具有丰

[①] 参见李秉德主编.《教学论》,北京:人民教育出版社,1991 年版,第 108—109 页.

富教育经验的职业教育家。

这两种观点,从理论上分析各有偏颇之处,之所以如此,关键在于他们不能用辩证的观点来看待学生与教师在教学过程中的地位,并将教与学的关系看成是一种直接的、简单的教育者与受教育者的关系,或自发的主体活动与外部条件的关系。

还有一点需要补充说明的是,这两种师生关系在中国的历史上曾经都广有市场,只不过由于某些方面的原因,后者占据了主流地位,导致了关于师生关系在实践中的扭曲。

为改变上述传统的师生关系在理论和实践中的弊端,学者们又各自从不同的角度提出了自己的关于师生关系的新型看法,如主导主体说、主导主动说、双主体主从说、轮流主客体说、三体——双中心人物说、教学主体的滑位移错说、同时互为主客体说、互为互动说等。① 这些对于师生关系的理论认识和实践改善大有裨益,有助于师生关系的良性发展和建构。

2. 实践中的师生关系类型②

在教学实践中,师生关系的类型更加复杂多样,可以根据不同的标准进行不同的划分。

(1) 根据师生关系的内容层面进行划分

根据教学中师生关系内容层面的不同,可以把师生关系划分为人际关系、组织关系和心理关系。

人际关系是指师生为满足交往需要而产生的关系。在特定情况下,人际关系在师生关系中往往起着微妙的作用。学生常因教师对他的爱护、尊重而"亲其师,信其道";教师则会因学生对他的尊敬、爱戴而敬业爱生、循循善诱。师生之间良好的人际关系意味着师生间的交往在时间上的频率增加,在心理距离上缩短,教学在和谐融洽的氛围中不知不觉地完成。

组织关系是根据教师与学生在教学过程的结构中各自占据的不同地位和应该履行的职责所决定的。一般说来,在教学中教师是施教者,学生是受教者;教师是教的主体,学生是学的主体;教师是领导者,学生是被领导者。

心理关系包括认知关系和情感关系,这是实现教学目标过程中产生彼此心理沟通的需要而形成的。师生间的认知关系是心理关系建立的基础,师生之间的正确感知和相互理解是良好心理关系建立的前提。实践表明,师生间积极肯定的认识,可以促进教学过程的进行,取得更好的教学效果。师生之间的情感关系在教学过程中有巨大的调节作用,教师和学生之间的情感相互交流、相互鼓励、相互促进,对教学效果和质量影响很大。良好的师生情感关系的建立,可以形成和谐的教学环境,使师生在愉快的合作中达到教学目的。

---

① 前面七种主张参见魏立言.《教育主体性问题论争述略》(下),《上海教育科研》,1994年第4期;最后一种参见林德全.《教育主体性的误区及互为互动的师生关系略论》,《柳州师专学报》,1999年第1期.

② 参见田慧生、李如密著.《教学论》,石家庄:河北教育出版社,1996年版,第120—124页.

(2) 根据师生关系中的交往形式进行划分

根据教学中师生关系的交往形式的不同,可将师生关系分为以下四种类型。

一是教师个体与学生个体的关系。这种师生关系适合于个别教学,具有针对性,利于教师因材施教,优化教学效果。教学要善于深入学生之中,与每个学生交心、做朋友,可以增进与学生个体之间的相互了解,培养深厚的感情和友谊。这种师生关系给教学中的教师和学生的影响,往往是相当深刻、持久的。

二是教师个体与学生群体的关系。这种师生关系中,教师面对的是学生群体,情况比较复杂,要求教师广泛了解学生的情况,整体上把握教学对象的特点,具有较高的注意分配能力、组织协调能力和有效交流的技巧,如课堂教学中教师面对众多学生经济高效地传授知识、发展智能时的师生关系,即属此类。

三是教师群体与学生个体的关系。在现代教学中,任何学生个体的成长都是教师群体影响的结果。各科教学的任课教师都是为着培养学生的共同目标,而分工协作向学生实施教学影响的。为了更好地保证教学的有效性和学生的身心健康,教师群体必须注意对学生个体进行"教学会诊",密切配合,形成最佳"教育合力"。

四是教师群体与学生群体的关系。教师群体要塑造好学生群体形象,必须首先塑造好自己的群体形象。学生群体素质水平受制于教师群体素质水平,教师群体素质的优化和提高,是对学生群体进行素质教育取得成功的前提和条件。

(3) 根据师生关系的性质特点进行划分

根据教学中师生关系的性质特点的不同,可将师生关系分为专制型、管理型、挚爱型、放任型和民主型师生关系。

专制型师生关系:在此类师生关系中,教师教学责任心强,但不讲求方式方法,不注意听取学生的意愿和开展与学生的协作;学生对教师只能唯命是从,不能发挥独立性和创造性,学习是被动的。师生交往一般缺乏情感因素,难以形成互尊互爱的良好人际关系,甚至会因教师的专断粗暴、简单随意而引起学生的反感、憎恶和对抗,造成师生关系的紧张。

管理型师生关系:在此类师生关系中,教师有较强的责任心和义务感,对学生严格要求、规范管理,具有一定成效;学生能够服从管理,形成规范的行为习惯。教学遵循一定的秩序有条不紊地进行,但教师在学生心目中往往可敬不可亲,虽有一定威信但缺乏温暖感和人情味。

挚爱型师生关系:在此类师生关系中,教师尊重学生意愿,注意感情投入,关心爱护学生,工作仔细周到,但对学生严格要求不够;学生对教师亲近、信任、敬重,能与教师沟通思想感情,但对教师依赖性强,对独立性的发展不利。

放任型师生关系:在此类师生关系中,教师缺乏责任心和爱心,对学生的学习和发展任其自然,不加指导和控制;学生对教师的教学能力怀疑、失望,对教师的人格鄙视、议论。师生关系冷漠,班级秩序失控,教学效果极差。

民主型师生关系:在此类师生关系中,教师能力强、威信高,善于同学生交流,不断调整教学进程和方法;学生学习积极性高,兴趣广泛、独立思考,与教师配合默契。民主型师生关系,导源于教师的民主意识、平等观念以及较高的业务素质和强大的人格力量。这是理想的师生关系类型。

> 专栏 2-2
>
> 师生关系及地位的研究趋势
>
> （一）师生关系和地位问题成为各国教学改革的关键问题,并且着重于研究学生主体积极性的发挥。
>
> （二）对师生关系的认识不再是单纯意义上的"教师中心"或"学生中心",而是从更深入和更全面的角度考察师生关系。
>
> （三）对师生关系问题的深入认识和研究,导致了教学方法和教学组织形式的变更。
>
> [资料来源] 吴立岗主编.《教学的原理、模式和活动》,广西教育出版社,第 64—70 页.

（二）良好师生关系的建构[①]

教学中良好的师生关系对教学活动具有直接的影响,是学生个性和谐发展的重要条件,也是促进教学活动成功的因素之一。建立良好的师生关系,是对教学中充分发挥师生两个方面的积极性、实现最佳教学效果的有力保证。

1. 良好师生关系的标志

良好师生关系的标志是判断师生关系状况的重要指标,可以用来检测师生关系的水平。

一般说来,良好的师生关系应具备人文性、民主性、合作性、教育性。其中:人文性,是指师生共同享有尊重、信任的权利;民主性,是指师生在教学过程中要相互尊重各自的正当权益,诸如教师要尊重学生对教学影响的选择权等;合作性,是指师生共同构成教学过程的主体,教师要尊重学生在教学过程中的主体地位,共同进行创造性的劳动;教育性,是指师生关系是服从于教学活动的有效性并在共同的教学活动中形成的。

2. 良好师生关系的建立

良好师生关系的建立和发展是在教育教学过程中实现的。教师是建立良好师生关系的主导因素,其学识水平、道德修养以及教学态度与方法,对建立良好的师生关系起着决定性作用。为了建立和发展良好的师生关系,作为教师,除了切实提高自身素质水平外,还应注意以下三个方面。

（1）与学生携手共建师生关系。学生是师生关系的重要方面,在良好师生关系的建设中发挥着不容忽视的作用。很难设想,如果离开了学生的理解、支持、参与和配合,教师单方面如何来建立、发展和完善良好的师生关系。因此,教师要高度尊重学生的主体地位,注意倾听他们发自内心的意见和建议,调查了解学生心目中理想的教师形象,充分调动他们的积极性,吸引他们参与到教学活动中来,取得他们的支持和配合,师生共同努力,建立和发展民主平等、和谐融洽的新型师生关系。可以说,没有师生之间的平等,就不会

[①] 参见田慧生、李如密著.《教学论》,石家庄:河北教育出版社,1996 年版,第 125—127 页.

有师生之间的思想沟通;而没有相互间的思想沟通,又怎能有互敬互爱的师生关系呢?所以,在教学中教师要善于和学生交往,取得学生的信任和尊重,真正成为学生的良师益友。与学生携手共建良好师生关系,往往比较稳固而持久,经得起挫折和考验。

(2) 综合利用多种交往途径。活动和交往是良好师生关系建立的基础,离开师生双方共同参与的活动以及活动中的频繁交往,就谈不上良好师生关系的建立和发展。教学活动尤其是课堂教学,是师生交往的主要形式,也是师生关系形成的首要途径。正如加籍华裔心理学教授江绍伦所说:"教学是一个涉及教师和学生在理性与情绪两方面的动态的人际过程。"课外活动是课堂教学的延伸和补充,师生关系的形态比之课堂教学中更加多样化,师生双方的个性得到充分显现,使彼此心目中的形象有血有肉、丰满充实,相应地师生关系也变得丰富多彩。综合利用多种交往途径,为建立和发展良好的师生关系服务,实践证明是行之有效的。

(3) 在反馈调控中形成良性循环。良好师生关系的建立和发展,需要经历一定的过程和阶段,具有动态开放性质。教师应注意及时获取教学中师生关系的反馈信息,尤其是从学生那里直接反映过来的意见和建议,据此,调控教师的教学态度和方法,使师生关系更加适合教学实际需要,矫正已经发现的缺陷和不足,理正师生关系的性质和方向,在教学活动中逐步深化,形成师生关系发展的良性循环。良好的师生关系一旦形成,必将对优化教学效果、促进学生发展产生重大影响,给师生双方带来教与学的欢乐幸福的成功体验。

第二节 教学行为

一、教学行为的内涵与特征

(一) 教学行为的内涵

教学行为是教学主体应对具体教学情境与问题的诸多因素所采取的各种操作方式的总和。教学行为有以下三个方面的要义。

1. 教学行为是对教学活动中各种操作方式的总称

为了保障教学活动顺利进行,在教学活动中存在着大量的具体的教学行为。这些具体的教学行为既保障了教学活动的进行,也成为教学行为的基本支撑。教学行为就是对这些大量的、各种各样的教学行为的总括性的称谓。

2. 教学行为既包括教的行为也包括学的行为

教师和学生不但是教学活动中的主体,而且也是教学行为的主体。所有的教学行为都是由他们发出的。只不过有些行为可能由教师和学生同时发出,也有些行为可能是由教师或学生单独发出。从教师方面来看,是教的行为;从学的方面来看,是学的行为。因此,教学行为是教的行为和学的行为的结合体。

需要说明的是,尽管教学行为是教的行为和学的行为的结合体,但因两类行为发出的主体各不相同,所以其间还有着较大的区别。本书中所涉及的教学行为主要是指教的行为,也包括部分学的行为。

3. 教学行为受到教学主体的认识和能力水平方面的制约

在教学实践中,不同教师和学生的教学行为的表现各不相同。概略起来,这种不同主要有两个层面:一是不同教学主体教学行为种类上并不完全相同。虽然在教学活动中存在着一些共通的方面而使得教学主体的教学行为具有共通的一面,但这并不意味着所有教学主体的教学行为会完全相同。这也即不同的教学主体所使用或表现出来的教学行为在种类上并不完全相同。有些教学行为虽然这些教学主体使用了,但另外一些教学主体却并没有使用。二是同样的教学行为在不同主体身上也会存在着差异。在不同的教学主体那里,虽然都会有着同样的教学行为,但这些行为本身也会存在着差异,有些时候差异甚至还会非常大。这些表面上的不同,实际上是由教学主体的认识和能力水平决定的,反映着他们对于教学的认识和理解。

(二) 教学行为的特征

1. 实践性

所谓实践性,就是教学行为的表现是与教学实践结合在一起的,离开了具体的教学实践则不称其为教学行为。而教学思想、教学技能、教学能力都可以是预设的,在教学实践开始之前就可以存在。教学工作的实践性,要求教师在教学实践中发展教学的实践知识与智慧,而不是像自然工作者那样具备普适性的规则与技术就可做好工作。教师的实践知识的性质,尤其是其经验性的知识,都是与教师的具体教学行为扭结在一起的。从这个角度说,关注教学行为的实质就是关注教学实践,就是研究教学实践。

2. 个体性

教师的实践知识具有个人性。每位教师在教学实践中逐渐发展起具有个体色彩、个人风格的教学思想、教学策略,由此所体现出的教学行为也必然是极具个人性的。即使在教学行为中也有技能性、程序性的教学行为,教师在运用上具有一定的共同性,但同一个教学技能运用在不同教师身上也具有个人的色彩,绝不是完全一样的。这不同于技术实践者的状况,譬如技术工人的操作,要求规范必须一致。

3. 情境性

教学行为依存于教学的具体情境,对情境十分敏感。每个教师在教学的某一时刻所面临的情景都是独特的、不可再现的、不可重复的。这就决定了教师的教学行为必须与具体的教学情境相联系。离开具体的教学情境奢谈教学行为是毫无意义的。因此,研究教学行为,必须结合具体的教学情境。同时,教学情境的丰富性,也决定了教学行为的丰富性。从这个角度讲,教学行为几乎是不可通约的。尽管我们为了研究的方便试图概括和归纳教学行为,但教学行为的丰富性总是挣脱我们看似宏大实为苍白的概括。

4. 生成性

生成与预设相对应。教学行为既有预设的方面,更有生成的方面。对于教学行为来说,后者甚至更为突出。面对教学问题,教师不可能都有事先应对的计划、方略,这就需要教师即时生成策略行为。这种性质的教学行为,就需要教师有更为丰富的教学实践和智慧。

二、教学行为的内容与要求

教学行为的内容主要包括备课与预习、授课与听讲、课后指导与课后练习三个大的方面。

(一) 备课与预习

1. 备课

备课就是教师为上课而做的具体准备与计划安排工作。备好课是上好课的先决条件。要备好课,必须遵循一定的要求,采用一定的形式。

(1) 备课的基本要求

①认真钻研课程

从显性层面来看,课程包括课程计划、课程标准和教科书。"课程计划是根据一定教育目的和一定学校的性质任务对一定学段的课程进行总体设计的课程文件"[①];"课程标准是确定学校教育一定阶段的课程水准、课程结构和课程模式的纲领性文件"[②];教科书,又称教材,"是人们按照一定的教学目标,遵循相应的教学规律组织起来并发展着的科学理论和技术的知识系统"[③]。一般说来,课程计划从宏观上规定了教学的内容范围、课程标准规定了教学的内容标准,而教科书则是体现课程计划和课程标准的具体载体。

在备课过程中认真钻研课程,就是要对课程计划、课程标准和教科书进行全面、准确、深入的理解。其中,对教科书的理解显得尤其重要。在理解教科书时,一定要区分教科书的表层结构和深层结构,通过教科书的表层结构来抓住其深层结构,挖掘教科书中蕴藏的关于自然、社会和人类的一般性、原理性的体系。

②全面了解学生

学生作为教学所要服务和作用的对象,也是备课时必须考虑的重要因素之一。教师只有在全面了解学生的基础上才能有针对性地实施教学,达到预定的教学目标。因此,教师要全面了解学生的知识基础、认知能力、学习动机与兴趣、学习态度、学习方法和习惯、个性特点等,并在此基础上,对学生的学习准备情况进行分类,对学生学习新知识的困难、问题进行预测,以便有针对性地教学。

了解学生的主要目的在于确立筹划并实现学生生命可能性的教学起点,以便教师制定真正有意义的教学目标和找到效率较高的教学手段,这是高质量教学的逻辑起点。

---

① 廖哲勋、田慧生主编.《课程新论》,北京:教育科学出版社,2003年版,第282页.
② 顾明远主编.《教育大辞典》(增订合编本),上海:上海教育出版社,1998年版,第893页.
③ 曾天山著.《教材论》,南昌:江西教育出版社,1997年版,第14页.

③制定合理的教学目标

教学目标既是教学活动的出发点,也是教学活动的终点,在教学活动中起着方向盘和指南针的作用。因此,在备课时还必须注意教学目标的制定,要制定出合理的、可行的教学目标。关于教学目标的制定,在后面的相关内容中有专门交待,这里不再赘述。

④科学设计教学样式

教学样式是指与教学有内在关联的教学方法、教学手段、教学活动程序以及教学策略等。

教师首先要确定合适的教学模式。常见的教学模式有"授受式教学模式"、"探究式教学模式"、"自学指导教学模式"、"活动教学模式"、"发现学习教学模式"、"范例教学模式"、"程序教学模式"等,教师要根据教学内容、学生的实际情况,选择适合的教学模式。

其次是结合教学内容,设计教师的教授方式和学生的学习方式以及师生互动方式。

最后是进行具体的教学设计,包括教学环境设计、教学媒体设计和教学活动进程设计等。

(2) 备课的主要形式

从备课的内容的角度看,备课的形式可分为学期备课、单元备课和课时备课。在备课时,还必须根据需要备课的内容和实际的条件,选择合适的备课形式。

①学期备课

学期备课是对一学期的教学工作所做的准备。这种备课常常用于新学期开学之初,对整个学期的教学起着指导的作用。

学期备课的内容一般包括三个方面,即各周教学内容、作业安排和实施情况。一般以表格的方式呈现(如表2-1)。

表2-1 ××学校200×-200×年第×学期教学计划表

学科: 年级: 教师:

周次	教学内容	作业安排 (包括实验与测验)	实施情况
一			
二			
三			
……			

在"教学内容"中,教师要列出这一周教学的课题,指明其所属教材的章节,同时预计教学时数。教学时数的预计一方面要以教学大纲上的分配时数为依据,另一方面要结合班级学生的实际情况适当调整。在"作业安排"中,要列出课内外练习要点和检查方法,并附本课题教学中需要的辅助工具和实践操作程序等。在"实施情况"中,反思并记录自己实施教学的情况,如教学任务完成情况,若未完成,原因何在?如何补救?等等。

学期备课教学计划的制订通常由同年级同一学科的教师在共同备课的基础上商讨完成。其目的是使教师明确教学的重点和难点,力争在教学过程中保证进度大体一致。

②单元备课

中小学的教科书常以单元为结构进行编排。单元备课是指对某门课程一个单元的教学工作所做的准备,它是在做好学期备课的基础上进行的。单元备课的内容主要有单元教学目标、单元教学课时划分,每一课的教学内容、课的类型、练习及测验时间安排等。教师在进行单元教学目标和内容分析时,关键要分清单元目标中的感情目标、认知目标和行为目标性质以及三者的关系,同时分析单元教学结构、重点,做到中心明确,层次清楚。

③课时备课

课时备课是指对一节课的教学工作所做的准备。它是在学期备课和单元备课的基础上进行的。课时备课通常简称为教案。课时备课的内容包括:班级的情况、授课时间、教学内容、教学目标、课的类型、教学方法、教具、教学进程、板书、教学后记(教学反思)等,并在此基础上,编制一份规范的教案。

课时备课往往也是用表格的方式呈现(见表2—2)。

表2—2 课时教学计划

课题		班级	
教师		课时数	
教学目标:			
教学资源:			
教学过程:			
一 1 ……			
教学后记(教后反思)			

2. 预习

(1) 预习的内涵

顾名思义,预习就是预先学习。也正因如此,有研究者认为"预习是课前自学的简称,一般是指在教师讲课以前,学生自己独立地阅读新课内容,做到初步理解,并做好接受新知识的准备工作。这个自学过程就叫预习"①。

需要说明的是,尽管预习可以看作课前自学,但预习并不等于自学。因此,在理解预习时,还需要把预习与自学区分开来。一般说来,自学持续的时间更长一些,任务难度更高一些,独立自主性也更强一些。而预习则不然,预习虽然说是属于自学过程,但这种自学过程只是整个学习活动的前奏,是为学习活动进行的提前性筹划。而且,如果把预习当成自学,还可能会导致学习时间的浪费,学习注意力的降低等。

预习的实质或者说核心就是"明"。这包括两个层面:一种是对已知的明,即知道哪些是自己已经知道了,一种是对未知的明,即知道还有哪些自己不清楚。通过预习达到的这两种"知"可以有效地提高学习效率。因为知已知,可以减少学习投入,节约学习资源;而知未知,可以提高学习的针对性,扩大学习成果。

(2) 预习的意义

①熟悉学习内容,提高听讲效率

由于预习往往发生在新的学习活动开始之前,是新的学习活动的预备环节或者说是起始环节,所以预习的最为基本的作用就是让学习主体熟悉和了解学习内容,为后续的学习活动打下坚实的基础。

预习可以使学习主体知道所要学习内容的基本信息,如学习的范围、学习的重点和难点等。熟悉学习内容,可以帮助学习主体明确听讲的重点。这样,听讲时他们就可以带着问题,有针对性地重点去听讲,解决他们预习中所遇到的疑难问题。而且,熟悉学习内容还可以在一定程度上使学习主体与教师的思维处在同一水平和过程中,减少思维落差,缩短思维反应时。这些实际上也有助于学习主体能够高效率地进行听讲。

②锻炼自学能力,增强学习自觉

预习还可以锻炼学习主体的自觉学习能力,增强他们的学习自觉性。

一方面,预习是学习主体在新的学习活动开始之前对学习进行的筹划性安排。这种筹划性安排主要是学生独立自主地进行的。因此,这实际上也是他们学习自主性养成的过程。而且,预习还可以减少学习主体对其他主体,如老师和家长的依赖,可以让他们更加自主地筹划并实施自己的学习活动。

另一方面,预习还有助于学习主体学习能力的提高。一些预习的行为和方法,如阅读、思考、记忆等不但在预习过程中会使用到,而且在听讲、自学等活动中也都需要使用这些方法。因此,预习过程中对这些方法的使用可以使他们更好地理解这些方法,为他们在其他学习活动中更好地运用这些方法打下基础。

---

① 叶瑞祥编著.《学习学概论》,广州:广东高等教育出版社,1997年版,第271页.

另外，预习也是学习主体自学能力得到锻炼的过程。如上所述，预习并不等于自学，不能把预习完全看作自学，但预习也确实具有自学的一些基本元素。因此，在这一过程中，可以使得学习主体的自学能力得到一定的锻炼，有助于他们自学能力的提高，增强学习的自主性。

（3）预习的要求

①多种行为同步进行

虽然预习看起来很简单，即提前学习，但这一学习过程事实上并不简单。为提高预习效果，要把阅读、标记、思考、记忆等多种学习行为都用上。一般说来，所运用的学习行为越多，对学习内容的预习效果也就越好。

②明确预习任务

在预习时，还应明确预习的具体任务。比如，预习的内容到底要完成哪些任务？这些任务的性质是同类的，还是不同类的？如果不是同类的，预习的任务都有哪几类？只有明确预习任务，才会使得预习过程有的放矢，提高预习的针对性，提高预习效果。

③妥善安排时间

预习过程需要占用一定的时间。但对于学习主体的学习活动来说，除了预习过程外，还有其他一些过程。这些过程也都需要一定的时间。所以，在预习时还应妥善安排预习时间。

④灵活选择预习方法

预习的方法多种多样。在预习时，应结合预习内容、预习条件等方面进行综合考虑，选择切合实际、富有成效的预习方法。

⑤不要太过全面

预习作为事先学习，是对学习内容的初步了解。因此，在预习时还需要把握预习的程度，不能太过全面。而且全面预习，深入理解，对于学习主体来说也是很不现实的。一方面，时间上难以保障，没有足够的学习时间；另一方面，精力也难保证，没有足够的精力。另外，全面预习在质量上也难以保证。虽然预习有助于学习活动，但全面预习则并不一定会导致学习效果的提高。有些时候，过于全面的预习，则会降低学习的效果，降低预习的价值。

（二）授课与听讲

1. 授课

虽然备好课是上好课的前提，但并不意味着备好课就一定能上好课。备好课只是表明课有可能上得好。课到底上得好不好，还需要通过授课环节来体现。一般情况下，课备得好，自然也就上得好。如果课备得不好，那么课就极有可能上不好。当然，也有例外的情况，就是课可能备得很好，但却上得不够好。

（1）授课的基本环节

一般说来，授课有三个基本环节。

①导入环节

导入环节,即授课伊始的阶段。在这一环节,教师根据教学内容的需要和学生的实际情况及所拥有的教学资源,通过一定的形式和安排一定的内容,为后面的教学环节做好铺垫。

导入环节对整个授课有着非常重要的影响:一是可以集中学生的注意,进入学习状态;二是通过提示内容,让学生明确学习的任务;三是可以激发学习兴趣,明确学习目标;四是可以把相关的知识联结起来,为后面的学习做好铺垫;五是通过导入,还可以沟通师生感情,营造和谐氛围。

②展开环节

导入环节,主要是为后续的教学环节,即展开环节做好铺垫,故一般时间比较短暂。而展开环节则肩负着教学任务的落实,是教学过程中的最主要的环节,一般持续时间比较长,活动内容比较多,活动任务也比较重。同时,展开环节也是对导入环节的承接,是根据导入环节而进行的。

展开环节一般围绕两个方面来进行:一是围绕内容来展开,即在展开时要根据讲授的内容来进行,不要跑题,更不要涉及与教学内容无关的内容;二是围绕重点来展开,即在展开时还要根据教学内容的重点,围绕着重点,突出重点,分清主次,避免眉毛胡子一把抓。

③结束环节

在展开环节结束后,随之而来的是结束环节。结束环节既是授课的最后一个环节,也是用时较少的一个环节。由于在展开阶段已经围绕着教学内容和重点部分进行了讲授,所以,在结束环节主要是对展开环节的相关内容进行简要的总结。

结束环节需要注意两个方面:一是要简明扼要,相关内容在展开环节里已经进行了讲授和强调,没有必要拖泥带水,不厌其烦,而应要言不凡;二是要画龙点睛,结束环节不是展开环节的"浓缩",而是进一步突出内容间的内在关联和重点部分。

(2) 授课的要求

授课过程中,除了上述三个环节上的要求外,还有一些共识性的要求,如教学目标明确、教学内容正确、教学结构合理、教学方法恰当、教学能力突出、教学效果优异等。这些要求将在后面相关内容中进行交待,故不再赘述。

2. 听讲

(1) 听讲的内涵

听讲,简单地说就是听老师讲课,是听和讲的结合体。听讲既可以保障教学活动的顺利进行,也能有效地促进学生的发展。

一般说来,听讲有三个关键的方面:一是要专心听讲。在听讲时要集中注意,认认真真地听讲。二是要听得明白。在听讲时,除了要认真听外,还要做到听得明白,能够做到知其所以然,知道其前后的逻辑关系、内在关联等。三是要善于听讲。在听讲的过程中,要能够做到明察秋毫,洞悉其关键所在。

(2) 听讲的要求

要想搞好听讲活动,切实提高听讲效率,还应遵守听讲的一些基本要求。

① 重视听讲

对待听讲的态度要端正,要正视和重视听讲过程,不要把听讲看作可有可无的事情,或者把听讲看作浪费时间的事情。尤其需要避免想听就听,不想听就不听以及喜欢听就听,不喜欢听就不听等不够端正的态度和行为。

② 专心听讲

所谓专心听讲,也就是指在听讲时要高度集中注意力,在整个听讲过程中要始终围绕着听讲内容进行认真的听讲。因此,专心听讲,实际上也就是不要做与听讲无关的事情,不要产生与听讲无关的想法。

③ 听讲为主

如上所述,在听讲时要专心,但这并不意味着只是去听,而不做其他活动。事实上,在听讲过程中,为了做好听讲,往往还需要一些相关的行为,如记笔记、虑联系等。因此,在听讲过程中,除了听讲外,还有其他活动与行为。

④ 抓住关键

在听讲时,还应抓住重点、抓住关键去听,切记不要不分主次、不分轻重,一股脑儿地去听。当然,在听讲时要抓住关键并不意味着只关注关键方面。事实上,这里所说的抓住关键是在全面掌握的基础上来进行的。如果做不到这一点,抓住关键可能也就只是一句空话。

(三) 课后指导与课后练习

1. 课后指导

(1) 课后指导的内涵

课后指导,是指教师在授课结束后对学生的学习情况进行反馈和帮助的行为的总称。虽然在授课和听讲阶段师生已经完成了对相关内容的讲授和学习,但这并不意味着教师的任务已经全部完成,也并不意味着学生已经全部理解。事实上,仅仅靠授课和听讲,还远远无法完成教学目标的要求,学生也还不一定能够真正理解所学习的内容。如果学生还存在着一定的疑难和问题,还需要教师进一步的点拨和指导。如果这些问题没有得到解决,就有可能使本来很小的一个问题演变成一个较大的问题,甚至是一个比较棘手的问题,从而影响到学生今后的学习和发展。因此,在授课结束之后,还需要根据学生学习的实际情况进行相应的指导。由于这样的活动往往发生在授课之后或课余时间,故而称之为课后指导。

课后指导虽然也是由教师来进行,但与授课有着明显的区别。这些区别主要有两个方面的表现:一是课后指导的对象,即哪些学生需要课后指导。课后指导的对象是那些需要得到指导的学生。有些时候,课后指导的对象范围可能会大一些,甚至可能需要面向全体学生进行指导,有些时候,课后指导的对象范围可能会比较小,甚至只有一两个学生需要进行指导。二是课后指导的主体,即谁来进行课后指导。在多数情况下,课后指导是由教师来进行的,但也不排除部分学生学有余力或者需要指导的对象太多而教师无暇顾及时,可以让部分同学充当课后指导主体,协助教师进行课后指导。需要说明的是,尽管部分同学可以协助教师对其他同学进行课后指导,但这必须是协助教师来进行课后指导,而不能代替教师进行课后指导。而且,在此过程中,还需要避免因协助教师进行课后指导而耽误他们自己的学习。

(2) 课后指导的要求

①点拨关键。课后指导不同于授课,不必要也不可能像授课那样,事无巨细。在进行课后指导时要抓住问题的关键,对关键方面进行必要的解释和说明。在指导时,尤其要注重思维能力、学习方法等方面的指导,使他们能够举一反三,通过一个问题来解决一类问题,甚至更多的问题。

②因人而异。课后指导还要根据学生的实际情况,因人而异地进行指导。当然,如果不同学生出现的是不同的问题,因人而异还比较容易理解。但有些时候,不同的学生出现的是同样的问题,也同样需要因人而异。他们虽然出现的是同样的问题,但导致这一问题的原因却不尽相同,所以在指导时也不能简单地一概而论。

③因容而异。课后指导还要根据具体的内容来进行。一般说来,不同的内容往往有不同的要求,相应地指导也就不尽相同。比如,有些内容的指导需要详细些,而有些内容的指导需要简略些;有些内容需要逐一指导,而有些内容则需要合并指导;有些内容需要针对个别人进行个别指导,而有些内容则需要对全体进行集体指导。

2. 课后作业

(1) 课后作业的内涵

课后作业即学习主体在授课结束之后作出的与授课内容相关的作业任务活动。

一般说来,课后作业具有如下特点:

①综合性。课后作业是由学生来完成,是对他们的学习状况,如预习、听讲、复习等方面作出的综合反映。

②日常性。在正常的学习时间里,每天都会有一定数量的作业。所以,学生每天都会有作业行为。当然,由于每天学习的内容不同,作业的要求也会有所不同。但无论作业行为如何不同,都会有作业行为。

③实践性。课后作业实际上也是学生把自己所学习到的知识通过作业的完成情况来进行实践检验。而且,通过实践运用,还可以进一步深化自己对知识本身的理解,有助于今后学习的优化。

(2) 课后作业的要求

需要说明的是,这里所说的课后作业的要求主要是针对学生完成课后作业的要求,而不是针对教师布置作业的要求。

尽管课后作业各不相同,但完成课后作业却有一些基本的要求。关于课后作业的要求主要涉及以下一些方面。

①良好习惯。包括书写习惯、定时习惯、注意习惯等。书写习惯要求作业的书写应规

范、清晰、整洁、美观。定时习惯,即作业都在什么时间完成,或者是什么时间完成什么作业都需要养成习惯。注意习惯,即在完成作业时,还应养成注意力集中的习惯。这既是良好的作业习惯的内容,也是作业完成效果的保证。

②先行复习。在完成作业之前还要先对与作业相关的学习内容进行复习,进一步熟悉所学习的内容,明确学习内容中的关键,澄清学习内容中容易引起误解的内容。

③独立思考。独立思考实际上也就是他们有效地调动相关知识,克服相应的困难,完成学习任务的活动。当然,独立思考并不排除也不反对合理地向别人请教。

④及时认真。及时、认真,分别是从时间和质量方面对作业行为的要求。所谓及时,即要按照规定的时间来完成作业,不要拖拉。所谓认真则是指在完成作业时还要认认真真去完成,不要敷衍了事。

本 章 结 语

第一,教师职业的特点是教师劳动的创造性和灵活性、教师劳动的复杂性和艰巨性、教师劳动的主体性和示范性及教师劳动的长期性和长效性。

第二,教师的职业素养包括职业道德、职业知识和职业能力三个方面。教师的职业道德是教师在从事教育教学工作中应遵守的道德规范和行为准则的总称,通常也简称为师德。教师的职业知识主要包括精深的学科知识、广博的文化知识及熟练的教育知识。教师的职业能力包括加工和驾驭教学内容的能力、多讯道教学表达能力、组织管理能力、自我调控能力、教学实验、研究能力和教学直觉、想象能力。

第三,学生是在各级各类学校或其他教育机构学习的人,具有主体性、发展性、潜能性和整体性等特点。对于学生而言,还应关注学生在集体层面的交往、分组及班级建设方面的意义。

第四,师生关系是教师和学生在教学过程中所发生的直接交往和联系。传统的师生关系类型有教师中心论和学生中心论,而实践中的师生关系既可以根据内容层面划分为人际关系、组织关系和心理关系,也可以根据交往形式划分为教师个体与学生个体的关系、教师个体与学生群体的关系、教师群体与学生个体的关系及教师群体与学生群体的关系,还可以根据师生关系的性质特点划分为专制型、管理型、挚爱型、放任型和民主型师生关系。

第五,良好的师生关系既是学生个性和谐发展的重要条件,也是促进教学活动成功的因素之一。良好的师生关系应具备人文性、民主性、合作性、教育性。教师是建立良好师生关系的主导因素,除了其学识水平、道德修养以及教学态度与方法影响良好师生关系的建立外,教师还要通过与学生携手共建、综合利用多种交往途径、在反馈调控中形成良性循环等方式建立和发展师生关系。

第六,教学行为是教学主体应对具体教学情境与问题的诸多因素所采取的各种操作方式的总和,具有实践性、个体性、情境性和生成性的特点。

第七,教学行为的内容主要包括备课与预习、授课与听讲、课后指导与课后练习三大方面。备课就是教师为上课而做的具体准备与计划,有学期备课、单元备课和课时备课,需要认真钻研课程、全面了解学生、制定合理教学目标、科学设计教学样式。预习即预先学习,需要多种行为同步进行、明确预习任务、妥善安排时间、灵活选择预习方法,也不要太过全面。授课包括导入、展开和结束三个基本环节。听讲是听和讲的结合体,既要重视听讲、专心听讲,也要善于听讲。课后指导是教师在授课结束后对学生的学习情况进行反馈和帮助的行为的总称。课后作业即学生在授课结束之后做出的与授课内容相关的作业任务活动。

[讨论和思考]

1. 怎样理解教师的职业特点和教师职业素养的构成?
2. 什么是学生?学生有哪些特点?
3. 怎样理解传统师生关系的类型?又该怎样理解实践中的师生关系类型?
4. 良好师生关系建立的标志是什么?教师应怎样建立良好的师生关系?
5. 什么是教学行为?简述教学行为的内容及要求。

[阅读导航]

1. 叶圣陶著.《叶圣陶语文教育论集》,北京:教育科学出版社,1980年版.

该书是叶圣陶同志1919年以后论述语文教育的文章的结集,也是我国半个多世纪以后语文教育的重要研究成果之一,对我国语文教育的历史、现状、理论原则及教学实践中的一些问题,都有深切详明的论述。而且,这些文章绝大部分在今天仍然富有现实意义。

2. [俄]列·符·赞科夫著,杜殿坤译.《和教师的谈话》,北京:教育科学出版社,1980年版.

该书是前苏联心理学家、教育科学博士、教育科学院院士赞科夫长期实验积累起来的研究成果,全书分11章,深入浅出地概述了他的教育、教学思想,是专门为中、小学教师而写的,深受中、小学教师的欢迎,对我国中、小学教师和教育理论工作者,也有积极的参考价值。

3. 高平淑编.《蔡元培全集》(第三卷),北京:中华书局,1984年版.

蔡元培的著述内容极其广泛,政治、教育、哲学、美学、宗教、文学、伦理学、人类学等均有涉及,一直为学术界、思想界高度重视。除了其对于教育的专门论述外,还在其政治、哲学、美学等领域的著述中留下了其教育思想的印记。

4. 魏东主编.《魏书生教育文选》,沈阳:辽宁教育出版社,1989年版.

该书是我国著名教育改革家魏书生对教育、教学所思、所感、所悟的汇集,既全面地反映了他在语文教学和班主任工作领域取得的丰硕的教改成果,也展示了他在教学领域耕耘和探索的心路历程。

5．［德］第斯多惠著，袁一安译．《德国教师培养指南》，北京：人民教育出版社，2001年版．

该书是19世纪德国杰出教育家第斯多惠的代表作，系统地阐述了教育的基本问题，总结出33条教学的规则与原则，继承和发展了裴斯泰洛齐的教学法原理，提出了许多精辟见解。

6．［俄］苏霍姆林斯基著，蔡汀等选编．《苏霍姆林斯基选集》，北京：教育科学出版社，2001年版．

该书是前苏联著名教育家苏霍姆林斯基用一生的心血铸就的纪念碑。人们，尤其是教育界的学者、专家、教师们，在这座纪念碑面前，可以聆听到许许多多脍炙人口的有益教诲；可以汲取到许许多多用来丰富和指导自己工作的理论和经验。

7．陶行知著．《陶行知文集》（修订本），南京：江苏教育出版社，2008年版．

陶行知作为我国近代以来非常重要的一位教育思想家和教育实践家，其教育思想博大而丰富，其教育实践具体而鲜活，对于旧中国的教育改造、社会变革产生了重要的推动作用。而且，他的教育思想和教育实践对当前我国的教育改革仍然有着重要的启示意义。

第三章 教学过程与组织

【内容提要】

教学过程是教学主体在特定的时空里围绕教学任务而展开的以促进教学主体发展为旨趣的活动过程。如果说备课是为教学过程进行预设,那么教学实践的展开更需要关注生成。教学过程中存在的客观的、必然的、普遍的联系,即教学过程的规律,包括教学双边交互影响辩证统一的规律;学生的发展依存于知识传授的规律;间接经验和直接经验相互作用的规律;教学效果取决于教学系统的和谐优化的规律。由教学内外部各种相关因素产生的无数分力融汇而成的合力,即教学过程的动力,具有启动、维持和强化、导向、激活、愉悦等功能。

教学组织形式是为完成特定的教学任务,教师和学生按一定要求组织起来进行活动的结构,经历了个别化教学为主的阶段、班级授课制为主的阶段和改造班级授课制为主的阶段。教学组织的主要形式是班级授课制,辅助形式有课外教学和现场教学,特殊形式有复式教学和全纳教学。

【学习目标】

1. 掌握教学过程的内涵。
2. 领会教学生成的内涵。
3. 掌握教学过程的基本规律。
4. 掌握教学过程动力的内涵。
5. 掌握教学组织形式的内涵。
6. 了解教学组织形式的发展,掌握班级授课制的改造和完善。
7. 掌握班级授课制的内涵及优缺点。
8. 了解课外教学、现场教学、复式教学和全纳教学。

【核心术语】

教学过程 教学生成 教学过程规律 教学过程动力 教学组织形式 班级授课制

教学作为教学主体间经验转换生成的活动,既可以从过程的维度考察教学主体在特定时空里的具体展开,也可以从组织的维度考察教学主体在特定时空里形成的结构。

第一节 教学过程

一、教学过程的内涵

（一）教学过程的内涵

1. 教学过程的定义

教学过程，是教学主体在特定的时空里围绕教学任务所展开的以促进教学主体发展为旨趣的活动过程。简言之，教学过程，即教学活动的展开过程。教学过程有以下四个方面的要义。

（1）教学过程包括教和学两种子过程

教学过程不但包括教的过程，也包括学的过程，而且还是这两种子过程一体化的过程，统一于教学过程之中。这也即教学过程虽然有教的过程和学的过程，但这两种过程并不是截然分割开来的，而是统一于教学过程之中的。

（2）教学过程围绕教学任务展开

教学过程的展开是基于教学任务而进行的。一方面，如果没有教学任务，那么也就谈不上教学过程。即使有过程的展开，那也只能算是相应任务下的过程，而不能称作教学过程。另一方面，由于教学任务的不同，教学的具体过程也会不尽一致，有些教学过程比较完整，而有些教学过程比较简略。

（3）教学过程旨在促进教学主体的发展

教学过程不但是教学活动的展开，而且还是落实教学任务、实现教学目标的重要方式。因此，教学过程与教学任务、教学目标一样，关涉教学主体的发展，承载着促进教学主体发展的重任。

（4）教学过程是预设和生成的和谐统一

从筹划性的视角来看，教学过程有预设和生成两种基本过程。所谓预设，即事前筹划；所谓生成，即实践筹划。教学过程中必须要有预设，即要事前筹划，包括教学目标的确定、教学手段的准备等，同时也还必须有事中的实践调整，包括对教学任务的重设、教学环节的重置等。如果只有预设，而没有生成，将会使得教学过程比较呆板，难以适应实际需要；如果只有生成，而没有预设，则将会使得教学过程漫无目的，难以产生真正的生成。因此，教学过程既有预设，又有生成，是预设和生成的和谐统一。关于教学生成将在下面做进一步的说明。

> 专栏 3-1
>
> 定义教学过程的方法
>
> 目前一般的教科书或论文对其下定义不外乎以下几种方法：
>
> 第一，从教学的定义扩伸至教学过程的定义，如"教学过程是师生双方有目的有计划地以教材为中介，通过教师的教和学生的学共同完成预定任务的统一活动过程"。这一定义比教学的定义仅多了"过程"二字，而且尽管指出了教学过程是教师的教和学生的学共同完成的统一活动过程，但没有进一步明确教师的教和学生的学在过程中的主次关系以及发挥作用的程度。
>
> 第二，以教学任务的罗列取代教学过程的定义，如"教学过程是教师有目的有计划地引导学生掌握文化科学知识和技能，发展智力和体力，逐步形成辩证唯物主义世界观和共产主义道德品质的过程"。这种下定义的方法掩盖了教学过程和教育过程的根本区别，即教学所具有的根本特点——传授知识舍弃直接的知识传授和学习活动，就不成其为教学过程，但没有直接的知识授受活动，教育过程仍可进行。
>
> 第三，根据教学过程的本质特点给教学过程下定义，如"教学过程是学生在教师引导下的一种特殊的认识过程"，或者"教学过程是以认识为基础的心理过程和以能力为核心的个性心理特征的统一培养和发展的过程；教学过程是以智育为核心的德、智、体全面培养和发展的过程"。由于对教学过程本质认识的差异，而形成对教学过程各种不同的定义，包括本质的具体特性（即教学过程的本质究竟是什么？）以及对本质本身的认识（即教学过程本质是单一的还是多质的）。显然，我们所列举的前一定义的持有者是单一本质论者，而后一定义的持有者则是多本质论者。
>
> 第四，按照教学过程某一特性的认识下定义，如"教学过程是一个审美过程"，"教学过程是一个情感发展过程"，"教学过程是一个信息传播过程"。这些定义者们从不同的角度抓住了教学过程的某一方面特性，但若就此下定义便如寓言中的"盲人摸象"，不免犯了以局部概括整体的错误。
>
> [资料来源] 吴立岗主编.《教学的原理、模式和活动》，广西教育出版社，第96—97页.

2. 教学过程的特点①

（1）历史性

教育、教学活动是自人类社会产生以后就具有的一种社会活动。新生一代通过接受、继承和发展上一代传授的文化成果得以生存和发展。而随着人类社会的演进，社会需要及教育目的不断发生变化，导致了教学过程中各种因素的变化，使教学过程打下深深的社会历史烙印。如：在奴隶社会、封建社会，教育、教学的目的主要是为国家机构培养各种官吏，注重政治的、伦理的陶冶。在教学过程中，教师是绝对权威，教材内容是钦定的、不容置疑的，学生是被动地接受，没有自己的思想和见解，只需呆读死记便成。在近现代，随着机器生产和商品经济的发展，科学技术在生产中的广泛运用，旧的教育传统受到冲击，学校教育不仅要为国家培养官吏，而且还要培养生产管理人员、技术人员和有一定文化和职业技能的熟练的工人。这样在教学过程中，就不仅要求学生掌握基本知识和基本技能，还要求学生要有实际的动手操作能力和应用的能力，教学活动也加强了生活和实际的联系。

---

① 黄甫全、王本陆主编.《现代教学论学程》，北京：教育科学出版社，1998年版，第37—39页.

但这时的教学过程基本上仍是一个单向的过程,教学目的是单维地把人培养成一定的工具;教学活动是单向地教师向学生传授知识。第二次世界大战以后,出现了新的科学技术革命的浪潮,带来了社会生产力的飞跃发展,引起了物质生产乃至生活方式、思维方式、价值观念的巨大变化。面对新的科学技术革命的高潮,无论是资本主义国家还是社会主义国家,都在寻求经济对策和社会对策,纷纷把教育提高到前所未有的重要地位。人的智力开发、个性发展和教育改革,已成为人们普遍关注的重要问题。这时的教学过程就变得丰富起来,要求把自然个体培养成有个性的社会个体,"他"不仅能运用知识,而且还能创造知识,"他"不仅是教学过程的授受者,而且是主动的、积极的参与者。教学过程不再仅仅是教师教的活动,而且是教师教、学生学的双边活动。随着社会历史的发展,教学过程会越来越丰富化、生动化和个性化。

(2) 周期性

现代教学活动是师生的双边活动。在这个活动过程中,师生之间相互作用,不断发生碰撞、交流和融合。通过碰撞、交流达到融合后,又出现新矛盾——新知与旧知、未知与已知的矛盾,产生新的碰撞和交流,呈现出一种波浪式的前进。从低级到高级,经过碰撞、交流达到融合,就是一个教学周期的结束。教学周期的运转导致了教学过程的实现。诸如周期的运转可以描述为一个螺旋体,于是每一单个周期就似乎是螺旋体的一圈螺线,教学过程在时间上就可以描述为它的各个教学周期即各圈螺线的前进运动。教学周期是教学过程的一个结构单位,它拥有该过程的全部质的特征,它的功能是最完整地组织对片段教学内容的掌握(在既定条件下)。

(3) 整体性

教学过程的最终结果是使学生获得全面发展。作为一个培养人的过程,教学过程和其他社会活动过程是不一样的。我们要把它从其他过程中划分出来,使它成为分析的客体。任何一门科学都应该竭力把客体当作整体来认识,尽管这种认识水平有赖于该门科学的水平。恩格斯认为达到把世界作为"有联系的整体"来理解乃是认识的目的所在,为此必须"认识整个自然和历史"。这是教学过程整体性的第一个表现。第二,教学过程内部存在着构成为统一体的各个组成部分:目的、教学内容、教学方法和手段、教学组织形式、教学评价等。第三,教学过程的活动种类、被形成的个性品质等都具有整体性。

(4) 个体性

教学过程和其他活动过程相比,更具有丰富性和复杂性。因为培养人的活动就是一个最复杂的系统活动。人的本质内涵有极大的丰富性和立体性。要培养、塑造一个人,就需要由具体的、个别的教学过程构成一个立体的交叉的教学过程系统,这一个个具体的、个别的教学过程赋予了教学过程系统以丰富的个性。首先,从学生的年龄阶段和教育系统内部来看,幼儿园、小学、中学、大学,都存在着自己独特的、不同于其他级别学校的教学过程,普通教育的教学过程也与职业教育等的教学过程不尽相同;其次,教学过程要达到学生全面发展的目的,就需要进行智力的、体质的、品德的等教学,因此,形成了一些相对独立的、富有个性的教学过程,如德育过程、美育过程、数学教学过程、语文教学过程等。

正因为教学过程极具个性,所以我们不仅要从系统的层次上、方法论的层次上去认识和研究教学过程,还要从具体的、个别化的层次上和操作化、应用性的层次上去认识和研究教学过程。这样,我们对教学过程的理解和认识才能避免空泛和混乱,也才能真正地更接近对教学过程的高度抽象和概括的认识。

(二)教学过程的生成

1. 教学生成的内涵

教学生成简单地说就是教师和学生在教学过程中,对原有预设的进程进行灵活调整,及时挖掘在此过程中所涌现出来的富有教育价值的信息,以更好地利用这些信息来促进师生双方发展的过程。这表明,教学生成有两个关键。

(1)对原有预设的调整

如前所述,预设是教学过程中必不可少的一个方面。而且,就教学而言,周密的预设还显得非常重要。但教学过程中仅有预设是不够的,还需要根据实现变化对原有的预设进行调整。

(2)把握富有教育意义的信息

虽然教学生成是对原有预设的调整,但这也并不意味着教学过程中所有不同于原来预设的信息都必须会进行教学生成。只有那些具有教育意义且不同于原来预设的信息才会带来教学生成。因此,教学生成需要紧紧把握住富有教育意义的信息。

2. 教学生成的特点

(1)过程性与结果性的统一

教学生成是在过程中生成的。虽然预设的教学也需要在过程中实现,但这时的过程更多的情况下只是一个幌子,实际上对过程并不是真正的关注。而只是借用这么一种形式,实质上是以追求结果为最终的目的。而教学生成真正地关注着过程,以从中发现任何有意义现象的蛛丝马迹,然后抓住这种关键信息进行拓展。在这个过程中,师生所感受到的是一种真正的过程中的陶冶,过程中的快乐。

同时,教学生成也注重结果。但这里的结果需要从两个方面来理解:一个是指向现实活动的结果,一个是指向终极未来的结果。虽然预设的教学强调对结果的关注,但实际上更多的是在前一个层面的结果,即指向现实活动的结果。甚至有些时候,这也只是教师的结果,更有甚者,可能这只是教师的一种良心上自我安慰的结果,并不是学生的结果,也并不是学生的现实活动的结果。而教学生成把两种结果统一起来了:一是指向现实活动的结果,希望通过活动能够使学生获得具体的什么信息,掌握具体的什么内容等;二是指向未来的结果,对学生的发展所产生的影响并不是这堂课,甚至也还不只是最近一段时期所要希望实现的结果,而确实是为其以后的发展有利的结果,甚至可以说是对其终生有利的结果。

(2)科学性与艺术性的统一

虽然这里分析的是教学的生成性,即教学活动中存在着对原有预设的超越性,但并不意味着否认必要的教学预设,也并不意味着可以无视教学预设。

同时,强调生成,并不意味着可以无原则地去生成。恰恰相反,生成也必须遵照一定的尺度和要求。所有这些都表明教学生成必须在科学性的前提下进行。如果没有科学性作保证的教学生成,其结果可能还不如抱残守缺的预设。

上述科学性的一面只是从一般意义上使教学活动能够顺利开展,但要想真正实现带有生成性的教学,仅仅有这些还是不够的,还必须对之进行灵活的处理。在此过程中,就要考虑对教学进行艺术的处理,收到事半而功倍之效。

(3) 基础性与超越性的统一

教学活动中之所以存在着预设,有两个方面的原因:一是根据目标而提出;一是根据学情而提出。无论哪个方面,都反映了基础性的一面。从前者来说,主要表现为在中小学阶段,所设定的目标主要是基础层面的,即个体在社会生活中所必需的方面。后者主要表现为学生的现实状况。教学活动必须根据这种状况来进行,并根据这种状况来进一步发展基础性的方面。因此,基础性就可以说是教学活动的重要指向。

但教学活动中除了基础性的一面之外,还有超越性的一面。一般说来,最近发展区的发展实际上就意味着超越,而超越也即生成。

3. 教学生成的内容

(1) 目标生成

这主要是抓住关键信息的教育性,对原来预设的目标及时地、灵活地进行调整。这种调整常见的有以下几种情形:一是增加原来所不曾预设的目标;二是删除掉原来预设的目标;三是把原来预设的目标所在位置、重要性进行调整,如把本来位于重要地位的目标变为次要目标,把本来位于次要地位的目标变为重要目标。

(2) 内容生成

这主要表现为对原来预设的内容进行调整。这种调整主要表现为纵向的深入与横向的拓展。所谓纵向的深入是指所增设的内容的难度、深度比原来预设的内容更进一步。所谓横向的拓展是指以所进行的内容为中心向四周进行发散性的联想。

(3) 感情生成

在教学生成过程中,除了上述目标生成、内容生成外,还有感情生成。由于感情的重要性,所以感情生成也是非常重要的。

感情生成主要表现为两个方面:一是对已有感情的强化。这主要是指在教学生成过程中,师生之间、同学之间由于教学生成这一载体,使得他们之间的感情进一步加深、进一步升华。二是对已有感情的改善。这主要是反映在教学生成过程中,可能个别师生之间、同学之间的感情本来很一般,有些甚至还有可能是极端对立的情形,由于教学生成,使得他们之间本来很一般的感情变得不一般了,或者本来是对立的感情变得融洽了。

二、教学过程的规律[①]

任何事物都有它的客观规律,遵循客观规律办事才能获得成功。所谓规律,是指客观事物发展过程中的本质的必然联系,具有普遍性的形式。也就是说规律具有客观性、必然性和普遍性。只有同时具备这三种属性,才能确定事物和现象之间的这种联系具有规律性的意义,是规律性的联系。教学过程的规律便是教学过程中存在的客观的、必然的、普遍的联系。

需要说明的是,教学过程中需要遵循的规律有很多,这里只涉及其中四项基本的规律,即教学双边交互影响辩证统一的规律;学生的发展依存于知识传授的规律;间接经验和直接经验相互作用的规律;教学效果取决于教学系统的和谐优化的规律。

（一）教学双边交互影响辩证统一的规律

教与学的矛盾是教学过程的主要矛盾,教学双边相互依存、相互影响,构成教学过程的复杂关系。教学双边关系中的教师和学生,都是教学过程中的能动性因素,二者的交互影响和辩证统一是非常值得深入探讨的课题。

1. 教与学的逻辑关系

教与学作为教学过程中两项主要活动,其间的逻辑关系至少有四种:(1)教等于学。指教师教多少,学生也学多少,也就是人们常说的"名师出高徒"的关系。(2)学多于教。指学生所学多于教师所教,即所谓"青出于蓝而胜于蓝"。(3)教大于学。指学生对于教师所教的东西无法全部吸收,只能学到部分内容。至于每个学生究竟能学到多少,则取决于学生个人的能力和努力程度。(4)有教无学。指学生对教师的教授内容全然不知,没有学到教师计划要教的东西,但不排除学生也可能从教师特定的教学中,学到教师没有预期的东西。从上述可见,教与学之间并不必然存在"正比例"的逻辑关系,但却必然存在着某种逻辑关系,只是或者表现为"正效应",或者表现为"零效应",或者表现为"负效应"罢了。

2. 教师在教学活动中起主导作用

在教与学的矛盾关系中,教师的教是矛盾的主要方面,支配着学生的学,教师在教学中应当起主导作用。正如列宁指出的:学校真正的性质和方向,并不由地方组织的良好愿望所决定,不由学生"委员会"的决议所决定,也不由教学大纲等所决定,而是由教学人员来决定。教师在教学中起主导作用有其必然性,这是因为教师的职责就在于要根据国家的教育目的、课程计划和课程标准,有目的有计划地通过"传道、授业、解惑",将学生培养成为全面发展的有用人才。同时,教师"闻道在先、术业专攻",受过专业教育的培养和训练,具有较高的思想政治觉悟、丰富的广博的知识和生活经验,并掌握了教育、教学规律。因此,教师有责任、也有能力主导教学过程,对成长中的青少年的身心健康发展负起责任。

[①] 参考了田慧生、李如密著.《教学论》,石家庄:河北教育出版社,1996年版,第146—154页.

当然，教学过程中教师主导作用的发挥程度，还有赖于教师本身素养水平的不断提高，所谓"欲人明者必自明，博学详说之功，其可不自勉乎"！教人者只有学高身正，才能为人师表。

3. 学生的主体地位不容忽视

学生是学习活动的主人，教学过程中教师的教只有以学生的主动学习为基础，才能取得预期的效果。一般来说，学生的学习主动性、积极性愈大，求知欲、自信心、刻苦性、探索性和创造性愈大，学习效果也愈好。因此，教师要确立"学生学习要靠自己主动学习，他人不能包办代替"的观念。当然，学生主体性的形成和发展，离不开教师的正确引导。教学实质上就是引导学生学。北京一位特级教师深有体会地说："学生学习好比人走路，低年级的要牵着走，中年级的让他跟着走，高年级的指引他们自己走。"为了增强学生的主体性，使之真正成为学习的主人，教师应注意提高学生对学习的认识，明确学习目的，端正学习态度；使学生具有良好的学习动机和浓厚的学习兴趣，具备一定的学习能力；指导学生掌握良好的学习方法，养成良好的学习习惯。致力于弘扬学生的主体性，乃是当代教学的一大主题。

4. 教与学是辩证统一

教师主导要与学生主体相结合，才会产生积极有效的教学活动。"学生为主体"不同于"儿童中心"，因为它是以教师的主导作用为条件的；"教师为主导"也与"教师中心"有别，因为它是以确认学生的主体地位为前提的。教师主导作用发挥得越好，学生学习的主动性、积极性、独立性和创造性也就越强。反之亦然，如果没有学生的积极配合，则教师的主导作用也必然落空。或者说，教师为主导是学生得以充分发挥主体作用的必要条件，而学生的主体性发展又是教师发挥主导作用的当然结果。实践证明，任何将教师教与学生学的辩证统一关系割裂、对立起来而走向片面化、极端化的观点和做法，都是违背了教学双边交互影响、辩证统一的规律的。

（二）学生的发展依存于知识传授的规律

教学过程的基本功能是向学生有组织、高效率地传授系统的科学文化知识，学生的智能、品质、体质、个性等方面的发展，均依存于对科学文化知识的学习。科学文化知识在教学中以教材为主要载体，学生的发展便以有组织地认识教材为主要中介。

1. 学生的智能发展对知识传授的依存

科学规律性的知识是发展学生智能的基础要素，所谓"无知者无能"，缺乏科学规律性的知识，学生的智能发展就是一句空话。列宁曾指出：我们不要"死记硬背"，但是，我们需要用基本事实的知识发展和增进每个学习者的思考力，因为不把所学到全部知识融会贯通，共产主义就会变成空中楼阁，就会成为一块空招牌，共产主义也会是一些吹牛家。列宁在这里明确地揭示出一条真理，就是智能的发展有赖于对基本知识的掌握，在掌握基本知识时，必须使之融会贯通，才能发展和增进每个学习者的思考力。但是，知识的传授必然促进学生智能的发展。因此，在教学中应把发展学生的智能作为教学的出发点，从发展学生智能出发来传授知识，才能将传授知识与发展智能统一实现于教学过程中。

2. 学生的品德发展对知识传授的依存

在教学过程中，掌握知识是形成学生思想品德的基础。传授知识与进行品德和思想教育，从来就是结合在一起的。"文以载道"、"教书育人"是我国教学史上形成的优良传统。王夫之曾说过：多识而力行之，皆可据之以为德。19世纪德国教育家赫尔巴特则直接提出了"教学的教育性"这一命题，他说："我想不到任何有'无教学的教育'，正如在相反方面，我不承认有任何'无教育的教学'。"一般说来，任何知识体系都是建立在一定的方法论的基础上，渗透着一定的思想、政治、道德的因素，具有潜隐的教育性；同时科学性的知识本身就是一种巨大的教育力量，学生的正确人生观、科学世界观的形成，都是以科学文化知识为其基础的。所以，教学正是通过传授富有思想性的科学文化知识来培养学生的优良品德。

3. 学生的体质发展对知识传授的依存

在教学过程中，体育知识的传授为学生的体力发展提供了科学的依据。学生体力的发展，具体地说就是：(1)保护健康。如：教学过程中容易产生近视、脊柱弯曲、头昏、睡眠不良等病症，事先加以预防，就是保护健康。(2)增强体质。如：通过体育教学发展速度、灵敏、力量、耐力、柔韧等身体素质。人体对外界环境的适应能力，发病率的高低，也说明体质的强弱。(3)促进发育。身体发育指身体各器官的构造和机能得到正常的生长发育，通常是按一定年龄和性别，从身高、体重、胸围、肺活量与肌肉的能力等方面来衡量的。教学在传授知识技能发展认识能力的同时，承担着保护健康、促进发育和增强体质的任务，而后者的实现与前者所能提供的科学依据密切相关。

4. 学生的发展不能脱离开知识传授的过程

知识传授必然影响学生的发展。但是，影响的性质和程度又具有或然性。如：不具体科学性的所谓"知识"，就可能会给学生的智能、品德和体力的发展带来消极影响；对学生的发展缺乏明确指向的知识传授，就可能会降低影响学生智能、品德和体力发展的程度。因此，老师致力于提高知识传授的水平，使学生的身心全面发展在教学过程中得以统一实现。

(三) 间接经验和直接经验相互作用的规律

所谓间接经验是指他人认识的成果，他人通过实践获得的理性认识，大多表现为书本知识；直接经验是指学生通过亲身实践，接触外界事物获得的感性认识。在教学过程中，间接经验和直接经验是相互作用的。

1. 学生以掌握间接经验为主

即以学习书本知识为主，这是一条简约、直接、高效的认识捷径。在教学中，坚持学生以掌握间接经验为主，可以减少认识过程中的盲目性，节省时间和精力，有效避免人类认识历史上的偶然性和曲折，从而大大提高了认识效率；使学生尽快获得大量的科学文化知识，为在此基础上更加深入广泛地认识世界和改造世界创造了有利条件。因为"如果把历史所积累的科学知识的总和比做金字塔，那么学者是站在塔的顶峰上，儿童是站在塔基旁边。必须在儿童和少年时代，即在很短的时间内，把他们所学的知识提高到当代的水平，并且能够使他们继续进行人类思维的创造性活动"。相反,事事都让学生去实践,从获得直接经验开始学习,则既无必要也不可能。那样的话,学生个人不可能在短短的时间内达到人类长期认识世界所达到的水平,并必定影响社会的发展与进步。在现代科学飞速发展的情况下,完全依赖直接经验也是不必要的。正如恩格斯所指出:现代自然科学……由于它承认了获得性的遗传,它便把经验的主体从个体扩大到类,每一个体都必须亲自去经验,这不再是必要的了;它的个体的经验,在某种程度上可以由它的历史祖先的经验的结果来代替。

2. 学习间接经验必须以学生个人的直接经验为基础

间接经验和书本知识是学生所没有亲身实践的,在学习时如果没有他个人的直接经验的参与和帮助,是很难对间接经验和书本知识进行接受、理解、消化和巩固的。学生总是借助他已有的直接经验去学习书本上的间接经验。陶行知先生作过一个精辟的比喻:"接知如接枝。"他说:"我们必须有从自己经验里发出来的知识做根,然后别人的相类的经验才能接得上去。倘使自己对某事毫无经验,我们绝不能了解或运用别人关于此事之经验。"可见,学生个人的直接经验在其间接经验学习过程中具有不可代替的特殊价值。因此,在各科教学中讲授任何知识,如果学生缺乏必要的感性经验,都应想方设法运用各种有效方式,让学生充分感知,丰富其感性经验,以更好地掌握所学习的书本知识。学生个人的直接经验越丰富,则对间接经验的掌握越容易。

3. 学生掌握间接经验的特点及教师传授间接经验的方法

研究表明,教师领导学生掌握间接经验的教学过程,不同于其他各种各样的认识过程,主要表现为:依据教科书的系统,从已知到未知;日积月累,逐步打好基础;循序渐进。这就是学生掌握间接经验的特点。教师传授间接经验的过程及方法是多种多样的,既可以是感知教材、理解教材、形成技能技巧、巩固教材、应用知识、检查对知识、技能掌握的情况;也可以是整理已知、探索未知、形成技能技巧……或运用已知进行推理分析、得出结论、验证与深化理解新知、形成技能技巧……有时还可以是预习教材、分析并理解教材、形成技能技巧,甚至还可以是让学生运用已知去进行有目的的练习、在练习中获得新知,分析与理解新知、验证与深化新知、形成技能技巧……在间接经验与直接经验相互作用中使学生掌握间接经验,被实践证明是富有成效的。

(四)教学效果取决于教学系统的和谐优化的规律

教学过程的各种要素、各个环节能否共同组成优化结构,并作为一个和谐的系统发挥其整体最佳功能,从根本上制约着教学的最终效果。这是教学过程的一条非常重要的规律。

1. 教学要素的和谐优化

教学过程的构成要素和影响要素,对教学效果的优化具有重要意义。各种要素都具有一定的作用力,是其他要素所不能取代的;并且各种要素之间的相互联系的改善,亦会对教学效果产生十分微妙的影响;而所有要素及其相互联系所共同形成的系统整体,则会产生一种更大的"合力"作用,制约着教学效果所能达到的最大值。所以,教师在教学过程中应致力于充分发挥各种要素的作用,改善各种要素之间的相互联系,促进整体合力的产生,从而达到优化教学效果的目的。

2. 教学结构的和谐优化

组成教学结构的各个部分,像组织教学、检查复习、讲授新教材、巩固新教材和布置课外作业等,都应注意根据教学实际合理地安排其在整个结构中的地位、顺序以及时间分配,使之成为一个和谐完整的结构体系,做到合理操作、协调配合、有效控制、相互促进,则教学必然会出现整体优化的效应,即出现整体功能大于部分功能的现象。这绝不是像有些教师那样,只局限于在某个或某几个孤立部分上下功夫,而不注意将教学结构和谐优化所能达到的效果。

3. 教学环节的和谐优化

教学过程的基本环节,诸如备课、上课、作业的布置批改、课外辅导以及考核评定等,都是以各自的质量和效率保证了整个教学过程的质量和效率。教师必须统筹兼顾、全面计划、增强联系、环环相扣,不仅使每个环节的质量和效益得到保障,而且使整个教学的流程顺利进行,使整个教学过程的质量和效率得到保障。上课作为教学的中心环节固然应该重点对待,但其他环节也不应忽视,否则可能会造成一个环节出现问题,致使整个教学质量和效率降低的后果。

4. 教学节奏的和谐优化

教学活动的每一细节都做到缜密思考、精心设计,才能真正把一堂课"雕刻"成精美的艺术品。教学的节奏应巧妙安排、衔接有序,表现出快慢得宜、动静相生、疏密相间、起伏有致、穿插得体等特点,整体教学活动严密合理、融洽统一。教学节奏的和谐优化程度,体现着教师教学艺术的水平。具有整体和谐节奏的教学,可给学生美妙的艺术享受,使之在身心愉悦中接受到深刻的教育。

前苏联教育学者巴班斯基关于教学过程最优化的研究,对我们深入揭示教学效果取决于教学系统的和谐优化的规律提供了多方面的有益的启示。他曾说:要使教学最优化,就必须以辩证的系统方法来看待教学过程。所谓辩证的系统方法,就是必须把教学过程的所有成分,师生活动的内外部条件都看成是相互联系的东西,必须仔细考虑各种可能的解决办法,并自觉地从中选择出在当前条件下,教学任务、内容、形式和方法的最好方案。实践也证明:以整体的、联系的、辩证的、发展的观点来思考和处理教学过程中的复杂现象及其关系,促使教学系统和谐优化,是取得理想的教学效果的重要途径。反之,则导致整个教学质量的降低。

四、教学过程的动力

(一)教学过程动力的内涵

教学过程动力又被简称为教学动力,"是由教学内外部各种相关因素产生的,促使教学主体从事教学活动,推动教学过程周而复始地运行和发展,以实现教学目标的无数分力融汇而成的合力"①,有以下七个方面的特征②。

1. 方向性

这是教学动力的根本属性,意指教师的工作动力与学生的学习动力的结合不是无规则的运动,而是朝着共同的方向,即为实现教学目标发生交互作用。这对教师和学生的行为都具有导向作用。

2. 动态性

教学动力的动态性通过师生动力的互动性体现出来。作为主导的教师在自身工作动力的推动下,通过自己的教学行为激发学生的学习动力以提高教学效率;作为主体的学生受激起后的学习动力的驱使,积极参与教学活动,进而强化教师的工作动力,促使教师更加积极地投入到教学活动中。教师和学生的动力就是这样不断地交互作用,推动教学过程持续运行和发展。

3. 转化性

教学动力的转化性是指教师的工作动力与学生的学习动力、外部动力与内部动力在一定条件下的转化关系。具体表现在:第一,教的动力与学习动力之间的相互转化。教师将自己的工作动力转化为学生的学习动力,引起学习行为。同样,学生的学习动力也可转化成教师的工作动力。第二,外部动力与内部动力之间相互转化。外部动力是由外部发起的,内部动力产生于教学自身和教学主体自身。外部动力和内部动力在一定条件下能够相互转化。外部动力转化成内部动力,内部动力也可以转化成外部动力。

4. 层次性

教学动力的层次性集中表现为教学动力种类的层次性、教学动力转化的层次性、教的动力或学习动力的层次性。首先,教学动力种类层次性。由各种教学矛盾形成的主动力、次动力、助动力,具有明显的层次性。主动力处于第一层次,次动力居于第二层次,助动力位居第三层次,三者形成一个层次分明的网络结构。其次,教学动力转化的层次性。教的动力或学习动力的内外部动力的转化是第一层次的转化,即深层次的转化;教的动力与学习动力的相互转化是第二层次的转化,即表层次的转化。最后,教的动力或学习动力自身也各有其层次性。

5. 强度性

教学动力有强弱之分。较强的教学动力能使师生积极思维,活跃课堂气氛,教学效率高;反之,师生的主动性一般较差,教师的主导作用和学生的独立性、主动性、创造性都处于较低水平,教学效果往往不理想。教学动力的强度还表现在教师对待教学工作的态度和学生对待学习的态度方面。教师的工作动力有强有弱,学生的学习动力同样有强有弱。教学动力具有强度性直接影响到教学效果。

---

① 李森著.《教学动力论》,重庆:西南师范大学出版社,1998年版,第6页.
② 李森著.《教学动力论》,重庆:西南师范大学出版社,1998年版,第50—56页.

6. 多样性

教学过程的运行与发展是由无数分力的融合推动所致。这里，无数分力表现出了教学动力的多样性特征。教学动力的多样性具体表现在其构成因素和各因素相互作用而产生的矛盾的多样化两个方面。

7. 差异性

教学动力作为由无数分力融汇而成的合力，是无数分力的矛盾统一体，因此这种合力绝不可能是各个分力的绝对的、无差别的统一，而且永远也不可能达到这种抽象的统一。在教学过程的运行与发展中，各个分力所起的作用是不同的，其强弱程度也不相同。

上述教学动力的七个基本特征相互联系、相互制约，共同构成教学动力的根本属性。方向性决定动态性，动态性为转化性提供可能，转化性使动态性得以实现，层次性和强度性中有多样性、差异性，多样性和差异性是动态性、转化性不可缺少的条件，多样性中有差异性，差异性中也有多样性。

（二）教学过程动力的类型①

由于研究者的立场、观点、方法不同，教学动力种类的划分也就不同。归结起来，人们对教学动力的分类，主要有以下几种方式。

1. 外部动力和内部动力

这是以来源为标准划分的教学动力类型。当然，关于外部动力和内部动力本身又有三种不同的理解。

（1）学生个体活动的维度

从学生个体活动的角度理解外部动力和内部动力，引起或产生外部动力的各种因素包括学生周围的各种强制性因素和吸引性因素，而学生学习的内部动力根据其主观能动性由低到高的发展过程，有被动性内驱力和主动性内驱力。外部动力在一定条件下能不断地转化为内部动力。

（2）学法指导的维度

从学习方法指导的角度来看，学法指导的动力系统包括外部动力系统和内部动力系统：外部动力系统是学法指导的外部条件，内部动力系统是学法指导的内部力量，外部动力通过内部动力而对学法指导起作用。

（3）个体行为的维度

从个体行为的角度来看，一个人的行为动力既可来自外部的压力，也可来自内部的驱动力，前者如逃避外部惩罚，后者如满足求知的需要。但前者不仅力度小不能持久，而且还会引起许多副作用。

2. 强动力、中强度动力和弱动力

这是以动力的强弱程度为标准划分的教学动力类型。顾名思义，强动力指程度较强

---

① 参见李森著.《教学动力论》，重庆：西南师范大学出版社，1998年版，第94—110页.

的教学动力;中强度动力指程度处于中等水平的教学动力;弱动力指程度较弱的教学动力。

3. 宏观动力和微观动力

这是以动力作用的范围为标准划分的教学动力类型。宏观动力是教学过程与社会过程的矛盾;微观动力是教学的基本矛盾,即教师提出的认识任务及其他任务与完成这些任务的实际可能性之间的矛盾。

4. 认知性动力和情意性动力

这是以动力的构成因素为标准划分的教学动力类型。认知性动力系统由观察力、记忆力、思维力、想象力、创造力、自我管理和自我教育力等各种因素组成,情意性动力系统由兴趣、动机、需要、情绪情感、性格、气质等各种情意性因素构成。认知性动力系统是情意性动力系统的基础;情意性动力系统是在认知性动力系统基础上形成的。

5. 显性动力与隐性动力

这是以动力影响教学主体的方式为标准划分的教学动力类型。显性动力由各种明显的动力因素构成,直接作用于教学主体。隐性动力则是由潜在的动力因素形成的,以间接的方式对教学主体发挥作用。

6. 主动力、次动力和助动力

这是根据教学动力的来源为标准进行的分类。主动力是教与学的矛盾;次动力是来自教学系统内部其他构成要素所形成的矛盾;助动力是来自于教学过程和社会过程的矛盾。

(三) 教学过程动力的功能[①]

1. 启动功能

教学过程动力的启动功能是指教学动力能引起和调动教学主体的积极情绪,使主体产生教学行为,投身教学活动,从而启动教学过程。教学过程启动的力量是多方面、多层次的,它既可以来自外部刺激,也可以来自内部冲动,还可以来自内外部动力的结合。

2. 维持和强化功能

教学过程动力不仅具有启动功能,而且还具有维持和强化功能。所谓维持和强化功能,是指教学动力能维持和强化教学主体行为的自觉性和自我调节机制,使教师的主导作用和学生的独立性、主动性、创造性得到充分发挥,从而教师坚守教坛,学生刻苦攻读,持之以恒。

3. 导向功能

教学过程动力不仅能够启动教学过程,维持和强化教学主体的教学行为,而且它还能够决定教学主体行为的进取方向,这就是教学动力的导向功能。所谓导向功能,是指教学动力将教学主体的行为引向某一预定的目标,使教学主体为之做出努力。

---

① 李森著.《教学动力论》,重庆:西南师范大学出版社,1998年版,第111—115页.

4. 激活功能

所谓"激活",是指在教学过程中情意性因素(包括兴趣、动机、情感、意志、个性品质、需要以及人格力量)能激活教学主体受到某种抑制的神经系统,消除教学疲劳,使感知与思维等认识活动保持应有的兴奋状态,作用于教学对象——科学认识。因此,教学动力的激活功能是指教学动力能唤醒或增强教学行为,使教学主体处于兴奋和觉醒状态,为集中而有意识的教学活动提供能量。

5. 愉悦功能

教学过程动力的愉悦功能,是指教学动力能使教学主体在教学实践中感到虽苦犹乐,把教与学当成一件快乐的事,从而产生愉快、喜悦的心理反应。

第二节 教学组织

一、教学组织形式的内涵

(一)教学组织形式的概念

教学组织形式,通常简称为教学形式,是指为完成特定的教学任务,教师和学生按一定要求组织起来进行活动的结构。教学组织形式有以下四个方面的要义。

1. 教学组织形式是静态要素的结构化表达

任何教学活动,在客观上都离不开教师、学生及教学内容等方面的要素。教学组织形式就是这些静态要素所构成的结构化的表达或呈现。

2. 教学组织形式是静态要素的动态性反映

教学组织形式不但是上述要素的结构化表达,而且还是上述静态要素的动态性反映。一方面,这些要素在教学活动中并不是孤立地静止地存在,而是在不断地变化和组织;另一方面,这些要素的组织不同,其教学组织的形式也并不相同。

3. 教学组织形式受制约于教学任务的需要

对于教学活动中的要素有多种具体的组织方式,但究竟采用什么样的教学组织形式则取决于教学任务的需要,根据教学任务的实际情况选择和运用相应的教学组织形式。

4. 教学组织形式的发展受社会历史的制约

随着社会历史条件的变化,教学组织形式也在不断地发展,从早期比较简单的教学组织形式,逐渐发展到今天比较复杂的教学组织形式。

5. 教学组织形式表现教学理论水平的发展

教学组织形式的发展除了受社会历史的制约外,还与一定时期的教学理论水平的发展相一致。因此,教学组织形式还表现教学理论水平的发展。

（二）教学组织形式的特点

1．组织性

教学组织形式作为教学活动中的静态要素的结构化表达，实际上也就是这些要素在特定的时空条件下的组合。因此，教学组织形式就是由教学活动的构成要素所呈现出来的结果。

2．结构性

尽管不同的教学组织形式中，各种教学要素的组织和呈现存在着一定的差异，但作为教学组织形式，它们仍然具有一种相对稳定和封闭的形式。

3．发展性

教学组织形式随着社会历史的发展而不断地发展。一方面有些教学组织形式逐渐退出了历史舞台，另一方面有些教学组织形式在不断地完善。同时，也还有新的教学组织形式在不断地涌现。

4．多样性

教学组织形式的发展同时也带来了教学组织形式的多样化。特别是在目前，多种教学组织形式并存，为教学实践提供了选择的空间。

5．差异性

教学组织形式的差异性有两个方面的表现：一是教学组织形式自身的不同。这也即不同的教学组织之间各不相同。虽然教学组织形式作为对教学要素所进行的组织，但是由于这些要素在组织上的差异而呈现为各不相同的教学组织形式。二是教学组织形式实践的不同。虽然在每个时期都有其主流的教学组织形式，但在同一时期同一地方所运用的教学组织形式并不完全相同。

（三）教学组织形式的类型

根据不同的标准，可以对教学组织形式进行不同的划分。

1．个别教学、小组教学及全班教学

这是根据教学的组织结构进行的划分。根据教学的组织结构，特别是教学对象的数量可以把教学组织形式划分为个别教学、小组教学及全班教学。其中，个别教学是针对个别对象进行的教学活动，或者是把全体教学对象分散开来，逐一进行教学；小组教学则是以小组为对象，针对小组开展教学；全班教学是以全体学生为教学对象而开展的教学。

2．直接的教学组织形式和间接的教学组织形式

这是根据师生交往对教学组织形式进行的划分。在有些教学活动中，师生之间进行直接的、面对面的交往，如前述的个别教学、小组教学及全班教学等，虽然在教学对象数量上存在着差别，但却都是师生之间在同一时空里开展的面对面的教学组织形式。而在有些教学组织形式里，如个别学习、伙伴学习、合作学习、网络教学、广播电视教学、计算机辅助教学等教学组织形式中师生之间的交往却不是直接的，而是采取间接的，甚至缺失的状态。

3. 基本形式和辅助形式

这是根据教学组织形式的实践地位来进行的划分。根据教学组织形式在教学实践中使用的情况可以把教学组织形式划分为基本形式和辅助形式。教学的基本组织形式是以班级为单位开展的班级教学，教学的辅助组织形式主要是复式教学。关于这两种教学形式将在本章中进行交待，故这里不再详述。

此外，关于教学的组织形式还可以从其他方面，如根据教学组织形式中的要素自身的情况来进行划分，按照空间可以划分为课堂教学和现场教学；按照教师可以划分为包班制、科任制和小队教学；按照学生可以划分为个别教学、群体教学、班组教学、分组教学、开放教学、单式教学和复式教学等。

（四）教学组织形式的价值

1. 影响着教学质量的高低

教学组织形式影响教学质量这一点，可以在国内外教育史中找到众多的例子加以证明。如：前苏联 20 世纪 20 年代和我国 1958 年之后的一段时间，尤其是十年动乱时期，由于随便地否定了班级授课制这一教学组织形式，造成了教学质量的严重下降。再如，美国的进步教育运动，反对传统的班级授课制，代之以活动教学、现场教学和分组教学为主，否定了系统的文化科学知识和技能技巧的传授，从而导致了教学质量的全面下降。当今世界，科技迅猛发展，国际竞争日益激烈，各国都大力发展基础教育，培养合格人才，由此研究教学如何组织具有极其重要的意义。因为合理地确定教学中教师与学生的人员组合，科学地安排教学活动的组织程序，可以充分利用国家对基础教育投入的有限的人力、物力、财力，最大限度地发挥教学系统的功能，大幅度提高学生的学习质量。

2. 有利于学生个性充分、自由和全面发展

从教育社会学的角度审视教学活动，教学活动同时也是一个交往活动。教学活动中，师生通过互动关系获得自己的社会角色认同。教学过程同时也是一个社会化的过程，是一个学生形成个性的过程。在这个过程中，学生的个性和情感得到逐步发展。教学组织形式如果设计得好，师生交往、生生交往能得以正常维持，学生的个性和情感的发展才能成为可能。如果设计得不恰当，没有充分考虑师生交往的地位，教学中无视师生交往和生生交往在学生发展中的作用，学生的个性和情感就无法得到健康的发展。

3. 有助于对教学论本身的探讨

教学论的各种研究对象，尤其是教学模式和方法同教学的组织形式是紧密联系在一起的。教学模式的改革同教学组织形式的改革是融为一体的，要落实、检验和发展一种教学模式，必须同时研究如何科学地确定新的教学组织形式。对教学方法的研究也是如此，只有科学地确定教学的组织形式，才能确定各种教学方法的使用条件、时间以及它们的最佳组合方式。

二、教学组织形式的发展

教学组织形式是在宏观的社会历史背景下随着社会生产方式的改变而发展变化的,它还受到教育普及程度、学科性质以及教学任务的制约。从产生时间上来看,教学组织形式经历了个别化教学为主的阶段、班级授课制为主的阶段及改造和完善班级授课制为主的阶段。

(一)个别化教学组织为主的阶段

在原始社会和奴隶社会,个别教学是教学组织的主要形式,这就是教师分别对个别学生进行教学的形式。这是出现最早的教学组织模式。个别教学发展到后来也有一些变化,出现了一个教师教很多学生的现象。如:在汉代就采用过大班上课和高徒相传的形式,但是这时的教学与班级授课有本质的区别,它没有严格的组织,同时学生的年龄相差悬殊。从本质上讲,它仅是对学生进行个别施教的一种形式。个别教学由于其自身的弱点,难以完成系统化、程序化传授知识的任务,因而教学效率不高。这种教学组织形式只能适合当时人数不多且教学内容又比较简单的教学要求。这种教学组织形式是当时低下的生产力水平和科学技术水平的一种反映。

(二)班级授课制为主的阶段

随着资本主义商业的发展,生产规模不断扩大,对技术工人的质量和数量提出了新的要求。这就要求大量增加受教育者的数量,提高受教育者的质量。这些要求反映在教学上,就是要增加自然学科的教学内容,改进教学组织形式。这就催生了一种新的教学组织形式——班级授课制。

早在16世纪,西欧就出现了班级授课制的萌芽。17世纪夸美纽斯总结了捷克兄弟会的学校教育经验和自己的教学实践,提出了班级授课制,并最早在理论上进行了阐述。夸美纽斯认为,一个老师同时教多个学生是完全可能的,但要具备适当的条件。他阐述的条件大致可以概括为以下几点。[①]

1. 根据儿童的年龄和知识水平编班。同一个班级的学生学习相同的内容,进度也相同,这样就可以一个教师教很多学生。

2. 教学应有计划、有组织。学校的教学应该有学年的划分,同时开学,同时放假,学年开始时,学生同时升入一个年级,开学以后不再招生,在学期中,也不能随便退学。每班教学按已有的计划进行。

3. 教学采用上课的形式。上课要有一定的目标,拟订每年、每月、每日所应达到目标的教学计划,按计划进行教学。

4. 每个班应有同样的课本,采用同样的教学方法,同样的功课,使学生的注意力都集

[①] 刘克兰主编.《现代教学论》,重庆:西南师范大学出版社,1993年版,第300页.

中在同一的目标上。

5. 每天上课分上午、下午进行,各 2 小时,共计 4 小时,其余的时间为自学,星期六下午不上课,星期日放假。

由于这种教学组织理论适应了资本主义经济发展的客观要求,提高了教学效率,因而逐渐为各国采用。中国最早采用班级教学是 1862 年清政府在北京开办的京师同文馆这一用来培养"译员"、"通事"的外国语学校。后来清政府废科举,兴学堂,班级授课制在我国学校中开始被广泛采用。

专栏 4-2

夸美纽斯对班级授课制的论证

我认为,一个教师同时教几百个学生不仅是可能的,而且也是要紧的;因为,对教师、对学生,这都是一种最有利的制度。教师看到跟前的学生数目愈多,他对工作的兴趣愈大;教师自己愈是热忱,他的学生便愈会表现热心。同样,在学生方面,大群的伴侣不仅可以产生效用,而且也可能产生愉快(因为人人乐于劳动的时候有伴侣);因为他们互相激励,互相帮助。

假如事情按照下列方式去安排,一个教师是容易对付很大一群学生的。就是说:

1. 假如他把全体学生分成班级,比如十人一组,每组由一个学生去管理,管理的学生又由上一级去管理,如此等等。

2. 假如他绝对不进行个别教学,不在学校以外私下地进行,也不在学校以内公开进行,而只是一次去教所有的学生。因此,他决不应该走近任何一个学生,或让任何一个学生单独走到他跟前,他只应坐在他的座位上面,让所有的学生全都看得见,听得清,如同太阳把光线照到万物身上一样。

[资料来源][捷]夸美纽斯著,傅任敢译.《大教学论》,人民教育出版社,1984 年版,第 139—140 页.

(三)改造和完善班级授课制为主的阶段

虽然班级授课制提高了教学效率,但班级授课制的缺点也是十分明显的,特别是赫尔巴特的传统教育理论和由其指导的实践教学,更将班级授课制推至极端。从 19 世纪初直至今日,对班级授课制的改造和完善仍在不断研究中。下面是几种有代表性的教学组织形式。

1. 贝尔—兰卡斯特制

贝尔—兰卡斯特制也称为导生制,产生于 19 世纪初的英国。由教师先教年龄大的学生,再由其中的佼佼者"导生"去教年幼或学习差的学生。因由教师贝尔(Andrew Bell)和教师兰卡斯特(J. Lancaster)创立,故称为贝尔—兰卡斯特制。

2. 道尔顿制

19 世纪末、20 世纪初,由美国道尔顿城的教育家柏克赫斯特(H. H. Parkhurst)提出道尔顿制并试行,是一种典型的自学辅导式的教学组织形式。教师每周进行有限的集体教学,然后指定学习内容,学生接受学习任务后,在各专业课堂自学,独立完成作业,然后接受教师考查,又接受新的学习任务,开始新的教学周期。

3. 文纳卡特制

这是美国人华虚朋(C. W. Washburne)1919 年在芝加哥市郊文纳卡特镇公立学校实行的教学组织形式。按照这种教学组织形式,课程分两部分,一部分按学科进行,由学生个人自学读、写、算和历史、地理方面的知识和技能;另一部分是通过音乐、艺术、运动、集会以及开办商店、组织自治会来培养学生的"社会意识"。该形式的特点是:第一,按单元进行学习,各单元都有明确的学习目标和具体的学习内容,并配以小步子的自学教材;第二,每个单元结束后,经测验诊断,接着学习新的单元;第三,教师随时对学生进行个别指导。

4. 分组教学制

为解决班级授课制不易照顾学生个别差异的弊端,19 世纪末 20 世纪初在西方出现了分组教学制,有能力分组、作业分组、外部分组、内部分组等形式。能力分组是根据学生的能力发展水平进行分组教学,学习的课程相同,但不同组学习年限各不相同。作业分组是根据学生的特点和意愿分组,学习年限相同,但不同组学习的课程不同。内部分组是在按年龄编班的基础上,根据学习能力或学习成绩的差异分组教学,外部分组突破了传统的按年龄分班的做法,按学生能力或成绩的差异,在同一个年级中编成不同的班级,是班级间分组,如快班与慢班、重点班与普通班。

5. 特朗普制

特朗普制在 20 世纪 50 年代出现于美国,由教育学教授劳伊德·特朗普创立。其做法是把大班上课、小班讨论、个人自学结合在一起,以灵活的时间单位代替固定统一的上课时间。大班集体教学由优秀教师采用现代化教学手段给几个平行班统一上课。随后的小班课研究讨论大班课上的教材,由 15—20 人组成一个小班。然后由学生个人独立自学、研习、作业。教学时间分配为:大班上课 40%,小班研究占 20%,个人自学占 40%。

6. 小队教学

小队教学于 20 世纪 50 年代中期在美国开始流行,也称协同教学,其基本特点是两个或者两个以上的教师一起工作,根据其不同的特长组成互补性的结构,通过人际协作,在教学中分别承担不同的角色和任务,共同负责一个班或者几个平行班的教学任务。

7. 开放课堂

它源于 20 世纪 30 年代进步主义者的教育主张,二战期间在英国的幼儿园得到采用,20 世纪 60 年代在小学推广,20 世纪 70 年代传到美国并在小学得到采纳。开放课堂的特点是教师不再分科系统地按照教材传授知识,而是为学生创设学习情境,由学生根据自己的兴趣在教室或其他场所自由活动或学习。

(四)一些新兴的教学组织形式

随着研究的深入和实践的需要,教学组织形式也在不断地发展和变化,涌现出了一些新兴的形式。这些新兴的教学组织形式进一步深化和丰富原有教学组织形式。

1. 基于教育虚拟社区的教学组织形式

为完成共同的学习任务，教学主体利用信息技术工具以教育虚拟社区为交往平台进行信息交流、知识共享的活动。这种教学组织形式充分利用现代网络技术，有效地摆脱时空条件的限制，促成学习主体共同完成学习任务。

2. 澳大利亚 TAFE 教学组织形式

澳大利亚 TAFE 教学组织形式的主要特点是实施"用户选择"的学员组织方式，专兼职教师结合、一切以学员为中心安排教学环境和教学时间等。

3. 我国的"走班制"

"走班制"在 20 世纪 90 年代初发轫于上海市晋元高级中学。所谓"走班制"是指学生根据自己的学力和兴趣、愿望等选择符合自身发展的层次班级上课。

"走班制"有以下三个方面的特点：

一是教学班和行政班分离。在"走班制"下，原本只有一种班级被划分为教学班和行政班两种班级。在教学班里负责开展教学，而行政班里则主要承担学生的日常管理等。

二是以选课制度为支撑。进入教学班的同学通过选课的方式选择符合自己实际情况的教学班。因此，教学班离不开相应的选课制度的支撑。

三是教学对象相对同质。由于在选课时学生是根据自己的实际情况来选择的，所以进入同一教学班的同学相对而言其间的个体差异要比在原来只有一种班级的情况下小。这既便于教学的组织和开展，也有利于学生个体差异的尊重。

20 世纪初在我国的普通高中课程改革过程中走班制进一步演变成"两班分离"制度。

4. 中国的"自然分材教学"

自然分材教学是华东师范大学熊川武教授于 20 世纪 90 年代末提出，经十多年教学实践检验、完善的教学组织形式，"是教师让教学内容随学生的学力差异自然分化并指导学生研究和解决自己学习中存在的问题的教学理论与实践形态"[①]。

"自然分材教学"也是为了更好地关注学生个体差异而进行的创新性的举措。而且，由于在一个班级内部进行自然分化，不但可以减少对学生进行教育管理方面的困难，而且还可以充分利用集体的力量，开展集体教育、合作学习。

5. 班内选项教学组织形式

这主要是针对体育课程而提出的新兴的教学组织形式。《体育与健康》课程对教学组织形式提出了新的建议，有校内选项、级内选项和班内选项三种。对于教学资源短缺、师资力量不足的学校，建议采用班内选项教学组织形式，但若组织不妥，会变成放羊式教学。

总之，近一个世纪以来，教学组织形式基本上是在班级授课制的基础上不断改革和完善的。当代教学组织形式的发展趋势是：班级授课制仍然是主要的组织形式并不断改革和更新；多种教学组织形式并存，力求形成一种既以课堂教学为基础，又可以适应个体学习的综合型组织形式，使集体教学和因材施教相统一。

---

① 熊川武、邵博学.《"自然分材教学"的理念与实践探析》，《课程·教材·教法》，2009 年第 2 期.

三、教学组织的主要形式

如上所述,根据教学实践中的运用,可以把教学组织形式划分为经常使用的主要形式和起到辅助、支持作用的辅助形式。其中,班级授课制是教学组织的主要形式。

(一)班级授课制概述

班级授课制是把一定数量的学生按年龄与知识程度编成固定的班级,由教师按照固定的课程表和统一的进度有计划地向全班学生授课的一种集体教学形式。

1. 班级授课制的基本特征

(1)按年龄和知识水平将学生编班

把学生按照年龄阶段和知识水平分别编成固定的班级,即同一个教学班学生的年龄和知识程度大致相同。班级是进行教学的基本单位,每班的人数比较固定,通常是30—50人。这与个别教学大不相同。个别教学时,也可能面向一群学生,但不是固定的班级,学生彼此年龄和程度各不相同。

(2)把教学内容按学科和学年分解为小的教学单元——课

课是教师教学的基本单元。首先将教学内容按学科和学年进行划分,以确定各年级要掌握的内容。然后在此基础上,按照具体的教学内容及实现这种教学内容的教学手段、教学方法分成更小的部分。各部分内容分量不大,彼此间相互承接,又具有一定的完整性。每一小部分的教学内容和教学活动就叫做"课",教学通常就是一课接着一课地进行。

(3)教学在规定的课时内进行

每门学科的总课时数、学年课时数、周课时数,一般根据固定的课程计划来确定。各班的课时表规定每日的课时安排。每节课的时间可以是50分钟、45分钟或30分钟,但都是统一和固定的。课与课之间有一定的间歇和休息。

(4)教学场所较为固定

班级授课在教室、实验室进行,场所是固定的。课堂中的座次也是相对固定的,但学生的座次安排可采取不同的形式,如可采用秧田式、圆桌式、马蹄式、会议式。

2. 班级授课制的优点

(1)有利于扩大教学规模,提高教学效率

在班级授课制的教学组织中,一个教师可以同时教三四十个学生,这与个别教学相比,教学效率取得了惊人的提高。这样,在教师数量不变的情况下,可以大大扩大教学规模。在国家还不能承担太多教育经费,而又急需大量建设人才的条件下,这种教学组织形式具有重要意义。

(2)有利于发挥教师的优势,突出教师的主导作用

虽然教师与学生在人格上是平等的,但教师与学生相比在知识、阅历、经验以及个人素质方面,占了绝对优势,应该起到主导作用。教师要想在全体学生面前充分发挥其优势,必须有一种能全面展示教师主导作用的机会。班级授课制恰恰是能反映这种要求的

一种教学组织的形式。它可以使教师高效地把系统的知识传授给所有班级的学生,而不是一个或几个学生。

(3) 有利于发挥班集体的教育作用,促进学生个性健康的发展和学生的社会化进程

良好的班集体具有积极的教育作用。但不是什么样的"班"都具有教育作用的。这个班必须能称得上是一个班集体。马卡连柯(A. S. Makarenko)认为,作为一个集体必须具备这样几个特征①:

第一,集体有共同的奋斗目标,只有在追求这个共同目标中才能把集体组织起来,形成集体的伟大力量。

第二,集体的建立与巩固必须以组织性和纪律性作为根本条件之一。在集体中,个人的目的和利益必须服从集体的目的和利益。

第三,具有一定的组织制度的管理机构,它有权代表集体,并行使各种职责。

第四,有正确的集体舆论。

只有处在能称得上是班集体的班级,才能受到集体的教育,才能形成健康的个性,才能顺利完成必要的社会化进程。

(4) 有利于科学文化知识的传授,确保学生获得系统的连贯的知识,保证教学质量

班级授课制是按国家统一课程标准,编制统一课本,实行以分科课程为主的教学。大部分科目都是按知识的逻辑体系进行排列的,这有助于学生掌握知识的系统性和连贯性。

(5) 有利于进行教学管理和教学检查

班级授课制这一教学组织形式的形成和完善,使教学活动日益正规化、系统化、科学化。相同年龄和相近知识水平的学生,编入一个班级,其心理水平、自觉程度和认识水平相近,因此便于教学管理。同一年级的学生使用相同教材,按照同一进度上课,有统一的教学要求,关于教学质量的评价标准基本相同,对教师的要求也是大体一致的,因此便于对教师的教学活动进行检查,评价教师的教学质量。

3. 班级授课制的缺点

(1) 学生的独立性与自主性受到很大限制

教师是教学的组织者,只有在教师的有效组织下,班级教学活动才能顺利进行,离开了教师的指导教学就无法真正地进行下去。但班级授课制的这一特点也给教学活动带来一个不可回避的缺点,即教师的课堂的设计、组织和控制极大地限制了学生的独立性。什么时候学习,学习什么,以什么样的速度学习,这些都由教师来安排。这样根本谈不上发展学生的独立性、自主性。

(2) 学生主要是接受性学习,不利于培养学生的创新精神和实践能力

班级授课制更适合讲授式的教学内容,这种学习往往重接受、轻创造,重理论、轻实践,重结果、轻过程,学生的探索机会和实践机会少得可怜,不重视学生创新精神和实践能力的培养。这样我们的教育培养出的人更多地拘泥于成见而缺乏创新,更多地依赖于书

---

① 转引自滕大春主编.《外国教育通史》,济南:山东教育出版社,1993年版,第143页.

本而不发展自己的判断,更多地计较着记了多少现成的知识而忽视自己能力的培养,严重地缺乏探索精神、创新意识和实践能力。

(3) 教学内容固定化、程序化,不能反映学生的实际需要,脱离学生的现实生活

毋庸置疑,知识来源于生活,高于生活。因为高于生活的知识能更好地指导生活。而当知识被程序化、固定化和分化之后,知识就离生活越来越远了,开始出现科学世界与生活世界的断裂,知识世界与生活世界的疏离。

(4) 教学时间和教学内容预先设计,不能及时吸纳一些新的必要的科学成果

班级授课制这一教学组织形式下,教学时间和教学内容都是预先设计好的。某个具体时间进行什么样的内容,学生应该掌握到什么程度,是为了实现一个什么样的目标,在课程标准和教学计划中都有明确而详实的规定。施教者想加入新内容,是非常困难的,它涉及的不仅是一个加新内容的问题,还有一个如何压缩已有教学内容的问题。这是一个极其复杂的问题。

(5) 不能很好地照顾学生个性的发展

班级授课制为学生准备了统一的教学进程表,统一的教学评价标准,统一的课程内容。这有利于管理,有利于评价,但不利于学生的个性发展。

(二) 班级授课制的常见形式

班级授课制作为教学的最为主要的组织形式,在教学实践中运用的较为普遍,其常见的形式主要有全班上课、班内分组教学、班内个别教学、小班化教学四种。

1. 全班上课

这是现代学校中最典型、使用最为普遍的课堂教学组织形式,是在教师的直接指导下班级全员一齐进行学习的形式。其主要特点是:

(1) 教师同时面对全班学生施教,又使学生所有的反应再反馈给教师。它采取的是同步学习的方式,即所有学生每次的学习内容、学习进度及采用的教学行为都是一样的;

(2) 以教师系统讲授为主,辅之以其他各种有效的方法向学生呈现教材,比如讲解、示范、谈话、课堂讨论等等;

(3) 教师的讲授是学生学习的主要信息来源,但学生在课堂上可与教师、同学进行多向交流;

(4) 教师可用自己的情感、态度和行为直接影响学生并使他们产生相应的反应。

在全班上课中,学生始终在教师的直接指导下,能够有步骤地朝着目标有效地进行学习,通过捷径掌握知识技能。从时间和教师付出的精力上看,可以说是最经济的一种教学组织方式。但从学生自我活动这一点看,它不能说是最有效的。每个学生都处于各不相同的水平上,学习起点和学习速度方面有较大的差异,合在一起教会使学得快的学生感到乏味,学得慢的学生感到灰心;有些学生需要不同的教学媒体,以适合他们个人的学习方式,而全班教学强调划一,必然影响某些学生的学习。总之,全班上课难以适应学生在学习速度、学习方式和个性等方面的个别差异。

2. 班内分组教学

班内分组教学，指根据教学或学习的各种需要，把全班学生再细分成若干个人数较少的小组，教师根据各小组的共同特点分别与各小组接触，进行教学或布置他们共同完成某项学习任务。学生以组为单位进行自主性的共同学习，在同学之间进行信息交换。其主要特点是：

（1）在全班上课的基础上开展小组学习活动，班级依然保留。教师的主导作用、教学的计划性和系统化等主要原则，在班内分组教学中依然适用。

（2）小组不是永久性的，而是临时性的，主要为具体的教学活动而组建；可以是学科小组也可以是活动小组，主要视所要完成的任务和活动的目的性质而定。

（3）各小组的人员也不固定，小组规模的大小要视学生的发展阶段、班级人数、学科的不同、所布置的课题和作业的类型及其量的不同具体地决定，小组的人数，一般在 2—10 名之内。

适合采用班内小组教学的教学情境多种多样，有时是因为一定的教学方式，如主题讨论、开展小范围合作活动等需要人数较少的学生小组的组织形式，有时是特定教学任务、教学内容的需要。

采取班内分组教学，主要是考虑到教学班中学生之间具体的差异，需要灵活掌握教学要求与教学进度，调整教学组织结构，改进班级授课。分组学习倘若有充分的准备，审慎地加以应用，可以产生种种良好的教育效果。合作活动，必然要交换思想，切磋意见，争论有效方法，增长见识。尤其在各小组解决课题时，使学生交替发挥各自的作用，可以发现学生的才华，发展他们的能力。分组学习可以大大促进学生的自我活动，有助于形成自我教育的要求与能力。通过分组学习可以在发挥各自的主动性的过程中，训练合作活动的习惯。但是这种组织形式必须具备两个前提：一是分组的科学依据，二是有足够的教师配备。同时，它对教师提出较高要求，教学的工作量明显增加。

3. 班内个别教学

采用班内个别教学，教师可以因人而异地给学生布置学习任务，并花一定的时间以一对一的形式给学生辅导。其特点是：在全班上课的基础上主要面向班上的后进生或学习速度快的学生；教师给学生布置的学习任务以及教师进行的辅导必须以该生的学习准备、学习难点和性格特点为依据；教师的作用主要在于指导和帮助学生自学和独立钻研；学生学习的材料一般是由教学法专家精选或专门编制的教材，如程序教材、自学辅导材料或教学参考书；学生的学习由开始时完成教师为之规定的任务而逐步向完成根据自己的能力而确定的任务过渡并逐步带有独立钻研的成分。

班内个别教学的教育学意义是深远的：第一，它可使教学适合每个学生的学习需要、能力水平和学习速度，有利于因材施教；第二，它可调动每个学生的学习积极性，使差生不致失去学习信心，优生不致失去进一步学习的机会和条件，从而使每个学生都能从教学活动中受益；第三，它有助于训练学生的独立学习、独立钻研能力和自我教育能力。

班内分组教学和班内个别教学各有它们独特的用途，这是毫无疑问的。但它们仍然是在全班上课的基础上进行的,故仍属于班级授课,是班级授课的具体形式。在采用全班上课即可完成教学任务的情况下,就不必采用小组教学或个别教学。尤其是个别教学,由于其"代价昂贵",即需要花费比全班上课和班内小组教学多得多的时间和精力,教师一般较少采用这种形式;但对于解决差生或优生问题,它仍不失为一种有益的可选形式。

4. 小班化教学

小班化教学在某种程度上与全班教学相同,也是面向全班开展的教学组织形式,但不同的是小班化教学的班额比全班教学的班额小。这也是之所以称作小班化教学而不再谓之全班教学的主要原因。小班化教学里所说的小班一般情况下有20—30名学生。

这种教学组织形式把全班教学、小组教学和个别教学三个方面有机地融合在一起了。

首先,这是面向全班的全班教学。由于班额比较小,学生的程度也相对比较一致,所以教师在教学时不必再刻意地考虑程度上的不同,而是以全班为对象来开展教学。

其次,这是对象较多的小组教学。一般的小组教学的人数在2人以上,10人以下。有些时候,一些小组教学的人数也会超过10人,甚至会接近20人。这已经接近小班化教学中教学对象的下限。因此,小班化教学在某种意义上是一种规模稍有扩大的小组教学。

最后,这是容易照顾个别的个别教学。虽然小班化教学的对象相对比较同质,但其间仍然会有差异。由于班额比较小,教师会有更多的时间和精力去关注到他们的个别差异,对他们进行相对而言更有针对性的个别教学。

四、教学组织的辅助形式和特殊形式

在教学实践中,除了班级授课制这一主要的教学组织形式外,还有一些起到辅助作用的教学组织形式及比较特殊的教学组织形式。

(一)教学组织的辅助形式

教学组织的辅助形式包括课外教学和现场教学两种。

1. 课外教学

课外教学,顾名思义,就是在课堂之外开展的教学活动,所以也称为课外活动教学,是进行活动课程教学的组织形式。这既是学校教学工作中日益重要的组织形式,也是教学组织形式现代发展的产物。

由于课外教学与活动课程密切相关,是活动课程实施的要求和反映,故在本书中不再交待。

2. 现场教学

(1)现场教学的含义

学校除了课堂教学之外,还要让学生通过自然或社会实践获得必要的直接经验,验证或运用理论知识,借以开阔眼界,扩大知识,激发学习热情,培养独立工作能力,陶冶品德。这种在自然和社会现实活动中进行教学的组织形式,便是现场教学。

(2) 现场教学的类型

现场教学,不仅是课堂教学的必要的补充,而且是课堂教学的继续和发展,是与课堂教学相联系的一种教学形式。

根据现场教学的目的和任务,可以将现场教学分为两大类型:一种是根据学习某学科知识的需要,组织学生到有关现场进行教学。有些学科知识,只在理论上对学生进行解释,学生很难清晰透彻地理解,但到现场看一看,增强感性认识,则能更真实地理解知识,并且能通过现场的学习,增强学生解决实际问题的能力。另一种是由于学生为了从事某种实践活动,需要到现场学习有关的知识和技能。这常见于一些与生产劳动密切联系的教学,如劳动技术教育、汽车修理等。

(3) 现场教学的作用

①使学生获得直接经验

课堂教学的一个明显倾向就是容易脱离实际,空谈理论。现场教学作为现代教学组织的辅助形式,它能在某种程度上弥补课堂教学的不足。在这种教学组织形式下,教师可以结合实际讲授理论知识,使抽象理论直观化,有助于学生获得直接经验,深刻理解理论知识。

②使教学丰富多彩

在课堂教学中,学生获得的一般都是间接经验,这种经验是经过加工了的,是以系统知识的形式出现的。这种系统化了的经验,如果没有一定的直接经验储备往往是很难理解的。现场教学可以增强教学的趣味性,使教学更为生动、活泼。

③丰富学生的情感世界

学生是有丰富情感的、完整的人,而课堂教学更注重的是知识的讲解,教学秩序井然,压缩了学生情感发展的空间。现场教学,可以让学生在轻松、愉快的环境下掌握知识、技能,丰富学生的情感空间。

④提高学生解决实际问题的能力

学生在学习一定的学科知识之后,可能会在理论上解释某些问题,但到实践中却不知所措。通过现场教学可以增强学生的动手操作能力。

(二) 教学组织的特殊形式

1. 复式教学

(1) 复式教学的含义

复式教学是把两个或两个以上年级的学生编在一个班里,由一位教师分别用不同程度的教材,在同一节课里对不同年级的学生,采取直接教学和自动作业交替的办法进行教学的组织形式。复式教学是由于一定地区的教育条件和经济条件落后或不平衡而产生的,可以节约师资力量、教室和教学设备等,利于普及教育。

复式教学是班级教学的一种特殊形式,它保持了班级教学的一切本质特征。其差别在于:当教师给一个年级上课时,其他年级的学生根据教师的指示进行预习、复习、练习或做其他作业。

复式教学最初起源于德国,清末由日本传入中国。民国时期及新中国建立后在我国农村和边远地区曾发挥了极大的作用。而且,对于当前我国农村和边远地区教育的发展也有着借鉴和启示意义。

复式教学的特点是:学科头绪多;讲课时间少;教学任务重,备课复杂;对教学过程的组织、教学时间的分配和教学秩序的处理等有更多的要求。

(2) 复式教学具体形式

①同室双级异科式,即一个教师在同一节课上,同一个教室里,对两个不同的班级讲授不同的科目。

②同室双级同科式,即一个教师在同一节课上,同一个教室里,对两个不同的班级讲授相同的科目。这里的"相同科目"是同属一个科目的意思,比如分别讲小学数学第一册和第二册,数学第一册、第二册同属于数学。

③分室双级异科式,又称"复式分室"式,即一个教师在同一节课上分别在两个不同的教室里,对两个不同的班级讲授不同的科目。

④同室一级同科式,也称"单科复教",即一个教师在同一节课上,同一个教室里,对同一班级讲授相同的科目。这与普通教学的分层教学是相同的。

(3) 组织复式教学应注意的问题

复式教学的组织应该注意处理好以下四对关系。

①"动"和"静"的关系

复式教学中,教师给一个年级上课,称为直接教学;其他年级的学生根据教师的指导进行预习、复习、练习或做其他作业,称为自动作业。要正确处理"动"和"静"的关系,必须处理好一个年级的直接教学和自动作业的搭配;处理好复式班里各个年级之间的直接教学和自动作业的穿插。

②"多"和"少"的关系

在复式教学中,教学的班级增多了,教材的内容增多了,而直接教学的时间减少了,这就出现"多"和"少"的矛盾。要处理"多"和"少"的关系,必须注意:要突出重点,内容和自动作业更加需要少而精。

③"点"和"面"的关系

在复式教学中,教师对某个年级进行直接教学,这个年级就称之为"点";教室中的其他年级就称之为"面"。处理"点"和"面"的关系,要注意照顾全面,要尽量避免教学声音干扰,要妥善处理偶发事件。

④"教师"与"助手"的关系

复式教学中使用助手,可以减轻教师的负担。助手应学习成绩好,思想品德好,遵守纪律,工作耐心,有能力,愿意帮助同学。但是,助手仍然是学生,需要以学习为主要任务,他们只是协助教师开展教学,不能取代教师或者充当教师。

2. 全纳教学

全纳教学与全纳教育密切相关,既是全纳教育的实践形式,也是全纳教育的具体落实。

(1) 全纳教学的背景

全纳教育是一种全新的教育理念。1994年,联合国教科文组织在西班牙通过"萨拉曼宣言"和"特殊需要教育行动纲领",首次提出"全纳教育"(Inclusive Education)。目的是营造融洽社区,建立和谐教育社会,向儿童提供全面有效的教育。

目前,全纳教育已走出特殊教育的范畴,进入全民教育大概念之中:

全纳教育意味着和谐,努力建构家庭、校园、社会三位一体的和谐环境;

全纳教育意味着全部,面对全体儿童,关注每一个儿童的全面发展,构筑终身教育体系,从零岁开始就进行早期教育;

全纳教育意味着包容,接纳古今中外优秀教育理念和教育流派,接纳各类教育机构和专业人员以海纳百川、容为大之势为我所用,以平等公平之态与他人求共存,谋发展;

全纳教育意味着合作,为了整体的利益加强合作,在合作过程中充分发挥各机构和个人的智慧和力量,体现每一个人的利益和价值。

(2) 全纳教学的内涵

全纳教学作为全纳教育的实践形式,是把具有身心障碍的特殊学生编入普通班级中,与普通学生共同学习的教学组织形式,通过回归主流(mainstreaming)教育和整合(integration)教育发展而来,强调让身心障碍的学生得以进入普通班就读,以减除"标记"作用对特殊学生带来的负面影响。

全纳教学需要重点考虑的是,必须兼顾特殊学生的需要。

当班级中特殊学生人数较少时,可采用非介入性的方法,即为每一位特殊学生配备一至两位能够在学习方面提供支持的教师,以帮助特殊学生解决学习过程中遇到的各种问题。

当班级中有一定的数量的特殊学生时,可采用"教""帮"结合的方法,即在一位主导教师负责全班教学的同时,多位助理教师在教室里来回走动以观察学生,并在学生有需要时给予帮助;也可采用"平行教学"的方法,即把班级分为几个小组,每个小组均有普通学生与特殊学生,再由多名教师分别对各个小组进行教学。由于师生比例不高,所以有利于特殊学生即时得到帮助,进而让他们专注于学习而非等待帮助。

本 章 结 语

第一,教学过程是教学主体在特定的时空里围绕教学任务所展开的以促进教学主体发展为旨趣的活动过程,有预设和生成两种基本过程。教学生成包括目标生成、内容生成和感情生成。

第二,教学过程的规律作为教学过程中存在的客观的、必然的、普遍的联系,包括教学双边交互影响辩证统一的规律;学生的发展依存于知识传授的规律;间接经验和直接经验相互作用的规律;教学效果取决于教学系统的和谐优化的规律。

第三,教学过程动力又被简称为教学动力,是由教学内外部各种相关因素产生的,促使教学主体从事教学活动,以实现教学目标的无数分力融汇而成的合力,有方向性、动态性、转化性、层次性、强度性、多样性和差异性等特征,呈现出启动、维持和强化、导向、激活、愉悦等功能。

第四,教学组织形式是为完成特定的教学任务,教师和学生按一定要求组织起来进行活动的结构,经历了个别化教学为主的阶段、班级授课制为主的阶段及改造和完善班级授课制为主的阶段。在改造和完善班级授课制为主的阶段涌现出了贝尔—兰卡斯特制等多种形式。随着研究的深入和实践的需要,教学组织形式又出现了基于教育虚拟社区的教学组织形式、澳大利亚TAFE教学组织形式,我国的"走班制"及"自然分材教学"等新兴教学组织形式。

第五,作为教学组织的主要形式,班级授课制是把一定数量的学生按年龄与知识程度编成固定的班级,由教师按照固定的课程表和统一的进度有计划地向全班学生授课的一种集体教学形式,有全班上课、班内分组教学和班内个别教学、小班化教学四种常见形式。班级授课制既有利于扩大教学规模,提高教学效率,也有利于发挥教师的优势,突出教师的主导作用,还有利于发挥班集体的教育作用、有利于科学文化知识的传授,保证教学质量、有利于进行教学管理和教学检查。当然,班级授课制也会带来限制学生的独立性与自主性、不利于培养学生的创新精神和实践能力、教学内容容易脱离学生的现实生活、不能很好地照顾学生个性的发展等不足。

第六,教学组织的辅助形式包括课外教学和现场教学两种。课外教学就是在课堂之外开展的教学活动,是进行活动课程教学的组织形式。现场教学是在自然和社会现实活动中进行教学的组织形式,让学生通过自然或社会实践获得必要的直接经验。

第七,教学组织的特殊形式包括复式教学和全纳教学两种。复式教学是把两个或两个以上年级的学生编在一个班里,由一位教师分别用不同程度的教材,在同一节课里对不同年级的学生,采取直接教学和自动作业交替的办法进行教学的组织形式。它可以节约师资力量、教室和教学设备等。全纳教学作为全纳教育的具体落实,是把具有身心障碍的特殊学生编入普通班级中,与普通学生共同学习的教学组织形式,通过回归主流教育和整合教育发展而来,强调让身心障碍的学生得以进入普通班就读,以减除"标记"作用对特殊学生带来的负面影响。

[讨论和思考]

1. 什么是教学过程?你认为应该怎样看待教学过程中的预设和生成?
2. 什么是教学过程的基本规律?教学过程的基本规律有哪些?你认为应该怎样理解这些基本规律?
3. 什么是教学过程的动力?试述教学过程动力的功能。
4. 什么是教学组织形式?教学组织形式的特点和价值分别是什么?
5. 简述教学组织形式的发展历程,在改造和完善班级授课制阶段,人们进行了哪些有意义的尝试?

6. 什么是班级授课制？怎样评价班级授课制？班级授课制的常见形式有哪些？

7. 什么是课外教学？什么是现场教学？什么是复式教学？什么是全纳教学？

[阅读导航]

1. [美]布鲁纳著,邵瑞珍译.《教育过程》,北京:文化教育出版社,1982年版.

该书系统阐明了美国在20世纪60年代初期课程改革的指导思想,书中提出的"发现法教学理论"、发掘学生智慧潜力、调动学生思维的教学主张,正日益为各国教育界所认识,并产生积极影响。该书被列为"现代最主要的和影响最大的教育著作之一",并被誉为"教育理论的一个里程碑",在世界范围内产生了深刻的影响。

2. [捷]夸美纽斯著,傅仁敢译.《大教学论》,北京:人民教育出版社,1984年版.

该书为近代最早的教育学著作,被看作教育学作为一门独立学科的标志,重点阐释了教学理论问题,明确提出并详细论证了一系列的教学原则和教学规则,提出并论述了各种教学方法(包括一般的教学方法和分科的教学方法),拟订了各级学校的课程设置,确立了学校教学工作的基本组织形式,制定了编写教科书的原则要求,甚至对教师如何上好一堂课也都作了具体的规定。

3. 张诗亚著.《惑论:教学过程中认知发展突变论》,重庆:西南师范大学出版社,1993年版.

该书通过对惑这种心理现象的系统研究,首次提出了教学过程中认知发展突变的理论,并以此论述了以惑为诱的教学过程,论证了人类认知发展中循序渐进式与突变跃迁式互补的必要性,并为结合每一个学生具体的认知情况,寻找并建立其发展生长点,提供了具有可行性的教学参考意见。

4. 田慧生、李如密著.《教学论》,石家庄:河北教育出版社,1996年版.

该书是在20世纪90年代中期以前我国教学论研究的基础上,基于理论与实际联系的原则撰写的著作,在讲清教学基本原理的前提下,适当压缩了教学原理的篇幅,增加了一些教学技术、教学操作方面的内容。

5. 黄甫全、王本陆主编.《现代教学论学程》,北京:教育科学出版社,1998年版.

该书由绪论、教学过程、教学系统、教学活动、教学目标、教学原则、教学媒体、教学方法、教学评价、教学组织形式、教学模式和教学艺术共12章构成,以"教学问题"为内在的逻辑结构线索,重点探讨"怎样教学和应该怎样教学"的问题。

6. 李森著.《教学动力论》,重庆:西南师范大学出版社,1998年版.

该书以当代中国的教育教学改革实践为依托,借鉴国内外相关学科的研究成果,对教学动力的基本理论和实践问题进行了全面、系统的研究,重点探讨了教学动力的本质与特征、立论基点、类型与功能、来源与生成机制以及实践策略。

第四章 教学目标与任务

【内容提要】

教学目标作为教学主体对教学活动预期的结果，具有导向功能、激励功能、标准功能和聚合功能，包括科目目标、单元目标、课时目标、环节目标等层次。教学目标的制定需要考虑学习主体的需要、学习内容的要求和现有条件的制约，通过分解上位目标、分析学习内容、确定学生起点、陈述具体目标的步骤进行。常见的教学目标编写方法有行为目标编写法、表现目标编写法、内外结合编写法和双向细目表编写法。

教学任务是教学目标的具体化，是教学主体在特定的时空范围内需要完成的教学内容或要求。教学任务的确定需要考虑课程标准的规定和学习主体的状况。从教学内容方面来看，学习主体的状况主要是其知识状态，有基础状态和发展状态两个层面。除了确定教学任务外，还需要通过层级分析法、归类分析法、图解分析法、信息加工分析法、卡片分析法、解释结构模型分析法和知识概念图分析法等进一步对教学任务进行分析。

【学习目标】

1. 掌握教学目标的内涵。
2. 理解教学目标的功能。
3. 掌握布卢姆、加涅的教学目标的分类理论，了解巴班斯基和我国新课程改革的教学目标分类。
4. 掌握制定教学目标的来源、要求、步骤及编写方法。
5. 掌握教学任务的内涵。
6. 了解学习主体基础状态和发展状态。
7. 掌握教学任务分析的方法。

【核心术语】

教学目标　教学任务

教学活动同人类的其他活动一样，也离不开目标的指引。因此，教学既需要通过教学目标的规划来指引，也需要教学任务的确定来落实。

第一节 教学目标

一、教学目标的内涵

（一）教学目标的定义

对于教学目标，不同的研究者所作的界定也各不相同。如：有研究认为"师生预期的教学活动的具有可衡量性的结果"[1]；"教学目标是指教学活动主体预先确定的、在具体的教学活动中所要达到的、利用现有技术手段可以测度的教学结果"[2]；也还有研究认为，"教学目标是指教学活动的主体在具体教学活动中所要达到的预期结果、标准"[3]。

这些关于教学目标简繁不一的界定中仍然存在着一些共同的方面。

1. 教学目标是教学活动预期的结果

教学作为培养人的重要活动之一，必须要有明确的目标。这实际上也就是对教学活动预期的结果，是在教学开始之前对教学活动所要达到的结果进行的筹划。

2. 教学目标是教与学双方合作实现的共同目标

教学作为由教师和学生两类主体交互而成的活动，其目标不但是教师的，而且也是学生的，是师生双方共同的期望，而且是需要双方共同努力、相互配合才有可能实现的期望。

3. 教学目标是通过教学活动可以达到的结果

教学目标作为教学活动开始之前的筹划，是一项预先设定的结果，但这种结果必须通过教学实践、付诸实施。只有通过教学实践付诸实施的预先设定的结果才能称作教学目标。这实际上也就意味着教学目标必须具有可行性，要根据学生的身心发展、现有教学手段等方面来制定。

4. 教学目标是利用现有技术手段或方法可以测度的

教学目标除了要可行外，还必须明确。教学目标越明确，就越能够对教学活动起到调控作用，教学的效果也就越能较好地得到体现。一般说来，那些能够通过现有的技术手段或方法进行检测的目标，往往都是比较明确的教学目标。

（二）教学目标的特点

1. 预期性

教学目标作为对教学活动开始之前所进行的筹划的内容之一，是对教学活动所期望

---

[1] 熊川武主编.《教学通论》,北京：人民教育出版社,2010年版,第207页.
[2] 田慧生、李如密著.《教学论》,石家庄：河北教育出版社,1996年版,第68页.
[3] 吴也显主编.《教学论新编》,北京：教育科学出版社,1991年版,第328—329页.

达到的结果的反映。这种反映表明了对教学活动的预期,即期望能够实现或达到什么样的结果。

2. 系统性

教学目标涉及很多方面的内容,如认知方面、技能方面、情意方面等。而且,在每一方面都还包括很多具体的下位层面的内容。一方面,教学目标应考虑各个方面之间的关系,在包括各个方面的基础上,根据教学的具体内容有所侧重;另一方面,教学目标还应包括每一个方面的下位层面,并在此基础上根据实际情况作出适当的调整。

3. 层次性

教学目标除了具有系统性外,还涉及层次性。教学目标的层次性主要涉及两个方面:一是在整个教育的目标系统中,教学目标是其中的重要组成部分,是完整的教育目标系统中不可或缺的部分;二是教学目标本身也是分层次的,特别是在教学目标的下位层面更是如此。关于教学目标的层次,将在下面进行专门解析,这里不予赘述。

4. 可行性

教学目标的确定,除了要考虑教学内容的要求外,还应考虑教学对象的特点、教学手段的情况等,根据这些方面的实际情况来进行合理的确定。只有这样,教学目标才能够真正付诸实践,才能真正发挥其对教学活动的导向和调控作用。

5. 灵活性

教学目标是在教学活动开始之前进行的筹划,在教学活动中应坚持教学目标的引领。但这并不意味着在教学活动中,必须严格地、机械地照搬教学目标。恰当的做法是要根据教学活动的实际变化,灵活地对教学目标进行调整。

(三) 教学目标的层次

从具体的层次上来看,教学目标包括科目目标、单元目标、课时目标、环节目标等层次①(如图 4—1)。

1. 科目目标

科目目标也称为课程目标,是指一门课程的教学活动所要促成的学生身心方面的变化。由于科目目标是作为一门课程而规定的目标,所以其内容相对来说比较全面,涵盖的范围比较广,是从整体上对教学活动所进行的筹划和规定。这类目标一般说来也比较宽泛,显得不够具体。

2. 单元目标

单元目标是对一门课程中各个组成部分的具体要求,即一门课程中的某个单元的教学活动所要促成的学生的身心变化。每门课程都会根据其内在的组织和安排而划分为相

---

① 尽管很多研究者也都把教学目标分为四个层次,但四个层次的所指并不相同。很多研究者都把教学总目标视为教学目标的第一个层次。从一般意义上来说,这样的划分是没有太大问题的,但由于教学总目标往往看作和教育目的等同,所以具体到教学论及教学实践来说,这种处理仍然存在有待推敲之处。也正因如此,这里把科目教学目标作为教学目标的第一层次,依次逐渐具体到环节教学目标。

对独立的单元。一般说来,每个单元的内容主题相对比较集中,围绕某个方面的目标而进行设计的。从单元目标开始,各个层级的教学目标开始具体化了。

3. 课时目标

课时目标是具体到每一堂课的教学目标,即一个课时的教学活动所欲促成的学生的身心变化。课时目标是教师们比较重视的教学目标之一,在为教学所进行的准备活动中往往包含着关于课时教学目标设计的内容。

4. 环节目标

环节目标是指在课堂教学活动中,每个课时的不同环节或阶段所欲促成学生的身心变化。虽然课时目标已经比较具体,但由于一堂课包括的时间还比较长,涉及的方面也比较多,所以课时目标仍然显得比较概括。为了让教学目标在教学活动中得到更好的贯彻和执行,还需要把课时目标进一步细化为不同阶段的教学环节目标。

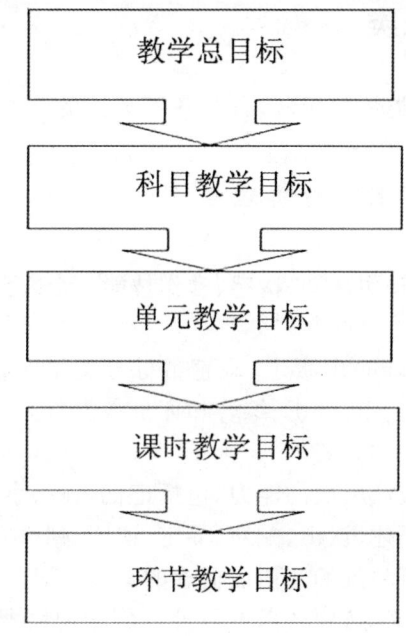

图 4—1 教学目标层次示意

(四)教学目标的功能

1. 导向功能

教学目标的导向功能即教学目标的引导功能,是教学目标能够把教学活动导向一定方向的功能。教学目标作为教学活动之前所确立的预期结果,对教学活动起到引领的作用,指引着教学活动向这个预先设定好的教学目标努力,直到教学目标的达成。

2. 激励功能

教学目标的激励功能是指教学目标对教学活动所起的激励作用。如果说导向功能是引领教学活动的话,那么激励功能则是对教学活动的肯定。在教学活动中,教学目标的顺利完成既是教学的要求,同时也反映了教学活动的认可,是对师生双方在教学活动中的反馈和肯定。

3. 标准功能

教学目标还可以作为标准来对教学活动进行评价。教学活动虽然有了教学目标的指引,朝着教学目标预定的方向努力,但还必须对这一努力的过程及结果进行及时的判断和评价,通过判断和评价来确保教学活动沿着教学目标前行。因此,教学目标还是开展教学评价的依据,为教学评价提供相应的评价依据。

4. 聚合功能

在教学这一作为师生双方共同努力促成的活动中,教学目标还能够把师生双方聚合在一起,共同围绕着教学目标展开活动,共同为教学目标的实现而努力。因此,教学目标还具有聚合功能。

二、教学目标的分类

人们对于教学目标的分类不尽相同,有着各不相同的分类方式。这里仅撷取其中若干进行说明。

（一）布卢姆等的教学目标分类理论

1. 理论概览

布卢姆等人把教学目标按照认知、情感、动作技能三个方面进行了划分。

（1）认知领域的目标

1956 年布卢姆(B. S. Bloom)出版了《教育目标分类学·认知领域》。在书中把认知领域的目标分为知识、理解、运用、分析、综合和评价六类目标。

其中:

知识:这是认知目标中最低层次的能力,包括记忆名称、事实、规则和原理等。用来表示此种能力的行为动词有:描述、认出、配对、界定、说明、列举、阐明等。

理解:理解是指能了解所学过的知识或概念的意义。想测量是否产生理解,可以要学生用自己的话解释概念的意义,或使用课本以外的例子说明概念的意义。用来表示理解能力的行为动词有:转换、估计、说明、举例、预测、摘要、归纳和重写等。

运用:这是将所学到的规则、方法、步骤、原理、原则和概念,运用到新情境的能力。用来表示此能力的行为动词有:预测、证明、解决、修改、表现、发现等。

分析:分析是指将所学到的概念或原则,分析为各个构成的部分,或找出各部分之间的相互关系。例如,学生能分析化合物组成的不同元素,或分析演说内容的主要主题和次要主题。用来表示此种能力的行为动词有:选出、分析、判断、辨别、指出、分解等。

综合:综合是指将所学到的片断概念或知识、原理、原则与事实等统合成新的整体。例如,综合各项资料而获得结论,即属于此能力。综合能力可以要求学生拟订一套计划来评价。用来表示此能力的行为动词有:联合、设计、组织、综合、筹划、创造等。

评价:这是认知目标中最高层次的能力,它是依据某项标准作价值判断的能力。文学作品或艺术创作价值的批判即是属于此种能力。用来表示此种能力的行为动词有：评价、判断、比较、支持、批判、评论等。

布卢姆关于认知领域目标的分类，有两个方面需要进一步交待：一是上述六个方面的目标是按照由低到高、从简单到复杂的顺序排列的。这种排列既符合了知识本身的性质，也反映了学生身心发展的规律。二是上述六个方面的目标都还可以进一步细分为不同的层次。其中：知识的记忆包括特定知识的记忆、处理特定知识方法的记忆、一般及抽象知识的记忆；知识的理解包括转译能力、解释能力、推论能力；知识的运用包括运用所学技能的能力、运用原理原则的能力；知识的分析包括分析组成要素的能力、分析关系的能力、分析组织原理的能力；知识的综合包括表达个人见解能力、规划或建议能力、抽象关系的综合能力；知识的评价包括依内在证据逻辑地评价、依外部准则逻辑地评价。

（2）情感领域的目标

布卢姆和克拉斯沃尔（D. R. Krathwohl）等人根据价值内化的程度，把情感领域的目标分为接受、反应、价值判断、价值的组织、价值的个性化五个方面。

接受：这是情感目标中最低层次的学习结果。它是指对某种现象和刺激的感知。先有感知，才能产生注意，最后，才选择所要注意的刺激。教师如果要引导学生学习，首先要使学生愿意接受。

反应：这是指主动的注意，亦即积极地参与反应。如果学生对某学科表示有兴趣学习，即为反应的层次。

价值判断：这是指对于接触到的事情、现象或行为感到有价值存在，因而表现积极的态度和重视其价值。"态度"和"欣赏"即为此层次的行为。

价值的组织：当个人以不同的程度评价许多事物的价值时，他就开始发展自己的价值系统。将这些不同的价值系统组织起来，且具有一致性，即为价值的组织。学生能确定其人生观或处世哲学，就是此层次的行为。

价值的个性化：这是将价值系统内在化，成为个性的一部分，个人就依其信念行事，例如人在工作时表现出自信的态度。

当然，上述五项目标也还可以再次细分。接受分为觉察、乐意接受、有选择地接受；反应分为按指令反应、积极的反应、兴高采烈的反应；价值判断分为接受价值、喜爱价值、对价值的确信；价值的组织分为建立价值观念、组织价值体系；价值的个性化分为一般品格的建立、品格的形成。

（3）动作技能领域的目标

动作技能领域的目标由哈罗（A. J. Harrow）和辛普逊（E. J. Simpson）分别提出。哈罗将技能领域的活动分为六类，依层次的高低包括：反射动作、基本动作、知觉能力、体能、技巧动作、有意的沟通。

辛普逊也将技能领域目标分为六类。

知觉：包括感官刺激、线索的选择、转换三部分，借以了解物体、性质和关系。

准备状态：包括心理、身体和情绪三个方面，目的是为某一动作做准备。

引导的反应：是指在别人的指导下所表现出的明显动作，包括模仿和尝试错误。

机械练习：是指反复练习所学的动作由熟练而养成习惯。

复杂的反应：指个人能够表现复杂的动作和行为。

创作：指创作出新的行为方式及动作。

相较起来，辛普逊的分类更为广大教育工作者所接受，使用的也更为广泛一些。

2. 理论评析

（1）对教学目标分类理论的肯定

以布卢姆为代表的教学目标分类理论，是历史上第一个比较系统、完整的教学目标分类学。这种划分兼顾了教学领域中认知、情感和动作技能三大层面，纠正传统教学偏重认知层面的失误。详细地指出每一目标领域所涵盖的具体目标，如认知领域包括知识、理解、运用、分析、综合、评价6个层次，既可使教师在教学中兼顾各个层面的教学，又使教师明确教学的一般程序与具体步骤。它采用具体明确的行为动词来叙述目标，为教学评价提供了较具体的指标，而且改变了教育测量始终沿用常模参照测验的单一做法，促进了标准参照测验的实现。

（2）对教学目标分类理论的质疑

在肯定教学目标分类理论的同时，也不得不承认教学目标分类理论还有诸多有待商榷的方面。这些方面也就成为人们对教学目标分类理论进行批评甚至否定的依据。

有人认为他们的分类把完整统一的教学目标割裂成琐碎的单元，忽视了认知、情感和技能三者之间的内在联系，导致教师不能对教学进行整体构思。

有人认为他们所提出的各个领域目标的层次结构不尽科学。例如，在认知领域中，"评价"这一目标就不一定高于"综合"目标。在情感领域中，学生可能先有了"价值判断"而后才"接受"（注意）某些事物，而非先"接受"某些事物后才开始做"价值判断"的工作。

还有人认为情感目标（态度、理想、价值观、鉴赏力等）是教学中难以控制的因素，也很难用可测量的或可清楚观察的行为变化来说明，因而确定这方面的目标分类没有意义。

也还有人认为容易导致实施中的形式化，使人们偏重于低层次、易于评价的目标，而回避那些较高层次、不易评价的目标，导致忽视高层次能力的培养。美国冈斯尼德（B. M. Gansneder）和纳皮尔（J. D. Napier）等人对实施行为目标的实际情况进行了调查，他们观察了全美各地67位小学教师设计、运用和达成行为目标的情况，结果发现：74%的行为目标是认知的；95%的认知目标偏于低层次；74%的情意目标偏于低层次；81%的技能目标偏于低层次。[①]

3. 理论发展

在对布卢姆认知目标分类框架的批评中也还有一些具有建设性的主张，即在认可布卢姆贡献的基础上，对之进行进一步的完善。安德森（J. R. Anderson）和克拉斯沃尔就是

---

① 转引自吴维屏.《关于教学目标设立的思考：以美国一个州的社会学科为例》，《外国中小学教育》，2007年第12期.

其中的代表。他们对布鲁姆教学目标分类学作了如下修正。

一是把教学目标划分为知识维与认知维,改变过去分类中只有一维的状况。

表4-1 教学目标两维分类

过程\知识		认知过程维度					
		识记	理解	应用	分析	评价	创造
知识维度	事实知识						
	概念知识						
	程序知识						
	元认知知识						

通过对比可以发现,在知识维度上,范畴数由原来的3个变成了4个。而在现有的4个中,3个包括了原有框架中知识亚范畴的实质,但却进行了重新组织,反映了认知心理学的新进展。第4个范畴"元认知知识"是新的,实践证明特别重要。

在认知维度上,范畴数仍然是6个,与原框架一样,但内容上有了重要的变化。"知识"变为"记忆";"领会"变成了"理解";"应用(application)"、"分析(analysis)"、"评价(evaluation)"保留下来了,但都变成了动词形式"apply"、"analyze"、"evaluate"。"综合"和"评价"不但换了一个位置,而且名称也变成了"创造"。

二是同样对每个维度中的每个层次都进行了细分。无论是知识维度还是过程维度中的每一个层次都进一步细分为若干层次,其中,知识维度细分为11个层次、过程维度细分为19个层次。

表4-2 知识维度教学目标细目

知识维度	事实性知识	术语知识
		具体细节和要素的知识
	概念性知识	类别与分类的知识
		原理与概括的知识
		理论、模式与结构的知识
	程序性知识	具体学科技能和算法的知识
		具体学科技巧和方法的知识
		确定何时运用适当程序的知识
	元认知知识	策略知识
		关于认知任务的知识,包括适当的情境性和条件性知识
		自我知识

表 4—3 过程维度教学目标细目

过程维度	记忆	识别
		回忆
	理解	解释
		举例
		分类
		总结
		推断
		比较
		说明
	应用	执行
		实施
	分析	区分
		组织
		归属
	评价	核查
		评判
	创造	生成
		计划
		贯彻

原来框架中过程维度的所有亚范畴都变成了动名词形式。在原来框架中，6个主范畴比亚范畴更为人关注，但修正后的框架中，6个认知过程中19个特定认知过程得到了强调。与原来框架一样，新框架也是有层次的，分层次的依据是认知过程的6个主要范畴在复杂性上的差别。"记忆"没有"理解"复杂，"理解"没有"应用"复杂，以此类推。但是，新框架也允许范畴之间有一定程度的交叉（准确地说，是无法将之完全分割开来），这在"理解"中最为明显。在原有框架中，"理解"的范围大大宽于"领会"，一些与"理解"有联系的认知过程（如"说明"）至少比与"应用"相连的认知过程（如"执行"）更为复杂。

（二）加涅的学习结果分类系统

1. 理论概览

美国当代著名的教育心理学家加涅（R. M. Gagné）认为，学习的结果或者教学活动所追求的目标，就是形成学生的五种能力：智慧技能、认知策略、言语信息、动作技能和态度。这五种能力实际上也就是期望教学活动能够达到的学习结果。

(1) 智慧技能

加涅认为,智慧技能的实质是人们应用符号办事的能力。

智慧技能细分为四个亚类:由简单到复杂分别是辨别、概念、规则和高级规则。最简单的智慧技能是辨别,即区分物体差异的能力;较高一级的智慧技能是概念,即对同类事物的共同本质特征的认识,对事物作出分类的能力。更高一级的是规则。当规则支配人的行动时,我们便说,人在按规则办事。最高级的智慧技能是高级规则,是指运用简单规则解决复杂问题的能力。

(2) 认知策略

加涅认为认知策略是一种特殊的智慧技能。认知策略与智慧技能的区别是:智慧技能是个体学会使用符号与环境发生作用,是处理外部世界的能力,而认知策略是对内组织的技能,是调节监控概念和规则的使用,是处理内部世界的能力,是个体对认知过程进行调节与控制的能力。

(3) 言语信息

加涅所说的言语信息,有时又称言语知识,当代认知心理学家则称之为陈述性知识,实际上都旨在表明在人所获得的能力中一种最为熟悉的能力,即人用语言来表述信息的能力。加涅认为言语信息的学习不但使学过的东西能逐字逐句地回忆出来,而且要用自己的语言表达出来。根据言语信息本身所具有的不同复杂程度,加涅区分出三类不同的言语信息形式:符号学习、事实学习、有组织的言语信息的学习。

(4) 动作技能

加涅认为动作技能有两个成分:一是操作规则,二是肌肉协调能力。动作技能的学习就是使一套操作规则支配人的肌肉协调,使个体不仅仅完成某种规定的动作,而且还能使这些动作组织起来构成流畅、合规则和准确的整体行为。

(5) 态度

加涅认为态度是一种能够影响人对某一类物、某一类事或某一类人做出个人选择的内部状态。它是通过学习而建立起来的一种影响人选择自己行动的内部状态。态度包括认知、情感和行为三种成分。

2. 理论评析

加涅的学习结果的分类研究反映了最新的心理学和教学研究的成果,并且在综合行为主义和认知心理学的基础上有所创新。他不仅将信息加工的学习和记忆的理论与教学实践联系起来,而且系统地描述了学习结果和教学事件的关系,揭示出了教学事件的本质。这种教学目标分类具有以下三个方面的特点。

(1) 以能力和倾向作为教育目标分类的统一基点

加涅认为,"学习是人的倾向或能力的改变"[①]。因此,"学习结果是使人的各种作业

[①] 转引自罗黎辉.《教育目标分类理论探讨》,《华东师范大学学报》(教育科学版),1986年第4期.

成为可能的持久状态"①。"为了强调这些状态具有习得的持久性质,可以管它们叫做能力和倾向"②。由于预期的学习结果也就是教育所要达到的目标,所以,加涅揭示了习得的是能力和倾向,便为他的教育目标分类确定了统一的基点。

(2) 以习得各种能力所需学习条件的异同作为划分教育目标类别的依据

加涅认为,不同种类的习得结果需要不同的学习条件。这些条件包括内部和外部的学习条件。内部学习条件是指学习者本身具有的,影响习得新能力的变量,诸如已经习得的能力等。从内部学习条件来看,不同种类的学习结果需要不同的内部学习条件。比如,学习者要习得定义概念,必须先具有具体概念。外部学习条件是指由教学提供的,用以支持或加强习得能力的变量,诸如教师的期待,教师创设的教学情境等。从外部学习条件来看,不同种类的学习结果也需要不同的外部学习条件。比如,仅用口头指导来促进运动技能的学习之无效果是众所周知的事实。

(3) 把智慧技能分成由多个层次组成的阶梯

在加涅看来,智慧技能是人们利用符号处理环境或做事的能力。人们运用符号的能力水平是不同的。各种习得能力由简单到复杂地排列成层次,较低层次能力的习得是更高一层次能力习得所必需的先决条件,较高层次能力在累积低层次能力的基础上进一步习得。

(三) 巴班斯基的教学目标分类理论

1. 理论概览

前苏联教育家巴班斯基(ю·К·Вабаиский)根据总的教育教学目的,提出综合规划和具体确定课堂教学任务的课题,强调教学目的任务的整体性,认为教学过程必须执行三种职能,即教养职能、教育职能和发展职能。这三种职能实际上也就是教学的三种目标,建构起了巴班斯基关于教学目标的分类理论体系。

(1) 教养的目标

教养目标包括"掌握科学知识,形成专业的和一般的学习技能和技巧"③。其中的科学知识包括事实、概念、定理、规律性、理论以及世界的概貌;专业的技能技巧包括有关学科和科学领域所特有的实际技能技巧。

(2) 教育的目标

教育的目标"包括形成学生的世界观,形成他们道德的、审美的和伦理的观念、观点和信念,形成他们在社会中相应的行为方式和活动方式,形成他们的理想、态度和需要和系统以及进行体格锻炼等等,总而言之,就是培养社会主义类型的人所必须具备的个性品质"④。

---

① 转引自罗黎辉.《教育目标分类理论探讨》,《华东师范大学学报》(教育科学版),1986年第4期.
② 转引自罗黎辉.《教育目标分类理论探讨》,《华东师范大学学报》(教育科学版),1986年第4期.
③ 转引自吴立岗主编.《教学的原理、模式和活动》,南宁:广西教育出版社,1998年版,第396页.
④ 转引自吴立岗主编.《教学的原理、模式和活动》,南宁:广西教育出版社,1998年版,第397页.

（3）发展的目标

发展的目标"必须注意，在心理上，个性特点是智力、意志、情感、动机这四个基本方面相互作用的结果"。所以，"不能不考虑发展学生的智力、意志、情感和动机（需要、兴趣等）"①。具体说来，就是培养（继续培养、巩固）一般的学习技能技巧，包括拟定答案提纲、比较、概括、作用书籍、阅读和书写速度、自我检查等等；促进培养学习意志和毅力，可以通过解答疑难习题、引导学生参加讨论等进行；培养学生的情感，主要是通过在课堂上创造惊奇、愉快、妙趣、离奇等情绪体验情境；培养学生的学习兴趣，包括指出所学问题对发展科学、技术、生产的意义，指出这些问题对学生的职业定向以及培养爱好的作用，把游戏的情境引入教学等。

2. 理论评析

相较而言，巴班斯基对教学目标所做的分类显得比较宏观一些。巴氏是从总的教育教学目的出发来框定教学目标的，这就使得其教学目标具有双重性质：一方面，其关于教学目标分类的立意较高，是站在整个教育的高度上来审视教学目标及其分类，力图使教育与教学有机地结合在一起，跳出了仅就教学来论及教学目标。但另一方面，这种较高的立意也使得教学目标本身不够细化，显得过于宏观，对教学实践的指导性并不是太强。尽管巴氏也对三种目标所涉及的范畴进行了解释和交待，但这些解释和交待也同样比较笼统和概括。

（四）新课程改革提出的"三维目标"

我国与国外同样重视教学目标，重视关于教学目标的合理划分。但由于种种原因，我国关于教学目标的划分更多地呈现出借鉴取向，把国外关于教学目标的分类经过一定程度的改造而付诸实践。这其中布卢姆等人的教学目标分类理论尤为明显。1986年布卢姆应邀来华讲学，使其教学目标分类理论在我国迅速扩展开来，并进一步演化为广有市场、较受推崇的目标教学理论。

本世纪初，伴随着新课程改革，我国关于教学目标的分类进入了新的阶段。在《基础教育课程改革纲要（试行）》中，与教学目标有关的表述有两段话：一是改变课程过于注重知识传授的倾向，强调形成积极主动的学习态度，使获得基础知识与基本技能的过程同时成为学会学习和形成正确价值观的过程；二是"体现国家对不同阶段的学生在知识与技能、过程与方法、情感态度与价值观等方面的基本要求"。这两段话的意思被人们概括为课程的"三维目标"：知识与技能、过程与方法、情感态度与价值观。"鉴于课程目标与教学目标的复杂关系，这里权将'三维目标'看成是对教学目标的分类"②。

在知识与技能维度中：知识主要包括人类生存所不可或缺的核心知识和学科基本知识；能力主要是获取、收集、处理、运用信息的能力、创新精神和实践能力、终身学习的愿望

---

① 转引自吴立岗主编.《教学的原理、模式和活动》，南宁：广西教育出版社，1998年版，第397页.
② 熊川武主编.《教学通论》，北京：人民教育出版社，2010年版，第221—222页.

和能力。

在过程与方法维度中,主要包括人类生存所不可或缺的过程与方法。其中过程主要指应答性学习环境和交往、体验;方法主要指自主学习、合作学习和探究学习等基本的学习方式及发现学习、小组学习、交往学习等具体的学习方式的运用。

在情感态度和价值观维度中:情感不仅指学习兴趣、学习责任,更重要的是乐观的生活态度、求实的科学态度、宽容的人生态度。价值观不仅强调个人的价值,更强调个人价值和社会价值的统一;不仅强调科学的价值,更强调科学的价值和人文价值的统一;不仅强调人类价值,更强调人类价值和自然价值的统一,从而使学生内心确立起对真善美的价值追求以及人与自然和谐和可持续发展的理念。

上述三维目标是一个有机整体,而不是截然割裂的三个方面。在教学中,既没有离开情感态度与价值观、过程与方法的知识与技能的学习,也没有离开知识与技能的情感态度与价值观、过程与方法的学习。

三、教学目标的制定

(一)制定教学目标的来源

教学目标的制定,一般需要考虑以下三个方面的因素,即学习主体的需要、学习内容的要求和现有条件的制约。

1. 学习主体的需要

教学是教与学双方的共同活动。因此,制定教学目标时,必须要考虑学习主体的情况,特别是学习主体的需要。只有考虑到学习主体需要的教学目标,才能更好地调动他们的积极性,才能更好地激发他们学习的愿望,增强他们学习的动力。

关于学习主体的需要,至少涉及三个不同的层面:一是生理需要与心理需要,二是共性需要与个别需要,三是现有需要与发展需要。这些方面在相关的内容中已经有所交待,这里不再细说。

2. 学习内容的要求

教学目标的制定还必须考虑学习内容本身的情况,根据学习内容的具体情况来确定教学目标。不同的学习内容不但各自的具体内容不同,而且这种不同也会反映到教学目标上来。有些内容重在理解,而有些内容则重在实践;有些内容重在认知,而有些内容则重在情感。针对相应的内容,必须制定与之相应而又各不相同的教学目标。

3. 现有条件的制约

教学目标作为对教学活动的事前筹划,除了需要考虑学习主体的需要和学习内容的要求外,还必须考虑现有条件的制约。这就意味着在制定教学目标时,还必须思考教学目标达成所需要的各种条件,特别是现有条件的满足程度。一般说来,现有条件越充分,制定教学目标时所受的掣制就越少,而现有条件越不充分,在制定教学目标时受到的掣制就越多。

（二）制定教学目标的要求

制定教学目标时除了要考虑上述三个方面的来源外，还应考虑以下四个方面的要求。

1. 一般目标和具体目标相结合

一般目标，即各个方面的目标。当然，在不同的教学目标分类理论中，各个方面目标的范畴并不一致。在布卢姆的教学目标分类理论中，各个方面的目标包括认知、动作技能和情感三个方面，而在我国新课程实施中则包括知识与技能、过程与方法、情感态度价值观三个维度。在制定教学目标时，就需要把这些方面都考虑进来，不能遗漏某个方面的目标，更不能有意忽略或无视某个方面的目标。

具体目标，则是以一般目标为依据，结合具体的学习内容所做出来的详实的教学目标。这也是教学活动中最为常见的教学目标，也是对教学活动最具指导性的教学目标。

一般目标主要是从宏观上规定教学目标的范畴，而具体目标则是从微观上规定具体的要求。当然，具体目标所做出的具体要求必须与一般目标的范畴相一致。由此可以看出，一般目标与具体目标既有分工，又相互关联。因此，在制定教学目标时，必须把一般目标与具体目标结合起来。

2. 集体目标与个人目标相结合

制定教学目标还必须把集体目标与个人目标有机地结合起来。

所谓集体目标，即面向整个班级的、共同性的教学目标。班级授课制面世后，已经成为教学的最为主要的组织形式。因此，在制定教学目标时，必须考虑整个班级的情况，制定出面向整个班级的共同性的教学目标。只有这样，才能确保班级授课制的优势能够得到体现。

虽然现代教学主要是以班级授课制的形式来进行，但事实上，在班级这一特定的由不同学习主体组成的群体中，不同学习主体之间在具有一些共性的同时也还存在着一些差异性。集体目标从某种意义上来说，只能反映学习主体的共性，但无法满足不同学习主体的差异性。因此，在制定教学目标时还应考虑针对特定个体的个人目标，以更好地满足个别需要。

3. 难度适中

教学目标作为对教学活动的筹划和引领，既不能过高、过难，也不能过低、过易，而应保持在一个比较适中的水平。

这里所说的适中涉及以下两个方面：

一是绝大多数学生都能达到。这也即，判断教学目标是否适中，不是单纯地根据教学内容来确定的，也不是单纯地根据教师的主观设想来确定的，而是根据学习主体的情况来确定的，是绝大多数学生经过努力能够达到的目标，而不是极少数或者全体学生都能达到的目标。

二是对不同学生而言的适中还会有一定的差异。这也就意味着对于不同的学习主体，适中的水平和要求并不完全统一。对于有些学习主体来说，适中的水平、要求会高一些，而对于有些学习主体则适中的水平、要求会低一些。但无论是前者，还是后者，对于学习主体来说都是适中的。因此,适中还具有差异性。

4. 便于检测

教学目标作为对教学活动的指引,必须在教学实践中得到落实。因此,必须要通过一定的手段来判断其是否落实。这就涉及对教学目标的另一要求,即便于检测。便于检测不但可以发现教学目标是否明确、具体,而且也可以迅速地判断教学目标是否得到落实。

(三)制定教学目标的步骤

1. 分解上位目标

如前所述,教学目标具有层次性,包括教学总目标、课程教学目标和单元教学目标及课堂教学目标。通常所说的教学目标的制定主要是指课堂教学目标。

尽管课堂教学目标是教学活动中最为常用的、最为直接的教学目标,但在制定课堂教学目标时不能仅仅拘泥于具体的某一堂课来制定,而应综合考虑教学总目标、课程教学目标及单元教学目标的要求,把课堂教学目标放在上述目标体系之中来考虑。只有这样,课堂教学目标才能保持与教学总目标、课程教学目标和单元教学目标的一致性、连贯性,保持教学活动在育人上的持续性。

2. 分析学习内容

在制定教学目标时,还必须对具体的学习内容进行分析,从中析出相应领域的教学目标,如知识性的目标、能力性的目标、方法性的目标及情感性的目标等。在此过程中,需要对学习内容进行深度的分析,以便准确地把握学习内容的实质、科学地制定出相应的教学目标。

3. 确定学生起点

教学目标的制定,除了要考虑学习内容,要对学习内容进行分析外,还应考虑学生的状况。由于教学活动是以促进学习主体的发展为旨趣,教学目标,特别是课堂教学目标就是这种旨趣的具体落实。因此,在制定教学目标时,还必须考虑学习主体的现有状况。只有这样,才有可能制定出反映学习主体实际,能够促进学习主体发展,实现教学旨趣的教学目标。

4. 陈述具体目标

在对上述方面进行分析的基础上,制定出具体的教学目标。当然,具体的教学目标的制定还包括若干方面的环节。

第一,制定出尝试性的一般目标。通过对上位目标的分解、学习内容的分析及学生起点的确定,先大致框定出一个尝试性的一般目标。由于这只是大致框定,故而不是,也不可能是最后的、具体的教学目标。这只是朝向最后的、具体的教学目标的一个步骤。

第二,确定教学目标的具体形式。结合具体的学习内容和现有条件,确定教学目标的陈述形式,如文字式、表格式、还是文字与表格的融合等。每一种教学目标的陈述形式都有其优点,也有其局限,需要根据学习内容来进行确定。

第三,对教学目标进行精选加工。把前述尝试性的一般目标和确定的教学目标的具体形式结合起来,在进一步深入思考的基础上对教学目标进行精心选择和加工。比如,原来确定的教学目标中有些需要合并,也有些需要进行调整,也还有些可能需要删除。经过这些活动后确定下来的教学目标已经比较具体、可行了。

第四,确定最后陈述的教学目标。把上述经过精选加工的教学目标进行与所选择的教学目标陈述的形式结合起来,列出最后陈述的教学目标。这既是制定教学目标的最终成果,也是真正指导课堂教学实践的教学目标。

专栏 4—1

教学目标制定常见的偏离与误区

1. 把教学目标等同于学习内容
2. 教学目标含糊、不明确
3. 教学目标单一、不全面
4. 教学目标缺乏启发性、引导性
5. 教学目标忽视了整体性与个性的统一

[资料来源]裴娣娜主编.《教学论》,教育科学出版社,2007年版,第 120—122 页.

(四) 教学目标的编写

教学目标的编写方法有很多种。这里简要介绍四种比较常用的编写方法。

1. 行为目标编写法

①行为目标编写法简介

行为目标编写法,顾名思义,就是用行为来表征教学目标的方法,通过对行为描述及行为的条件、要求等来进行教学目标的编写。

运用行为目标来进行教学目标编写的方法有很多,ABCD 法就是其中最具代表性的方法之一。这种方法中的 ABCD 分别是对象(audience)、行为(behavior)、条件(condition)和程度(degree)四个英语单词的首字母。其中:

对象:要求有明确的学习者,他们是目标表述句中的主语;

行为:要求说明通过学习后,学习者应能做什么,是目标表述句中的谓语和宾语;

条件:要求说明上述行为在什么条件下产生,是目标表述句中的状语;

程度:要求明确上述行为的标准。

这四个方面是运用行为目标法编写教学目标时必须考虑或包含的方面。

这里举两个具体的例子来进一步说明行为目标编写法的运用。

例一:初中二年级学生在观看各种云的图片时,应能将卷云、层云、积云和雨云分别标记出来,准确率达 90%。

在本例中,"初中二年级学生"是对象(A),"观看各种云的图片"是条件(C),"能将卷云、层云、积云和雨云分别标记出来"是行为(B),"准确率达 90%"是程度(D)。

例二:给予 20 个要填写形容词的未完成的句子,学生能在 15 分钟内分别写出形容词以完成句子。

在本例中,"20 个需要填写形容词的未完成句子"是条件(C),"学生"是对象(A),"15

分钟内"是标准(D),"写出形容词以完成句子"是行为(B)。

②行为目标编写法的注意事项

第一,目标的行为主体须是学习者,而不能是教师。

第二,教学目标需用教学活动的结果而不能用教学活动的过程或手段来描述。

第三,教学目标的行为动词需是具体的而不能是抽象的。所谓具体,是指这一动词所对应的行为或动作是可观察的。

③行为目标编写法的评价

行为目标编写法具有可观察、可测量和易操作的优点,符合前述关于教学目标制定的一些要求,在教学实践中比较切实可行。既便于教师清楚教学目标,控制教学过程;也便于教师与教育督导、学生家长、学生展开交流;同时还便于对教学结果进行评价。

但这种教学目标编写方法过于强调外显行为的变化,忽略了内在的心理变化而显得不够完善。教学活动对于学习主体的发展,不仅是行为方面的,也还包括感情等心理层面的。而且,从某种意义上来说,后者应该更为重要,但这在行为目标编写法并没有能够很好地体现出来。

2. 表现目标编写法

为避免行为目标过于强调行为而忽略个体的心理等方面,人们尝试用表现目标来进行教学目标的编写。表现目标是指每一个学生在教育情景的"际遇"中所产生的个性化表现。

由于个体在实际教育情景"际遇"的体验各不相同,所以表现目标既没有统一的标准,也没有固定的模式。作为表现目标的倡导者,艾斯纳(E. Eisner)认为"表现性目标的陈述可以是:(1)阅读并解释《失乐园》(Paradise Lost);(2)考察与欣赏《老人与海》的重要意义;(3)通过使用铁丝与木头制作三维结构;(4)参观动物园并讨论那里有趣的事情。这些目标并不期望指明学生在参加这些教育活动后能做什么,而是识别他们将际遇的形式"①。

因此,表现目标的叙写只是指出学生学习的项目或者问题(如解释《失乐园》的意义或用实物设计三维结构),不指定学生的学习结果如何。根据"经历"的种类,通过描述学生自己的心理感受、体验,或者明确安排学生表现的机会,师生可以获得评价所需的材料。

另外,表现目标叙写所采用的行为动词往往是体验性的、过程性的,指向无需结果化的或难以结果化的课程目标,如"用不同的物体和方法制造声音,描述自己对这些声音的感受"等。

表现目标注重了个体的差异,特别是对个体心理层面给予了更多的关注,这既是其不同于行为目标的方面,同时也留下了一定的不足。这就是怎样来检验个体体验的合理性,怎样来判断个体在体验中的发展性。

---

① 转引自张华著.《课程与教学论》,上海:上海教育出版社,2000年版,第179页.

3. 内外结合编写法

行为目标编写法与表现目标编写法两种方法各有优点，也各有不足，而且两者各自的优点恰好能够弥补对方的不足。因此，可以把两种方法结合起来进行教学目标的编写。内外结合编写法就是融合两种方法而产生的一种新型的教学目标编写方法。

在内外结合编写法中，不仅包含具体的外显行为的变化，也包含了内在的能力或情感的变化；不仅避免了用传统方法陈述目标时含糊不清的局限性，而且避免了使教育局限于某种具体行为训练的危险。

对于内外结合法教学目标的编写，这里以两个具体的教学目标为例来进行说明。

例一：使学生理解议论文写作中的"类比法"

用学生自己的话解释运用类比法的条件；

在课文中找出运用类比法阐明论点的句子；

对提供含有类比法和喻证法的课文，能指出包含类比法的句子。

例二：领会专门术语的含义

将专门术语与它所代表的概念联系起来；

在新造的句子中使用某个专门术语；

区别术语之间的同异。

4. 双向细目表编写法

所谓双向细目表编写法是指在编写教学目标时根据内容和行为两个维度来进行编写，把内容和行为两个方面融合到一个表格当中。

在双向细目表中，内容主要是指具体的学习内容的分解，而行为则主要是指学习应该达到的层次。

表 4—4 是著名的课程与教学论专家泰勒（R. W. Tyler）在上个世纪中期绘制出来的关于生物学的一个双向细目表。[1]

---

[1] ［美］拉尔夫·泰勒著，施良方译.《课程与教学的基本原理》，北京：人民教育出版社，1994 年版，第 38 页.

表 4－4　高中学生生物科学学程教学目标双向细目表用法例证

内容 / 行为	目标的行为方面						
	1.理解重要的事实和原理	2.熟悉可靠的信息来源	3.解释资料的能力	4.运用原理的能力	5.研究和报告研究结果的能力	6.广泛和成熟的兴趣	7.社会态度
目标的内容方面							
A.人类有机体的功能　1.营养	×	×	×	×	×	×	×
2.消化			×	×	×	×	×
3.循环	×		×	×	×	×	×
4.呼吸	×		×	×	×	×	
5.生殖	×	×	×	×	×		×
B.动植物资源的利用　1.能量关系	×		×	×	×	×	
2.制约动植物生长的环境因素	×	×	×	×	×	×	×
3.遗传和发生学	×	×	×	×	×	×	×
4.土地的利用	×	×	×	×	×	×	×
C.进化和发展	×		×		×	×	×

当然,这个双向细目表比较复杂,特别是其中的行为层面,涉及了7个层次,不但在教学实践中操作起来不太方便,而且行为层面本身的划分也不尽完善。所以,在教学实践中对双向细目表进行了改造,把行为维度首先概括为认知、情感和动作三个方面,然后对每一个方面的行为再进一步细分,最后让细分的不同层面的行为分别与另一维度的内容相互关联起来。具体形式如表 4－5 所示:

表 4-5 改造后的双向细目

行为 内容	认知			情感			动作		
内容一									
内容二									
内容三									
……									

采用双向细目表的方式进行教学目标的编写的突出特点是所编写的教学目标比较清晰。这种清晰不但是指具体内容方面,而且也还包括其所归属的领域方面。这无论是对于教师,还是对于学生来说都相对比较清晰,也便于检测和落实。但是双向细目表也同样具有比较明显的行为层面的痕迹。尽管其中加上了情感领域,但只是把情感进行了行为上的转化而已,其本身仍然是属于行为层面。因此,这种方法自然也具有行为目标编写法的一些局限。

第二节 教学任务

一、教学任务的内涵

(一) 教学任务的概念

教学任务是"在教学中为实现教育目的所提出的不同层次要求。除教学共同的一般任务外,各级各类学校、各门学科乃至每一单元、每堂课的教学均有各自具体的任务"[①]。由此可以看出,对于教学任务来说,有宏观、中观和微观三个层面的理解。从宏观层面来看,教学任务同教育目的或者说是教学的总目标相一致;从中观层面来看,教学任务与科目目标相一致;从微观层面来看,教学任务在与单元教学目标、课时教学目标等相一致的同时也有明显的不同。从相同方面来看,教学任务与单元教学目标、课时教学目标等都属于对教学活动进行引导、调控的重要工具,从不同方面来看,教学任务要比单元教学目标、课时教学目标等更为具体和丰富。由于上一节已经对教学目标进行了说明,因此这里谈到的教学任务则主要是从微观层面上,而且是基于单元或课时教学目标基础上的进一步深化。所以,这里把教学任务定义为教学主体在特定的时空范围内需要完成的教学内容

---

① 顾明远主编.《教育大辞典》(增订合编本),上海:上海教育出版社,1998年版,第718页.

或要求。这一界定有以下三个方面的要义：

1. 教学任务由教学主体来承担或执行

教学任务必须由教学主体来承担和执行，否则也就谈不上是教学任务。由于教学主体包括教师和学生两个方面，所以他们都是承担或执行教学任务的主体。只不过由于社会分工的不同，各自所应承担的责任有所不同。

2. 教学任务有明确的任务范围或要求

教学任务作为教学活动中应该完成的任务，应该明确、清晰，比如教学任务的范围，或者教学任务的要求等。只有这样，才能确保教学的效益。

3. 教学任务的完成有时间限制或约束

教学任务除了要有明确的任务范围或要求外，还应有完成教学任务的时间条件。在教学活动中，教学任务的时间限制往往会具体到每一节课或每几节课。这也是衡量教学效率的重要指标。

（二）教学任务的特点

1. 明确性

教学任务应非常清晰、明了。只有这样，才有可能使得教学能够真正有效益、有效果。教学任务的明晰不但要求教学任务的范围要明晰，而且还要求完成教学任务的时间要明晰。两者中任何一方不够明晰，都将影响教学任务的完成，影响教学活动的质量和效益。

2. 适量性

教学任务在量上应该适中，既不能过多，也不能过少。前者导致教学任务难以完成，后者容易使教学过程比较松散。当然，适量还与教学任务本身的性质、教学任务的难易程度、教学主体自身的实际情况等相匹配。

3. 多样性

教学任务的多样性与教学目标的要求有关。这在前述关于教学目标分类的理论中可以看出，尽管不同的教学目标分类理念各不相同，但每一种教学目标分类理论都包括多种类型的教学目标。因此，基于教学目标而来的教学任务，也应该是多样性的。

4. 差异性

教学任务既是统一的，同时也是有区别的。由于教学任务是由教学主体来承担或执行的，而且往往是基于特定的教学组织形式而言的，所以，教学任务是面向所有教学对象的。因此，对于某一个班级或年级的教学对象来说，他们的教学任务从总体上来说是相同的。但是，由于个体差异的存在，又在客观上使得他们各自的教学任务又不会完全相同。有些教学对象的教学任务会多一些、复杂一些，而有些教学对象的教学任务则会少一些、简单一些。

（三）教学任务的意义

1. 落实各级目标

由于教学任务（尤指本书中所理解的教学任务）是基于教学目标而来的，所以教学任务就一方面成为各级教学目标的具体反映,另一方面也是各级教学目标的具体落实。当然,对于不同层级的教学目标来说,教学任务对其的落实也不尽一致,有些层级的教学目标需要多次不同的教学任务才能落实,而有些层级的教学目标则需要较少次数的教学任务就能落实。

2. 指引教学活动

教学任务作为对教学目标,特别是课时教学目标的具体反映,除了是对教学目标的落实外,还承载着对教学活动指引的作用,是教学活动展开的重要依据。任何教学活动都有赖于教学任务,依托于教学任务。

3. 承载主体发展

教学任务的落实不但是教学目标的完成,而且也还能够使教学主体得到发展。虽然教学本身就是以促进教学主体的发展为旨趣的,但这只是从一般意义上而言的。教学任务就是实现教学这一旨趣的反映和落实。因此,教学任务还承载着教学主体的发展。当然,对于不同的教学主体来说,其所承载的发展也不尽一致。

二、教学任务的确定

教学任务的确定需要考虑两个方面:一是课程标准的规定,二是学习主体的状况。课程标准规定了教学任务的终点,而学习主体的状况则规定了教学任务的起点。由于课程标准的相关内容会在《课程论》中进行说明,故这里不再赘述,只是从学习主体的状况方面通过教学任务的起点来说明教学任务的来源。

当然,对于学习主体的状态来说,涉及很多方面,如生理状态、心理状态及知识状态等。由于教学任务主要与教学内容有关,故这里仅以与教学内容密切相关的知识状态来进行说明。

对于学习主体的知识状态,又有基础状态和发展状态两个层面。前者主要是指学习主体实际拥有的、已经掌握或具备的知识状态,而后者则是指学习主体在知识方面可能达到的领域或程度,表明他们未来在知识状态上的发展空间。

(一)基础状态

学习主体在知识上的基础状态,实际上也就是其原有的知识基础。这既是学习主体的学习活动赖以开展的根本前提,也是确定具体的教学任务的根本前提。如果基础状态不牢固,学习活动的开展会受到影响。同样,如果不了解基础状态,教学活动的开展同样也会受到影响。

对于学习主体的原有的知识基础,有两种把握方式:一种是从整体上对其知识基础进行概括的把握。这种把握的优点是从整体上把握,比较全面,但缺点是不够具体。另一种则是把学生的知识基础分成多个方面逐一来把握。这种把握的优点是比较具体,但容易缺乏整体性。因此,在对学习主体的知识基础进行把握时,既要有整体的观念,注重从整体上来把握,又要从多个方面来进行具体的了解。

1. 基础状态的范畴

一般说来,学习主体原有的知识基础,主要涉及三个方面。

(1) 特定学科领域的知识基础。在目前的教育和学习实践中,学习往往首先与一定的领域或学科相联系。学习主体的学习活动,特别是学生这一类学习主体,在一定意义上来说,主要是指特定的学科领域的学习。对于这一特定学科领域的学习,一个至关重要的前提条件是应该有相应的知识基础。如果没有相应的知识基础,在该领域的学习活动将难以取得令人满意的效果。

(2) 相邻学科领域的知识基础。知识并不是孤立的,而是相互关联的。学生在相邻学科领域的知识基础,会有助于他们对将要学习到的内容起到积极的推动作用。

也正因如此,目前在我国的教育实践中,非常注重从综合的角度来进行安排和设计课程与教学。在基础教育课程改革中,学科课程本身的综合化以及综合实践活动领域的开设等,实际上都是力图让他们的知识能够相互关联起来。

(3) 社会生活实践的知识基础。从广义的角度来看,知识来自于实践。因此,不同的社会生活实践也会带来相应的知识基础。而且,这些知识同样也会对学习主体的学习活动有着重要的影响。比如,对于雪、冰等方面的知识,南方的孩子和北方的孩子由于其生活条件不同,生活实践有别,他们的感受和理解自然也各不相同。

2. 基础状态的类型

关于学习主体原有知识状态的类型,可以从以下两个方面来进行分析。

(1) 共性与个别

共性的知识基础主要是针对一类学习主体而言的。这类知识基础带有普遍性、整体性,反映他们的共同情况。个别的知识基础则主要是针对特定的学习主体而言的,是具体的某个学习主体的知识基础的情况。前者有助于从整体上把握群体,而后者则有助于理解个体差异。

对学习主体的知识状态的基础,既要从整体上了解他们的共性,以便能够高效率地安排学习活动,同时也要从个体上了解各自的差异,以便能够有针对性地安排学习活动。因此,单纯地从共性或者单纯地从个别来开展学习活动,都对学习活动不利。

(2) 已知与未知

人们经常用已知与未知,特别是已知来作为衡量学习主体知识状态的重要指标。了解学习主体的现实状态,明确他们的未知状态,对于学习活动来说是非常有价值的。当然,需要说明的是,未知本身有多种情形:一种是全新的未知。这是一种有待学习和掌握的未知。从学习主体的知识基础方面来看,这还不是他们已经具备的,故这里不予讨论。另一种是似知的未知。这是一种他们虽然有所了解,但还不够熟练和正确理解,以至于经常会出现混淆和错误的情况。这种情况虽然表面上看来已经了解了,属于已知的情形,但实际上并没有真正理解,还仍然处于未知的状态。对于这一种未知尤为需要关注。因此,这一类的未知应该是重点考虑的方面,应给予高度关注。

在教学实践中,经常会发现一些学习主体由于似知而其实未知的现象。对于有些内容,他们虽然表面上看起来好像是理解了、掌握了,但实际上并不是真正的理解和掌握,从而使得他们在运用时经常会出现各种各样的问题行为。这些现象也反过来从另一个侧面证明了学习主体原有的知识基础对其学习活动的影响。

(二) 发展状态

关于学习主体的知识状态,除了了解其已有状态外,还应该了解其发展状态。只有了解了其发展状态,才能为他们的学习活动提供切实有效的帮助和指导。

学习主体知识的发展状态包括发展领域和发展程度两个方面。

1. 发展领域

发展领域即学习主体可能发展的方面。众所周知,由于遗传、环境等各个方面的原因,导致不同个体之间具有多种多样的差异。这种差异也就决定了他们各自的发展领域并不完全相同。每一个学习主体都有其擅长的发展领域或优势的发展领域。在他们所擅长或优势的领域,学习活动的效率往往很高,在较短的时间内能够正确理解和掌握所要学习的内容,而在不太擅长或非优势的领域,学习活动的效率则刚好相反,往往事倍而功半。因此,了解学习主体所擅长或优势的发展领域,对学习主体的学习活动大有裨益,对他们未来的发展也大有裨益。

测查学习主体所擅长或优势的发展领域,有多种方式。根据多元智能理论,对其所擅长的智能领域的空间进行分析即是其中之一。这里简要对之进行介绍。

多元智能理论是美国著名发展心理学家、哈佛大学教授霍华德·加德纳(Howard Gardner)博士提出来的。在1983年出版的《智能结构》中,加德纳提出了7种智能类型。在1995年增加了自然认知智能。后来,智能的类型又进一步扩展,增加了存在智能。目前,多元智能的范畴有语言智能、数学—逻辑智能、身体运动智能、视觉—空间智能、音乐智能、人际智能、内省智能(又称自我认知智能)、自然认知智能、存在智能9种。

加德纳的多元智能理论目前更多地被运用于证明个体智能差异的存在上。事实上,多元智能理论除了能够证明个体智能差异的存在外,还进一步表明了个体智能发展的空间,表明个体具有发展潜能的优势方面。

2. 发展程度

发展程度,即学习主体发展所可能达到的水平。学习主体的发展,除了发展领域外,还涉及发展水平。通过对其发展水平的了解和提升可以实现学习主体的发展。

对于学习主体发展所可能达到的水平,学术界常用"最近发展区"一词来表征。最近发展区的俄文表达是"zona blizhoishego razuitiya",其中的"blizhaishego"意为"close(靠近)",所以在有的英文版本中译为"zone of closest"或"nearest development",但最常用的是"zone of proximal development"。

"最近发展区"是最近发展区理论中最为核心的概念,是由前苏联著名心理学家维果斯基(Lev Vygotsky)提出来的。在他看来,"我们至少应该确定儿童发展的两种水平,如果不了解这两种水平,我们将不可能在每一个具体情况下,在儿童发展进程与他受教育可能性之间找到正确的关系"。P. Eggen 等认为,"最近发展区是指儿童能够独立完成的学习任务水平与在有能力的教师或同伴的帮助下方能完成的学习任务水平之间的区域"①。而我国的《教育大辞典》(增订合编本)中则进一步认为,最近发展区是"指儿童在有指导、有成人帮助的情况下所能达到的解决问题水平和在独立活动中所能达到的解决问题水平之间的差异。也就是两个邻近的发展阶段间的过渡状态"②。

要想理解这一概念,必须明确以下几个方面。

第一,最近发展区是一个动态的可能区域。这个区域是对现有水平的超越,并朝向理想状态的迈进。但在迈进的过程中,理想状态只是一种可能的,而不是必然的。所以,在向这个状态逼近的过程中,有的刚好重合,而有的则可能会有一定的距离。

第二,最近发展区的前提是对现实或者说是实际起点的明确。只有明确了他们的现实起点,知道了他们的真实情况,才有可能确立适当的可能达到的状态。否则,所确立的可能达到的状态要么过高,要么过低。而无论哪一种情形,都不符合最近发展区的内涵,也会影响到学习主体的发展。

第三,最近发展区的关键是确立最佳的可能达到的水平。这一水平既是学习主体发展的空间,是他们发展的领域,也是最近发展区的最为关键的方面。如果没有确立最佳的可能达到的水平,即使对学生的现实水平分析的再到位,可能也难以实现所确立的水平状态对学习主体发展的带动。

第四,最近发展区的实现过程不一定是学习主体单方面的事情。最近发展区的实现需要借助他人的帮助,如教师、同伴等其他人员的帮助来实现。

第五,最近发展区本身也是动态的、发展的、演变的。学习主体的发展过程实际上就是他们最近发展区的不断演化过程,是不断地由现实水平走向可能达到的水平,把可能达到的水平变成现实水平,然后确立新的最近发展这样一个循环往复的过程。

第六,最近发展区的超前性。这也即最近发展区应该是在现有水平上的更高要求,而不能低于或等于儿童的现实水平。维果斯基强调,"教学不能走在发展的后面,而应创造最近发展区,从而走在发展的前面"③。同时,他还对教育学提出了新的要求,即"教育学不应当以儿童发展的昨天,而应当以儿童发展的明天为方向。只有这样,教育学才能在教学过程中激起那些目前尚处于最近发展区内的发展过程"。

三、教学任务的分析

在确定了教学任务后,还需要进一步运用具体的方法对教学任务进行分析。教学任务分析的方法主要有层级分析法、归类分析法、图解分析法、信息加工分析法、卡片分析法、解释结构模型分析法和知识概念图分析法等。

---

① 转引自路海东主编.《学校教育心理学》,长春:东北师范大学出版社,2000年版,第251页.
② 顾明远主编.《教育大辞典》(增订合编本),上海教育出版社,1998年版,第2172页.
③ 顾明远主编.《教育大辞典》(增订合编本),上海教育出版社,1998年版,第2172页.

（一）层级分析法

层级分析法是利用教学目标的层级关系，对教学任务进行分析的一种方法。这是一个逆向分析的过程，即从已确定的教学目标开始考虑：要求学习主体获得教学目标规定的能力，他们必须具有哪些次一级的从属能力？而要培养这些次一级的从属能力，又需具备哪些再次一级的从属能力？依次类推，直至确定最低一级的从属能力。因此，在层级分析法中，各层次的知识点具有不同的难度等级——愈是在底层的知识点，难度等级愈低（愈容易），愈是在上层的难度愈大。但在实际教学中，这种逆向分析的过程刚好反过来，从实现最低一级的教学目标开始，逐渐实现高一级的教学目标。

层级分析法具有两个非常突出的特点：一是一级级的分析，直到最具体为止。二是未掌握的和已掌握的都很清楚。这种方法虽然看起来很简单，但具体操作起来，由于需要一级一级的去分析，其实也并不容易。下面对"整数减法"教学任务所进行的层级分析的实例就可以比较直观地看出这种方法的特点及其局限。

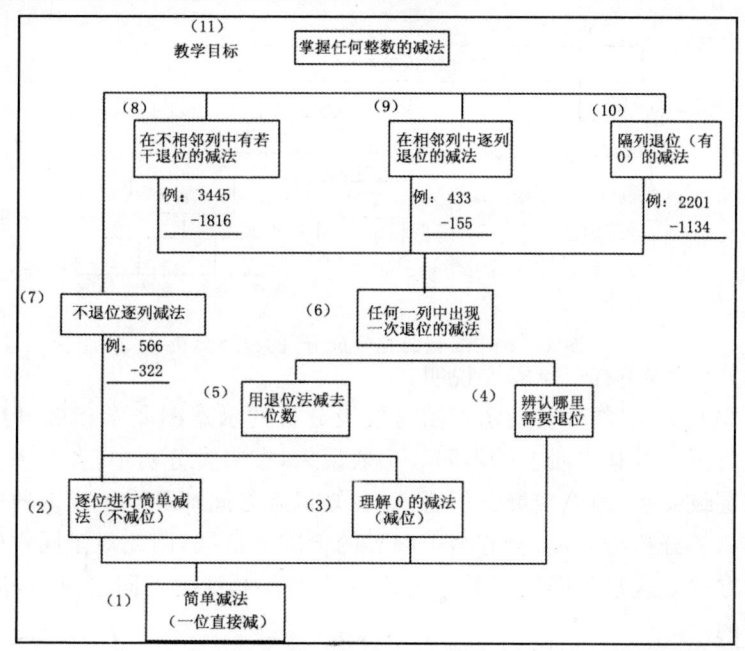

图 4-2 "整数减法"的层级分析

由图 4-2 可以看出，教学目标规定的能力(11)的学习以(7)、(8)、(9)和(10)四项从属技能的学习为先决条件，该层级分析一直继续到最后一级的子目标（简单减法）为止。

（二）归类分析法

顾名思义，归类分析法就是把有关的教学任务划分为不同类别的方法。因此，这种分析方法旨在鉴别为实现教学目标所需要的知识点。例如，一个国家的省市名称可按地理区域的划分来归类，人体外表各部位的名称可由上向下，按头、颈、躯干、上肢、下肢分类等。确定分类方法后，或用图示、或列提纲，把实现教学目标所需学习的知识归纳成若干方面，从而确定教学内容的范围。当然，对于不同的教学内容来说，其归类分析的具体做法并不一致，有些只需要进行较少层次的归类分析，而有些则需要进行多个层次的归类分析。图4－3、4－4就是这两种情况的代表。

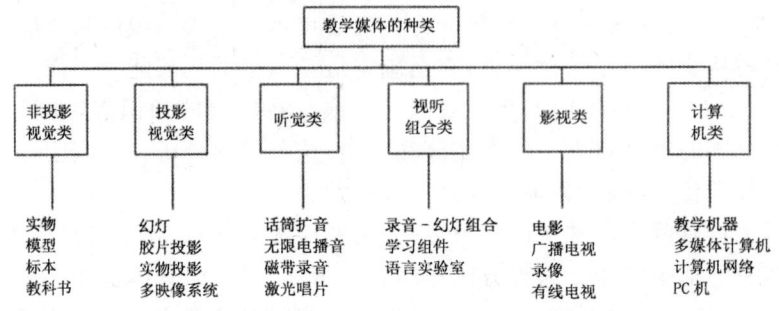

图4－3　"教学媒体的种类"的归类分析

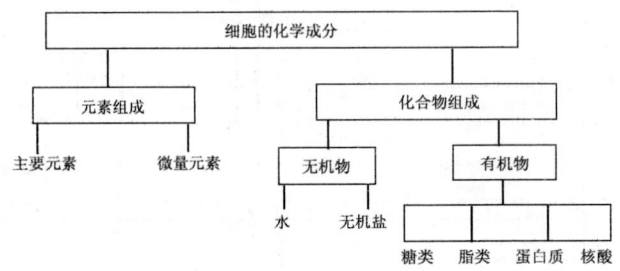

图4－4　"细胞的化学成分"的归类分析

对于分类分析法，还有三点需要说明：

一是从形式上看，归类分析的示意图与层级分析的示意图非常相似，但事实上，归类分析法与层级分析法具有实质上的不同。一般说来，在归类分析中，各知识点之间本质上不存在难度的层级关系，而在层级分析法中，各知识点之间却具有难度上的层级关系。

二是对于归类分析法来说，会有多个归类的标准或依据，因此对于同样的教学任务会有不同的归类方式。这些不同的归类方式并不是内容本身的不同造成的，而是由归类的标准不同带来的。

三是在运用归类分析法时，必须把所有的教学任务都要归入相应的类别当中，不能遗漏。

（三）图解分析法

图解分析法是以直观形式揭示学习内容要素及其相互关系的内容分析法，它适用于认知类学习内容的分析。图解分析是用一套图表或符号简明扼要地从内容和逻辑上高度概括学习内容，如可以用几条带箭头的线段和简洁的数字、符号来展示某一历史事件的全过程，其事由、时间、地点、人数等都被反映在其中。这种方法可以呈现或反映教学任务之间的内在逻辑联系，也有助于发现教学内容的残缺或多余部分以及各部分联系中的割裂现象。图 4-5 是运用图解分析法对"DNA(主要的遗传物质)"教学任务所进行的分析。

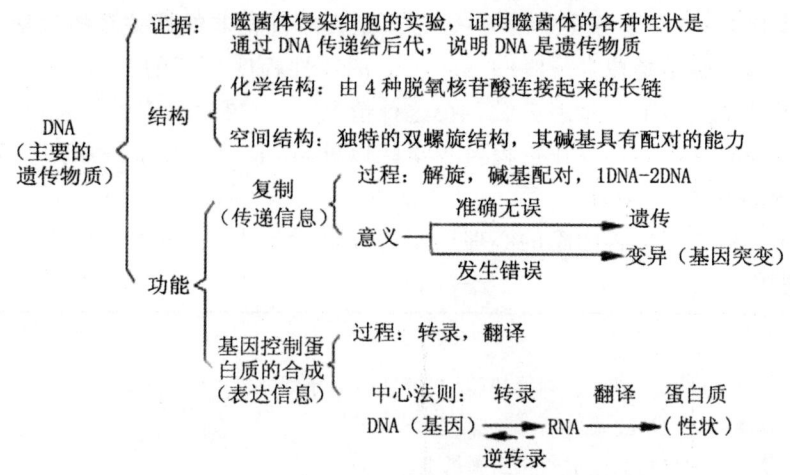

图 4-5　DNA(主要的遗传物质)的图解分析

由上图可以看出图解分析法既有层次分析法的痕迹,呈现出教学任务的层级,也有归类分析法的特性,把教学任务按照类别进行组织。当然,图解分析法作为一种独特的教学任务分析法有其自身的独特性,这就是图解分析法在相应的教学任务层级或类别中加入了相应的标注或说明,进一步展现了教学任务内部层级或类别间的逻辑关系或独特意义。这既是图解分析法的独特之处,也是其有别于层次分析法及归类分析法的方面。

（四）信息加工分析法

信息加工分析是将学习主体在完成教学目标时对信息进行加工的所有心理和操作的过程用流程图揭示出来的对教学任务进行分析的方法。由于教学任务之间的内在逻辑关系不同,对之进行信息加工分析时也往往各不相同。图 4-6 是运用信息加工法进行的"两位数减法"的教学任务分析。

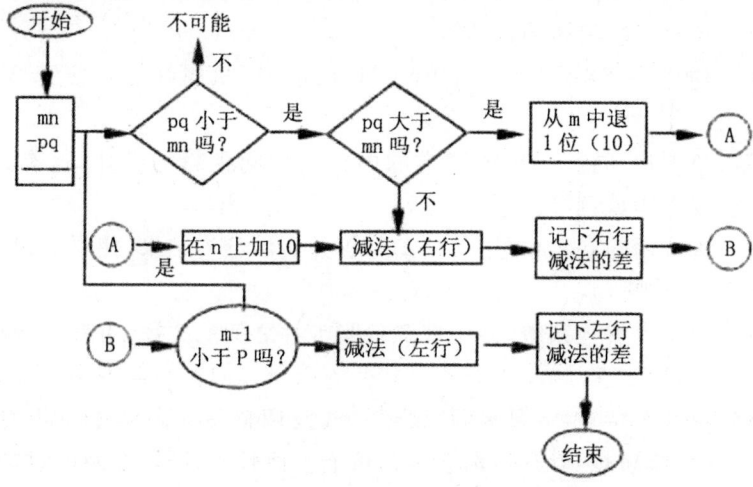

图 4-6　"两位数减法"的信息加工分析

信息加工分析有两种基本的方法：一种是直线式的方法，主要适用于那些具有明显线性关系的教学任务；一种是分支式的方法，主要适用于那些非线性关系的教学任务。有些教学任务完成的步骤不是按"1→2→3→…→n"的线性程序进行的。当某一步骤结束后，需根据出现的结果判断下一步怎么做。在这种情况下，就要使用流程图表现该操作过程。流程图除直观地表现出整个操作过程及各步骤以外，还表现出其中一系列决策点及可供选择的不同行动路线。

信息加工分析不仅能将内隐的心理操作过程显示出来，也适用于描述或记录外显的动作技能的操作过程。

专栏 4—2

"刻纸拓印"的信息加工分析过程

一、画稿——用单线画出稿样轮廓。
二、复印——将画稿分别印在图画纸上。
三、剪形——将所印的图样逐个剪下。
四、刻纹——用刻刀按印稿将结构刻出。
五、衬贴——将剪下的图样分别贴在底板纸上。
六、印刷——用滚筒等用具使底板吃足油墨，然后把印纸覆上，压印成画。

[资料来源]乌美娜主编.《教学设计》，高等教育出版社，1994年版，第90页.

（五）卡片分析法

教学任务分析的工作非常细致、复杂，经常需要对所分析的结果进行修改，如补充或删除一些内容。因此，在进行教学任务分析时还需掌握必要的技巧，以有效地开展教学任务的分析。利用卡片的方法就是其中的技巧之一，这也即教学任务分析中的卡片分析法。

卡片分析的步骤大体是，首先将教学目标和各项任务的要点分别写在不同的卡片上，然后对它们的关系进行安排，经讨论修改后，再转抄到纸上。

卡片分析法还有一些具体的技巧：

一是每张卡片写一个要点（如一个单元目标或一项从属技能），便于增删内容、调整位置。

二是使用彩色卡片，同一层次或同类的内容用相同色彩的卡片，这有助于分类。例如，概念用白色、规则用黄色等。

三是制作一种专用的展示板，用于辅助分析并展示分析结果，使参加讨论者对教学任务分析的结果一目了然。

四是建立一套卡片编号系统，便于理顺各张卡片之间的关系，有利于分析结果定稿后的记录整理。

卡片分析法有两个特点：一是灵活，便于修改及调整各项内容之间的关系；二是形象直观，便于讨论时交流思想。当然，由于卡片可能会比较多，既需要及时进行加工整理，也会额外增加时间上的消耗。

（六）解释结构模型分析法

解释结构模型法（Interpretative Structural Modelling Method 简称 ISM 分析法）是用于分析和揭示复杂关系结构的有效方法，可将系统中各要素之间的复杂、零乱关系分解成清晰的多级递阶的结构形式。当我们分析的教学任务不具有简单的分类学特征，或者其中的概念从属关系不太明确，也不属于某个操作过程或某个问题求解过程时，要想通过上面几种方法直接求出各级教学任务之间的形成关系是很困难的，这时就要使用解释结构模型分析法。这种分析方法包括以下三个操作步骤：第一，抽取知识元素——确定教学子任务；第二，确定各个子任务之间的直接关系，作出任务矩阵；第三，利用任务矩阵求出教学任务形成关系图。

这种教学任务分析法比较繁琐，利用人工的方式既很困难，也容易产生教学任务的遗漏。如果利用相应的计算机软件，由电脑来完成就比较便捷了。当然，这需要教师具有相应的电脑使用技术才行。

（七）知识概念图分析法

概念图是一种知识结构的表现方式，是由节点和连线组成的结构表征。节点表示重要概念，连线表示一组或几组概念之间的内在关系。在连线上或连线旁一般还会有一些词或词组用于对概念节点之间的关系进行标注，形成命题和原理。因此，概念图的组合形式反映的是知识的等级结构。

按照不同的标准可以把概念图划分为不同的类别：一是关系图，反映不同概念间的各种复杂的逻辑关系，如从属、并列等；二是程序图，表示学习、训练和操作的顺序和序列；三是过程图，表示某一事物或事件的发生、发展和变化的过程。

需要说明的是，知识概念图本身可大可小，大到可以是整个教材的，小到可以是一个单元的。而且，知识概念图表达的是设计者对教学任务涉及的知识的理解，概念图中的结点不一定都是教学任务知识点，整个知识网络图不一定也不应该是教材的翻版。

通过对上述 7 种教学任务分析法的说明可以看出，每一种教学任务分析的方法都有其长处，也都存在着一定的局限。在进行教学任务分析时，应根据具体的教学任务、教学的实际条件来选择最为恰当的分析方法。

四、教学任务的外显

教学任务的外显既是教学任务落实的必然要求，也是教学活动顺利进行的重要依托。因此，在教学任务确定、分析后还必须将之外显化。

教学任务的外显，即教学任务的撰写，是根据教学任务的来源及教学任务的分析而形成的具体的教学方案。当然，教学方案本身有多种层次，如学年教学方案、学期教学方案、单元教学方案及课时教学方案。这里所说的教学方案，主要是落实教学任务的课时教学方案。这在"教学主体与行为"一章有关课时备课中已经交待过，故这里不再赘述。

本 章 结 语

第一,教学目标是教学活动预期的结果,具有预期性、系统性、层次性、可行性和灵活性的特点,包括科目目标、单元目标、课时目标、环节目标等层次。教学目标具有导向功能、激励功能、标准功能和聚合功能。

第二,布卢姆等人把教学目标按照认知、情感、动作技能三个方面进行了划分。目前,这一分类已从一维扩展到知识和认知两维。加涅根据学习结果把教学目标分为智力技能、认知策略、言语信息、运动技能和态度。根据总的教育教学目的,巴班斯基认为教学目标包括教养的目标、教育的目标和发展的目标。我国在新课程改革中提出了知识与技能、过程与方法、情感态度与价值观的"三维目标"。

第三,制定教学目标需要考虑学习主体的需要、学习内容的要求和现有条件的制约三个方面,符合一般目标和具体目标相结合、集体目标与个人目标相结合、难度适中、便于检测四项要求。制定教学目标的步骤是分解上位目标、分析学习内容、确定学生起点和陈述具体目标。教学目标编写的方法有行为目标编写法、表现目标编写法、内外结合编写法和双向细目表编写法。

第四,教学任务是落实各级目标、指引教学活动和承载主体发展的必须要求,有宏观、中观和微观三个层面的理解。从微观层面来看,教学任务是教学主体在特定的时空范围内需要完成的教学内容或要求,具有明确性、适量性、多样性、差异性等特点。

第五,教学任务的确定需要考虑课程标准的规定和学习主体的状况两个方面。其中,学习主体的知识状态有基础状态和发展状态两个层面。前者主要是指学习主体实际拥有的、已经掌握或具备的知识状态,而后者则是指学习主体在知识方面可能达到的领域或程度,表明他们未来在知识状态上的发展空间。

第六,教学任务分析的方法主要有层级分析法、归类分析法、图解分析法、信息加工分析法、卡片分析法、解释结构模型分析法和知识概念图分析法等。

[讨论与思考]

1. 教学目标的内涵是什么?教学目标有哪些功能?
2. 简述布卢姆等人的教学目标分类理论及其发展。
3. 制定教学目标的来源有哪些?制定教学目标的要求是什么?制定教学目标的步骤有哪些?编写教学目标的方法有哪些?
4. 教学任务的内涵是什么?教学任务有哪些意义?
5. 怎样分析学习主体的状态?
6. 教学任务分析的方法有哪些?

[阅读导航]

1. 吴也显主编.《教学论新编》,北京:教育科学出版社,1991年版.

该书既能反映当时教学理论和实践发展中的一些新成果,又能把以往教学论中有价值的理论继承下来,尽量把纵向和横向结合起来,采用历史的、比较的方法,重在理论论证,力求摆脱经验描述的局限,共有引论、教学过程论、教学构成论、教学实施论和教学艺术论五编十四章内容.

2. 吴立岗主编.《教学的原理、模式和活动》,南宁:广西教育出版社,1998年版.

该书是按照"教学目标—教学思想—教学模式—教学活动"这一从理论到实践的流程撰写的,包括三个部分十四章内容。第一部分是"教学原理",通过哲学、系统科学和教育科学的最新研究成果阐述了教学论的逻辑起点及方法论基础;第二部分"教学模式",介绍了教学模式的历史沿革,对国外和国内各种最具代表性的教学模式进行了评述;第三部分是"教学活动",具体阐明教学活动中各个环节实施的依据、策略和方法。

3. 洛林·W.安德森等著,蒋小平等译.《布卢姆教育目标分类学:分类学视野下的学与教及其测评》(完整版),北京:外语教学与研究出版社,2009年版.

该书被认为是20世纪教育领域影响最大的4本著作之一,其修订版后的完整版对教学目标、教学过程中的教学活动和教学评估按24个目标单元进行分类,构成了72种分类结果,这表明知识分类学习论思想已被课程、教学和评估专家接受,是科学心理学与教学相结合进入新阶段的标志性成果之一。

4. 皮连生主编.《教学设计》(第2版),北京:高等教育出版社,2009年版.

该书分教学设计概论与理论基础、教学目标与教学分析、教学策略、教学评价等四大部分,涵盖教学设计概论、教学设计的理论基础、教学目的与目标、分析学习者和学习环境、分析教学任务、教学策略概述、事实性知识的教学策略设计、概念性知识的教学策略设计、程序性知识的教学策略设计、问题解决的教学设计、动作技能的教学策略设计、情感领域的教学策略设计、教学传输策略的设计、教学管理策略设计、学习结果测量与评价、教学评价等16章内容。

5. 张华著.《课程与教学论》,上海:上海教育出版社,2000年版.

该书包括课程与教学研究的历史发展、课程开发与教学设计的基本模式、课程与教学的目标、课程内容与教学方法的选择、课程与教学的组织、课程实施与教学过程、课程与教学评价及课程与教学研究的发展趋势8个方面的内容,把课程与教学两个研究和实践领域进行了初步尝试性的整合。

6. 裴娣娜主编.《教学论》,北京:教育科学出版社,2007年版.

该书时代性与基础性相结合,强调内容的科学性,论证有一定的深度和普适性,密切关注21世纪教学论学科发展的新进展。全书共分12章,包括教学与教学论的历史发展进程、教学目标、教学过程、教学组织形式、教学研究、现代教学论发展的趋势及其反思等。

7. 熊川武主编.《教学通论》,北京:人民教育出版社,2010年版.

　　该书注重新型师范教育模块课程的建设,为培养学生的创新精神和实践能力服务,全面体现"大学精神、大学文化"和"实用、适用"的教学要求,以教学论的基本范畴和问题为主线,对教学世界进行了从宏观到微观,从教学管理到教学手段的多方位数层面扫描,反映了当代教学论学科建设与发展的新成果,建立了相对完整的学科体系。

第五章　教学原则与方法

【内容提要】

教学原则是根据教育教学目的、教学过程的客观规律和教学实践经验而制定的教学工作必须遵循的基本要求。我国中小学常用的教学原则有直观性原则、启发性原则、系统性原则、巩固性原则、量力性原则、思想性和科学性相结合的原则、理论联系实际原则和因材施教原则。

教学方法是教学过程中教师和学生为实现教学目的、完成教学任务而采取的教与学相互作用的活动方式的总称。我国中小学常用的教学方法有讲授法、谈话法、讨论法、读书指导法、演示法、参观法、练习法、实验法、实习作业法、欣赏法、发现法。选择教学方法时需要综合考虑教学的具体目的与任务、教材内容的特点、学生的实际情况、教师本身的素养条件、各种教学方法的职能、适用范围和使用条件、教学时间和效率的要求。在运用教学方法时需要坚持启发式教学指导思想、发挥教学方法的整体功能、综合应用各种教学方法、坚持灵活性，渗透教育机智。

【学习目标】

1. 掌握教学原则的内涵，理解教学原则与教学规律及教学原理、教学规则、教学目的、教学内容、教学方法等相关范畴的关系。
2. 掌握教学原则提出的依据。
3. 了解古今中外研究者们提出的教学原则体系。
4. 掌握我国中小学常用各个教学原则的内涵及贯彻要求。
5. 掌握教学方法的内涵，理解教学方法与教学方式、教学策略、教学模式等相关范畴的关系。
6. 了解教学方法的作用。
7. 了解中外关于教学方法的分类体系。
8. 掌握我国中小学常用教学方法的内涵及运用的基本要求。
9. 掌握教学方法选择的标准，了解教学方法选择的程序，体验教学方法运用的原则。

【核心术语】

教学原则　教学方法

教学活动既需要遵循一些基本要求，即教学原则，也还需要运用一定的教学方法。前者提供的是指导性的要求，后者提供的是技术性的方式。

第一节 教学原则

一、教学原则的内涵

(一) 教学原则的概念

教学原则是根据教育教学目的、教学过程的客观规律和教学实践经验而制定的教学工作必须遵循的基本要求。教学原则有以下四个方面的要义。

1. 教学原则是对教学工作的指导

教学原则作为教学工作中必须遵循的基本要求,属于指导教学如何开展的指导思想。换句话说,属于指导教师在整个教育教学活动理念中的稍显外显的层面的成分,具有理论与实践较为密切的联合,体现在整个教学过程中的指导。

2. 教学原则包括教的原则和学的原则

教学原则不仅对于教师的教起作用,而且也同样会作用于学生的学。一般说来,教的原则往往是外显的,而学的原则却是深层次的,而且教的原则影响左右着学的原则。

3. 教学原则本身受到多重因素的影响和制约

教学原则作为教学活动中应该遵循的基本要求,是人们对教学活动的主观认识的表现。但是,这种主观化的认识受到时代背景、教育理念、教学目的、教学规律、教学实践经验等因素的制约。

4. 教学原则贯穿于教学的全过程

教学原则作为反映人们对教学活动本质性特点和内在规律性的认识,作为指导教学工作有效进行的指导性原理和行为准则,贯穿于教学活动的整个过程,对教学中的各项活动都起着指导和制约的作用。

专栏 5—1

国内外学者对教学原则概念的见解类型及分析

1. 见解类型

(1) 基本要求说

此种观点把教学原则理解为对教学工作的基本要求。

(2) 基本原理说

此种观点认为教学原则是指导教学过程的指导原理或一定的原理或基本原理等。

(3) 基本准则说

此种观点认为教学原则属基本准则。

(4) 混合说

这是上述三种观点的综合,多为我国学者所持有。

> 2. 比较分析
>
> 上述四种关于教学原则见解的类型，乍一看来，似乎形形色色，但经仔细分析，其实基本一致。
>
> （1）语义的问题。我国在翻译西方教育著作之初，Teaching principle 一词大都译为教学原理。而在翻译前苏联的 принцип обучения 一词时，大都译为教学原则。其实，principle 与 принцип обучения 两词来源相同，词义也基本一致。principle 有原则、原理、本源等意，而 принцип обучения 也含有原则、原理之意。可见，在这里教学原则与教学原理同义。
>
> （2）适用对象问题。教学原则究竟适用于哪些人？仅适用于教师，还是既适用于教师，又适用于学生。从上面各家的概念来看，教学原则绝大多数规定的是教师的教的问题，但是，教是为了学，是为了更好地学，或者是为了不教的目的。因此，我们也可以认为从更深层面来看，教学原则是对教师的教和学生的学的两个方面的同时规定，既适用于教师的教，又适用于学生的学。
>
> （3）适用范围问题。教学原则适用的时空如何？对这一问题也有学者给出了比较明确的说明，认为教学原则应贯穿于教学过程的各个方面和始终。
>
> ［资料来源］吴文侃主编.《比较教学论》，人民教育出版社，1996 年版，第 169—171 页.

（二）教学原则的特点

教学原则的特点主要有依附性、时代性、规范性、中介性和多样性。

1. 依附性

教学原则的提出首先受到教育目的、教学目的的影响，同时又必须依赖于对教学规律的认识。

凯洛夫（N. A. Kaiipob）认为"学习是学生自觉地与积极地掌握知识的过程"[①]，他虽然并不赞成"实质教育论"，但他在事实上认为教学目的主要在传授知识、学习知识，因而他的教学原则也反映了对目的的这一理解，他的五条教学原则（直观性原则、巩固性原则、系统性原则、量力性原则、自觉性原则）都是为这一目的服务的，表现了原则对于目的理解的明显依附性。

赞可夫（Л. B. Bankob）关于教学目的的观点与凯洛夫有些不同，他虽然也认为要"以深刻而牢固的科学基础知识武装"[②]学生，但他的"目的是为了使教学在最大程度上促进学生的理想的一般发展"[③]，他的目的侧重在"一般发展"上，因而他的教学原则（高难度原则、高速度原则、理论知识主导原则、理解学习过程的原则以及使所有学生都得到一般发展的原则）也反映了他的教学目的。

对于教学过程、教学规律理解的不同，也反映在教学原则体系上，反映出原则的差异。例如，如果认为教学过程就是认识过程或特殊的认识过程，那么教学原则基本上以认识规

---

① 转引自张楚廷著.《教学原则今论》，长沙：湖南师范大学出版社，1993 年版，第 64 页.
② 转引自张楚廷著.《教学原则今论》，长沙：湖南师范大学出版社，1993 年版，第 64 页.
③ 转引自张楚廷著.《教学原则今论》，长沙：湖南师范大学出版社，1993 年版，第 64 页.

律为依据,而一般不注意非认知心理发展,在教学原则中就没有非认知心理发展的地位。

2. 时代性

因为教学原则受制于教学目的,而教学目的显然是与一定社会背景、一定时代背景有关的;又因为教学目的与对教学过程、教学规律的认识有关,教学过程、教学规律虽具有客观性,但这种客观性是通过人们的主观世界去反映,这种认识和反映也与所处时代的认识水平有关;还因为教学实践也影响教学原则的制定,而不同时代的教学实践内容与水平也有差异,这一时代特点也反映在教学原则上。

3. 规范性

教学理论中的一部分内容是回答"是什么"的问题,也有一部分则回答"为什么"的问题,还有一部分则是回答"该怎么做"的问题,我们分别叫做描述性内容、解释性内容和规范性内容。教学论范畴的许多方面是描述性的,如教学要素、教学过程、教学规律等;至于描述过程、描述规律的依据,如心理学依据、哲学依据、自然科学依据,对这些依据的阐述则是解释性的;教学目的、教学设计、教学原则等则主要属于规范性内容,虽然对这些内容也要描述,也要解释,但就其内容本身来说是规范性的,教学原则就直接或间接指明"该怎么做"的,指明一些基本的关系如何处理,采取一些什么样的策略,按照什么标准去行动等,因而必须用规范性语言提出相应的要求。

4. 中介性

相对于教学规律、教学目的来说,教学原则靠教学实践更近;相对于教学方法、教学手段的运用,教学原则又明显地带有理论色彩,又是距离教学实践稍远的原理、原则;说它上可"着天"、下可"着地",就是这种意思。实践表明这种中间形态的东西是很受教师欢迎的,因为教学规律距他们较远,教学方法因距离较近而不一定适合于自己,倒是教学原则更恰当,它既反映了理论又比理论更易于理解和把握,它既能指导方法的选择和改进又比具体方法更灵活,更便于自己在教学实践中的创造。

教学原则是更接近应用的理论,又是更靠近理论的应用。实际上,这一教学论范畴的研究正是汇集心理学理论、教学社会学理论、哲学理论等的地方,因而它自身的理论价值也是值得注意的;因为从这里再往前走一步就是运用具体的教学方法于教学实践活动了,因而它的可操作性、可应用性也十分值得注意。教学原则的地位也可见一斑。

5. 多样性

教学原则一般出自教育家、教育理论工作者、教学理论工作者。由于这些理论工作者的经历不同,教育观念不同,他们所持的教育目的、教学目的观点不同,他们对教学规律的理解不同,他们对哲学、心理学的研究与运用也不相同(也可能在某些方面相同,但很难方方面面都相同),所以他们提出的教学原则很难是一样的,甚至这些理论工作者不同的学科背景也会影响他们对教学原则体系的探讨。几乎所有教育家各自提出的教学原则体系没有雷同的,甚至各自体系所包含的条文数目多寡也大不一样。不同的教学原则体系产生影响的大小、被认可的广泛程度和被采用的普遍性也不一样,当然它们在理论上被注意的状况和实际上被教师们采纳的情况也会不一样。

(三) 教学原则的相关范畴

1. 教学原则与教学规律、教学原理

人们一般根据教学规律来阐述教学原则。教学规律是教学及其组成成分发展变化过程中的本质联系和必然趋势；它是内在的东西，是人的感官不能把握的，而只有思维才能把握。也就是说，只有当这种联系具有必然性和稳定性时，才可称之为教学规律。比如，教学与育人的关系，不管教育者有意还是无意，教学总具有教育性。教学具有教育性就是一条教学规律。再比如，师生关系具有必然性和稳定性这两种性质，因为任何一种教学都是在师生双方的共同参与下形成的。学生与学生的关系，教师与教师的关系就不具有这种必然性和稳定性。

教学规律是客观存在于我们意识之外的东西，不管我们是否认识清楚，是否愿意遵循，它都是客观存在的。当人们用一些术语、命题来反映和表述教学规律的时候，这种反映、表述属于教学原理的范畴。因此，教学原理是人们对教学规律的认识结果的一种逻辑语言表述，并不是教学规律本身。教学原理的任务及特点，在于说明教学规律。教学原理是认识主体的产物，它与客观存在的教学规律吻合的程度就是教学原理的科学性达到的水准。

教学原则是借助于教学原理来反映教学规律的。教学原则要从教学原理中做出实际的结论，提出行动的要求，规范教学过程应该怎么做。教学原则是建立在人们对客观规律的认识的基础上，糅合社会和个人的需要而产生的主观和客观的对立统一。教学原则对教学客观规律的反映，体现了人的主观能动性，带有强烈的目的性或实践性。

总之，教学规律是客观的；教学原理虽是客观的，但带有主观性；教学原则必须有客观基础，但它又是人们主观制定的。

2. 教学原则与教学规则

教学原则是借助于一定的教学规则来实现的。教学规则是规定出来的供教师和学生在教学活动中共同遵守的教学制度或章程。教学规则是教学原则的组成部分和具体细节，每个教学原则都包含一系列的具体的教学规则。

3. 教学原则与教学目的、教学内容

（1）教学原则与教学目的

教学原则明显地受到人们对教学目的的认识的影响。由于对教学目的的认识的不同，导致了各不相同的教学原则，如凯洛夫认为"学习是学生自觉地与积极地掌握知识的过程"。他虽然不赞成"实质教育论"，但他事实上认为教学的目的主要在授知识、学知识，因此，他的教学原则也就是为此目的服务的。

赞可夫在教学目的上与凯洛夫有所不同，赞可夫虽然也认为要"以深刻而牢固的科学基础知识武装"学生，但他的"目的是为了使教学在最大程度上促进学生的理想的一般发展"，他的目的侧重在"一般发展"上，因此，他的教学原则是为学生一般发展服务的。

又如，在我国曾经十分强调教育为无产阶级政治服务，教学目的也十分强调为政治服务，因此，在某些学者制定的教学原则中加上了"方向性原则"，而且实际上讲的就是"政治方向原则"。

再如,布鲁纳认为"任何学习行为的首要目的,在于它将来能为我们服务,而不在于它可能带来的乐趣。学习不但应该把我们带往某处,而且还应该让我们日后再继续前进时更为容易"①。他特别强调教学目的要形成学生的迁移能力,特殊迁移,非特殊迁移,这就是他确立结构原则的主要原因。他十分强调教学的目的是为了将来前进更容易,而将来的重点在发展、在创造,所以他强调直觉与兴趣,这是他确立动机原则的原因之一。

由此可见教学目的对教学原则的影响。可以说不同的教学目的就必然会有不同的教学原则。

但是,教学原则也具有自己的独立性,并不完全受教学目的的制约。其原因有:

首先,教学原则除了考虑教学目的之外,还需要考虑如前所述的教学规律的影响。教学规律既影响教学目的,也影响教学原则,是通过教学目的来影响教学原则的。如果教学目的本身违背了教学规律,而根据这种违背教学规律的教学目的来确立教学原则肯定是不当的。

其次,当教学目的的科学性没有问题时,教学原则还需要具体考虑到教学内容,考虑教学中的一些基本关系。这一点我们将在下面具体说明。

再次,教学目的和教学原则都与人的主观意识有关,都是由人确立和制定的,但它们回答的问题却不一样,前者回答的是教学要达到什么目标,后者回答的是教学如何达到那些目标。两者虽有相依关系,但有相对独立性,某些人制定的教学原则可能便于达到目标,某些人制定的教学原则并不利于有效地实现目标。因此,两者相依关系的实现程度与人的主观意识有关。

(2) 教学原则与教学内容

教学内容有广义和狭义两个方面。广义的教学内容既包括显性的教学内容,也包括隐性的教学内容,而狭义的教学内容则仅包括显性的教学内容。不同学者的教学原则的内容指向各有不同。比如,凯洛夫的教学原则旨在如何有效地把狭义教学内容传递给学生。合理的教学原则应当是旨在如何有效地把广义教学内容传递给学生。凯洛夫原则的合理成分可以而且只能是正确合理教学原则的一些子原则的组成部分。

教学原则虽不等同于教学内容,但教学原则可以指导教学内容及其内部关系的处理,以实现传递广义教学内容的基本要求。一般教学原则是相对于教学内容的总体来说的,学科教学原则是相对各分科教学内容来说的,但都应是指广义教学内容。

教学原则并不深涉具体的教学内容,但教学内容的广义、狭义之分影响教学原则的制定。因此,教学原则与教学内容是相互影响的。

4. 教学原则与教学方法

教学原则与教学方法的界限是比较容易混淆的。"直观教学"有人把它作为原则,却也有人认为这就是一种方法,即直观教学的方法。"启发式"、"问题教学"、"范例教学"等

---

① [美]布鲁纳著,邵瑞珍译.《教育过程》,北京:文化教育出版社,1982年版,第36页.

都存在着这样的问题。在实际的教学中,教学目的、教学内容、教学原则、教学方法等常常综合出现。教学原则总是依托于一定的教学方法上,教学方法又总是附着于具体的教学内容上,教学目的则总是通过教学的内容、原则和方法来实现。

对于教学原则的上述相关范畴,还应进一步从以下几个方面进行整体上的把握。首先,教学原则和教学方法等都是教学规律的反映,都应当遵循教学规律。

其次,教学目的、教学内容、教学原则与教学方法依次有前者对后者的影响和约束。

最后,相对于教学内容来说,教学原则并不代替教学内容来回答"应当教些什么",但对所教的那些东西之间特别要注意的主要关系,它却回答"应当如何正确处理";相对于教学方法来说,教学原则并不替代教学方法来回答"应当如何教",它只是回答"应当按照什么原则(精神)教"。因此,教学原则与教学方法是不同的两个层次,教学原则所指示的是一般要求、一般原则,并未指示具体的方式和措施。

二、教学原则的依据和体系

(一)教学原则的依据

教学原则的提出有一定的客观依据,这些依据主要有以下五个方面。

1. 哲学和科学理论基础

教学原则是对教学规律的认识和运用,认识教学规律就必然要以一定的认识论为指导。因此,制定教学原则也要以一定的哲学理论作为基础。哲学理论基础不同,制定的教学原则也不相同。即便依据相同的哲学理论,其教学原则的内涵也不尽相同。

教学过程不仅是学生的认识活动过程,并且也是学生的整个身心得以发展的过程。心理学便成为制定教学原则所必需的理论之一。多年来,教学原则的发展与心理学的发展是联系着的。与此同时,其他一些学科,如生理学、人才学、语言学、美学、系统论、信息论和控制论等也成为论证教学原则的必要理论基础。

制定教学原则要以许多有关的科学作为理论基础,这并不是说,把其他科学所特有的概念硬搬到教学原则中来,取代教学原则自己所特有的概念,而是作为一种方法论,或者作为分析认识教学问题的指导和立论的根据。

2. 教学经验的概括和总结

人们在长期从事教学实践的活动中,不断探索出一些成功的经验或失败的教训。对于这些经验或教训反复认识,不断深化,由感性认识上升为理性认识,经过概括抽象,对教学规律有所认识,从而制定了教学原则。例如,我国古代大教育家孔子在长期教学实践活动中,总结出"学思结合"、"学而时习"、"因材施教"等教学原则;我国古代教育著作《学记》总结出"教学相长"、"长善救失"、"藏息相辅"等教学原则;朱熹总结出了"循序而渐进,熟读而精思"的读书法等教学原则。这些教学原则都是前人长期从事教学活动的经验的总结。它既来自教学实践,又指导教学实践。而且这些教学经验对今天制定科学的教学原则仍然有借鉴意义。

随着教育科学、教育实验的发展,教学原则不再限于对日常教学工作经验的总结,还可以通过实验研究,更加自觉地概括出教学原则,如赞可夫在他的《教学与发展》中所说:我们的教学原则是在实验研究的过程中形成的,并根据近20年的教学改革实验,提出了五条新的具有启发意义的教学原则。

3. 教学规律的反映

如前所述,虽然教学原则是人们主观制定的,但也是教学过程客观规律的反映。

古今中外的学校活动,尽管形形色色,差异很大,但是教学过程作为教学活动的展开必然包含着一些共同的、不以人的主观意志为转移的客观规律。可以说,只要有教学工作,就必然存在着教学工作的规律,人们依据客观存在的教学规律,制定教学原则,用以指导教学工作。

由于教学原则是根据人们对教学规律的认识而制定出来的,因此,它就受到人们认识的制约。人们对教学规律的认识有全面与不全面、深刻与不深刻的差别。认识得全面、深刻的,就有可能制定某些教学原则,认识得不全面、不深刻的,就没有达到制定教学原则的阶段。所以,教学原则既有它的客观规律性,又具有时代的特点。随着科学技术的发展和人们对教学规律的认识不断深入和全面,教学原则将会不断发展完善。

教学原则是教学规律的反映,但这并不等于说一条规律对应一条原则。人们依据教学规律制定教学原则有几种不同情形:有的原则主要是以某个教学规律为依据,有的原则是以几个教学规律为依据,也有几个教学原则以某几个共同的规律为依据。所以,我们常常看到一条原则反映了多条规律的要求,或一条规律体现在多条原则上。因此,研究和制定教学原则,必须深刻认识和了解教学规律。这样,提出和阐明教学原则才有科学的依据,对教学实践工作才能有指导作用。

4. 受到教学目的制约

教学总是为完成一定的教学任务,实现一定的教学目的服务的。因此,教学目的对教学原则的制定有重要影响。如果制定教学原则时着重于使学生牢固地掌握系统、丰富的科学知识,那么就必然是根据教学过程中学生掌握知识的规律、特点和经验,提出一系列的教学原则。如果教学目的是着眼于使学生形成一定的思想政治观点,那么就要求提出另外的一些教学原则。

5. 继承历史上有价值的教学原则

教学原则经过了一个历史发展的过程。在教育的发展史上,不少教育家都提出了有关教学的原则要求,这些原则要求如能反映教学过程的规律,符合学生身心发展规律和特点,应视为优秀的文化遗产,成为制定教学原则的依据之一。当今,我们学校的教学原则就是在批判地继承中外历史上提出的优秀教学原则的基础上丰富、发展起来的。比如,《学记》中提出的"教学相长",后来被韩愈进一步提出"弟子不必不如师,师不必贤于弟子",这就是一个明证。

(二) 教学原则的体系

教学活动中必须遵循的基本要求包括很多方面,因此教学原则也会有多个。这些教学原则共同构成一个相对完整的教学原则体系。为了更好地把握教学原则，古今中外很多研究者们都对此进行了深入的思考，提出了数量不一、结构各异的教学原则体系。

1. 中国思想家们提出的教学原则体系

（1）中国古代的教学思想家们提出的教学原则体系

中国古代的教学思想家们提出了一系列的教学原则，如启发诱导的教学原则，循序渐进的教学原则，因材施教的教学原则，教学相长的教学原则，量力性教学原则及学思结合原则等。

（2）王策三提出的教学原则体系

王策三在《教学论稿》中提出的教学原则有：思想性和科学性统一的原则，理论联系实际的原则，教师主导作用和学生主动性统一的原则，系统性原则，直观性原则，巩固性原则，量力性原则和因材施教原则。

（3）李秉德等提出的教学原则体系

李秉德主编的《教学论》中提出的教学原则有：教学整体性原则，启发创造原则，理论联系实际原则，积累与熟练原则，反馈调节原则，教学最优化原则。

（4）唐文中等提出的教学原则体系

唐文中主编的《教学论》中提出的教学原则体系有：目的性原则，积极性原则，整体性原则，理论联系实际原则，科学性原则，直观性原则，循序渐进原则，情境性原则，民主性原则。

（5）吴文侃提出的教学原则体系

吴文侃提出了"三·九"教学原则体系，即三个第一层次的教学原则和九个第二层次的教学原则：第一层次的全面教育与和谐发展统一原则（方向、核心）包括第二层次的科学性与思想性统一的原则、传授知识与培养能力统一的原则、智力因素与非智力因素统一原则、共同要求与因材施教统一的原则；第一层次的主导作用和主动性原则包括乐教与乐学统一的原则、诱导与积极思维统一的原则；第一层次的合理组织和有效控制统一原则（措施）包括教学方法手段优选与综合运用的原则、教学组织形式的优选与综合运用原则、反馈与调节统一的原则。

2. 外国思想家们提出的教学原则体系

（1）凯洛夫的教学原则体系

凯洛夫主编的《教育学》中提出了五条教学原则：掌握知识过程中学生的自觉性和积极性，教学的直观性，教学上的理论与实践结合，教学的系统性和连贯性，掌握知识的巩固性，教学的可接受性，教师在对班级进行集体工作的条件下对学生进行个别指导。

（2）赞可夫的教学原则体系

赞可夫提出了五条教学原则：以高难度进行教学的原则，以高速度进行教学的原则，理论知识起主导作用的原则，使学生理解学习过程的原则和使全班学生（包括最差的学生）都得到一般发展的原则。

（3）洛扎诺夫的教学原则体系

洛扎诺夫提出了三条教学原则：愉快而不紧张的原则，有意识和无意识统一的原则，暗示手段相互作用的原则。

(4) 布鲁纳的教学原则体系

布鲁纳提出了四条教学原则，即动机原则、结构原则、程序原则和强化原则。

从以上列举的部分关于教学原则的体系中既可以看出人们对教学原则的总结概括和系统反映，还可以看出当下对教学原则的时代精神和最新研究成果的反映和吸收。当然，教学原则体系的成熟和定型，或许还需要一定的时间和实践的检验。

三、常用教学原则

目前，我国中小学常用的教学原则有直观性原则、启发性原则、系统性原则、巩固性原则、量力性原则、思想性与科学性统一的原则、理论联系实际原则和因材施教原则。

（一）直观性原则

1. 内涵

直观性原则是指根据教学活动的需要，让学生直接感知学习对象。这一原则是针对教学中词、概念、原理等理论知识与其所代表的事物之间相互脱离的矛盾而提出的。

如前所述，教学活动的特点之一在于它是一种间接认识，学生在教学中是以学习前人经验即书本知识为主的。这些书本知识的真理性固然毋庸置疑，但它们与学生的生活和他们自己的个人经验存在相当的差距，有些甚至是完全陌生的。而人的认识总是从感性上升到理性，从具体过渡到抽象，完全没有感性认识和具体形象做基础和支撑，是不可能真正掌握纯粹理论知识的。由于书本知识与学生之间客观存在的距离，学生们在学习和理解的过程中必然会发生各种各样的困难和障碍，直观性原则的意义在于克服这些困难和障碍，通过提供给学生直接经验或利用学生已有的经验，帮助他们掌握原本生疏难解的理论知识。

2. 方式

根据直观的具体手段，直观性原则有以下三种方式：

（1）实物直观。实物直观是通过实物进行的，直接将对象呈现在学生面前，学生在学习生活中比较生疏的内容时，实物直观能够最为真实有效和充分地为学生提供理解、掌握所必需的感性经验。

（2）模像直观。模像直观是运用各种手段对实物的模拟，包括图片、图表、模型、幻灯、录音、录像、电影、电视等。实物直观虽然具有真实有效的特点，但往往由于受到实际条件的限制而无法使用；模像直观则能够有效地弥补实物直观的缺憾，特别是现代技术在教育领域的应用，使得模像直观的范围更加广阔，使用起来也更加便捷。

（3）语言直观。语言直观是教师运用自己的语言、借助学生已有的知识经验进行比喻、描述，引起学生的感性认识，达到直观的效果。与前两种直观相比，语言直观可以最大限度地摆脱时间、空间、物质条件的限制，是最为便利和最为经济的形式。语言直观的运用效果主要取决于教师本人的素质和修养。

3. 贯彻要求

（1）恰当地选择直观手段。学科不同，教学任务不同，学生年龄特征不同，教学条件不同，所需要的直观手段也不同。

（2）直观是手段而不是目的。一般地说，教学内容对于学生比较生疏，学生在理解和掌握上遇到困难或障碍时，才需要教师运用直观。为直观而直观，只能导致教学效率的降低。

（3）在直观的基础上提高学生的认识。直观给予学生的是感性经验，而教学的根本任务在于让学生掌握理论知识，因此教师应当在运用直观时注意指导。比如，通过提问和解释鼓励学生细致深入地观察，启发学生区分主次轻重，引导学生思考现象和本质及原因和结果等。

（二）启发性原则

1. 内涵

启发性原则是指在教学中要充分调动学生学习的自觉积极性，使得学生能够主动地学习，以达到对所学知识的理解和掌握。这一原则是为了将教学活动中教师的主导作用和学生的主体地位统一起来而提出的。

"有领导的认识"是教学活动的特点之一。没有教师的主导作用，学生是不可能自行达到社会对于他们的要求的。同时，教师对于教学任务能否完成和教学效果的优劣都负有主要责任。但是，学生作为教学活动的另一主体，教师的主导作用首先在于激发学生的求知欲和学习兴趣，使他们能够自觉主动地学习，否则，学生对于科学知识的真正掌握、智力的发展、态度感情的成熟和提高都是不可能的。

2. 贯彻要求

（1）激发学生的积极思维。教师的启发应当能够激起学生紧张、活泼的智力活动，从而使学生深刻地理解掌握知识，获得多方面的体验和发展。因此，启发应当选择那些具有一定难度、需要学生进行比较复杂的思维活动，但又是他们通过自觉积极的思考能够得到基本正确结果的问题来进行。简单的事实和记忆性的知识，即使顺利地"启发"出结果，价值也是有限的。

（2）确立学生的主体地位。学生是学习的主人，教师的启发只有在切合学生实际时才可能避免盲目性；同时，只有承认学生的主体地位，真正研究和了解学生的学习需要，教师的启发才可能是有针对性的和有效的。

（3）建立民主平等的师生关系。在权威式的师生关系中，教师是凌驾于学生之上的真理代言人和学术权威，学生很难真正做到自由地、充分地提问和思考。只有当学生真正感受到教师将自己当作人格上与之完全平等的人，他们的学习自觉性才可能真正地调动起来。

（三）系统性原则

1. 内涵

系统性原则也称循序渐进原则，是指教学活动应当持续、连贯、系统地进行。这一原则是为了处理好教学活动的顺序、学科课程的体系、科学理论的体系、学生发展规律之间错综复杂的关系而提出的。一般来说,学科课程体系和学生身心发展规律是最主要的,教学活动的顺序必须以这两方面为依据,按照这两方面的要求持续、连贯地进行。同时,教师也要了解作为课程基础的科学理论本身的发展变化,从而能够更自觉地安排、处理教学,使教学活动的顺序更加科学、合理。

2. 贯彻要求

(1)按照课程计划的顺序教学。课程计划是各门课程的内在逻辑系统的反映,并且建立在学生发展的一般规律之上,教学活动从根本上是按照课程计划的顺序展开的。教师要认真学习和研究课程计划,充分了解和掌握课程的逻辑以及对学生的要求,这是教学系统性的根本保证。

(2)教学必须由近及远、由浅入深、由简到繁。课程计划虽然考虑了学生的认识发展,但主要是按照内容编排、制订的,因此教师要认真研究学生,针对他们在学习过程中的认识需要和特点处理好近与远、浅与深、简与繁等问题。

(3)根据具体情况进行调整。系统性原则并非要求教师刻板、僵化地执行课程计划。课程计划是按照一般和普遍规律制订的,在实际教学中,不同地区、学校、学生的情况有很大差异。在服从课程计划要求的前提下,教师要善于从自己面对的实际出发,适当地调整速度,增删内容。

(四)巩固性原则

1. 内涵

巩固性原则是指在教学中要不断地安排和进行专门的复习,使学生对所学的知识牢固地掌握和保存。这一原则是为了处理好教学中获取新知识与保持旧知识之间的矛盾而提出的。

教学活动是不间断地、连续地进行的。学生要不断地学习、记忆新知识,而人的记忆和遗忘是同一事物的两个方面,在学习新知识的同时必然会产生对旧知识的遗忘,因此在教学中需要进行不断的巩固工作,通过练习、复习帮助学生牢固地掌握所学知识。巩固的意义不仅在于强化旧知识,也有助于学习新知识,因为知识是有内在联系的,旧知识是新知识的基础。

2. 贯彻要求

(1)在理解的基础上巩固。对于所学知识的理解是巩固的前提,没有学会的东西,是不可能真正巩固的。教师首先应当保证学生学懂学会,才有可能获得巩固的良好效果。

(2)保证巩固的科学性。心理学研究揭示了关于记忆和遗忘的一些规律,按照这些规律组织安排巩固,可以提高巩固的效率。教师应当熟悉并且善于运用这些规律。

(3)巩固的具体方式要多样化。除了常见的各种书面作业外,教师应当善于利用各种不同的方式帮助学生巩固所学知识,比如调查、制作、实践等,都能够使学生通过将知识运用于实际有效地达到巩固的目的,并且能够促进学生多方面的发展。

（五）量力性原则

1. 内涵

量力性原则又称可接受性原则，是指教学活动要适合学生的发展水平。这一原则是为了防止发生教学难度低于或高于学生实际程度而提出的。

教学活动要讲究效率，在同样的时间内，学生所学越多则教学效率就越高。但是，教学效率的获取必须以符合学生身心发展规律为基础。脱离了这个基础，不仅教学效率本身是不可靠的，还会对学生的发展造成消极的影响。教学难度超过学生的实际接受程度，学生不可能真正理解和掌握所学的知识，各种心理机能也不可能得到恰当的运用和提高；教学难度低于学生的实际接受程度，学生会因为缺少必要的注意和紧张而难以对所学知识留下深刻印象，而且由于无法进行有价值的学习活动而使各方面的发展失去机会。

2. 贯彻要求

（1）根据学生的年龄特征。教师应当不断加强自身的心理学素养，及时掌握心理学的新进展。20世纪以后发展心理学的研究，对于教师正确理解和贯彻量力性原则具有重要的意义。

（2）了解学生发展的具体特点。年龄特征和发展阶段主要是揭示个体发展的普遍规律，这些普遍规律体现在学生发展的各个方面，而且是极为多样化的。教师要具体地研究学生的发展特点，例如在学习某种新知识的时候，他们原有的知识准备情况如何？他们的思维或记忆水平是否能够完成这一学习任务？可能发生什么困难？能够达到什么样的理解和掌握程度？等等。在这样的研究基础上，才可能真正做到"量力"。

（3）恰当地把握教学难度。什么样的程度和水平最符合量力性的要求，很难有确切的具体标准，需要根据心理学揭示的普遍规律和对学生的具体研究，由教师自己来把握，这是教师劳动创造性的体现，是需要教师不断思考、不断解决的问题。

（六）思想性与科学性统一的原则

1. 内涵

思想性与科学性统一的原则是指教学要在科学的方法论的指导下进行。这一原则是为了将教学中科学知识的传授学习与思想品德教育统一起来而提出的。

中小学开设的各门课程，是按照教育的根本目标选择安排的。一般地说，在科学性和真理性上是有保证的，这些课程的学习，对于学生思想品德形成发展的作用必然是积极的和肯定的。但是，对于中小学生来说，完全凭借科学真理的思想品德教育价值去直接、自动地发挥作用是不够的，需要教育者引导和挖掘，使之充分地对受教育者产生熏陶作用。另外，教育者本人的政治信念和道德修养总是会投射到教学活动中，如果教育者在这方面与课程所体现的方向存在差异，就有可能扭曲其在思想品德教育方面的价值，因此需要通过这一原则规范教师的教学行为。

2. 贯彻要求

（1）坚持正确的方向。中小学生的认识水平和分辨能力都是有限的，教师要主动、适时、适当地加以引导,帮助他们形成和提高对是非、善恶、美丑的认识。

(2)严格遵守职业道德。作为社会公民,教师享有思想和信仰自由,但是在教学中教师必须体现国家意志,按照国家制定的教育目的进行教学,坚持和维护社会基本的政治观点和价值观念,不能用带有个人色彩的思想观点随意地影响学生。这是由教师的职业道德所决定的,在中小学阶段更是如此。

(3)实事求是。在教学中贯彻这一原则,特别要防止形而上学,不能穿凿附会、生拉硬扯。那种"穿靴戴帽式"的思想性,本身就是违背这一原则的,从长远看其效果更是适得其反。

(4)讲究教学艺术。要善于根据中小学生的年龄特征和教学任务的具体特点,自然地将思想性与科学性结合起来,使得学生在不知不觉中受到教育,达到"润物细无声"的效果。

(七)理论联系实际原则

1. 内涵

理论联系实际原则是指教学活动要把理论知识与生活和社会实践结合起来。这一原则是为了解决和防止理论脱离实际、书本脱离现实问题而提出的。

学生主要学习理论知识,而且是在相对封闭的学校和课堂里通过教师的讲授和书本学习的。这种状况很容易导致学生所获得的理论知识与实践脱节:既不了解概念和原理是如何产生的,又不能够运用它们去阐释和解决实际问题。因此,在教学中教师必须提供和创造机会,通过多种多样的途径和形式使学生从事实践活动,引导他们体会思想观点、态度信念等的形成对于解决实际问题的价值意义。

2. 贯彻要求

(1)重视理论知识的教学。实际是相对理论而言的,没有理论,联系实际就降低到了学生自然生活的水平,也失去了学校教育的优势和意义。

(2)注重在联系实际的过程中发展学生的能力。与课堂学习相比,联系实际的实践过程提供了更加丰富多样的能力要求,教师要敢于放手,鼓励学生去尝试和探索,运用所学的知识解决问题,同时在解决问题的过程中获取新的知识,补充书本知识的不足,从而使各种能力都得到锻炼、发展。

(3)联系实际应当从多方面入手。首先,应当尽可能广泛地让学生接触社会生活的各个方面;其次,应当尽可能地结合本地区的特点;最后,应当注重学生发展的实际。

(4)帮助学生总结收获。从总体上来看,中小学生的行为自觉水平和反思水平还比较欠缺,不大善于分析、总结在联系实际过程中的收获,联系实际容易流于形式化。教师要加以引导,提供机会并提出要求,让学生及时交流体验,表达感受。

(八)因材施教原则

1. 内涵

因材施教原则是指教师在教学活动中应当照顾学生的个别差异。这一原则是为了处理好集体教学与个别教学、统一要求与尊重学生个别差异问题而提出的。

由于遗传素质、家庭环境和个人成长经历的不同,在同一班级中的学生,虽然有着共同的年龄特征,但是在学习成绩、学习态度和方法、兴趣和爱好、气质和性格、禀赋和潜能方面都会存在很大的差异。教学是对由个性完全不同的学生组成的集体教学。这就需要教师根据每个学生的不同需要及可能进行有针对性的教育。

虽然在班级规模较大,学生人数多的情况下贯彻因材施教原则是比较困难的,但是教师应当在可能的条件下争取将这一原则最大限度地付诸实践。

2. 贯彻要求

(1) 充分了解学生。在共同的年龄特征基础上,学生之间客观上存在差异。要做到因材施教,必须充分地了解每一个学生。除学习成绩以外,学生的个性特征的各个方面、家庭背景、生活经历等,都是教师因材施教所需要了解的。

(2) 尊重学生的差异。学生的差异不仅是客观存在的,而且是合理的,因材施教的含义不仅包括承认差异,而且包括尊重差异。一方面,教学以所有正常学生可以达到的程度为标准;另一方面,在达到标准的基础之上,教师应当允许学生存在不同方面、不同水平的差异,并且针对每一个学生的具体情况帮助他获得最适宜的个性发展。

(3) 面向每一个学生。现代教育的一个重要理念是,每一个学生有权利得到适合于自己的教育。因此,贯彻因材施教原则,必须面向每一个学生。

第二节 教学方法

一、教学方法的内涵

(一) 教学方法的定义

教学方法,是在教学过程中教师和学生为实现教学目的、完成教学任务而采取的教与学相互作用的活动方式的总称。[①] 教学方法有如下要义:

1. 教学方法必须为实现教学目的,完成教学任务服务,即方法要服务于目的。运用教学方法最终是要促成学生有效地学习。因此,任何一种教学方法都要以实现一定的教学目的为前提,否则教师就不可能进行有目的的教学活动。

2. 教学方法最主要的本质乃是教师的教和学生的学之间的密切联系、相互作用的双

[①] 李秉德主编.《教学论》,北京:人民教育出版社,1991年版,第193页.

边活动。美国著名教育家布鲁纳更是一语道破,"现代教学方法就是教师与学生合作的方法"①。在现代教学论中,教学方法已不再被看作教师向学生传授知识的方法,而是被看作教师和学生相互联系活动的方式。这说明教学方法包括教的方法和学的方法,已成为当今各国教学论专家们的共识。

3. 教学方法是师生活动的方式、步骤、手段和技术。换言之,它是包含了一系列动作的总和的体系,任何一种教必须表现出师生动作的外部特点以及这些动作的手段和方式。

4. 教学方法同时还具有外显的动作与内隐的理念的统一。外显的动作只是一种外在的表现,这种外在的表现是由于主体间的理念的差异所导致的。事实上,不同的教育理念必然会导致不同的价值判断和价值选择,而这些又通过外显的方式呈现出来。尽管教学方法包括教的方法,也包括学的方法,但教的方法影响着学的方法,也影响着学的效果。

5. 教学方法是多种因素协同作用的结果,是由于多种因素共同作用形成的合力的结果,如教学内容、教学规律、教学原则等。

6. 教学方法具有功能性的特征,这种功能性往往是表现为多方面的。既可凭借教学方法使学生掌握知识、技能和技巧,也可凭借教学方法使学生形成思想品质和审美观点,发展他们的能力和创造素质等等。

专栏 5-2

教学方法的定义

一、方式说:教学方法是指教师在教学过程中为了完成教学任务所采用的工作方式和在教师指导下的学生的学习方式。简言之,方法即方式。

二、措施说:教学方法是教师为了完成教学任务,实现教学目的,在教学过程中所采用的一系列方法措施。简言之,方法即方法措施。

三、手段说:教学方法是教师为完成教学任务所采用的手段。简言之,方法即手段。

四、办法说:教学方法是为完成教学任务而采用的办法。简言之,方法即办法。

五、活动说:教学方法是为达到教学目的,实现教学内容,运用教学手段而进行的,由教学原则指导的,师生相互作用的活动。简言之,方法即活动。

[资料来源]张楚庭著.《教学论纲》,高等教育出版社,第278页.

(二)教学方法的特点②

1. 实践性

教学方法与教学实践紧密相连,其工具性显而易见。教学方法的基本精神、影响媒介、作用方式、具体步骤、详细要求等,都是可以操作的。同时,教学方法的实践效果,又是检验其优劣的重要指标。但是必须指出的是,教学方法绝不是单纯的技巧问题,它实质上反映着教师的教学思想和能力水平。正如苏霍姆林斯基所说的,对待学生缺乏同情而漠

---

① 转引自谢利民著.《现代教学论纲要》,西安:陕西人民教育出版社,1998年版,第158页.
② 田慧生、李如密著.《教学论》,石家庄:河北教育出版社,1996年版,第205—207页.

不关心的态度,会导致采取错误的教学方法,给学生的发展造成不良的影响。

2. 耦合性

亦称双边性,是指任何一种教学方法都是教师指导学生学习这一双边活动的方法,由教师的教和学生的学耦合而成的操作策略。巴班斯基曾经指出:教学方法的本质实际上取决于学生的学习认识活动(学)和教师相应的活动(教)的逻辑——程序方面和心理方面。教学方法决定于学的方式和教的方式行动上协调一致的效果。可见,每一种教学方法都是互相联系着的教师与学生一定的活动方式的构成体,而不是教师教的方法与学生学的方法的简单相加。

3. 多样性

教学方法是多种多样的,组成丰富博大的"方法库",以供教师教学时优选使用。因为每种方法都有其独特功能,适用于所有教学条件的万能方法是不存在的。只有多样化的教学方法才能帮助教师顺利达成所有教学目的。正如巴班斯基所说:教学方法是师生为达到教育和培养人的目的而进行的相互联系活动的方式。由于活动的方式和性质是多方面的,所以,教学方法也是多种多样的。因而,企图制定经常使用的、数目有限的几种教学方法是错误的。

4. 整体性

不同的教学方法共同构成一个完整的方法体系,各种具体方法彼此联系、密切配合、互相补充、不可分割,综合地发挥着整体效能。一般地说,任何方法,不管哪一种方法,如果我们把它离开其他的方法,离开整个体系,离开整个综合影响来单独分析的话,那就既不能认为是好的方法,也不能认为是坏的方法。在马卡连柯看来,个别方法的影响,可能有正面的结果,也可能有反面的结果,而互相配合的各种方法的总和乃是决定性的方法。

5. 继承性

教学方法也和其他教育现象一样,具有历史继承性。古今中外教育家在长期的教学实践中,为了提高教学实效,非常重视教学方法的探讨,并且积累了相当丰富而宝贵的实践经验。其中有些在一定程度上反映了教学的客观规律性,至今仍具有生命力,值得我们认真总结、整理,并借鉴其合理的部分。任何新的教学方法也不可能从零开始,它都必然要从多方面吸收和利用以往旧的传统的教学方法中的一切有价值的成分。

6. 发展性

任何教学方法体系都不是永远不变的。在具体教学实践中,教师必须根据变化了的时代精神、内容性质和对象特点等客观条件,勇于开拓,推陈出新,使教学方法更能适应教学的实际要求。教学方法的发展,还包括对传统教学方法的挖潜、改造、互相补充和综合利用,因而它同教学方法的继承性并不矛盾。

(三) 教学方法的相关范畴

1. 教学方法与教学方式

教学方法不同于教学方式,但与教学方式有着密切的联系。教学方法是为达到教学目的、实现教学内容、运用教学手段进行的,由教学原则指导的一整套方式组成的师生相互作用的活动。教学方式是构成教学方法的细节,是运用各种教学方法的技术。任何一种教学方法都由一系列的教学方式组成,可以分解为多种教学方式。另一方面,教学方法是一连串有目的的活动,能独立完成某项教学任务,而教学方式只被运用于教学方法中,并为促成教学方法所要完成的教学任务服务,其本身不能完成一项教学任务。同一教学方式可以用不同的教学方法,而不同的教学方式也可包含于同一教学方法之中。

2. 教学方法与教学策略

教学方法也不同于教学策略,两者间的区别主要有以下四个方面:第一,教学方法一般都有着特定的程序和步骤,与具体的教学任务相联系;而教学策略既与具体教学任务相联系,又与教学的整体进程相联系,并且常没有像教学方法那样明确的步骤。第二,教学方法一经教师熟练掌握,就可以在教学中反复应用,并且会形成特定的习惯;而教学策略往往并不是现成就有的,要由教师根据具体情况审视,反复论证之后产生。换句话说,教学方法具有固定化的特点,而教学策略具有灵活化的特点。第三,在教学中运用教学方法后会呈现出一定的效率,但方法本身并没有追求最佳教学效率的价值取向;而教学策略是以追求最佳教学效率为着眼点的。教师之所以讲求教学策略,就是为了使学生更快更好地学习,因此,它在教学中的应用才呈现出动态性和生成性。第四,教学方法主要局限于教学过程,是对教学过程中达成教学目标的措施、手段的确定;而教学策略可以理解为教学系统的决策活动,它不仅指在教学行为中的策略,而且还包括教学准备策略、课堂管理策略、教学评价策略以及教学监控策略等。

3. 教学方法与教学模式

教学方法与教学模式之间的区别主要有以下四个方面:第一,对象不同,教学方法相对的是教学内容,内容不同,方法选择不同;教学模式相对的是教学形态,形态不同,模式选择不同。第二,含义不同,教学方法指实施教学的措施与手段,教学模式包含的内容更为丰富,不仅方法在模式中占有一席之地,而且理论假设指导思想等也包含在内。第三,表现形式不同,教学方法表现为具体操作程序和步骤,教学模式表现为范型,是某种模式的典型化。第四,产生的时间不同,教学方法古已有之,有教学活动,就有教学方法;教学模式是人类对教学有了较为深入的认识,形成对教学整体性的了解之后才产生的。总之,两者不是一个相互替代的关系,各有其存在的价值。既要肯定教学方法在教学模式之外的作用,也要看到教学模式在深化教学认识上的意义。

(四)教学方法的作用[①]

对于教学方法在整个教学活动中的重要作用,可以从以下五个方面来把握。

1. 教学方法是联结教师教与学生学的重要纽带

古人云:"事必有法,然后可成,师舍是则无以教,弟子舍是则无以学。"正是通过有效的教学方法而将教师的教学活动与学生的学习活动有机地联系起来,成为共同实现教学

[①] 田慧生、李如密著.《教学论》,石家庄:河北教育出版社,1996年版,第207—208页.

目的的活动。

2. 教学方法是实现教学任务的必要条件

毛泽东曾说:我们不但要提出任务,而且要解决完成任务的方法问题。我们的任务是过河,但是没有桥或船就不能过。不解决桥或船的问题,过河就是空话。不解决方法问题,任务也只是瞎说一顿。同样,不解决教学方法问题,教学任务的完成也要落空。

3. 教学方法是提高教学质量和教学效率的重要保证

因为良好的方法可以使人们"免得走无穷无尽的弯路,并节省在错误方向下浪费掉的无法计算的时间和劳动"(恩格斯语)。著名特级教师李吉林创造、运用情境教学法,就使学生学语文感到"易"、"趣"、"活",极大地提高了课堂教学的质量和效率。

4. 教学方法是影响教师威信和师生关系的重要原因

《学记》中指出:善学者师逸而功倍,又从而庸之;不善学者师勤而功半,又从而怨之。学生善学不善学与教师善教不善教是密切联系的,那些因适当采用优良教学方法而使教学效果不断提高的"善教者",就容易在学生中赢得较高威信,师生关系也比较融洽。

5. 教学方法影响到学生的身心发展

皮亚杰认为,良好的方法可以增进学生的效能,乃加速他们的心理成长而无所损害。而不好的教学方法则可能会使学校成为"才智的屠宰场"。像恩格斯就曾批评爱北斐中学说:"这个学校流行着一种非常可怕的背书制度,这种制度半年时间就会使一个学生变成傻瓜。"因此,教师应注意改革教学方法,促进学生健康发展。

二、教学方法体系

在教学理论中,教学方法的分类是一个十分重要的问题。它既有助于教学方法科学体系的建立,又有助于教师准确有效地选用教学方法以提高教学效率。当然,由于教学方法众多,对之进行分类也是一个十分复杂的问题。正如休金娜在《中小学教育学》中所言,到目前为止,"现代教学论中暂时还没有一个统一的、公认的教学方法的分类法"[1]。不同的研究者总是根据不同的标准,从不同的需要出发,将多种多样的教学方法划分为若干种类。

(一) 国外关于教学方法的分类[2]

国外学者关于教学方法分类的观点很多,较具代表性的有:

1. 根据教学过程中各个环节分类,可将教学方法分为:学生掌握知识的最初阶段的教学方法,提高学生知识、技能和技巧的教学方法,检查和评定学生知识的教学方法。

2. 根据教学过程的任务分类,可将教学方法分为:传授知识的方法,形成技能和技巧的方法,巩固知识、技能和技巧的方法,教学生应用知识的方法,检查学生的知识、技能和

---

[1] 转引自田慧生、李如密著.《教学论》,石家庄:河北教育出版社,1996年版,第208页.
[2] 参见田慧生、李如密著.《教学论》,石家庄:河北教育出版社,1996年版,第208—213页.

技巧的方法。

3. 根据学生认识活动的特点（思维活动的再现性或创造性）分类，可将教学方法分为：复现类，学生掌握现成知识并复现（再现）他们已知的活动方法，包括图例讲解法（即信息接受法）和复现法。创作类，学生进行创造性活动，从而获得新的知识，包括局部探求法和研究法。此外，尚有问题叙述属于中间一类，因为它既要求掌握现成的信息，又要求具有创造性活动的成分。

4. 根据学习的不同结果及对影响学习结果的某些因素的控制分类，可将教学方法分为：旨在使学生获得明确观念的教学方法，旨在提出新的或不同材料的教学方法，旨在告诉学生怎样做的教学方法，旨在影响或改变态度、思想、鉴赏力的教学方法，旨在使学生产生安定感的教学方法，旨在激发动机的教学方法，旨在评价或测定的教学方法，旨在指导或指引学生学习的教学方法，旨在激起引导或缓和感情的教学方法。

5. 根据教师与学生交流的媒介与手段分类，可将教学方法分为：教师中心的方法，有讲授、提问、论证；相互作用的方法，有全班讨论、小组讨论、同伴教学、小组设计；个体化的方法，有程序教学、单元教学、独立设计、计算机教学；实践的方法，有现场和临床教学、实验室学习、角色扮演、模拟和游戏、练习。

6. 根据相对应的学生的学习方法分类，可将教学方法分为讲述的方法，问题解决的方法，揭示各种价值的方法，实践的方法。

7. 根据学习方式及相应的指导方式的不同，可将教学方法分为：教授方式，有讲解、讲话、说明、示范、提示、提问、指导、命令；学习方式，有观察、参观、视觉方法，笔录、鉴赏、听觉方法，识字、读书，实习、实验、构成、演戏、饲养栽培，讨论、报告、发表、报道、广播，写字、记录、描图、生活作文、实用作文；教授、学习相互作用方式，有对话、问答、讨论（讨论会、小组会、座谈会）；社会组织方式，有个别、伙伴（2人）、分组、全体、小集团、中集团、大集团。

8. 根据教学方法的职能等综合标准，可将教学方法分为三组：第一组是组织和实施学习认识活动的方法，包括四个亚组；第二组是激发学习和形成动机的方法，包括两个亚组；第三组是教学中的检查和自我检查的方法，包括三个亚组。在每一个亚组中又有多个具体的教学方法。

9. 根据教师、教材、学生的相互关系方式，可将教学方法归结为三种基本样式：提示型教学方法，有示范、呈示、展示、口述；自主型教学方法；共同解决型教学方法。

10. 根据学习刺激的类型可以划分为呈现方法、实践方法、发现方法和强化方法。

（二）国内关于教学方法的分类

国内学者对教学方法分类也有许多不同的见解，较具代表性的有[①]：

---

① 前8种分类参见田慧生、李如密著.《教学论》，石家庄：河北教育出版社，1996年版，第214—219页。

1. 根据多重标准综合分类。王策三教授认为,教学方法的分类,最好从多角度分析或进行综合分析,包括:信息媒体是什么?师生怎样相互作用的?认识的性质和水平如何?它有何种性能或功能?它适用的范围怎样?它的运用需要哪些条件?但该书仅提出了这些进行教学方法分类的需要考虑的问题,并没有进行具体的分类。

2. 根据教学目的的不同,可将教学方法分类如下:增进知识,启发思想的教学方法,有启发教学法、问题教学法、单元教学法;涵养情操的教学方法,有社会化教学法、欣赏教学法、发展教学法;养成技能的教学方法,有练习教学法、设计教学法;适应个性的教学方法,有自学辅导法、协同教学法。

3. 根据教学方法的不同功能分类,可将教学方法分为两大类,第一类:使学生获得各种学习结果的教学方法,包括与获得知识信息有关的教学方法;与习得动作技能有关的教学方法;与习得智力技能、认知策略有关的教学方法;与巩固、运用知识技能有关的教学方法;与习得态度有关的教学方法。第二类:与调节控制情意有关的教学方法。

4. 根据教学方法的外部形态和这种形态下学生认识活动的特点,把我国中小学常用的教学方法分为:以语言传递信息为主的方法,以直接感知为主的方法,以实际训练为主的方法,以欣赏活动为主的方法,以引导探究为主的方法。

5. 根据师生共同活动的性质分类,可将教学方法系统分类如下:师生认识活动方法系统,有讲授法、谈话法和演示法;师生实践活动方法系统,有练习法、实验法、参观法、行为法、微型研究法、学习指导法;师生评鉴活动方法系统,有激励法、陶冶法、欣赏法和检查、评价法;师生交往活动方法系统,有交往法、指导法、小组讨论法、班级讨论法。

6. 根据宏观、中观和微观层次的不同,可将教学方法分类如下:

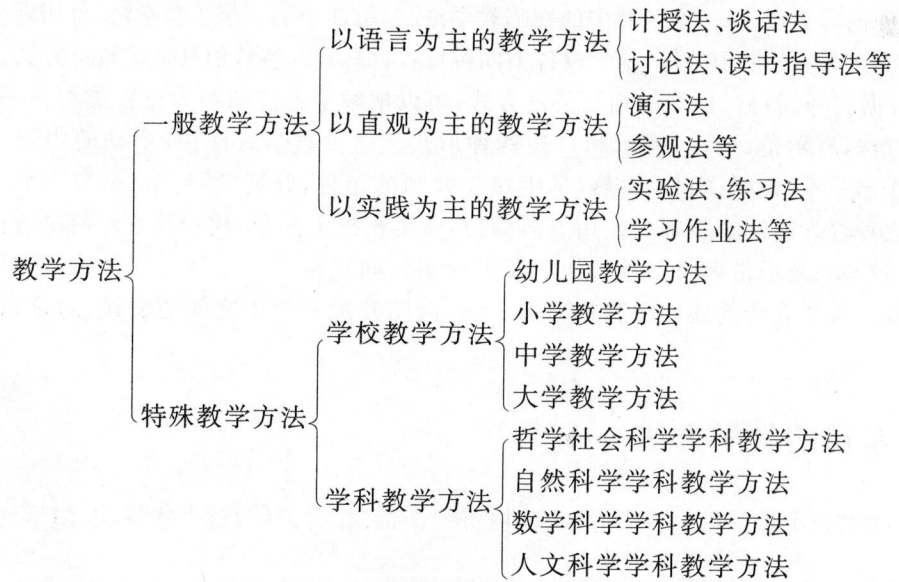

7. 根据教学方法的不同特色,可将我国当代教改中涌现出的新教学方法分类为:发现—引探式教学方法群,包括引导探索法、研究式教学法、启发研究式教学法、实验—综

合——引探式教学法、科学程序教学法、程序设疑教学法、发现型讨论法、角度教学法、微型论坛教学法等;课型——单元式教学方法群,包括六课型单元教学法、四课型教学法、知识单元教学法、自学辅导单元教学法、整体结构单元教学法等;练讲式教学方法群,包括自学、讲义、引导法、启、读、练、知、结法,七字教学法,读、问、讲、练法,读、评、练法,五步教学法等;图表信号式教学方法群,包括总体图表教学法、概念系列图示教学法、编卡教学法、板式法、图像信号法等;愉悦学习式教学方法群,包括情境教学法、审美引真法、陶冶法、畅想法等。

  8. 根据教学方法的整体综合性分类,可以将教学方法分为多种:对应教育阶段(小学、中学、大学教学方法)、功能目标(德育、智育、体育、美育、劳动技术教育教学方法)、适用学科性质(社会学科、自然学科、其他学科教学方法)、学习结果(认知、情意、技能方面教学方法)、操作主体(教的方法、学的方法、合作的方法)、适用对象范围(个别、伙伴、小组、班级教学方法)、信息流向(单向传输、双向对话、多向交流的教学方法)、形态性质(语言性、直观性、实践性、陶冶性、探究性教学方法)等方面进行综合性分类,得出教学方法的整体性把握。

  9. 根据教学方法从具体到抽象的层次,可以划分为原理性教学方法、技术性教学方法和操作性教学方法。其中,原理性教学方法是解决教学规律、教学哲学思想、新教学理论观念与学校教学实践间的连接问题,是教学意识在教学实践中方法化的结果,不具有固定的程序和步骤;技术性教学方法是诸如讲授法、讲述法、讲解法、讲演法、谈话法、演示法、参观法、实验法、实习作业法、练习法、讨论法、读书指导法、图例讲解法等等,每一种方法都适用于学校各科目或几个科目的教学;操作性教学方法是诸如劳动技术课的工序教学法、美术课的写生教学法、音乐课中的视唱教学法、标枪课中的小步子教学法、外语课的听说教学法、语文课的分散识字等,是学校各不同科目各自具有的特殊而具体的教学方法。[1]

  10. 根据教师、教材、学生的相互关系方式,可以把教学方法归纳为三种类型:一是提示型教学方法,有示范、呈示、展示和口述四种形式。这种教学方法中,活动的力点在教师。教师作出呈示、说明、报告、讲解,学生接受教师的指导,开展学习。二是自主型教学方法。在这种教学方法中教师的作用退居后位,学生被推上前台,比较独立地解决教师提出的课题,教师只是凭借教科书及其他学习手段实施间接指导。三是共同解决型教学方法。这种教学方法介于前述两个基本形态之间,借助教师与学生之间的交谈、对话、讨论来进行。[2]

三、常用的教学方法

  目前,我国中小学常用的教学方法有讲授法、谈话法、讨论法、读书指导法、演示法、参

---

[1] 黄甫全、王本陆主编.《现代教学论学程》,北京:教育科学出版社,1998年版,第254—255页.
[2] [日]佐藤正夫著,钟启泉译.《教学论原理》,北京:人民教育出版社,1996年版,第246—272页.

观法、练习法、实验法、实习作业法、欣赏法、发现法。

(一) 讲授法

1. 内涵

讲授法是教师通过简明、生动的口头语言向学生系统地传授知识、发展学生智力的方法。从教师教的角度看,它是一种传授的方法;从学生学的角度讲,它是一种接受性的学习方法。运用讲授法,教师可以通过合乎逻辑的分析、论证,生动形象地描绘、陈述,启发诱导性的设疑、解疑,使学生在较短的时间内获得较为全面系统的知识,并把知识教学、思想教育和发展智力三者有效地结合起来使之融为一体,相互促进。

讲授法一直是教学历史上最主要的教学方法。虽然后来许多现代化的教学手段被引入教学领域,出现了演示法、实验法等,但这些方法手段都不得不与讲授法相结合,并由讲授法起主导作用。因此,无论过去还是当前,讲授法都应是学校教学中既经济又可靠,而且最为常用的一种有效方法。当然,由于许多教师在课堂教学中不能恰当地运用讲授法,形成了满堂灌的僵死局面;也由于有些人从理论上错误地认为学生接受教师的讲授必然是机械被动的学习,所以,在目前教学方法改革中,有些人把教学效果不佳、教学质量不高归罪于讲授法,认为它是注入式教学的代表而倍加攻击、否定和排斥。这种不加分析地全盘否定讲授法的错误倾向与观点,必然会给教学实践带来很大危害。

讲授法能够保持教师在教学中的主导地位,教学时间和进度便于教师控制,并且所授内容能保持流畅与连贯;便于重点内容的分析、难点的突破,易于帮助学生抓住问题的关键,节约教学时间。但在运用讲授法的教学中学生参与少,容易造成被动接受知识的状态,不利于能力的培养;同时,也不易照顾学生中思维反应快与慢的两端,只能面向中等学生。

2. 类型

在实际的教学过程中,讲授法又可以表现为讲述、讲解、讲读、讲演等不同的形式。这些形式又各有自己的特点。

讲述,是以叙述或描述的方式向学生传授知识的方法。讲解,是教师向学生说明、解释和论证科学概念、原理、公式、定理的方法。讲读,是讲与读交叉进行,有时还加入练习活动,既有教师的讲与读,也有学生的讲、读和练,是讲、读、练结合的活动。讲演,是教师对一个完整的课题进行系统的分析、论证并做出科学结论的一种方法,要求有分析、有概括,有理论、有实际,有理有据。这种方法多用于中学高年级的教学活动中。

3. 运用的基本要求

(1) 科学性。讲解的内容要准确无误,即讲概念要清楚,把握好概念的内涵与外延;阐述命题的证明、推理要合乎逻辑,思路和方法要明确、清晰。

(2) 系统性。讲解要条理清楚、层次分明,重点突出,注意学生理解问题的认识规律,使讲授内容系统化。

(3) 启发性。讲授中要引起学生的求知欲,激发学生思维活动。运用讲授法不等于"满堂灌"、注入式。教师的讲授要善于提出问题、创设问题情境,激发疑问,使学生与教师积极配合,主动参与学习活动。

(4) 艺术性。讲授的语言要清晰、洗练、准确、生动,尽量做到深入浅出,通俗而不失严谨。讲授语言音量适当,抑扬顿挫,富有情趣,快慢适当。

(5) 情感性。讲授法容易让学生产生枯燥无味之感,因此,情感因素的注入和渲染是提高讲授效果的最佳途径。

(二) 谈话法

1. 内涵

谈话法又称问答法,是教师和学生以口头语言问答的方式进行教学的一种方法。

谈话法也是一种历史悠久、行之有效的方法。我国古代教育家孔子,就经常用谈话法启发学生思维,传授有关知识。古代希腊哲学家苏格拉底(Socrates)也曾用这种方法进行教学,并称之为"产婆术"。在现代学校中,谈话法也在各科教学中被广泛地采用。其优点是便于激发学生的思维活动,培养学生独立思考能力和语言表达能力,唤起和保持学生的注意力和兴趣。教师通过谈话可直接了解学生对知识、技能的掌握情况,获得教学的反馈信息,改进教学。

从实现教学任务来说,谈话法的形式有引导性的谈话、传授新知识的谈话、复习巩固知识的谈话和总结性谈话。无论哪种形式的谈话,都要设计不同类型的问题,开展不同形式的谈话活动,调动学生的积极性。这也是发挥谈话法作用的关键所在。

谈话法能够突出课堂教学中师生的双边活动,有利于信息反馈;课堂气氛活跃,有利于促进学生积极思维,有利于对学生能力的培养。但运用这种教学方法的教学组织比较困难,教学时间不易控制。

2. 运用的基本要求

(1) 精心设计"问题系统",对提问的对象可能会怎样回答等要做到心中有数。教师在备课时应拟出提问的提纲、对谈话所需的时间、给学生能顺利地回答创造哪些条件等都要做好准备。

(2) 提出的问题,要难易适度。对某些有困难的学生,要善于由浅入深、由易到难的逐步引导。提出的问题要明确,应是学生所能理解的。

(3) 要善于引导探讨、启发、发现。对所提出的谈话内容,要具有启发性,教师要引导学生积极思考,层层深入,逐步地获得结论。

(4) 要面向全体学生,因材施教。在谈话中要面向全体学生提出问题,并给他们一定的思考时间,使全体学生都处于积极思维的参与状态。要照顾优生和差生,鼓励学生大胆回答问题。

(5) 及时小结。谈话中要对学生回答问题的情况及时小结,使学生明确是非,提高认识。

上述要求是从教师方面而言的。从学生方面来看,运用谈话法时要积极思维,主动参与;勇于发现,积极应答。

（三）讨论法

1. 内涵

讨论法是在教师指导下，学生以全班或小组为单位，围绕教材的中心问题各抒己见，通过讨论或辩论活动，获得知识或巩固知识的一种教学方法。

由于全体学生都参加讨论活动，所以讨论法可以培养合作精神，集思广益、互相启发、互相学习、取长补短，既加深对学习内容的理解，还可以激发学生的学习兴趣，提高学习情绪，培养学生钻研问题的能力，提高学生学习的独立性。但这种教学方法也同样组织教学比较困难，比较耗费教学时间。

讨论法既是学习新知识、复习巩固旧知识的方法，也是提高学生思想认识的方法。它既可以单独运用，亦可和其他方法结合运用。学习新知识的讨论法，需要学生具备一定的基础知识和一定的理解能力、独立思考能力。因此，这种教学方法一般在高年级的教学中采用。

2. 运用的基本程序

（1）学生自学。教师指定自学内容，提出学习目标，并指出重、难点。

（2）自行讲解。教师把要讨论的内容，按概念、命题、例题、习题等分成若干单元，把学生分成小组或全班一起进行讨论，讨论时可选出主讲人，以主讲人讲述为主，其余成员补充为辅。

（3）相互讨论。在教师启发下，对主讲的结果正确与否、有无不同解法等进行讨论。

（4）单元结论。在相互讨论之后，教师归纳出正确结论，进行单元小结。

（5）全课总结。待所设计的每个单元都讨论结束后，教师对全课内容进行总结，布置相应的练习、作业。

（四）读书指导法

读书指导法是教师指导学生通过阅读教科书和课外读物（包括参考书）获得知识、养成良好读书习惯的教学方法。

读书指导法的特点是既强调学生的"读"，又强调教师的指导。在实际教学中，教师指导学生阅读，必须从指导阅读教科书开始。因为教科书是学生在学校中获得知识的主要来源。虽然各门学科的性质不同，对学生阅读指导的具体方式不同，但都应该注意加强对学生的预习和复习活动的指导，也应注意在各科内容的讲授过程中加强对学生阅读的指导。与此同时，教师还要指导学生阅读课外读物。学生阅读课外读物，不仅能加深理解和巩固课内学习的知识，而且能开拓知识领域，满足多方面兴趣，丰富精神生活，进而发展智力和能力。教师必须认真指导学生制订阅读计划，选好读物，同时要教给他们阅读的顺序和方法，指导他们做好阅读笔记。

读书指导法不仅是学生通过阅读获得知识的方法，也是培养学生自学能力的重要方法。但采用这一方法，必须把学生的读作为主要方面。不管是哪种形式的阅读，都应教育学生要专心致志，学思结合，质疑问难，"勤读勤记"，理论联系实际。

(五)演示法

1. 内涵

演示法是教师在课堂上通过展示各种实物、直观教具,或进行示范性实验,让学生通过观察获得感性认识的教学方法。这种方法在中小学各科教学中被广泛采用。但这种方法是一种辅助性教学方法,要与讲授法、谈话法等教学方法结合使用。

在我国中小学教学中,演示的手段大体有三类。第一,实物或模型、标本、图片、图画的演示,目的在于使学生获得某一事物或现象的外在感性认识。第二,用连续成套的模型、标本、图片或幻灯、电影等,进行序列性演示,使学生了解客观事物和现象发生发展的过程。特别是现代化的教学手段如幻灯、录像、电影等演示,能突破时间、空间的限制,使事物的静态变为动态,使抽象的理论具体化。第三,音乐、体育、劳动等课上教师的示范性动作或操作等。

实践证明,演示法不仅能理论联系实际,为学生学习新知识提供丰富的感性材料,而且能激发学生学习的兴趣,提高学习的效果。

2. 演示法的优点

(1) 有助于激发学生的学习兴趣;
(2) 可利用多种器官,做到看、听、想、思相结合;
(3) 有利于获得感性知识,加深对所学内容的印象。

3. 演示法的缺点

(1) 适用范围有限,不是所有的学习内容都能演示;
(2) 演示装置移动不方便,不利于教育场所的变更;
(3) 演示前需要一定的费用和精力做准备。

(六)参观法

参观法是教师根据教学任务的要求,组织学生到工厂、农村、展览馆和其他社会场所,通过对实际事物或现象的观察和研究而获得知识的方法,如地理学科、历史学科参观名胜古迹、博物馆,理化学科参观科学宫,艺术学科参观美术展览、戏剧表演等。

参观是以大自然、大社会作为活教材,能打破课堂和教科书的束缚,使教学与实际生活、生产密切地联系起来,扩大学生的视野,能使学生在接触社会中受到教育。

(七)练习法

1. 内涵

练习法是指在教师指导下进行巩固知识、运用知识、形成技能技巧的方法。技能技巧的形成以一定的知识为基础,通过具有重复性的练习来实现。练习法被各科教学广泛地采用。

2. 类型

由于学科性质、任务不同,练习种类也有所不同。练习一般可分为以下三种:

(1) 语言的练习。包括口头语言和书面语言的练习,旨在培养学生的表达能力。在书面语言练习中,创造性的练习更为重要。

（2）解答问题的练习。包括口头和书面解答问题的练习,旨在培养学生运用知识解决问题的能力。这种练习在各科教学中被广泛地采用,尤其在数学、物理、化学教学中占有重要地位。

（3）实际操作的练习。旨在形成操作技能,在技术性学科中占重要地位。

（八）实验法

实验法是在教师指导下,利用一定的仪器设备,在一定条件下引起某些事物或现象的发生和变化,使学生在观察或研究和独立操作中获取知识,形成技能技巧的方法。

应用实验法,不仅可以使学生加深对概念、规律、原理、现象等知识的理解,而且有利于培养他们的探索精神和严谨的科学态度,更有利于学生主体地位的发挥。

（九）实习作业法

实习作业法是教师根据教学大纲的要求,组织学生在校内外一定的场所运用已有知识进行实际操作或其他实践活动,以获得一定的知识和技能技巧的方法。这个方法在自然学科和技术学科中占有重要地位。

实习作业法对贯彻教学中理论联系实际原则、培养学生独立工作能力起着重要作用。与实验法、练习法等相比较,其实践性、综合性、独立性、创造性更强。这对于促进教学与生产劳动相结合,培养学生劳动观点和劳动技能都有重大意义。

（十）欣赏法

1. 内涵

欣赏法即以欣赏活动为主的方法,是指教师在教学中创设一定的情境,或利用一定教材内容和艺术形式,使学生通过体验客观事物的真善美,陶冶他们的性情,培养他们正确的态度、兴趣、理想和审美能力的方法。

在教学中,不少教师往往只注重知识技能的传授和训练,而忽视理想、态度、兴趣和欣赏能力等在人的成长中的重要作用方面的培养。学生只有树立崇高的理想,形成正确的态度和兴趣,具备对美的欣赏能力,才能保证他们所学得的知识和技能为社会发挥积极作用。因此,现代教学理论和实践很强调教学中对以欣赏活动为主的教学方法的运用。

欣赏法最主要的特点是,通过教学中的各种欣赏活动,使学生在认识了所学习的事物的价值之后产生出积极的情感反应。

2. 类型

在中小学教学中,各科教学对学生的兴趣、态度、理想等都会发生影响,但由于学科性质的不同,欣赏有三种类型:

（1）艺术美和自然美的欣赏,如对音乐、美术、文学作品和大自然的欣赏,有助于培养学生审美能力,丰富学生精神生活;

（2）道德行为的欣赏,如对政治、历史、语文等教材中有关某个人物或某件事所表现出的道德品质或社会品德的欣赏,有助于培养学生高尚的理想和情操;

(3) 理智的欣赏,如对科学研究中追求真理、严密论证、发明创造、探索精神的欣赏,有助于培养学生浓厚的求知兴趣、科学态度和缜密的思考能力。

由于各学科性质和内容的不同,欣赏活动的途径也不同,通常有观察、聆听、模仿、联想、比较等。教师可利用多种机会,通过这些欣赏活动,培养学生的鉴赏能力。另外,欣赏法在教学过程中应作为与其他方法相配合的辅助性教学方法。

(十一) 发现法

1. 内涵

发现法,又称探索法、研究法,是指学生学习概念和原理时,教师只是给他们一些事例和问题,让学生自己通过阅读、观察、实验、思考等途径去独立探究,自行发现并掌握相应的原理和结论的一种方法。这一教学方法的指导思想是在教师指导下,以学生为主体,让学生自觉地、主动地探索,掌握认识和解决问题的方法与步骤,研究客观事物的属性,发现事物发展的起因和事物内部的联系,从中找出规律,形成自己的概念。

2. 过程

发现法的基本过程是:(1)创设问题情境,向学生提出要解决或研究的课题;(2)学生利用有关材料,对提出的问题做出各种可能的假设和答案;(3)从理论上或实践上检验假设,学生中如有不同观点,可以展开争辩;(4)对结论做出补充、修改和总结。

发现法对于激发学生学习兴趣、培养学生解决问题的能力、发展学生创造性思维品质和积极进取的精神有较大的优越性。

这一方法多用于那些可以引出多种假设、原理的数理学科,尤其是在让学生形成概念、理论,找出现象间的因果关系和其他联系时,更为有效。但是,运用这种方法,花费时间较多,显得不够经济,而且需要学生具有相当的知识经验和一定的思维发展水平,还需要逻辑较严密的教材和素质较高的教师。对于太简单或太复杂的内容以及资料性的内容,不宜采用发现法。

专栏 5-3

当代教学方法的特征

1. 以发展学生的智能为出发点,突出了教学的发展性;
2. 以调动学生学习积极性和主动性为中心,突出了教学的双边性;
3. 以发挥非认知因素为手段,突出了教学的情感性;
4. 以多种方法、手段的优化组合为目标,突出了教学的综合性。

[资料来源]吴文侃主编.《比较教学论》,人民教育出版社,1996年版,第304—310页.

四、教学方法的选择和运用

(一) 教学方法的选择①

古今中外积累的教学方法十分丰富,而且随着教学改革的不断深入,还会有许多新的教学方法产生。因而,在实际教学时,教师能否正确选择教学方法,就成为影响教学质量的关键问题之一。实践证明,教师只有按照一定的科学依据,综合考虑教学的各有关因素,选取适当的教学方法,并能合理地加以组合,才可能使教学效果达到最优化的境地;反之,如果毫无选择地使用教学方法或错误选用教学方法,都会给教学活动造成不利的影响。正是从这个意义上说,"教学的成败在很大程度上取决于教师是否能妥善地选择教学方法。知识的明确性、具体性、根据性、有效性、可信性,有赖于对教学方法的有效利用"。所以每个教师都必须学会科学地、恰当地选择教学方法。这对正确运用教学方法,提高教学质量具有重大作用。

1. 教学方法选择的标准

在选择教学方法时,可以根据以下六个方面的要求进行综合考虑。

(1) 依据教学的具体目的与任务

不同的教学目的与教学任务需要不同的教学方法去实现和完成。如果是传授新知识的教学任务,就得选择语言传递信息的方法、直接感知的方法,如果是形成和完善技能、技巧的任务,就得选择以实际训练为主的方法。

(2) 依据教材内容的特点

一般说来,不同学科性质的教材,应采取不同的教学方法;而某一学科中的具体内容的教学,又要求采取与之相适应的教学方法。如:就学科教材来讲,语文、外语多采用讲读法;物理、化学多采用演示、实验法;数学多采用练习法,等等。就每门课程的具体内容来讲,它们有各自的特点和要求,在教学过程中,它们又总是和学生掌握该内容所必需的智力活动的性质相联系的。所以有些部分可以采用讲授法,有些部分可以采用讨论法,有些部分可以用练习法或实习法。总之,必须根据教材的性质和具体内容的特点,选择适当的教学方法。

(3) 依据学生的实际情况

教师的教是为了学生的学,教学方法要适应学生的基础条件和个性特征。所以,选择教学方法时,教师要考虑学生对使用某种方法在智力、能力、学习方法、学习态度、班级的学习纪律及风气诸方面的准备水平。当然,这并不意味着只是消极地适应学生的现实水平,而是应当注意从学生实际出发,选择那些能促进和发展学生学习独立性的方法。

---

① 参见李秉德主编.《教学论》,北京:人民教育出版社,1991年版,第213—215页.

(4) 依据教师本身的素养条件

任何一种教学方法的选择,只有适合教师的素养条件,能为教师所理解和掌握,才能发挥作用。有的方法虽好,但如果教师缺乏必要的素养条件,自己驾驭不了,仍然不能在教学实践中产生良好的效果。因此,教师的某些特征、某些弱点和运用某种方法的实际可能性,都应成为选择教学方法的重要依据。如:有的教师形象思维水平高,可以用生动形象的语言把问题的现象和事实描绘得生动具体,然后从所讲事实出发,由浅入深地讲清道理;依据这一特长,可以选择以语言传递信息为主的方法。而有的教师不善于用生动的具体语言描述,但善于运用直观教具,在直观教具的配合下能有效地讲清理论,就可选择以直观感知为主的方法进行教学。总之,教师选择教学方法,应根据自己的实际优势,扬长避短,采取与自己条件相适应的教学方法。同时,作为教师,应努力学习,克服缺点,不断提高选用和综合运用多种教学方法的能力。

(5) 依据各种教学方法的职能、适用范围和使用条件

每种教学方法都有各自的适用范围和合作条件,同时又有各自的优点和局限性。教学方法职能作用的发挥,制约于教学过程诸因素的优化组合。某种教学方法对于某种学科或某一课题是有效的,对另一课题或另一形式的教学可能完全无用。譬如,传授新知识的谈话法,是以学生的知识准备和心理准备为前提条件的。离开了这个条件,用谈话法去传授新知识是困难的。讲授法虽然能保证学生在短时期内获得大量的系统的知识,便于发挥教师的主导作用,但是,它不容易发挥学生的主动性、独立性和实践性。探索法、研究法对发展学生的智能,培养学生独立学习能力起着积极作用。但是,它又受到时间等条件的限制,必须与谈话、讲解等其他方法配合使用才能收到良好的效果。因此,选择教学方法时,必须认真地分析各种方法的职能、应用范围和条件。

(6) 依据教学时间和效率的要求

教学之所以要采用一定的方法,其主要目的是为了使教学工作顺利而有效地进行。教学的最优化,就是要求以最少的时间取得最佳的效果。所以,在实际教学中,选择某种教学方法,还应考虑教学过程效率的高低。好的教学方法应该是高效低耗的,至少能在规定的时间内完成教学任务,实现具体的教学目的,并能使教师教得轻松,学生学得愉快。教师应力求选择这种经济有效的方法。而那些耗费时间和精力过多,又不利于学生发展的方法是不足取的。

选择教学方法除了以上的一些依据外,还应考虑教学环境、教学设备等因素,根据各个方面的情况进行综合考虑。

2. 教学方法选择程序[①]

虽然人们都认识到教学方法选择的重要性,但关于教学方法选择的程序,人们探讨的并不多。巴班斯基根据其最优化理论,认为要实现教学方法的最优化,除了考虑选择的标准外,还有一个优选的程序问题。他把选择教学方法的程序问题称作选择教学方法的算

---

① 吴也显主编.《教学论新编》,北京:教育科学出版社,1991年版,第382页.

法,意即开始选哪些方法,随后选哪些方法的步骤。巴班斯基和他的同事访问了许多教师,归纳出教师在选择教学方法时的一般思考顺序:

第一步,决定是选择由学生独立地学习该课题的方法,还是选择在教师指导下学习教材的方法;

第二步,决定是选择再现法,还是选择探索法;

第三步,决定是选择归纳的教学法,还是选择演绎的教学法;

第四步,决定关于选择口述法、直观法和实际操作法的如何结合问题;

第五步,决定关于选择激发学习活动的方法问题;

第六步,决定关于选择检查和自我检查的方法问题;

第七步,认真考虑所积贮的各种方法相结合的不同方案,以防由于完成家庭作业和复习已学过的教材的结果而发现学生学业程度上可能有的偏差。

(二)教学方法的运用[①]

选择、确定了教学方法,并设计出教学方案后,接下来就是在课堂上正确实施应用教学方法了。教学方法的运用需要贯彻如下要求。

1. 坚持启发式教学指导思想

启发既是一种方法,更是一种教学指导思想,是教师从学生的实际情况出发,把学生当成学习的主体,应用各种不同方法调动学生学习的积极性、独立性、主动性和能动性,引导学生通过自己积极的学习活动去掌握知识、形成技能、发展能力和促进个性健康发展。启发式尊重学生的主体人格,强调指导学生的学习方法,重视学生的技能形成、能力发展和个性展示。

各种教学方法既有启发性质,又有注入性质,是一把"双刃剑",全在于教师如何应用了。比如,讲授法,一味地讲、枯燥地讲,就是注入式;而以适当的问题和实例开头,激发学生的学习动机,再配之以形象、风趣的讲解……就是启发式。又如,问题解决法,问题在形式上和内容上,提得恰到好处,能适合学生的心理,激发其学习动机……就成为启发式,若问题提得过难或过易,连珠炮式地提一大堆问题,就会压抑学生的学习积极性,使之生厌……就成了注入式。因此,应用教学方法,需要自始至终贯彻启发式的指导思想。

2. 发挥教学方法的整体功能

教学方法的应用,一要考虑充分发挥教师、学生和课程构成的整体功能,使之实现整体大于部分之和的系统功能;二要注意发挥出不同教学方法构成的综合整体功能,使各种方法有机配合,收到良好的教学效果,提高教学质量。

3. 综合应用各种教学方法

无论是教学目标、教学内容,还是教师的素养、学生的身心发展,都是多方面的,教学

---

① 参见黄甫全、王本陆主编.《现代教学论学程》,北京:教育科学出版社,1998年版,第246—247页.

手段、媒体也是多种多样的,这决定了任何一个教学活动都应综合使用各种方法。这就要求教师在教学方法的设计和应用中,应坚持综合化,形成具有内在有机联系的教学方法组合。

4. 坚持灵活性,渗透教育机智

不同教学方法的设计和使用,使用中的时间长短以及使用中学生的反应等,是非固定性的,而是因时因地因人而异的。这就要求教师在教学方法的选择使用中,要灵活机智,随时把握好不同方法的应用。特别是要具有方法使用的机智,根据课堂教学中不同方法使用中出现的特殊课堂气氛和突发的因素,巧妙地因势利导,采用一些新颖的方法,从而收到意料之外的良好效果。

本 章 结 语

第一,教学原则是根据教育教学目的、教学过程的客观规律和教学实践经验而制定的教学工作必须遵循的基本要求,有依附性、时代性、规范性、中介性和多样性等特点,与教学规律及教学原理、教学规则、教学目的、教学内容、教学方法等相关范畴既有关联又有区别。

第二,教学原则提出的依据包括哲学和科学理论基础、教学经验的概括和总结、教学规律的反映、教学目的的制约及历史上有继承价值的教学原则。

第三,我国中小学常用的教学原则有直观性原则、启发性原则、系统性原则、巩固性原则、量力性原则、思想性和科学性相结合的原则、理论联系实际原则和因材施教原则。

第四,教学方法是在教学过程中教师和学生为实现教学目的、完成教学任务而采取的教与学相互作用的活动方式的总称,具有实践性、耦合性、多样性、整体性、继承性和发展性等特点,与教学方式、教学策略、教学模式等相关范畴既有关联又有区别。

第五,教学方法既是联结教师教与学生学的重要纽带,也是实现教学任务的必要条件,还是提高教学质量和教学效率的重要保证,亦是影响教师威信和师生关系的重要原因,影响到学生的身心发展。

第六,我国中小学常用的教学方法有讲授法、谈话法、讨论法、读书指导法、演示法、参观法、练习法、实验法、实习作业法、欣赏法、发现法。

第七,选择教学方法时,需要根据教学的具体目的与任务、教材内容的特点、学生的实际情况、教师本身的素养条件、教学方法的职能、适用范围和使用条件、教学时间和效率等方面的要求进行综合考虑。

第八,在运用教学方法时,要坚持启发式教学指导思想、发挥教学方法的整体功能、综合应用各种教学方法、坚持灵活性,渗透教育机智。

[讨论与思考]

1. 什么是教学原则？教学原则的特点有哪些？教学原则有哪些相关范畴？与这些相关范畴的关系怎样？
2. 教学原则提出的依据有哪些？
3. 我国中小学常用的教学原则有哪些？它们各自的内涵与贯彻要求是什么？
4. 什么是教学方法？教学方法的特点有哪些？教学方法有什么作用？教学方法有哪些相关范畴？与这些相关范畴的关系怎样？
5. 我国中小学常用的教学方法有哪些？它们各自的内涵和运用的基本要求是什么？
6. 选择教学方法的标准有哪些？运用教学方法的要求有哪些？

[阅读导航]

1. 张楚廷著.《教学原则今论》,长沙:湖南师范大学出版社,1993年版.

该书作为教学原则研究的专著,首先详细列举了诸多教育名家的教学原则,并结合教育的历史与现状逐条进行评述,并以相容性、完备性、独立性、简练性四大标准构建起了独具特色的六大教学原则体系,回答了为什么教、教什么的问题,也间接地部分回答了怎样教的问题。

2. 谢利民著.《现代教学论纲要》,西安:陕西人民教育出版社,1998年版.

该书共10章,在总结教学论历史发展的基础上,结合与教学文艺学相关学科理念和实践的发展,着重对教学过程的基本理论、教学原则、教学模式、学习理论、教学方法、教学评价、教学艺术等进行了研究,体现了教学论发展的现代特征。

3. 刘家访编著.《上课的变革》,北京:教育科学出版社,2007年版.

该书以我国新课程改革为背景,从理想与现实、控制与自主、形式与实质、预设与生成、繁杂与简约五个方面对教师上课行为提出了新的要求,需要发生新的变化。只有掌握这些变化,才能真正在课堂上落实新课程。

4. [美]加里·D·芬斯特马赫等著,胡咏梅译.《教学的方法》(第4版),北京:教育科学出版社,2008年版.

该书作为一本探究教学方法的著作,将哲学味的思考与具体教学活动的分析做了完美结合,运用结构化的分析框架,对三种具有代表性的教学方法——经理教学法、促进教学法、自由教学法进行了阐释。

5. [俄]巴班斯基著,张定璋等译.《中学教学方法的选择》,北京:教育科学出版社,2009年版.

该书共 5 章,分别论述教学方法的分类及其优选标准,比较分析各种教学方法的效果,教学方法的优选程序和教师运用这个程序的条件,优选某些教学方法的特殊条件,各门学科教学方法的特点及改进的途径,对深入研究教学过程最优化,改进教学方法都有借鉴意义。

第六章 教学模式与艺术

【内容提要】

教学模式是建立在一定的教学理论指导下和丰富的教学实践经验的基础上,为设计和组织教学而形成的一套较为稳定的教学活动结构框架和活动程序,包括理论基础、功能目标、实现条件、操作程序和效果评价等五个方面的要素,具有优效性、完整性、操作性、简约性、针对性和开放性的特点。当前教学模式的发展趋势是总体种类趋向多样化、理论基础趋向多元化、形成途径趋向演绎化、师生地位趋向合作化、目标指向趋向情意化、操作程序趋向灵活化、技术手段趋向现代化、研究发展趋向精细化。

教学艺术是教师遵照教学法则和美学尺度的要求,灵活而又综合地运用语言、表情、动作、图像组织调控等手段,充分发挥教学情感的功能,为取得最佳教学效果而施行的一套独具风格的创造性教学,具有情感性、表演性、审美性、实践性、创造性和个体性的特点,拥有谐悦引趣、净化陶冶、传递开发、提高效益等功能。教学艺术的范畴包括教学口头语言艺术、非言语表达艺术和书面语言艺术。教师教学艺术发展的目标是形成具有独特性的教学艺术风格。

【学习目标】

1. 掌握教学模式的内涵,理解教学模式的要素与功能。
2. 了解教学模式的分类。
3. 了解当代国外和我国一些比较有代表性的教学模式,掌握国内外教学模式的发展趋势及教学模式在实践中创新的要求。
4. 了解教学艺术的历史及人们对教学艺术内涵的争论。
5. 掌握教学艺术的内涵与功能。
6. 了解教学艺术的范畴,理解其在教学实践中的运用。
7. 掌握教师教学艺术发展的目标、影响因素,了解教师教学艺术的发展阶段。

【核心术语】

教学模式　教学艺术　教学艺术风格

教学既需要遵循一套较为稳定的教学活动结构框架和活动程序,也还需要具有独创风格的开展。前者即教学模式,为教学活动提供基本的架构,后者即教学艺术,促进教学活动的个性化。

第一节 教学模式

一、教学模式的内涵与类型

(一) 教学模式的内涵

教学模式由模式引发而来,是具体落实运用于教学理论研究和实践探索中的结果,最早由美国学者乔伊斯(B. Joyce)和威尔(M. Weil)等提出。他们在《教学模式》中系统地介绍了22种教学模式并用较为规范的形式对其进行分类研究和阐述,"试图系统地探讨教育目的、教学策略、课程设计和教材以及社会和心理理论之间的相互影响的、以设法考察一系列可以使教师行为模式化的各种可供选择的类型"[①]。

我国在20世纪80年代中期,由于中小学教学改革的实践的发展和国外教学模式理论的引进,教学模式问题普遍受到关注,随之也对教学模式进行了研究,并在教学实践基础上,产生了各种教学模式。

1. 教学模式的定义

所谓教学模式,是指建立在一定的教学理论指导下和丰富的教学实践经验的基础上,为设计和组织教学而形成的一套较为稳定的教学活动结构框架和活动程序。这一定义有以下五个方面的要义。

(1) 教学模式是指向教学活动结构和活动程序的

"结构"一词是随着系统科学的传播而为人们所熟悉的,指的是事物各要素之间的组织规律和形式。在现代教学论中,教学结构包括理论结构和实践结构两个方面。理论意义上的结构是指教师、学生、教学内容这三个基本要素的组合关系。它对三者在教学中的地位、作用、相互关系等给予了相应的界定。实践意义上的教学结构包括纵、横两个方面:纵向结构是指教学过程中各阶段、环节、步骤之间的相互联系,表现为一定的程序;横向结构则是指构成现实教学的活动各要素即教学内容、教学目标、教学手段、教学方法等因素的相互联系,表现为影响教学目标达成的诸要素在一定时空结构内或某一教学环节中的组合方式。教学模式是对教学活动结构的一种反映和再现。

(2) 教学模式是联系教学理论与教学实践的中介

从静态看,教学模式是教学结构的稳定而简明的理论模式,是立体网络的、多侧面分层次的,很直观地向人们显示了教学诸因素的组合状态,对人们从理论上把握教学模式具

[①] 转引自吴立岗主编.《教学的原理、模式和活动》,南宁:广西教育出版社,1998年版,第178页.

有重要作用。从动态看,教学模式是具体可操作的实践活动方式,是依序运动的、因果相连的,很明确地规范了教学过程的展开序列,为人们从实践操作运用教学模式提供了具体指导。

(3) 强调了特定的教学目标和内容对教学模式的制约

教学模式总是和教学目标、教学内容相联系的,后者制约了前者的性质和功能、特点和范围。教学模式本身不是目标和内容,而只能是实现特定的教学目标和内容的工具和手段,不过教学模式和教学目标及内容之间常有微妙的对应关系。

(4) 指出教学模式建立和发展的依据

教学模式接受教学思想的指导并具有教学经验的基础,既指明了教学模式建立和发展的依据,也告诉我们教学模式的生成原理和逻辑起点,有利于在实际教学中认识和选择教学模式、运用和检验教学模式、归纳和演绎教学模式、发展和创新教学模式。教学思想的指导,可以保证教学模式的科学性和先进性;教学经验的基础,可以保证教学模式的可行性和优效性。

(5) 教学模式具有稳定性

教学模式一经形成,便对教学活动具有较为普遍的指导意义并能保持相对较长的一段时间。

2. 教学模式的要素

教学模式的要素包括理论基础、功能目标、实现条件、操作程序和效果评价五个方面。

(1) 理论基础

任何教学模式都是在一定理论指导下建立的。正如乔伊斯和威尔所说:"每一个模式都有一个内在理论基础。也就是说,它们的创造者向我们提供了一个说明我们为什么期望它们实现目标的原则。"[1]教学模式所赖以建立的教学理论或思想,乃是教学模式深层内隐的灵魂和精髓,它决定着教学模式的方向和独特性。理论基础在教学模式要素中既自成独立的因素,又渗透或蕴含在其他要素之中,其他要素都是依据理论基础而建立的。例如,程序教学模式的理论基础是行为主义心理学,非指导性教学模式的理论基础则是人本主义心理学。有些教学模式的理论基础是一致的,如布鲁纳的概念获得教学模式、加涅的累积性教学模式、奥苏伯尔的先行组织者教学模式等,其理论基础都是现代认知心理学理论。鉴别一个教学模式成熟的程度,一般是从其理论基础中即可窥见一斑。

(2) 功能目标

任何教学模式都是指向一定的功能目标而设计创立的。"功能目标是人们对教学活动能在学习者身上产生'什么样的'和'有多大的'效用所作的预先估计"[2]。它在教学模式的构成因素中居于核心地位,对其他因素具有制约作用,也是教学评价的标准和尺度。如:德国的范例教学模式,其功能在于使学生掌握基本概念、基本知识中选出来的示范性

---

[1] 转引自韩钟文、李如密主编.《教育学》,济南:山东大学出版社,1999年版,第434—435页.
[2] 转引自韩钟文、李如密主编.《教育学》,济南:山东大学出版社,1999年版,第435页.

材料,能举一反三,培养独立思考和独立工作的能力;合作教学模式的功能目标则是使学生具有民主精神、独立人格和创造才能等。功能目标的实现程序以及人们对教学目标认识的发展,往往又作为一种反馈信息,帮助人们调整或重组结构程序,使教学模式日臻完善。

(3) 实现条件

这是指促使教学模式发挥效力、达到一定功能目标所需要的各种条件的最佳组合和最好的方案。任何教学模式都是在特定的条件下才能有效。教学模式的实现条件包括的内容很多,有教师、学生、课程内容、教学手段、教学的时空组合等。如:布卢姆掌握学习模式将决定学习结果的性质的三大变量——认知前提行为、情感前提特性、教学的质量——作为模式实现条件。布卢姆指出:"有利的学校条件能使大多数学生很好地进行学习,并从学习中获得满足。"[①]认真地研究并保障教学模式的实施条件,可以更好地掌握和运用教学模式,成功地达到预期的目的。

(4) 操作程序

任何教学模式都有一套独特的操作程序,详细具体地说明教学活动的逻辑步骤以及各步骤所要完成的任务等。一般说来,活动程序的实质在于处理教师、学生与教学内容的关系及其在时间顺序上的实施。例如,程序教学模式就要求把教学内容设计成一系列小步子,每一程序学习一小步教材,回答机器或程序课本提出的问题,并及时强化,再进入下一程序学习。由于教学过程中,既有教材内容的展开顺序、教学方法交替运用的顺序,又有内在的复杂的心理活动顺序,所以人们常常从不同侧面提出教学活动的基础阶段及其逻辑顺序。活动程序只能是基本的和相对稳定的,而不应是僵化和一成不变的。

(5) 效果评价

教学模式除了应该包括上述四个部分外,还应包括效果评价。这种效果评价主要是针对该模式在实践中运用的效果进行的评价。由于各个教学模式在理论基础、功能目标、实现条件、操作程序上的不同,因而效果评价也就有所不同。每种教学模式一般都有适合自己特点的评价方法和标准。如:掌握学习教学模式评价因素不同于标准化评价,它的评价标准是目标参照性评价。一般说来,每一种教学模式都应有自己的效果评价标准和方法,但现阶段除少数的模式已初步形成了一套相应的评价标准方法外,很多模式至今尚未形成自己独特的评价标准和方法。这也直接影响着教学模式自身的功能发挥。教学模式也应该借助效果评价来不断地获得改进的动力。

3. 教学模式的特点

(1) 优效性

教学模式是根据一定的理论和实践,不断地修正、完善而形成的,它运用了最适宜的理论并汇集了教学实践中的优秀成果,是对众多成功教学活动最精练的概括,着眼于提高教学效益。

---

① 转引自韩钟文、李如密主编.《教育学》,济南:山东大学出版社,1999年版,第443页.

(2) 完整性

任何教学模式都是由一定的理论基础、功能目标、实现条件、操作程序和效果评价等要素构成的,本身都有一套比较完整的结构和机制。这种对教学结构的重组和综合,使教学模式的结构具有完整性的特点。在运用时,必须整体把握,既透彻了解其理论原理,又切实掌握其方式方法。那种无视教学模式的整体性,放弃理论学习而简单套用其程序步骤的做法,对于提高教学水平是有害无益的。

(3) 操作性

教学模式所提供的教学理论、操作要求和教学程序都是便于人们理解、把握和运用的。这是教学模式区别于一般教学理论的重要特点。教学模式之所以具有操作性,是因为一方面教学模式总是从某一特定角度、立场和侧面来揭示教学的规律,比较接近教学实际而易被人们理解和操作;另一方面教学模式的产生不是为了空洞的思辨,而是为了让人们去掌握和运用,因此它有一套操作的系统要求和基本程序。教学模式的操作性特点,使得教学模式可以被传授和学习、被示范和模仿,使得教学模式的运用成为一种技术和技巧,而被教师用来完成教学任务,获得预期的效果。

(4) 简约性

任何教学模式都是简约化的教学结构理论模型及活动方式,大都以精练的语言、象征性的图式或明确的符号表达出来。一般说来,简约化后的教学模式的形态主要有以下几种类型:第一,条文型。这类模式通过非概念化的语言"跳跃式"表达,相对全面,便于操作。第二,框图型。这类模式仅暗示大意,通常只将变量的逻辑关系勾画出来。第三,公式型。这类模式主要采用教学公式或类似形式表达。因此,教学模式既能使那些纷繁零乱的实践经验理论化,又能在人们头脑中形成一个比抽象的理论更具体、简明的框架,也便于人们去理解、交流、运用和传授。

(5) 针对性

在教学活动中,不可能有一种普遍有效的可以对一切教学目标都适用的万能模式。每种教学模式都有它特定的作用,即明确的针对性。当然,可能有些教学模式的适用范围更宽广一些,但有些模式只适用于极为特殊的教学情境。因此,"使用教学模式需要有鉴别不同类型的教学目标的能力,以便选用与特殊的目标相适合的特定模式"①。如果超越教学模式的运用范围,或者不具备相应的教学条件,就很难取得好的教学效果。

(6) 开放性

教学模式是一个动态开放的系统,有一个产生、发展、完善过程。虽然教学模式一旦形成,其基本结构保持相对稳定,但这并不意味着该教学模式就从此不变了。教学模式总是随着教学实践、观念和理论的不断发展变化,而不断地得到丰富、创新和发展,日臻完善的。一种有影响的教学模式之所以具有较强的生命力,就在于它在原有基础上能不断充

---

① [美]保罗·D·埃金著,王维城等译.《课堂教学策略》,北京:教育科学出版社,1990年版,第11页.

实与提高,否则它就会被逐渐淘汰。因此,教学模式的不断变革与发展,正是它得以具有优效性的重要保证。教师广泛而深入的教学实践,为教学模式的发展和完善提供了广阔的前景和丰富的养料。

4. 教学模式的功能

(1) 理论功能

首先,教学模式可以解决理论与实践脱节的问题。由于教学理论抽象而教学实践具体,就使得两者"远距离"结合产生一定困难。而教学模式比教学理论层次低,较为具体,简明易于理解、运用;同时它又比教学经验层次高,较为概括、系统。因而,教学模式可作为理论与实践沟通、结合的桥梁。

其次,教学模式可为丰富教学理论提供源泉。教学中出现的新经验能通过教学模式及时反映出来,并得到概括、加工,使具体教学经验上升为概括性的经验,从而为丰富和发展教学理论提供有价值的依据和素材。

最后,教学模式对教学理论具有补充作用。教学中包含许多因素:教师、学生、课程、时间、教学环境、教学手段等。各因素在教学活动中总是处于动态变化过程之中,任何一种因素的地位变化了,作用方式不同了,都将使教学系统的内部结构发生变化,从而产生不同的功能,导致不同的教学效果。教学模式可根据具体的教学情境去选用和变化,较易适应这种动态发展,而教学理论在一定阶段之中却相对处于静态之中,其变化不如教学模式那样灵活。故在教学理论难以适应教学情境的变化之际,教学模式便能起到补充作用。

(2) 实践功能

一方面,教学模式有利于提高教师的教学水平,提高教学质量。教学模式在操作中应用理论,保证教师自觉地运用恰当的理论,从而可在教学实践中避免一些可以避免的失误,变经验教学为理性化教学,以保证教学质量的不断提高。

另一方面,教学模式可使教学活动多样化,更有利于切合不同教学内容、对象和环境的需要。教学模式因其本身结构的多样化和包含内容的多样化可以切合各种教学的需要,满足教师和学生在不同情境下的多种需要。

(二) 教学模式的类型[①]

由于教学模式的变化和发展受到很多教学因素的制约,各种教学模式又大都是从某个特定的角度出发,因此目前对教学模式的类型存在着多种不同的主张。

1. 按照教学模式所依据的理论基础分类

这种分类方法在国外主要以美国的乔伊斯和威尔为代表。他们借助教学模式所依据的教学理论或学习理论的不同为主要分类依据,把众多的教学模式归纳为如下四类:(1)信息处理模式。这一类教学模式依据的理论基础主要是认知心理学中的信息加工理

---

① 这一部分的内容参考了韩钟文、李如密主编.《教育学》,济南:山东大学出版社,1999年版,第441—447页.

论,包括概念获得模式、归纳思维模式、探究训练模式、先行组织者模式、记忆模式、认知发展模式、生物科学探究模式七种类型。(2)人格发展模式。这一类教学模式依据的理论基础主要是人本主义的心理学理论,包括非指导性教学模式、群辩法模式、意识训练模式、课堂会议模式四种类型。(3)社会交往模式。这一模式依据的理论基础主要是社会互助理论,包括小组调查模式、角色扮演模式、法理学探究模式、实验训练模式、社会模拟模式、社会探究模式四种类型。(4)行为修正模式。这一类教学模式依据的理论基础主要是行为主义的心理学理论包括相倚性管理模式、自我控制模式、指导性训练模式、松弛模式、脱敏模式、直率性训练模式六种类型。

在我国,这种分类方法以杨小微为代表,将教学模式分为以下六类:(1)认知模式;(2)非理性模式;(3)社会学模式;(4)程控模式;(5)导学模式;(6)整体优化模式。而每类模式之内,又依其功能目标上的高低远近或结构方式上的要素增减、序列移位、强弱调配等局部差异区分出若干亚类或变式。

2. 按照教学模式的教学指向分类

美国小安格林(L. W. Anglin)等把教学模式分为以群体为定向的教学模式和以个体为定向的教学模式两大类。以群体为定向的教学模式包括"传统模式"和"学问模式"。传统模式的教学活动都是在教师指导下的课堂内进行的,强调教会学生"三基",即读、写、算。学问模式是传统模式的一种变式,教师作为某个领域的专家为学生提供高质量的教育经验,学生跟着老师"做学问"。个别教学模式的基本假设是每个儿童都是具有特定的智慧能力和教学需要的独特的个体,"系统模式"和"开放课堂"模式是其中两种比较有影响的模式。系统模式是以系统方法设计教学方案对待个别差异,开放课堂模式中儿童主动的活动占主导的地位。

3. 按照教学模式中师生的组合及关系分类

有多个研究按照这一标准对教学模式进行分类。王策三将教学模式分为:(1)师生系统地传授和学习书本知识;(2)教师辅导学生从活动中自己学习;(3)折中于两者之间的教学模式。王坦分为:(1)以教师活动为主的模式;(2)以学生活动为主的模式;(3)均衡模式。甄德山分为:(1)讲授式;(2)启发式;(3)问题式;(4)范例式;(5)放任式。徐志京分为"传授—接受"、"问题—发现"、"示范—模仿"、"陶冶—领悟"、"自学—指导"五种类型。吴也显分为:(1)传递—接受式;(2)自学—辅导式;(3)引导—发现式;(4)情境—陶冶式;(5)示范—模仿式。

4. 按照教学模式形成或创立的方法分类

张武升认为,根据教学模式形成或创立的方法分为归纳教学模式和演绎教学模式。前者是从教学经验中总结概括、抽象归纳出来的教学模式,后者是从一种科学理论假设出发,推演出的教学模式。

5. 按照教学模式的功能分类

张志勇将教学模式分为:(1)着眼于学生掌握知识、形成技能的教学模式;(2)着眼于学生自学能力发展的教学模式;(3)着眼于学生创造力发展的教学模式;(4)着眼于学生个性发展的教学模式四种类型。

6. 按照教学模式的"主体—目标"分类

根据教学模式的操作主体和教学模式的达成目标以及二者的对应关系为综合参照标准,将教学模式分为如下九类(如图6-1):

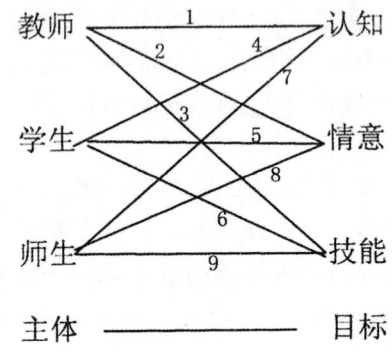

图6-1 教学模式的"主体—目标"分类示意

模式1-3:以教师主导方式达成认知领域教学目标、情意领域教学目标和技能领域教学目标;

模式4-6:以学生主体方式达成认知领域教学目标、情意领域教学目标、技能领域教学目标;

模式7-9:以师生合作方式达成认知领域教学目标、情意领域教学目标、技能领域教学目标。

其中,模式1-3可称为主导型教学模式,模式4-6可称为主体型教学模式,模式7-9可称为合作型教学模式。或将模式1、模式4、模式7称为认知型教学模式,将模式2、模式5、模式8称为情意型教学模式,将模式3、模式6、模式9称为技能型教学模式。

此外,还有其他的分类方法。例如,从时代水平分为传统的教学模式和现代的教学模式;按教学模式的相同共性和不同个性分为接受性的教学模式、发现性的教学模式和综合性的教学模式三种;还有人将教学模式分成普及型和提高型两大类。

由上可见,按不同标准可给教学模式以各种不同的分类,尽管研究者们提出了各种各有可取的分类方案,但目前尚未形成定论,继续寻找一种能被人们所公认的、有充分科学根据的、便于广大教师接受和运用的教学模式分类方法,依然是摆在教学理论工作者面前的、值得认真探索的重要课题。

二、当代教学模式举隅

（一）当代国外教学模式举隅

1. 范例教学模式

（1）模式概述

范例教学模式是由德国的 M·瓦根舍因(M. Wagenschein)和克拉夫基(W. Klafki)等人提出来的一种适合原理、规律性的知识教学的教学模式。第二次世界大战后，原联邦德国的教育在"跟上现代科学技术发展步伐"的口号下，不断扩充教学内容，学生负担加重，学习主动性受到限制。范例教学论者认为，要克服传统教学的弊端，就要重构教学内容，选择学科材料中最典型的材料，形成认识的稠密区。在稠密区里，各科知识汇集、交融，学生通过对这个稠密区的探究、思考，形成一种整体的认识结构，从而达到把握其他各种材料的目的。

（2）教学内容的选择

范例教学模式认为教学内容的选择要考虑三个特性。

①基本性。强调教学内容应选择一门学科最基本的知识，即基本概念、基本原理、基本规律等，反映学科的基本结构。

②基础性。指教学要从学生基础出发，适应学生的知识水平和智力的发展水平。

③范例性。教给学生的知识必须是经过精选的，能起范例作用的，有助于学生迁移和应用。例如，教力学原理时，可以用"杠杆"为实例，推导出力的公式。

范例教学往往打破原有的学科体系，用课题形式来代替传统的系统教材。如：在语文教学中，一个课题可以是一篇范文或一首诗，也可以由许多文学作品组成；在物理教学中，可以把"自由落体"现象作为一个课题，从中引出关于质量、能量守恒、惯性定律和万有引力等概念和规律来。但是它与杜威的"从做中学"教学模式不一样。它要求解决问题与系统学习统一。每一个课题应当是有系统的，每个课题都是学科系统中的一个有机组成部分，并反映与其他课题在该学科整体中的相互关系。因此，学生学习的知识不失原有的系统性，不是零乱、片断的。

范例教学模式除了要求解决问题与系统学习统一以外，还要求达到教学与训育、掌握知识与培养能力、主体（学生）与客体（教材）的统一。范例教学正是力图通过教材的优选和合理组合，培养学生的问题意识，使学生通过教学不断地发现问题、提出问题、解决问题；培养学生的独立精神，通过教学使学生具有判断能力、行动能力和自发的继续学习能力。

（3）基本程序

范例教学模式操作的基本程序如下：

第一阶段，解释作为范例的个别事物，用典型事物阐明事物的本质特征。

第二阶段，解释范例的"类"或"属"，根据第一阶段获得的"个"的知识进行归类，推断、认识一"类"事物的普遍特征。

第三阶段,掌握规律和范畴,对通过第一、第二阶段获得的认识进一步探究,得出规律性认识,掌握事物发展的客观趋势。

第四阶段,范例地获得关于世界的关系的经验,认识更为抽象的规律。

专栏 6—1

"防风林与草原"的范例教学程序

第一阶段,用乌克兰防风林带景观说明俄罗斯南部草原的风光,使学生了解草原景观特征;

第二阶段,迁移到其他地区草原的景观,例如美国的中西部草原、中国的内蒙古草原等景观,使学生认识一系列类似景观的本质特征;

第三阶段,在对"个"和"类"的景观的观察和分析的基础上,对各种草原形成的规律的理解和发现,使学生认识到人类在特殊地理条件下采用防风林带干预自然的作用;

第四阶段,进一步认识人与大自然的关系,即人类能依照自然规律改造自然,然而人类不能彻底地支配自然。这样学生能从世界观的角度审视问题。

[资料来源]李其龙编著.《德国教学论流派》,陕西人民教育出版社,第23—28页.

范例教学模式侧重于教学内容的优化组合,使学生通过范例性材料,举一反三地理解和接受基本性、基础性的知识,训练独立思考和判断能力。当然,从个别、类再到普遍规律的认识程序,不是学生掌握知识的唯一途径。克拉夫基自己也认为,不是"所有的知识都能够和需要通过范例形式来获得的"。这一教学模式的问题和困难主要在于教材的编排方面,难以使各个课题同整个知识体系有机衔接。

2."掌握学习"教学模式

(1)模式概述

"掌握学习"教学模式是美国 B. S. 布卢姆(B. S. Bloom)在 20 世纪 70 年代创立的。"掌握学习"教学模式采取班级教学和个别辅导相结合的方式,以班级教学为基础,辅之以经常、及时的反馈,提供学生所需要的个别帮助和所需额外的学习时间。美国对掌握学习教学模式进行了较为长期的实践。据统计,1982 年美国有 3000 所学校、百万以上学生接受"掌握学习"模式实验。许多实验班的教学证明,这一模式可以使 80% 以上的学生获得在普通班中只有 20% 的学生才能达到的成绩水平。许多国家,包括中国,也进行了这一教学模式的实验。

掌握学习教学模式基于以下的教学理论:95% 以上的学生在学习能力、学习速率、学习动机方面,并无大的差异;产生学生学习差异的主要因素不是遗传或智力,而是家庭与学校的环境条件;如果大多数学生都有足够的学习时间,接受了合适的教学,就能掌握世界上任何能够学会的东西;教育的根本任务是找到既考虑个别差异又能促进个体充分发展的策略。

掌握学习的目标是:发挥学生的学习潜力和学习积极性,使大多数学生掌握教材所规定的知识技能,取得优良的成绩。

(2) 基本程序

"掌握学习"教学模式的基本程序如下：

①详细规定长期目标，把最主要、最基本、具有较大潜在迁移性或应用价值的目标定为掌握目标，把其他目标作为一般了解目标。根据目标编制期末终结性测验，评定学生学习成绩的覆盖面及评价学习的质量。

②把课程分解为一系列学习单元（每单元1—2周）。制定单元教学目标。针对单元目标编制简短的形成性测验，诊断学生在本单元学习内容广度和深度上的掌握情况。

③设计单元掌握学习计划，帮助学生达到单元教学目标。同时设计有效的反馈一矫正计划，利用形成性测验提供的反馈信息，提供选择的教学材料及各种形式的学习活动（如提供不同的教科书、视听材料、教师个别辅导，学生讨论，相互帮助），帮助未掌握者矫正学习中的差错。同时设计已掌握者的活动，可以让他们成为未掌握者的教师，或自学或从事其他学科的活动、或非学术性活动（如消遣性阅读），充实有关课外知识，深化本学科的学习。一般每个单元进行1—2周。

"掌握学习"教学模式的操作程序如图6—2所示：

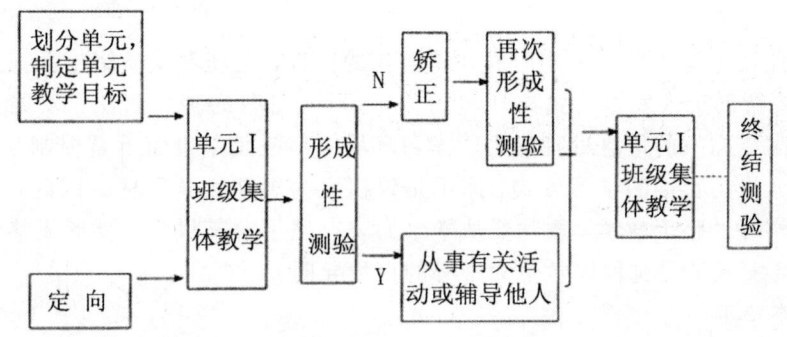

图6—2 "掌握学习"教学模式的操作程序示意

定向，是使学生充分了解掌握学习策略的基本思想和具体程序，明确教学目标，激发学生正确的学习动机和学习信心。经过形成性测验，如果50%以上学生掌握某些学习内容有困难，教师就应重新进行经过改进的再次教学。如果只有部分学生未掌握，可以进行有针对性的个别矫正工作。矫正工作可以安排在课外进行，也可以部分或全部占用课堂教学时间。矫正结束后的第二次形成性测验，试题要求水平与第一次形成性测验是一致的，但指向更明确，主要针对第一次测验中未能掌握的内容，或是学生易犯的错误。期末学生进行终结性考试后，所有达到或超过预定掌握水平标准的学生都得到A等，突破了传统按正态曲线分布的分等评分制度，鼓励了学生的胜任动机。对未掌握者可以允许随时经努力后掌握，也可以用传统的B、C、D、E等级表示达到教学目标的程度。

(3) 特点

"掌握学习"教学模式具有如下特点：

①不改变学校和班级组织，在普通的学年制班级里实施。既进行集体教学，又针对个别情况进行反馈一矫正，一定程度上解决了集体教学与个别需要之间的矛盾。

②教学评价贯穿于教学过程。通过形成性测验,可以使学生确认自己完成教学目标的情况,及时调整学习活动。已达到目标的学生,可以产生成功的满足感,更积极地参与下一单元的学习;未达标的学生可以了解自己有哪些基础知识或能力未能掌握,明确努力方向,进行矫正。

③教师认为所有学生都能学好功课的信念,对学生学业成功的期望,有助于增强学生学习自信心,激发学生学习动机,起促进作用。

运用掌握学习教学模式,要求每一单元教学,都要有形成性测试题和再次形成性测试题,同时对未掌握者要分别安排矫正或其他活动,使之都能有所收获、有所提高。所以,教师要付出更多的时间和辛劳。

3. 非指导性教学模式

（1）模式概述

非指导性教学模式是由美国心理学家罗杰斯(C. R. Rogers)把他的心理咨询、心理治疗理论和实践运用于教学中形成的一种独特的教学模式。这种教学模式的特点是教师通过与学生间的非指导性谈话,帮助学生创设一种适宜的学习环境,从而使学生积极主动地处理学习和生活。

非指导性教学模式强调个体形成独特自我的历程,尤其重视情绪生活。这种模式认为,教育是要帮助个人发展自我与环境的关系,形成自我的独特看法,发展良好的人际关系以及提高更高效的信息处理能力。学习环境应该鼓励学生而不是控制学生,教学旨在发展个人人格与长期的学习方式,而不是仅仅只为短期教学目标。因此,教学应更注重如何增进学习。整个教学,教师要从学生的观点里了解其世界,要形成移情沟通的气氛,以培养与发展学习过程以学生为中心的自我导向。

（2）基本要求

①建立真诚的人际关系。"非指导性"教学模式要求建立无条件关怀的真诚人际关系。罗杰斯说:"促进意义学习的关键乃是教师和学生个人关系的某些态度品质。"[①]而"良好的师生关系应该具备三种品质:真实、接受、理解"[②]。"真实",是指教师对学生要以诚相待,要将自己内心的思想感情真实地向学生敞开,这样才会促进师生之间的交流。"接受"是指教师把学生视为具有其自身价值的独立个体而给予充分的、无条件的尊重,消除师生关系间的不安全感。"理解"主要是指带有浓厚感情色彩的移情理解,是"非判断性的",不对学生的观点、行为做出判断,不做定性评价,而只是表示同情、理解和尊重。

②教师只是促进者,只做非指导性应答。罗杰斯认为,教师在学习中应担当促进者、帮助者、辅助者、合作者和朋友等角色。在"非指导性"教学中,对讨论负有主要责任的是学生,教师只是做些非指导性应答以引导或维持讨论。非指导性应答通常是一些简短的答话,这些答话不是解释、评价或给予忠告,而是对理解加以反映、澄清、接受和证明,目的

---

① 转引自吴立岗主编.《教学的原理、模式和活动》,南宁:广西教育出版社,1998年版,第273页.
② 转引自曹树真.《论罗杰斯的师生观》,《外国教育研究》,2000年第6期.

在于形成一种气氛,让学生愿意展开他们正在表达的观念。在这里,学生决定要学习的东西,他们自由设置自己的教育目标,并选择达到目标的方法,教师只是为他们提供一些材料。

因此,非指导性教学模式非常注重人际关系,认为只有建立起亲密无间的关系,人才能够面对真实的自己。"非指导性"教学强调的是通过情感领域而不是智力领域来促进学生的发展。

4. 发现教学模式

发现教学模式是由美国认知学派心理学家布鲁纳(J. S. Brunner)提出来的。布鲁纳非常重视人的主动性,强调把人当作主动参加知识获得过程的人。在他看来,人的认识过程是对进入感官的事物主动地进行选择、转换、储存和应用,得以向环境学习,并适应环境,以至改造环境。

发现式教学模式,要求学生利用教师和教材提供的某些材料,去发现应该得到的结论或规律。布鲁纳说:"发现不限于寻求人类尚未知晓的事物,确切地说,它包括用自己的头脑亲自获得知识的一切方法。"①这一教学模式的目标在于发展学生的探究思维能力,让学生从已知事实或现象中推导出未知,形成概念,从中发现事物发展变化的规律性,并培养学生的科学态度和独创精神,掌握科学研究的方法。

其操作程序如下:

创设问题情境 — 利用材料,做出假设 — 检验假设 — 做出结论

发现学习不局限于数理学科类严密的学科,社会科和文学也可适用。

专栏 6—2

社会科的发现学习

哈佛大学的"认识研究计划"的发现教学中做过一个六年级学生学习社会科的实验。题材是五大湖地区的地理教学。提供给学生的资料是,上面标明了河湖、平原、山地等自然条件和铁、煤、铜等天然资源的地图,让他们去发现"哪些地方因什么理由可以成为城市"?于是,学生提出了连接三湖的水运交通说(需要形成芝加哥市)、矿产资源说、处于平原中心的食物供应说等等,想象、推测了若干城市的建立。在这个实验中,据说儿童具有高昂的学习热情,展开了活跃的思索,取得了出色的成效。

[资料来源]钟启泉等主编.《美国教学论流派》,陕西人民教育出版社,第 15 页.

发现式教学模式的效能在于:①可以提高儿童智慧的潜力;②可以使学习的外部动机向内部动机转化;③有助于所学知识保持记忆;④学会发现的探究法。诚然,发现法教学模式在一定教学条件下(如教材适合运用"发现法",学生思维活跃,能力较强,对所学内容有一定知识储备等)是一个有效的教学模式,它对发展学生归纳思维、直觉思维和迁移能力,使学生牢固掌握知识,形成科学探究精神和习惯是有价值的。但是这一教学模式也有许多局限性,如费时费力、适应面窄等。

---

① 转引自瞿葆奎主编.《教育学文集·教学》(上册),北京:人民教育出版社,1988 年版,第 583 页.

5. 抛锚式教学模式

（1）模式概述

抛锚式教学模式要求教学建立在有感染力的真实事件或真实问题的基础上。所确定的这类真实事件或问题被形象地比喻为"抛锚"，因为一旦这类事件或问题被确定了，整个教学内容和教学进程也就被确定了（就像轮船被锚固定一样）。

抛锚式教学模式是以建构主义为其理论基础的。建构主义认为，学习者要想完成对所学知识的意义建构，即达到对该知识所反映事物的性质、规律以及该事物与其他事物之间联系的深刻理解，最好的办法是让学习者到现实世界的真实环境中去感受、去体验（即通过获取直接经验来学习），而不是仅仅聆听别人（例如教师）关于这种经验的介绍和讲解。由于抛锚式教学要以真实事例或问题为基础（作为"锚"），所以有时也被称为"实例式教学"或"基于问题的教学"或"情境性教学"。

（2）抛锚式教学的基本程序

抛锚式教学模式的基本程序如下：

①创设情境——使学习能在和现实情况基本一致或相类似的情境中发生。

②确定问题——在上述情境下，选择出与当前学习主题密切相关的真实性事件或问题作为学习的中心内容。选出的事件或问题就是"锚"，这一环节的作用就是"抛锚"。

③自主学习——不是由教师直接告诉学生应当如何去解决面临的问题，而是由教师向学生提供解决该问题的有关线索，并特别注意发展学生的"自主学习"能力。

④协作学习——讨论、交流，通过不同观点的交锋，补充、修正、加深每个学生对当前问题的理解。

⑤效果评价——由于抛锚式教学的学习过程就是解决问题的过程，由该过程可以直接反映出学生的学习效果。因此对这种教学效果的评价不需要进行独立于教学过程的专门测验，只需在学习过程中随时观察并记录学生的表现即可。

抛锚式教学模式一方面强调教学情境的创设，另一方面注重学生的主体参与作用，有助于培养学生的创新能力、解决问题的能力、独立思考的能力和合作能力。

（二）当代国内教学模式举隅

1. 自学—辅导教学模式

（1）模式概述

自学—辅导教学模式是在教师的指导下学生自己独立进行学习的模式。这种教学模式能够培养学生的独立思考能力，所以在教学实践中也有很多教师在运用它。而且，这种教学模式在我国有很多变形。

这种教学模式基于先让学生独立学习，然后根据学生的具体情况教师进行指导，承认学生在学习过程中试错的价值，培养学生独立思考和学会学习的能力，注意发挥学生的主体性，以培养学生的学习能力为目标。

（2）基本程序

自学—辅导教学模式的基本程序如下：

①提出要求。根据教学需要,教师对自学的范围、重点和要解决的问题提出要求,让学生有目的的学习。

②开展自学。根据要求,学生自学,教师巡视,了解自学情况,及时解决学生的个别性问题。

③讨论启发。对学生提出具有代表性的问题,教师汇总后再集体讨论。

④练习运用。疑难解决后,教师布置练习,使学生所获新知在运用中得以检验、巩固。

⑤及时评价。教师对练习结果及时评价并根据反馈信息,采取巩固性或补充性教学,以确保学生牢固地掌握知识。

⑥系统小结。教师让学生将所学知识系统化、概括化,并联系原有知识,从整体上理解所学内容。

自学—辅导教学模式能发挥学生的自主性和创造性,培养学生分析问题、解决问题的能力,既有利于培养学生相互合作的精神,也有利于教师因材施教。但学生如果对自学内容不感兴趣,或者在自学过程中的指导不够到位,那么他们可能在课堂上一无所获。

2. 八字教学模式

(1) 模式概述

20世纪80年代,上海市育才中学在教学改革过程中总结出来的"读读、议议、练练、讲讲"教学模式,又称八字教学模式。这一教学模式的基本精神就是让学生成为学习的主人,变消极被动的学习为积极主动的学习。

(2) 基本程序

八字教学模式的基本程序是:首先学生课堂上自己读书,互相议论,逐步了解教材的内容;其次教师做重点讲解,有意识地引导学生理解教材的重点和难点;然后让学生在课堂上作必要的联系,基本做到当堂理解、消化和巩固。具体说来,读就是在课堂教学中,让学生读教科书,以培养他们的阅读能力;议就是在课堂的学习间的议论、交流、讨论;练就是在读、议的基础上,通过做习题、口头回答、书面练习、开卷小结、实验等进行运用、巩固;讲就是教师根据学生读、议、练中产生的问题有的放矢、画龙点睛地讲,进行点拨、解惑、总结、指导。"读、议、练、讲"之间的关系是:读是基础,议是关键,练是应用,讲贯穿始终。

3. 情境教学模式

(1) 模式概述

情境教学模式是由全国著名语文特级教师,原江苏南通师范第二附属小学李吉林经过长期实践、探索创立的教学模式。

情境教学模式的特点是形真、情切、意远、理寓其中。"形真"要求形象具有真切感,神韵相似,以鲜明的形象强化学生感知教材的亲切感。"情切"即情真意切,情感参与认知活动,充分调动主动性。"意远"即意境广远,形成想象契机,有效地发展想象力。"理寓其中"即蕴涵理念,抽象的理念伴随着形象有效地提高认识力。

情境教学模式遵循诱发主动性、强化感受性、突出创造性、渗透教育性、贯穿实践性五个原则。

(2) 情境类型

情境教学模式把情境概括为五大类型：

一是实体情境，即以物体原型为主的情境。

二是模拟情境，是在相似原理的基础上产生的。以实体创设情境具体而真实，固然有它的优越性，但也不可避免地有它的局限性，客观上不可能具备那么多的实体，主观上亦不需要事事物物以实体出现。

三是语表情境，即运用语言表述的情境。

四是想象情境，是通过学生的想象活动在已经获得经验的基础上将表象重新加以组合的情境。

五是推理情境，小学儿童思维仍以形象思维为主，但随着年级的升高必须逐步向抽象思维过渡。推理情境的创设会促进这种过渡。正因为儿童抽象的逻辑思维还属初级阶段，在对事物的分析综合判断推理的过程中仍然伴随着形象，纯推理的思维还不大可能。推理情境总是伴随着形象进入分析推导事物的有序状态中的。

(3) 基本程序

情境教学模式的基本程序如下：

①创设情境：根据教学目标，教师要围绕教学内容，通过语言描绘、实物演示、幻灯或绘画再现、音乐渲染等手段，为学生创设一个富有情感、美感、生动形象、蕴涵哲理的特定氛围，以激起学生的学习情绪。

②体验情境：通过参与各种游戏、表演、唱歌、听音乐、谈话、操作等活动，使学生在特定的气氛中主动积极地从事各项智力活动，潜移默化地进行学习。在活动中做到以情启思，以思促情。

③升华情境：通过教师的启发总结，使学生从情境中获得科学知识，领悟学习内容主题的情感基调，做到情与理的统一，并使这些认识、经验转化为指导学生思想行为的准则，达到知情并进、情知双获。

4. 洋思教学模式

(1) 模式概述

洋思教学模式是由位于江苏省泰兴市的洋思中学创立的教学模式。这一教学模式认为教师的责任不在于教，而在于教学生学，提出"先学后教，当堂训练"，特别突出教学活动中学生的参与和活动。

(2) 基本程序

洋思教学模式的基本程序是：

①"先学"：教师简明扼要地出示学习目标；提出自学要求，进行学前指导；提出思考题，规定自学内容；确定自学时间；完成自测题目。

②"后教"：在自学的基础上，教师与学生，学生与学生之间进行互动式的学习。教师对学生解决不了的疑难问题，进行通俗有效的解释。

③当堂训练：在"先学后教"之后，让学生通过一定时间和一定量的训练，应用所学过

的知识解决实际问题,加深理解课堂所学的重、难点。

与上述基本程序相应的课堂活动形式是:学生自学——学生独立思考——学生之间讨论——学生交流经验。

5. 杜郎口教学模式

杜郎口教学模式是由位于山东省茌平县的杜郎口中学在其教学实践中总结、创立的教学模式。杜郎口教学模式有三大特点三个模块六个环节,故也称"三三六"自主学习模式。

三大特点是立体式、大容量、快节奏。立体式就是教学目标、任务是新课程要求的三维立体式,将学习任务落实到每个人、每个小组,充分调动每个学生的主体性,发挥每个学习小组的集体智慧,产生不同层次、不同角度的思考与交流;大容量就是以教材为基础,拓展、演绎、提升,通过多种课堂活动形式展现,如辩论、小品、课本剧、诗歌、快板、歌曲、绘画等,倡导全体参与体验;快节奏就是在单位时间内,紧扣目标任务,通过周密安排和师生互动、生生互动,达到预期效果。

三个模块是预习、展示、反馈。预习模块是明确学习目标,生成本课题的重、难点并初步达成目标;展示模块是展示、交流预习模块的学习成果,进行知识的迁移运用和对感悟进行提炼提升;反馈模块是反思和总结,对预设的学习目标进行回归性的检测。预习是展示课的基础,展示是对学生预习的延伸与检测,反馈是对展示过程中出现的疑难进一步解决,保障人人达标,具有保障性。

(2) 基本环节

杜郎口教学模式共有六个环节,即预习交流、明确目标、分组合作、展现提升、穿插巩固、达标测评。其中:

预习交流、明确目标环节:通过学生交流预习情况,明确本节课的学习目标;

分组合作环节:即教师口述将学习任务平均分配到小组内,一般每组只完成一项即可;

展现提升环节:各小组根据组内讨论情况,对本组的学习任务进行讲解、分析等;

穿插巩固环节:各小组结合组别展示情况,对本组未能展现的学习任务进行巩固练习;

达标测评环节:教师以试卷、纸条的形式检查学生对学习任务的掌握情况。

6. 尝试教学模式

(1) 模式概述

尝试教学模式也称为"先试后导,先练后讲"教学模式,是由邱学华提出并完善的教学模式。邱学华发现,教师先讲、学生听懂后才练习的教学方式,学生学得累,且教学效果不理想。后来,他发现让学生先做题,然后教师再讲效果比较好。以此为起点,2000年完整提出以"学生能尝试,尝试能成功,成功能创新"为核心的教学模式。

(2) 基本程序

尝试教学模式的基本程序共有七个步骤。

第一步,准备练习。对解决尝试问题所需的基础知识先进行准备练习,然后采取"以旧引新"的办法,从准备题引到尝试题,发挥旧知识的迁移作用,为学生解决尝试题铺路架桥。

第二步是出示尝试题。这一步是提出问题,为学生的尝试活动提出任务,让学生进入问题情境之中。尝试题出示后,必须激发学生尝试的兴趣,激活学生的思维。可以先让学生思考并相互讨论解决方案。

第三步是自学课本。这一步是为学生在尝试活动中自己解决问题提供信息。出示尝试题后,学生产生了好奇心,同时产生解决问题的愿望。这时引导学生自学课本就成为学生切身的需要。自学课本之前,教师有时可提一些思考问题作指导,自学课本时,学生遇到困难可以提问。同桌学生也可互相商量。通过自学课本,大部分学生对解答尝试题有了办法,时机一经成熟就转入下一步。

第四步是尝试练习。尝试练习根据学科特点有多种形式。教师要巡视,以便及时掌握学生尝试练习的反馈信息,对学习困难学生进行个别辅导。学生尝试中遇到困难,可以继续阅读课本,同学之间也可互相帮助。

第五步是学生讨论。尝试练习中会出现不同答案,学生会产生疑问,这时引导学生讨论,不同看法可以争论,学生在此过程中开始尝试讲道理,之后学生需要知道自己的尝试结果是否正确,教师讲解也已成为学生的迫切需要。

第六步是教师讲解。这一步是为了确保学生系统掌握知识。有些学生会做尝试题,但可能是按照例题依样画葫芦,并没有真正懂得道理,因此需要教师的讲解。讲解不是什么都要从头讲起,教师只要针对学生感到困难的地方和教材的关键之处重点讲解即可。

第七步是第二次尝试练习。这一步是给学生"再射一箭"的机会。在第一次练习中,有的学生可能会做错,有的学生虽然做对了但没有弄懂道理。经过学生讨论和教师讲解之后,得到了反馈矫正,进行第二次尝试练习,再一次进行信息反馈。这一步对学困生特别有利。第二次尝试题应与第一次不同,或稍有变化或采用题组形式,之后教师可以进行补充讲解。

三、教学模式的发展趋势与实践创新[①]

(一) 国内外教学模式的发展趋势

综观当代国内外教学模式的现状及发展历程,有如下几个明显的发展趋势。

1. 从教学模式的总体种类看,趋向多样化

20世纪50年代以前,基本上由赫尔巴特的教学模式和杜威的教学模式先后占主导

---

① 这一部分的内容参考了韩钟文、李如密主编.《教育学》,济南:山东大学出版社,1999年版,第447—453页.

地位,教学模式单一。自50年代以后,出现了教学模式的繁荣景象,并且新的教学模式层出不穷。多种多样的教学模式正在形成庞大的"教学模式库",为教学实践提供了优选教学模式的广阔余地。

2. 从教学模式的理论基础看,趋向多元化

当代国内外教学模式的理论基础非常广泛,已不再单纯依据哲学认识论和教育学了,随着现代心理学的迅猛发展,教学模式的心理学色彩越来越浓厚。除此之外,当代教学模式的理论基础还有像系统论、控制论、信息论、社会学、管理学、工艺学、美学等,呈现出多元化、融合化的趋势,这将对教学模式的科学性增强带来深远的影响。

3. 从教学模式的形成途径看,趋向演绎化

20世纪50年代以后产生的教学模式,像非指导性教学模式等,大都属于演绎教学模式。与归纳教学模式起点于经验、形成于归纳的特点不同,演绎教学模式起点于理论假设、形成于演绎,它更加强调科学理论的基础。这为人们自觉地利用科学理论为指导,主动设计和建构一定的教学模式来达到预期的目的提供了可能。演绎将成为教学模式的重要形成途径。

4. 从教学模式的师生地位看,趋向合作化

20世纪50年代以后,师生在教学过程中的地位和作用发生了深刻的变化。随着学生主体地位的确立,师生合作关系的形成,传统教学论中的"教师中心论"逐渐被现代教学论的"教师主导学生主体论"所取代。这种新的教学观反映到教学模式的发展中,就导致了由教师中心教学模式向师生合作教学模式的发展变化。

5. 从教学模式的目标指向看,趋向情意化

当代国内外教学模式的发展,顺应教学改革的深入发展和社会需要人才规格的不断变化,其目标不仅指向认知领域和技能领域,而且指向以往教学模式所忽略的情意领域。情意型教学模式的出现和完善,将为现代教学带来一场革命。

6. 从教学模式的操作程序看,趋向灵活化

当代许多教学模式在操作程序上,都强调根据具体教学情况和需要灵活变化。有的教学模式甚至本身就没有一个固定的程序存在,尤其是艺术化的情意型的教学模式更是如此。

7. 从教学模式的技术手段看,趋向现代化

当代教学模式越来越重视引进现代科学技术的新成果,日益现代化。电子技术正越来越多、越来越成功地介入教学过程。

8. 从教学模式的研究发展来看,趋向精细化

当代教学模式研究的精细化的表现之一,就是除继续研究一般教学模式外,将主要精力用于研究学科教学的课堂模式,如"语文教学的课堂模式与方法"、"数学教学的课堂模式与方法"、"外语教学的课堂教学模式与方法"、"思想政治教学的课堂教学模式与方法"等,这将促使教学模式的研究向纵深发展。

(二) 教学模式的实践创新

教学模式是多种多样、丰富多彩的，教学模式本身在教学实践中也是不断发展变化的。为此，教师应在教学过程中通过卓有成效的实践，创造性地运用和发展教学模式。

1. 正确地理解和辩证地把握教学模式的精髓

任何教学模式都是在一定的教育思想指导下和丰富的教学经验基础上，为完成特定的教学目标和内容围绕某一主题而形成的、稳定而简明的教学结构理论模型及其具体可操作的实践活动方式。它是形神兼备的客观整体存在，要准确地把握其本质，必须了解其依据，明确其特点，熟悉其功能，弄清其类型，掌握其应用条件、使用范围及操作要求等。否则，如果将教学模式跟教学程序混同起来，或者把教学模式同教学方法划了等号，那就只能在教学实践中使教学模式仅留其形而遗其神了。

2. 从实际出发灵活运用教学模式

教学实际复杂多变，教师在选择使用教学模式时，务必做到从实际出发灵活应变。如：不同的学科有不同的特点和不同的教学内容，它制约和影响着教师对教学模式的运用；特定的教学模式总是为实现和达成特定的教学目标服务的，不同的教学目标对于教学模式具有不同的要求；学生的年龄特征和教师的优势特长，也是教师在选用教学模式时应加以考虑的。教师应对自身素养及所具备的条件实事求是地进行综合分析，才能选择使用恰当的教学模式。

3. 充分发挥教师教学的主动性和创造性

首先，教师在教学过程中怎样运用教学模式组织和开展教学活动，并没有统一的规定或现成的答案，需要根据教学实际灵活变通；其次，教学模式本身只为教师的教学提供了一个教学活动框架，还需要教师确定相应的教学组织形式、教学方法、教学手段等，以配套进行；再次，构成教学模式的各种教学变量、教学程序在教学过程中的排列、组合以及具体操作方法，并不是固定不变的，而是允许教师灵活掌握。这些都为教师教学创造性的发挥留下了广阔的天地。

4. 在教学实践中创新并完善教学模式

对于教育工作者来说，不仅要高水平地使用教学模式，而且更应该根据教学的客观需要，创造出新的更具特色的教学模式。这一方面有利于教学活动的顺利进行，另一方面也有利于教学模式的创新和发展。

5. 积极倡导并建构"学会学习"教学模式

现代社会是学习化社会，学会学习是对每一个学习者的时代要求。教学作为促进学生发展的活动，也还需要着眼于对他们在"学会学习"上的引导，将教师的"学会教学"与学生的"学会学习"有机地统一起来。

第二节 教学艺术

一、教学艺术概述

（一）教学艺术的历史

教学既是科学，同时也是艺术。人们在对教学的科学进行探讨的同时，也还在进行着教学艺术的探讨。因此，人们对于教学艺术的研究成果也可谓汗牛充栋。所以，这里仅以古今中外一些教育家关于教学艺术的认识或主张来管窥。

1. 中国对教学艺术的认识

我国在很早的时候就开始了教学艺术的探讨，形成了丰富的关于教学艺术的思想。我国古代的教育家孔子提出："不愤不启，不悱不发，举一隅不以三隅反，则不复也。"[①]《学记》中写道："善歌者使人继其声，善教者使人继其志。其言也，约而达，微而臧，罕譬而喻，可谓继其志矣"；"道而弗牵；强而弗抑；开而弗达，道而弗牵则和；强而弗抑则易；开而弗达则思"[②]。到了近代，俞子夷进一步明确提出："教学法一方面要把科学作基础，一方面不能不用艺术做方术"[③]；蔡元培认为，教书的艺术"最要是引起学生读书的兴味"[④]；陶行知在论述善问、激疑时说道，"发明千千万，起点是一问……智者问得巧，愚者问得笨"[⑤]；叶圣陶认为，"教师当然须教，而尤宜致力于'导'"[⑥]。

2. 外国对教学艺术的认识

外国许多教育家的教学思想中也同样包含了许多关于教学艺术的论述。近代教育理论的奠基者夸美纽斯在他的教育著作《大教学论》的序言中指出，《大教学论》是"阐明把一切事物教给一切人类的全部艺术"[⑦]；洛克认为，"教员的巨大技巧在于集中与保持学生的注意"[⑧]；第斯多惠认为，"我们亲身体验到课堂教学艺术不是传授艺术，课堂教学艺术是

---

① 《论语·述而》.
② 《礼记·学记》.
③ 转引自吕春枝.《中国近代教学方法史论》，河北大学 2008 届博士学位论文，第 220 页.
④ 高平淑编.《蔡元培全集》（第三卷），北京：中华书局，1984 年版，第 475 页.
⑤ 陶行知著.《陶行知文集》（修订本），南京：江苏教育出版社，2008 年版，第 921 页.
⑥ 叶圣陶著.《叶圣陶语文教育论集》，北京：教育科学出版社，1980 年版，第 718—719 页.
⑦ [捷]夸美纽斯著，傅仁敢译.《大教学论》，北京：人民教育出版社，1984 年版，第 1 页.
⑧ [英]约翰·洛克著，傅仁敢译.《教育漫话》，北京：教育科学出版社，1999 年版，第 142 页.

激发、启迪和活跃"①;怀特海认为,"教育就是获得运用知识的艺术,这是一种很难传授的艺术"②;马卡连柯则提出,"只有在学会用十五种至二十种声调来说'到这里来!'的时候,只有学会在脸色、姿态和声音的运用上能做出二十种风格韵调的时候,我就变成一个真正有技巧的人了。到了那个时候,我就不怕有谁不肯接近我,或者对所需要的没有感觉了"③。苏霍姆林斯基认为,"教育和教学过程有三个源泉:科学、技巧和艺术"④。

由上可见,自古以来,中外教育家早就重视教学艺术的问题。他们或提出教学就是艺术,或论述教学艺术的具体运用。

(二)教学艺术内涵的争论⑤

虽然人们对于教学中存在着艺术这一问题没有太大的争议,但对于怎样理解教学艺术却存在着不同的主张。这些主张概括起来主要有以下九种不同的观点。

1. 技巧说

这种观点将教学艺术看作教学的方法或技巧,认为如"所谓教学艺术,就是能达到最佳教学效果的一套方法";或"所谓教学艺术就是培养人才的能取得最佳效果的一整套娴熟的教学技能技巧。教学艺术是教学方法的升华,是综合运用教学方法体系的出神入化,是解决处理教学问题使教师对学生具有吸引力的心灵契机和巨大魅力"。

2. 创造说

这种观点将教学艺术看作与艺术家一样的创造,如"教师之所以成为艺术家,是因为教师的劳动本身就是创作,而且比艺术家的劳作更富有创造性","教师的创作对象是生动活泼的人,创作本身不是集中、提炼与典型化。而是培养和发展……所以教师又是艺术家,而且是有更特殊要求的艺术家"。

3. 审美说

这种观点将教学艺术看作具有审美意义的教学,认为"借助教学艺术的过程中的审美感,可以给教学艺术下一个定义:教学艺术是通过诱发和增强学生的审美感以提高教学效果的手段,这种手段的运用能使学生在有益身心健康的积极愉快的求知气氛中,获得知识的营养和美的享受"。

4. 规律说

这种观点把教学工作取得成效的规律和途径看作教学艺术的本质,认为"毫无疑问,

---

① [德]第斯多惠著,袁一安译.《德国教师培养指南》,北京:人民教育出版社,2001年版,第177页.
② 华东师范大学教育学系、杭州大学教育系编译.《现代西方资产阶级教育思想流派论著选》,北京:人民教育出版社,1980年,第114页.
③ [俄]安·谢·马卡连柯等著,刘长松等译.《论共产主义教育》,北京:人民教育出版社,1979年版,第443页.
④ [俄]苏霍姆林斯基著,蔡汀等选编.《苏霍姆林斯基选集》(第四卷),北京:教育科学出版社,2001年版,第575页.
⑤ 这一部分参考了李如密编著.《教学艺术论》,济南:山东教育出版社,1999年版,第81—86页.

教学的合规律性是教学艺术的必要前提,教学艺术的合个性是教学艺术的灵魂和源泉。教学艺术是合规律性与合个性的统一……只有教学的合个性和合规律性的统一,教学才成为引人注目、令人为之倾倒的艺术品,教师才成为受人钦佩的教学艺术家"。

5. 素养(才华)说

这种观点将教学艺术看作教师的素养和个人才华,认为"教学艺术是指教师运用语言、直观形象和教材、创设教学情境,遵循教学规律,灵活运用教法,实现教学任务的各种素养的总和";或"教学艺术就是受制于个性风格,具有美学价值和创造性运用各种教学方式方法的个人才华。其本质属性和种差是个别性、审美性和创造性。教学艺术的实质,是教师本人独特的创造力和审美价值定向在教学领域中的结晶"。

6. 特征说

这种观点将教学艺术看作教学活动特征,认为"教学艺术是指师生紧密合作,充分利用教学情境中的一切条件,遵循教学规律和美学价值,创造性地应用各种教学方法和美的形象,最佳地完成教学任务的活动特征"。

7. 交流说

这种观点将教学艺术看作师生间的精神交流,认为"教学艺术是教师与学生以一定的教学内容为媒介的精神交流。在这种交流中,通过不断的选择和协调、确证和超越,出现和协调统一的教学情境和教学境界"。

8. 整体说

这种观点将教学艺术看作教与学的统一整体,认为"现代教学艺术,是把现代心理学、现代行为科学、现代学习科学和现代美学有机的融入教学过程而形成的教与学这一系统工程的辩证化合体。其内核是教与学的辩证统一。'化合体'表明教学艺术是一个跨越多学科的有机统一的整体艺术"。

9. 多层说

这种观点认为,教学作为艺术也是有着多层含义的,"是教师娴熟地运用综合的教学技能技巧,按照美的规律而进行的独创性教学实践活动",涉及综合运用教学方法体系的技能技巧、遵循美的规律、贯彻美的原则而进行的创造性教学和体现教师个性而独具特色的艺术创造活动。

(三)教学艺术内涵的把握

1. 教学艺术的概念

教学艺术,就是教师遵照教学法则和美学尺度的要求,灵活而又综合地运用语言、表情、动作、图像组织调控等手段,充分发挥教学情感的功能,为取得最佳教学效果而施行的一套独具风格的创造性教学。这表明教学艺术有以下三个方面的要义:

(1)教学艺术必须遵照"教学法则"和"美学尺度"

这是教学艺术赖以存在和进行的前提条件。所谓"教学法则",即为了保障教学活动的有效性而做出的一些规定,如前述的教学过程、教学原则、教学方法、教学模式等。这些规定不但保障教学活动的顺利进行,而且也是教学艺术运用的前提条件,即教学艺术的体现也要遵照相关的科学要求。同时,教学艺术作为艺术在教学上的反映,也还要符合艺术的规范和要求,不能背离艺术的准则,这也即"美学尺度"。

(2) 教学艺术是对语言、表情、动作、图像、音响等手段的灵活和综合运用

教学离不开语言、表情、动作、图像、音响等手段,通过这些手段来实现教学活动的顺利进行。同时,教学艺术也离不开这些手段。教学艺术不但离不开这些手段,而且还是对这些手段的灵活运用、综合运用。对这些手段的灵活运用及综合运用,不但是衡量教学水平的依据,更是教学艺术的反映。

(3) 教学艺术的本质特征是追求具有"独特风格"的"创造性"教学

教学具有重复性的特点,日日如此,年年如此。但是教学在具有重复性的同时也还有着创新性的一面,很多教师在教学实践中不断地尝试探索,勇于创新,并把这种创新定型化,形成自己的"独特风格"的教学。

2. 教学艺术的特点

(1) 情感性

情感性是教学艺术不可忽略的重要因素。首先,教师没有对教师职业的爱,就不可能全身心地投入到教学中去,更谈不上去创造地进行教学;其次,教学过程不是单纯的传授知识,更含有相当成分的师生间的感情交流。教师在教学中的情感因素,不仅影响着学生的知识发展而且影响着学生的情感发展。

(2) 表演性

有人称教师是综合的艺术表演家。的确,教师在课堂教学中的活动,就如同演员在舞台上表演一样。教师的衣着打扮、表情态度、体态动作、口语板书等,即教师自我形象的塑造得如何,直接影响到课堂教学的效果。

教师的表演要动情感人,除了在语言、表情、体态、板书等方面下工夫外,还要做到对教学内容理解深刻,对教学对象有深情厚爱。这样才能在教学表演中进入角色产生"移情"效果。同时,教学表演应服务于教学目的,并与学生密切配合,切记为表演而表演,耍花架子。换言之,教学表演要质朴自然,不矫揉造作,恰到好处。

(3) 审美性

教学艺术作为一种特殊的艺术,自有其别具一格的审美特点。没有教学的美,教学艺术就失去光泽。教学艺术往往以激情夺魄的魅力给人带来审美感受。此时,教师的课堂教学艺术本身便成为审美对象,学生自会对其作出评价。

同时,教学艺术的美是外在美与内在美的有机统一。外在的美,主要表现在仪表的美、仪态的美、语言的美、节奏的美、板书的美等。内在的美,主要表现在理性的美、意境的美、机智的美和风格的美等方面。内在美与外在美要有机地统一起来,并以内在精神美为根本追求。只有这样,教学艺术美才能焕发出整体美的风采。

此外,教学艺术的审美性只有与教育性紧密结合才能成为真正的教学艺术。离开教学艺术的教育性,其审美性就没有了生命。

（4）实践性

教学艺术是实践性极为鲜明的艺术，纸上谈兵、夸夸其谈和教学艺术无缘。在漫长的教育教学实践中，广大教育教学工作者才创造出了教学艺术。离开了教育教学实践，教学艺术就成了无源之水，无本之木。教师只有在实践中不懈探索，不断总结经验教训，才能形成高超的教学艺术。

（5）创造性

教学艺术贵在创造，这是教学艺术的生命所在。教学工作的高度复杂性决定了教学艺术的创造性。教师面对的是随时变化的千差万别的教学对象，教师既不能刻板如一地照搬他人，也不能年复一年的重复自己，而是要因人因时因事因地适宜地创造。教学艺术的成败在于创造。

（6）个体性

教学艺术在很大程度上源自教师对教学孜孜不倦的思考和探索。不同的教师由于个体差异及各自的经历、体验等方面的不同，不但对教学有着不同的认识，而且这种认识也会反映到他们对教学的追求上来，成为他们在教学艺术上的反映。

（四）教学艺术的功能

1. 谐悦引趣的功能

教学艺术能够以诙谐幽默的方式，或妙语连珠，或例题巧解，或体态情趣等吸引学生注意，激发学生的学习兴趣，从而使学生变被动为主动，由苦学为乐学。

教学艺术还可消除因紧张的思维活动带来的心理疲惫，调节由单调重复的学习活动带来的生理疲劳，使得教学具有一张一弛劳逸结合寓教于乐的功效。

2. 净化陶冶功能

教学艺术能够渲染情绪高涨的教学气氛，创造引人入胜的教学气氛，塑造美的现象并释放美的灵光，从而净化学生的心灵，陶冶学生的情操，提高其感受美、体现美和创造美的能力。

教师出色的课堂表演，民主融洽的课堂感情氛围等，都可对学生起潜移默化的净化陶冶作用，对学生的思想、品德、智力、情感等发生影响，使学生在不知不觉的学习过程中受到无形的感染和熏陶。

3. 传递开发功能

教学艺术使教师给学生的示范、点拨、启发、诱导起到既传播知识又开发智能的作用。

具有精湛教学艺术的教师，往往能够运用娴熟的教学技能技巧、在课堂中创造情境、启发诱导、及时点拨，或用优美的比喻、生动的举例，或用贴切的风度、升华教学的感染力、激发学生的求知欲和对新事物的探索精神，真正让学生自己动脑筋、想办法、找答案、解疑惑，从而实现既传播知识，又发展学生智力和培养能力的目的。

4. 提高效益功能

教学的艺术性能够使教师有效地控制教学信息传递的"速度"和"强度"，并及时调整和控制教学的各个环节，从而高质量高效率地完成教学任务。

（五）教学艺术的分类

1. 按照教学过程结构维度可将教学艺术分为备课艺术、上课艺术、评改艺术、辅导艺术和总结艺术。其中，上课艺术又可以进一步细分为：组织教学艺术、检查复习艺术、讲授新课艺术、巩固新课艺术、布置作业艺术等。这种根据教学过程及其细分后得出的有关教学艺术的分类，既反映了教学艺术的多样性，也是教学艺术的主体部分。

2. 按照教学中的方法可将教学艺术分为教学讲授艺术、教学谈话艺术、教学讨论艺术、教学试验艺术、教学表演艺术等。当然，就这些分类来说，有些是通过直接的、显明的方式呈现的显性教学艺术，也有些是通过间接的、内隐的方式呈现的隐性教学艺术。

3. 按照教学艺术的时间维度分为古代教学艺术、近代教学艺术和现代教学艺术及当代教学艺术。从时间维度对教学艺术进行划分的最大好处是有助于认识教学艺术的时代特征，自觉地把握教学艺术的时代精神。

4. 按照教学艺术的空间维度分为中国的教学艺术和外国的教学艺术。这种划分有助于认识教学艺术的地域特征和文化背景对教学艺术的影响，有利于教学艺术的比较研究和相互交流。

此外，还可以按照教学艺术的服务阶段划分为小学教学艺术、中学教学艺术和大学教学艺术；或者按照教学艺术的服务类别分为普通学校教学艺术和特殊学校教学艺术；或者按照教学艺术服务对象的数量分为集体教学艺术和个别教学艺术等。

二、教学艺术的范畴

（一）教学口头语言艺术

教学语言是教学时使用的语言，是教师完成任务的主要手段。尽管各种现代教学技术的进入，但教学语言的功能和作用是任何传播手段也取代不了的。教师良好的教学语言修养，常常使教学艺术锦上添花。相反，教师教学语言艺术不高，往往导致教学艺术的失败，直接影响教学的效果。因此，良好的教学语言艺术应该成为教师自觉的追求。

1. 教学口头语言艺术的意义

（1）教学口头语言艺术影响教学效果

教学中，大部分信息都是通过教学语言传递的，教师的教学素质和能力也通过语言方式表现出来。教学语言艺术是教师全部教学素养的综合体现，它影响和制约着教师教学的效果。一般而言，教学语言的清晰度和严密度对教学效果影响较大。教学语言清晰度指的是语言表达得是否清晰流畅。希勒（J. H. Hiller）在研究中指出，教师讲解得含混不清与学生的学习成绩成正相关。[①] 教学语言的严密度是教师语言表达的内在逻辑性，严谨、周密、有条理的表述能增强教学语言的说服力和论证性。

---

① 转引自李如密编著.《教学艺术论》，济南：山东教育出版社，1999年版，第243页．

(2) 教学口头语言艺术影响学生能力的发展

教学语言艺术水平高低,不仅影响教学效果,而且影响学生的思维能力、语言能力和审美能力的发展。一般而言,不同特点的语言对学生思维方面的影响是不同的。如:概括性语言影响学生的抽象思维,生动形象的语言影响学生的形象思维,而教师的语言机智会影响学生思维的敏捷性和灵活性。课堂教学中,教学语言已经超出了原有的工具性范畴,具有一定的示范作用,它长期潜移默化地影响学生语言能力和习惯。同时,教学语言艺术本身也会成为学生审美的对象,使学生从中获得审美感受,激发审美情趣,提高学生的审美能力。

(3) 教学口头语言艺术促进教师自身思维品质的发展

语言信息是思维的原料,思维过程本身又是信息加工的过程。语言信息越丰富,思维加工越有效。教学中,教师对教学语言艺术的追求,促使教师不断增加自身语言信息的储备,自觉训练语言组织能力,训练思维的敏捷性和准确性。在教师语言能力提高的同时,也促进了教师自身思维品质的提高。

2. 教学口头语言艺术的特点

(1) 科学性

教学语言艺术的科学性指教学语言要准确、规范、精练,具有逻辑性和系统性。

(2) 教育性

教学是有目的、有计划增进人的知识技能,影响人思想品质的活动,因此,教学语言当然具有教育性。教学语言应该是经过教师深思熟虑,能够给学生的心灵以震撼和启迪的教育性语言,它具有教书育人的双重作用。教学中,教学语言运用要文雅,要有分寸感和教育性。

(3) 启发性

教师的教学语言具有启发性,教师一面提出有意义的问题,一面激发学生去思考探索,在教师的引导下,一步步地寻求答案,获得真知。教学语言的启发性不仅仅在于课堂上多提问,它更注重教师语言内在的启发因素,讲究"开而弗达",调动学生的积极性,完成相应的教学任务。

(4) 口语化

教学中,通过口语化的教学,把一些晦涩难懂的概念术语表述出来,学生便于理解和接受,增强教学效果。口语化的教学语言在语音上的要求提倡使用规范的普通话教学,尽量避免使用方言土语。另外,口语化的教学语言要注意语气和声调的运用,恰当地使用语气和声调,更有利于提高教学语言的表达能力。虽然我们提倡教学语言的口语化,但这不等于要用生活中的口语进行教学,这种口语化是以口语形式表现出来的口头语言与书面语言的合金,这样的教学语言才是最有活力和表现力的。

(5) 趣味性

教学语言艺术趣味性指教学语言生动形象,富有情趣,充满情感色彩。教师在教学时用大众化的谚语、歇后语、比喻性的词语和摹状词语,充分发挥语言的直观功能,通过对事物具体逼真的描述,唤起了学生丰富的联想,帮助他们顺利掌握知识。教学语言趣味性,是学生把苦学变为乐学中不容忽视的方式之一。教学语言艺术的趣味性和科学性、教育性相结合,才能真正发挥学生乐学的作用。

3. 教学口头语言艺术的类型

(1) 叙述性语言

叙述性语言是教师用比较客观的、陈述性形式向学生介绍科学文化知识内容所使用的语言。这是课堂教学中使用频率较高的一种教学语言,能比较客观地反映事实、事件活动、人物或某种环境状况。

(2) 论证性语言

教师在教学中运用事实、论断、定义和定理等论据来证明论题、论点真实性所使用的语言。论证性语言的基本要求是条理清楚,结构严谨,富于逻辑性。

(3) 说明性语言

教师在教学中给学生解说事物,剖析事理的语言,主要对事物的形态、性质、构造、成因,或事物概念、特点、关系等做清晰准确、通俗易懂的解说剖析,帮助学生加深理解,形成概念。说明性语言有定义说明、诠释说明、比较说明、教学说明、举例说明等具体方法。

(4) 描述性语言

描述性语言是指教师教学时,直观形象、生动逼真描述有关内容的语言。通过描述,使学生能如见其人,如闻其声,如临其境,丰富学生感知,加深印象,受到强烈的艺术感染。

4. 教师提高口头语言艺术修养的途径

(1) 提高自身素质,加强语言艺术修养

教师教学语言艺术背后,展现的是教师本人的学识水平和思想水平,综合体现教师的个人修养。因此,要想提高语言艺术修养,教师必须不断学习,拓宽自己的知识领域,加深在知识方面的修养,以收到言之有新,言之有物的教学效果。

(2) 在教学实践中提高语言艺术水平

任何事物的发展都是经过实践检验和发展,教师语言艺术也是如此。教师语言训练一般经过"刻意雕琢"和"回归自然"两个时期。前一阶段教师完成的是从不注意教学语言技巧到重视教学语言技巧的转变,后一阶段从着意完成设计运用意图到淡化技巧雕琢痕迹的转变。这需要教师在反思中总结教学艺术的得失,并以此为基础成为教学语言艺术家。

(二) 教学非言语表达艺术

1. 教学非言语表达的作用

(1) 辅助有声语言

在课堂教学中,尽管有声语言起着非常重要的作用,但有声语言并不能全部表达教师的思想,还需要创造性地运用非语言表达艺术,通过运用非语言表达辅助有声语言,将其转化为直观语言,能够使学生深刻理解教师传递的信息,并能迅速理解和掌握。

(2) 替代有声语言

教学的客观环境是人们选择语言媒介的重要依据。在有些教学环境下,非语言表达往往能替代有声语言,发挥比有声语言更好的作用。如:在课堂上,回答问题胆怯的学生,在想举手,又不敢举手的情况下,教师只要一个赞许的目光,鼓励的眼神,学生就会欣然举手。教师的一些动作,在共同文化背景下,有着共同的含义,往往能替代有声语言。

(3) 美化教师形象

非言语活动,是教师内心活动自发的真实反应,同时也会充分体现教师的人格和气质,对学生产生深远的影响。因此,教师非语言表达艺术是教师塑造自身形象的重要手段,影响学生对教师形象的认同。

2. 非言语表达艺术的形式

(1) 副语言

副语言一般由辅助言语和类语言构成。辅助言语是语言的非语词方面,它包括音质、音量、音调等。"如:教师请一位做小动作的学生安静下来,专心学习时,'安静些'既可以大声呵斥说,也可以轻声说;可以面带笑容,和蔼地说出;也可以沉下脸来低声训斥;可以先轻咳一声,引起他的注意,然后再劝告,也可以是冷笑一声,严厉命令……"[①]可见,辅助言语所起的作用是不容忽视的,因此,教师应在课堂教学中注意辅助言语的运用技巧,以便有效发挥辅助言语的作用。

类语言是无固定语义的发声,如哭、笑、叹息、呻吟等。尽管类语言没有固定的语义,但在特定的情境下却能表达词汇以外的思想及情感,并在课堂教学中帮助教师传递信息,有时能起到活跃课堂气氛,增强学生记忆的效果。但需要强调的是类语言传递的信息,可以起到积极的作用,也可能对课堂教学产生消极的影响。因此,教师运用类语言时,应注意消除其消极影响,发挥它的积极作用。

(2) 面部表情

面部表情是由脸的颜色、光泽、肌肉和收与展以及脸面的纹路和脸部各器官的动作组成的。面部语言是人的思想感情最灵敏、最复杂、最微妙的气象图,是教学中丰富的信息源。教师丰富适当的表情有利于创设教学情境,形成有益于教学的课堂气氛,促进学生的积极思维,理解消化教学内容。

从教学的性质和特点来看,教师在教学中表情语可分为常规性基本表情语和动态表情语。常规性基本表情语,是基本的面部表情要求,表现为亲切、热情、明朗真挚,面带微笑。动态的表情语,是随教学内容和教学情境而变化的表情语。教师在教学中要学会运用恰当的表情语,更好地传递信息和形成良好的育人氛围。

(3) 眼神

教学中,眼神的巧妙运用可以起到传情达意,组织教学的功能。目光语的运用可以使师生在无声中进行交流,学生能从教师目光中洞悉教师情感的微妙变化,体会到眼神蕴涵的内容,而教师也可以从学生的眼中获取反馈信息,做出相应的反应,调节教学活动。

教师运用眼神的主要方式有环视和注视。环视一般用于观察全体学生的心理状态和

[①] 转引自李如密编著.《教学艺术论》,济南:山东教育出版社,1999年版,第279页.

情绪反应,满足学生希望得到教师注意的心理要求。注视一般用于关注个别学生,期望引起学生的注意,它可以表达许多特定的感情,如坚定、坚信、沉思和悲痛等。

(4) 体态

①头语:是用头部的动作表情达意。教师头部是课堂上学生目光最集中的部位。教师头部的动作可表达多种语言。如:点头表示肯定,摇头表示否定。与有声语言相比,教学中头语更能简洁表达教师的意图和反应。同时头语和教学内容相配合,会加深学生对教学内容的理解。

②手势:手势是指能传情达意的手指、手掌和手臂的姿势动作。手势可分为四类:一是指示性手势,主要用于指示具体的对象或数量,如教学中要求学生注意黑板上的某字某图常用手指点,或扳手指算数;二是感情手势,表达喜怒哀乐的感情,使之具体化、形象化;三是摹状手势,往往给学生一种形象可感的印象;四是象征手势,表达抽象的意念,如前程、未来、希望、高尚等。手势语不能运用得过多,要做到自然、适度,与语言协调一致,这样才能发挥它的功能。另外,还要注意手势语的活动区域。肩部以上为上区,表达积极、宏大、激昂的感情。中区为肩到腰部,表达叙事、说理等较平静和缓的情绪;腰部以下为下区,表达否定、鄙弃、憎恨等情感。

(5) 身姿

①站姿。站姿是课堂教学使用的持续时间较长的姿态语。它集中体现教师的自信与能力。课堂中站姿分为自然式和前进式。自然式表现为双脚基本平行,相距与肩同宽。前进式,两脚略呈丁子步,双腿前后交叉相距适中,使相对静止的姿态幽雅舒适。

②走姿。教师应以生气勃勃的步姿给学生以孜孜不倦和气宇轩昂的美感。教师在课堂上来回走动是必不可少的。但是,要注意与教学内容和课堂气氛相一致,频繁的走动,会造成学生视觉的疲劳,分散学生的注意力。一般而言,这种走动,应该是脚步放轻放慢,步幅适中,身正腰直,目光巡视,适当停留,次数不要过频,速度不能过快,力度不能过重,幅度不能过大。

(6) 空间距离语

空间距离是指身体位置移动而引起人与人的空间距离、变化。它也能传递某种信息,表达某种情感。研究表明,教师与学生之间的距离在某种程度上对交流有重要影响。[①]从心理学的角度看,教师与学生之间相距一尺左右,会给人以亲近感。教师可以根据教学需要,随时调节与学生之间的距离,使距离产生教育功能,产生美感。

(三) 教学书面语言艺术

在教学中,除了大量使用的口头语言及非言语外,还有一种以书面形式呈现的书面语言。这些书面语言也同样有着教学艺术上的要求和表现。

教学书面语言艺术,从其表现上来看,又有撰写教案的艺术和课堂板书的艺术。由于

---

① 转引自李如密编著.《教学艺术论》,济南:山东教育出版社,1999年版,第289页.

撰写教案在前面相关内容中已经有所交待,故不再重复。这里只交待课堂板书的艺术。

1. 课堂板书的作用

为了弥补讲授的不足,教师要通过文字、符号、图表、图解等形式,把教学重点、难点或关键性的知识写到黑板上。这些留在黑板上的文字、符号、图表和图解等视觉信号叫做板书。板书能简练地、系统地体现教学内容,以明晰的视觉符号启迪学生的思维,提供记忆的框架结构。具体说来,有以下七个方面的作用。

(1) 帮助实现教学目的,体现教学意图

教学目的的落实和教学意图的体现,除了师生双边的口头活动外,还要积极借助于板书。一则优秀的板书,高度浓缩了教学内容,可使学生见微知著,帮助教师实现教学目的。

(2) 突出重点难点,形成知识结构

每门学科的知识,都不是杂乱无章的,知识与知识之间都有内在联系,形成一个知识结构。这个知识结构体系,用语言表达不容易全面把握。而一则好的板书则能对教学内容删繁就简,抓主剔次,把教学重点、难点和知识点,串珠成线,结线成网,形成结构,使学生一目了然。

(3) 引导学生学习思路,便于学生探求

教学中,教师一般首先板书课题,然后再展开对事物的描述,学生看着黑板上的课题,听着教师的讲解和描述,教师一边讲解和描述,一边做扼要的板书,可以引导和控制学生的思路,使学生定向思考,便于学生分析探求。

(4) 强化直观教学形象,增强教学效果

心理学实验表明,外界进入人脑的信息,有90%以上来自眼睛。伴随着口头讲述,板书以形象的结构造型,简要的语言信息,多样的符号参与,不同的色彩标志和各种字体的编配,给学生感官以强烈的、多方面的刺激,强化了直观形象,由此产生了积极的教学效果。

(5) 激发学生学习兴趣,集中学生精力

利用板书中文字、符号、线条、简表、图形的组合和呈现时间、颜色差异等独特的吸引力,可给学生以极大的感染,使学生对所学知识产生浓厚的兴趣,使学生注意力高度集中。

(6) 建立教学信息系统,易于巩固记忆

板书用经过浓缩的简练的文字、符号、线条、简表、图形反映教学主要内容,形成具有逻辑联系、简明扼要而又符合学生认知特点的信息系统,把教材的多项内容容纳其中,有利于学生保持记忆,防止遗忘。

(7) 培养学生思维品质,训练思维能力

培养学生优良的思维品质,是各科教学均应重视的。利用板书培养学生的思维品质,无疑会收到事半功倍的效果。如果教师在板书设计时,能注重板书内容、思路和结构的灵活性,对培养学生思维灵活性大有裨益,而有意识、有计划地在板书设计过程中渗透思维训练内容,则有助于培养学生思维的深刻性。

2. 课堂板书的内容

（1）授课提纲，包括研究问题的思路、方法和程序，知识的系统结构等。

（2）教学要点和重点，包括重要的定义、原理、规律、结论、注意点和学习要求等。这常常因教学内容、教学方法、教师的教学风格和学生的接受水平而异。

（3）补充材料和其他内容，包括图表、例证，为帮助学生听好课和解决疑难而作出的文字解释、说明、例证、提示、图示以及生僻字、词等。

根据板书的位置和内容，可以把板书区分为主板书和副板书。主板书包括上述第（1）、（2）项和第（3）项的重要内容，它们能形成比较完整的体系，通常写在黑板的显著位置并尽量保留，不轻易擦去。副板书是主板书的辅助内容，或者是为帮助学生听清教师讲授、提醒学生注意的字、词、句等，它们一般不需要长时间保留，书写位置不需要按照某种顺序。

3. 课堂板书的类型

（1）提纲式板书

提纲式的板书就是按教学内容和教师设计的教学程序，条理分明、提纲挈领地编排书写的板书形式。对一节课的内容，通过教师的分析与综合，归纳出若干要点，以先后顺序将各个要点层层展开深入，以便于学生把握重点和关键内容，理解、掌握所学知识。这类板书使用比较广泛，特别是应用多媒体教学时，教师就必须将其主要内容写在黑板上进行串联，使学生的认知结构完整、系统。

（2）表格式板书

根据教学内容可以明显分类、进行比较等特点，找出教学内容的要点，列成表格，通过横向对比和纵向归纳，获得新知识或建立知识之间的联系。这种板书形式简明，内容扼要，对比性强，适用于教学内容各要素具有并列关系、或新旧知识的对比学习、实验数据的分析归纳等。另外，对于一些较难的内容，为了做到条理清晰、脉络清楚，也可用列表式板书。

运用表格式板书，往往是教师先列出表格的栏目，然后引导学生看书、读图、讨论，并且用简洁的语言文字归纳出栏目中应该填写的内容。这样学生可以在老师的指导下，主动学习。

（3）图示式板书

图示式板书，顾名思义是用图画、文字、线条、符号、框图等方法表现教学内容的板书，使教学中的难点通过图示形象化，从而化难为易，这类板书具有形象性、趣味性特点，也可以把事物的变化过程和事物间的关系简明地表达出来。

图示式板书有时可以是教师设计的图画，有时也可以借助于投影仪。前者具有形象、直观的特点，能引起学生兴趣、思考与记忆，具有一定的艺术性，后者事先在投影片上设计并打印好图示板书，既节省时间又能反复多次使用。

（4）词语式板书

词语式板书是在理解教材内容的基础上，提取教材的精髓，浓缩重点词语，精心排列组合。它既可简明扼要、一目了然地概括归纳出教材的风貌,又可以帮助学生准确地掌握词义,加深对教材的理解,深入地体会作者鲜明的感情色彩。

（5）演绎式板书

演绎式板书,又称总分式板书,适用于先总体叙述后分述或先讲整体结构后分别讲解细微结构的教学内容。这种板书由于按照教学内容的逻辑进程,条理清楚,从属关系分明,便于学生理解和掌握教材的结构,给人一种清晰完整的印象。

（6）对比式板书

当讲授的内容相近或者思想方法一致时,可采取上下或左右对比式板书。这种板书要把易混概念、法则、公式进行对比,在对比中分清正误、进行辨析,在比较时可使用彩色粉笔及时勾出重点。

（7）线索式板书

线索式板书也称为流程式板书,往往是紧扣教学内容的思路孕育而成的,以教材提供的时间、地点为流程,反映教学的主要内容。

4. 课堂板书的要求

（1）明确的目的性

书写板书是为了帮助学生了解教学的中心内容及知识的结构层次。学生通过板书可以掌握教师讲授的顺序和思维过程,了解教材的重点难点。板书又是学生课下复习的重要依据。因此,书写板书必须做到内容完整,目的明确。切不可过于简单,达不到板书的目的;也不要过于繁杂,喧宾夺主。

（2）周密的计划性

板书的内容确定之后,什么时候书写,写在什么位置,绝不能随心所欲,要根据讲课的方式而定。讲授与板书的前后顺序有以下几种情况。

①先板书后讲授。教师在讲课开始时先把本节要讲的几个分题写在黑板上,然后再一个分题一个分题地讲。每个分题要板书的内容随着讲述写在分题的后边。这种板书比较适合高年级学生或复习课,利于学生对全课内容的概括了解。

②写一个分题讲一个分题。这是最常用的方式。这种板书讲写结合,能较好地控制学生的注意力,便于学生使用教科书。

③讲完一段再板书。在教学改革中,一些发现法或探索法教学,教师先组织学生观察发现或探索,或先进行实验后得出结论,教师再板书,这种板书符合学生的认知规律,可加深学生印象。

④全课讲完再板书。有些课教师采用讨论式,在课前预习的基础上分小组讨论,代表发言,最后老师总结归纳写出板书。有时教师利用电化教学手段,通过电影或录像进行教学,最后发动同学总结出板书内容。这样保证了教学活动的完整性或电教内容的连续性。

总的说来,什么时候写板书,怎样写,并无定法,教师将根据教学需要灵活运用。一般说,板书从黑板左侧开始,整个板书约占黑板的 1/2 或 2/3。黑板右侧,是教师根据需要写一些较重要的名词术语、易错的字等内容的地方,这种板书常称作"副板书"。为了强调板书的完整性、系统性,在课堂结束前应把副板书擦去。

(3) 高度的概括性

板书既不是课本的搬家也不是教案的缩写,因此板书的内容不能过多。书写过多,教师忙于写板书而减弱了师生的联系;学生也因忙于抄笔记而分散注意力,影响听课效果。过于详细的板书又影响了学生看书、用书的积极性。因此,板书必须做到结构严谨,语言精练,画龙点睛,富于启发性。板书一般应包括课题、分题、中心要点和结论。

(4) 较强的针对性

板书应具有针对性,不同的班级板书内容不尽相同,有的班可以简单些,有的班可以详细些。板书应从学生的实际出发,符合学生的年龄特点、知识水平和实际状况。

板书的针对性还表现在对学生易混淆易错的知识的特殊处理上。

(5) 清晰的条理性

板书是一节课中教师留给学生的重要学习资料。它是教师对教材进行深入钻研后写成的,突出了知识的本质和内在联系,使教材内容条理化、系统化。为此,教师在备课时除了备大纲、备教材之外,必须反复推敲板书的结构层次,使其达到条理清晰。板书时切忌边讲边写边擦,使板书失去完整性和条理性。

(6) 严谨的科学性

科学性是指板书的内容要准确无误、结构合理。板书的科学性至关重要,它对学生有潜移默化的影响。因此,凡书写内容时都必须做到知识要正确、内容要完整、用词要准确、书写要工整、字体要清晰。板书除注意防止出现科学性错误外,还应注意专业术语的完整性。板书中各种文字、符号、图表还要按一定的形式结构组合起来,做到结构合理、简明扼要、形象直观。

(7) 一定的启发性

启发学生积极思维,发展学生智力,培养学生分析问题、解决问题的能力是教学的重要任务之一。在课堂教学中,教师除了运用语言、教具等手段进行启发外,充分运用富有启发性的板书,也不失为一种重要的方法和不可忽视的途径。

(8) 较强的美感性

板书要做到不空不繁,不错不杂,纲目层次清楚,内容准确无误,形式结构合理,文字工整流畅,图像符号清晰美观,布局匀称得体,大小颜色适度。所有这些都是板书美感的重要内容。好的板书使学生产生一种羡慕的情感,从而激发起模仿、学习的欲望。相反,那种条理不清、版面设计紊乱、内容繁杂、残缺不全的板书,必然使学生产生学习上的厌烦心理,从而失去板书在教学中应起的积极作用。

三、教师教学艺术的形成和发展

教师教学艺术的发展也是教师专业发展的应有之义,既是教师本人需要考虑的,也是教育应关注的。

(一) 教师教学艺术发展的目标

教师教学艺术发展的目标是形成具有独特性的教学艺术风格。人们对教学艺术风格的理解同对教学艺术的理解一样,存在着多种不同的观点,如方法特点说、个性核心说、教学风貌说、稳定表现说、表现方式说、艺术特色说、观点技巧结合说等。这里把教学艺术风格理解为教师在长期的教学实践过程中逐步形成的,在一定的教学理念指导下,创造性地运用各种教学方法和技巧所表现出来的一种稳定的个性化的教学风貌和格调。这表明:

1. 教学艺术风格是教师在长期的教学实践过程中逐步形成的。教学艺术风格的形成不是一蹴而就的,教师长期的实践,执著的追求,才能将教学艺术的独特性格磨练成熟。教学艺术风格是教师教学艺术进入一种高境界的标志。

2. 教学艺术风格是教师在一定的教学理念指导下形成的。教学思想观点体现了教师教学的精神追求和价值取向,是教学艺术风格形成和发展的内源性动力。

3. 教学艺术风格是教师创造性地运用各种教学方法和技巧的结果。教学艺术风格不等于教学方法和教学技巧,而是对教学方法和教学技巧的创造性运用。教学方法和教学技巧显示着教师达到的教学艺术水平,是教学艺术风格产生理想效应的技术性保障。

4. 教学艺术风格是教师个性化的教学艺术达到了相对稳定的状态。教学艺术是个性化的。如果没有独特鲜明的个性,教学艺术模糊了自我的面孔,教学艺术风格也就苍白无神了。教学艺术风格是教师个性化教学艺术达到比较成熟时的一种教学状态。教学艺术风格是相对稳定的,它给人一种成熟感,因为在不够成熟的教学艺术之树上,是很难绽放教学艺术风格之花的。

5. 教学艺术风格是教师课堂教学所表现出来的一种风貌和格调。教师在课堂教学中所表现出来的一种教学作风和精神面貌,创造性运用教学方法和技巧时一种教学状态和行为方式,是教学风格审美魅力的直接载体。

(二) 影响教师教学艺术的因素

影响教师教学艺术,特别是教学艺术风格形成的因素概括起来主要有两个大的方面:一是外界客观因素,二是内在主观因素。

1. 外界客观因素

(1) 社会文化环境

教学艺术风格是在一定的社会文化环境中形成的。社会文化环境直接制约着教师教学艺术风格的性质和方向,有什么样的社会文化环境,就有可能产生与之相对应的教学艺术风格。

(2) 教学内容

教学内容也是形成教学艺术风格的重要影响因素。正是在对教学内容的选取、知识结构的安排以及教材体系的设计过程中,教师塑造了自己独特的价值倾向、思想精神以及艺术旨趣,从而形成了鲜明的教学艺术风格。

2. 内在主观因素

(1) 师德修养

教师的职业道德修养对教学艺术风格的形成具有显著影响。只有热爱教育事业，教师才能体悟到自己所从事职业的神圣感和自豪感，才能增强责任感和使命感，进而在自己的工作岗位上勤勤恳恳地工作，任劳任怨、无怨无悔、无私奉献。因此，热爱学生、敬业乐教，既是教育教学成功的保障，也是教师不懈追求教学艺术风格、取得精湛教学艺术的内在动力和必要条件。

（2）知识结构

教师的知识结构，像知识的广度、深度、系统性以及各种知识的复杂而独特的联系，对于教师在教学中广征博引或深刻论证提供了基础条件。

（3）思维方式

教师思维的灵活程度、反应的速度，是偏向形象思维还是偏向抽象思维，或者趋向于二者的有机结合等等，对于形成不同类型的教学艺术风格更是有着密切的关系。

（4）个性特征

教师的个性特征，如在兴趣、爱好、能力、性格、气质方面的不同，也会使他们的教学艺术风格显示出差异。

（5）教学能力

教师各种教学能力的品质，如口头表达的流利程度、感染力和说服力的强弱，板书的潇洒或工整，课堂观察力的敏锐、细致和准确，注意分配能力等等，也是形成不同教学艺术风格的重要因素。

（三）教师教学艺术的发展阶段

教师从开始教学，到逐渐成熟，最后形成独特的教学艺术风格，是一个艰苦而长期的教学艺术的实践和探索过程。这个发展过程又可分为以下四个阶段。

1. 模仿性教学阶段

教师开始教学时，总是模仿别人的教学方式方法、别人的教学语言和教学风度，经常搬用别人成功的教学经验，甚至举例、手势、语调等也打上别人教学影响的烙印。这一阶段的突出特点，是模仿成分太多，创造性成分几乎没有。在教学之初的积极模仿是必要的，但不能停留在这个阶段上。一个教师对独立进行教学的要求与对别人教学的消极模仿之间的相互斗争，促使教学向下一个阶段过渡。

2. 独立性教学阶段

教师基本上摆脱了模仿的束缚，能够独立地完成教学工作的各个环节，能将别人成功的经验通过吸收消化，变成自己的东西。这个教学阶段是从模仿性教学到创造性教学的过渡阶段，但它在每个教师那里存在的时间却是不同的。有的教师很短时间就由此进入创造性教学阶段，也有的教师却在独立教学这段整个教学发展的高原期上停滞不前。

3. 创造性教学阶段

在独立性教学的基础上，教师的创造性在教学中不断表现出来，突出表现在教学方法的改革、教学效果的优化、教学效率的提高上。这一阶段，教师会更多地体验到创造的幸福和欢乐。但是，苦闷、痛苦也会常常成为这一阶段教师的不速之客。这一阶段中，教师成为教学艺术的自觉追求者,不断地突破别人,也不断地突破自己。当独创性成为教学过程中呈稳定状态的标志时,这个教师便形成了自己独特的教学艺术风格,他的教学也便进入一个新的阶段。

4. 有风格教学阶段

教学艺术风格在教学过程各个环节、各个方面都有独特的稳定的表现,使教学带上了浓厚的个性色彩,处处闪烁着创造的火花。教学内容和形式独特而完美地结合起来,教学成为真正塑造人们灵魂的艺术。至此,教师的教学艺术臻于成熟。

以上各个发展阶段各有自己的特点,每个发展阶段的顺序不能颠倒,并且从一个阶段发展到下一阶段,都需有必要的主客观条件。在这种顺序的发展过程中,教学的模仿性因素越来越少,独创性因素越来越多。由一定量的独创性因素的积累,才可能引起质变,从一个阶段发展到另一个阶段,最后形成自己的教学艺术风格。

本 章 结 语

第一,教学模式一词最早是由美国学者乔伊斯和威尔等人提出,是把模式具体落实运用于教学理论研究和实践探索中的结果,是建立在一定的教学理论指导下和丰富的教学实践经验的基础上,为设计和组织教学而形成的一套较为稳定的教学活动结构框架和活动程序,由理论基础、功能目标、实现条件、操作程序和效果评价五个要素构成,具有优效性、完整性、操作性、简约性、针对性、开放性的特点。教学模式无论对教学理论还是教学实践都有着重要的价值。教学模式的选用包括选择模式、掌握模式和运用、改造模式三个阶段。

第二,国内外都对教学模式进行了探索,形成了多种多样的教学模式。国外的如范例教学模式、"掌握学习"教学模式、非指导性教学模式、发现教学模式、抛锚式教学模式,国内的如自学—辅导教学模式、"读读、议议、练练、讲讲"八字教学模式、情境教学模式、洋思教学模式、杜郎口教学模式、尝试教学模式。

第三,当前教学模式的发展趋势是总体种类趋向多样化、理论基础趋向多元化、形成途径趋向演绎化、师生地位趋向合作化、目标指向趋向情意化、操作程序趋向灵活化、技术手段趋向现代化、研究发展趋向精细化。

第四,教师在教学实践中为了创造性地运用和发展教学模式需要正确地理解和辩证地把握教学模式的精髓、从实际出发灵活运用教学模式、充分发挥教师教学的主动性和创造性、在教学实践中创新并完善教学模式和积极倡导并建构"学会学习"教学模式。

第五,人们对于教学艺术的探讨很早就已经开始了,并且在当前围绕教学艺术的内涵产生了技巧说、创造说、审美说、规律说、素养(才华)说、特征说、交流说、整体说、多层说之争。

第六,教学艺术,就是教师遵照教学法则和美学尺度的要求,灵活而又综合地运用语言、表情、动作、图像组织调控等手段,充分发挥教学情感的功能,为取得最佳教学效果而施行的一套独具风格的创造性教学,有情感性、表演性、审美性、实践性、创造性和个体性的特点,具有谐悦引趣、净化陶冶、传递开发、提高效益等功能。

第七,教学艺术的范畴包括教学口头语言艺术、非语言艺术、书面语言艺术三大类。教学口头语言艺术不但影响教学效果,而且也影响学生能力的发展,还可以促进教师自身思维品质的发展。教学非言语表达既可以辅助有声语言,也可以替代有声语言,还能美化教师形象。教学书面语言艺术包括撰写教案的艺术和课堂板书的艺术。其中,课堂板书能简练、系统地体现教学内容,以明晰的视觉符号启迪学生思维,提供记忆的框架结构。

第八,教师教学艺术发展的目标是形成具有独特性的教学艺术风格,即教师在长期的教学实践过程中逐步形成的,在一定的教学理念指导下,创造性地运用各种教学方法和技巧,所表现出来的一种稳定的个性化的教学风貌和格调。影响教师教学艺术风格形成的因素既有外界客观因素,也有内在主观因素。教师教学艺术的发展阶段包括模仿性教学阶段、独立性教学阶段、创造性教学阶段和有风格教学阶段。

[思考和讨论]

1. 什么是教学模式?其特点、要素和功能分别是什么?
2. 当前国内外教学模式的发展趋势是什么?教师怎样创造性地运用和发展教学模式?
3. 什么是教学艺术?其特点、功能分别有哪些?
4. 教学艺术的范畴包括哪些方面?各自有哪些作用和要求?
5. 教师教学艺术发展的目标是什么?哪些因素影响教师教学艺术风格的形成?教师教学艺术风格形成的阶段有哪些?

[阅读导航]

1. [美]保罗·D·埃金著,王维城等译.《课堂教学策略》,北京:教育科学出版社,1990年版.

该书共九章,分为两大部分:第一部分阐述教学策略——信息处理教学模式的理论基础;第二部分详细地论述六种教学模式及其使用方法。

2. 丁证霖等编译.《当代西方教学模式论》,太原:山西教育出版社,1991年版.

该书系统地介绍了教学模式一词的最早使用者美国的乔伊斯和韦尔合编《教学模式》的主要内容,详细地介绍了25种典型教学模式的理论导向、教学原则、教学规范及其应用,可全面了解国外教学模式的概貌。

3. 李如密编著.《教学艺术论》,济南:山东教育出版社,1999年版.

该书一方面着眼于教学艺术论学科的理论建设,另一方面又十分重视教学艺术实践中具体问题的研究和解决,建立了"理论—实践"的结构和体系,全书共14章,对教学组织结构艺术、启发艺术、教学语言艺术、非言语表达艺术、板书艺术、提问艺术、教学幽默艺术、乐学教学艺术等诸多具体而实际的问题都做了阐述。

4. [英]约翰·洛克著,傅任敢译.《教育漫话》,北京:教育科学出版社,1999年版.

该书主题是论述"绅士教育",是作者写给友人克拉克讨论其子女的教育问题的信整理而成,在西方教育史上第一次将教育分为体育、德育、智育三部分,并作了详细论述:第一部分论述体育,要锻炼能够忍耐劳苦的强健体魄;第二部分论述德育,基本原则是以理智克制欲望;第三部分论述智育,在读、写、算之外,还要学习天文、地理、历史、法律、几何、簿记、法语等等,也要学习工业、农业、园艺的知识和技艺。

5. 查有梁编著.《课堂模式论》,桂林:广西师范大学出版社,2001年版.

该书在对模式和教学建模原理进行分析的基础上,从"启发—创新"、"系统—操作"、"演绎—归纳"、"整体—融合"、"辩证—范畴"五个方面说明了课堂教学的一般模式,并在此基础上对语文、政治、数学、物理四个学科的特殊教学模式进行了研究。

6. 高文著.《教学模式论》,上海:上海教育出版社,2002年版.

该书共分五编十四章,在展示当今世界范围内教育改革的大背景、大趋势的基础上,基于信息技术,面向我国素质教育,以建构主义为理论基础,详尽介绍现代具有代表性的10种学习与教学模式的理论基础及其实施方式。

第七章　教学评价与管理

【内容提要】

教学评价作为对教学活动以及教学结果进行价值判断并为教学决策服务的各项活动的总称,应遵循方向性原则、科学性原则、发展性原则、客观性原则、整体性原则、目的性原则、可行性原则、评价和指导相结合的原则、自评和他评相结合的原则。虽然所有教学活动及教学结果都可以作为教学评价的内容,但在教学评价实践中,其内容一般概括为课程设计与教学设计评价、教师教授质量评价、学生学业成就评价和教学管理评价四个方面。而且,教师教授质量和学生学业成就评价是其中最为重要的两个方面。

教学管理有狭义和广义两种理解。狭义上的教学管理是指学校管理者为完成教学任务,实现教学目标,提高教学质量,运用一定的原理和方法,组织、协调、指挥和控制各种教学因素的行为总和,具有落实教学目标、提升教学质量、提高教学效益等方面的意义。教学管理的内容涉及教学思想、教学制度、教学质量、教学行政、教学组织、教学计划、教学过程等方面。

【学习目标】

1. 掌握教学评价内涵,包括其定义、特点。
2. 理解教学评价的两大功能。
3. 了解教学评价的不同分类。
4. 了解教学评价的发展,特别是现代西方教学评价发展的阶段。
5. 掌握未来教学评价的发展趋势。
6. 理解教学评价应遵循的原则。
7. 了解教学评价的内容,掌握教师教授质量评价要求、途径和方法;掌握学生学业成就评价的内涵及测验法、档案袋评价、表现性评价三种学生学业成就评价的方法。
8. 掌握狭义上的教学管理的内涵,包括其特点和相关范畴。
9. 了解教学管理的任务,掌握教学管理的意义。
10. 掌握教学管理的内容。

【核心术语】

教学评价　诊断性评价　形成性评价　总结性评价　常模参照评价　标准参照评价　档案袋评价　表现性评价　教学管理

在教学活动中不但有教学目标,而且还应检测其落实程度,这也即开展教学评价。同时,也还需要通过教学管理来保证教学活动的顺利进行,为教学目标的落实服务。

第一节　教学评价

一、教学评价概述

（一）教学评价的内涵

1. 教学评价的定义

教学评价就是以一定的方法、途径,根据一定的标准对教学活动以及教学结果进行价值判断并为教学决策服务的各项活动的总称。

这一界定表明教学评价至少有以下五个方面的要义。

（1）价值评判

如上所述,教学评价是对教学活动及教学结果从价值层面进行评判的活动。所谓价值评判,就是基于一定的价值准则,判断教学活动及教学结果符合价值程度的情况。

（2）服务教学

教学评价与其他方面的评价,如教育评价、课程评价等都属于评价的范畴,既有共性,亦有区别。其区别主要表现在教学评价是基于教学的评价,是为了改进教学、促进教学的评价。

（3）基于标准

任何评价都需要一定的标准或尺度,都需要根据一定的标准或尺度来进行评价。作为教学评价来讲,也必须要有一定的标准或尺度,而且评价还必须根据相应的标准或尺度来进行。如果背离了这些标准或尺度,评价的结果就会失真。如果没有标准或尺度,那么评价就会陷入无序状态。

（4）基于信息

教学评价虽然是对教学活动或教学结果进行的价值判断,但事实上这一判断是在对教学活动或教学结果进行信息收集的基础上,根据所收集到的信息来进行的评价。因此,教学评价的关键在于信息收集是否全面、是否科学。

（5）成于技术

教学评价作为对教学活动或教学结果进行的价值判断,是在所收集到的信息的基础上进行的。所以,在进行教学评价时,还要考虑两个方面的因素:一是如何收集这些信息,即用什么方法,通过什么途径来收集信息;二是怎样使用或怎样利用收集到的信息。这些都需要相应的技术支撑。

2. 教学评价的特点

(1) 评判性

教学评价虽然是一项与教学密切相关的活动,但从严格意义上来说,这还不是一项单纯的教学活动,而是对教学活动进行评判的活动,是对教学活动及教学结果进行价值判断的活动。

(2) 反馈性

教学评价作为对教学活动及教学结果进行的评判,并不仅仅停留在评判的层面上。教学评价还要把评价的结论反馈给教学活动中的相关人员,比如教师、学生等,使他们能够对自己的教和学的情况有所了解,并在此基础上做出相应的行为,如继续保持原有的优秀方面,或者改进原有的不足等。

(3) 多样性

教学评价的多样性表现在两个方面:一是评价方法的多样性。教学评价可以通过多种方法来进行。在具体的评价时,要根据评价的需要选择适合的评价方法。二是评价主体的多样性。开展教学评价,既可以是学校里的一些专门人员,也可以是教师同伴或学生同伴,还可以是教师或学生自己。

(4) 主客性

教学评价既有主观性的一面,同时也有客观性的一面。由于教学评价都是由人来做出的,因此在教学评价时难免会由于主体自身的原因有意无意地强调某些方面或者忽略某些方面,从而使得不同的评价者对于同样的教学活动或教学结果的评价并不完全相同。同时,由于教学评价是根据教学活动或教学结果所收集到的信息来进行的评价,因此,不同的评价者在进行教学评价时,尽管各有其主体性,但也不能随意而为,必须遵照教学活动及教学结果所收集到的信息来进行评价。

(5) 相对性

教学评价作为对教学活动及教学结果进行的评价,是基于所要评价的对象处收集到的信息而言的。因此,教学评价所作出的价值判断,只是基于所要评价的信息来进行的,而不是对教学活动或教学结果的所有方面进行的评价。

3. 教学评价的功能

(1) 教育功能

教学评价的教育功能,是指通过教学评价为教学活动提供有效诊断和反馈,强化与改进教学,促进教学活动顺利进行。具体说来,教学评价的教学功能主要表现在为教学活动定向,对教学活动进行诊断,为教学活动提供反馈及改进和强化。

(2) 管理功能

教学评价的管理功能,是指可以利用教学评价来鉴别、区别学生的水平,给予选拔淘汰、适当安置,同时,评价结果也可以作为评价教师工作质量的依据。具体说来,包括通过教学评价进行选拔淘汰、区别安置、教师业绩的评定。

(二) 教学评价类型

1. 诊断性评价、形成性评价和总结性评价

美国教育心理学家布卢姆根据教育评价在教学工作中的作用,把教学评价分为诊断性评价、形成性评价和总结性评价三种类型。

(1) 诊断性评价

诊断性评价一般在教学前进行,目的是分析学生的起点行为,摸清学生的现有水平及个别差异以便安排教学。这种评价既可用于确定学生的入学准备程度,如知识基础、学习动机、发展水平、身体状况及家庭背景;也可决定对学生的适当安置,如通过诊断学生认识、情感和技能等方面的发展水平,为学生编班或分组,进行教学讨论,选择教学方法等提供依据;还可辨识学生在学习过程中的困难,准确确定补偿教学计划,调整教学目标和教学进度。

(2) 形成性评价

形成性评价通常在教学过程中实施,是教师及时了解学生学习进展情况的重要方式,又称诊断进步评价或进展评价。通过学生完成与教学活动的密切相关的测验,让学生对自己的学习状况进行自我评估,或者是教师对学生进行观察、交谈、调查、作品分析等方法来进行。形成性评价关注的是学生在学习过程中达到教学目标的程度。

形成性评价的作用有三个方面:

一是改进学生的学习。揭示每个学生在学习中所犯的错误和遇到的困难,为改善学习方式,端正学习态度,提出改进的方案提供依据。

二是为进一步教学制定步调。通过对所得数据的分析,教师可以了解本阶段学法与教法上的得失,检查教学质量,考查学生学习进步情况,从而及时调整教和学的步调。

三是强化已有的教学成果。

(3) 总结性评价

总结性评价是对一个完整的教学活动的总体结果进行的评价,又叫终结性评价,通常在一门课程或一项教学活动结束之后进行。其作用是:为学生评定成绩,确定学生对教学目标达到的程度;对其学习成就作出价值判断,为学生安置提供依据;预测学生在后续学习中成功的可能性。总结性评价的结果在一定程度上可以代替下一阶段的准备性评价。

专栏 7-1

三类评价的对比

	诊断性评价	形成性评价	总结性评价
职能	分班： ——确认必要的技能具备与否 ——确定现有的掌握水平 ——确定源于教授方式的特点而造成的学生分类问题；确认影响不同类型学生继续学习的因素	对师生做出关于学生学习进展的信息反馈明确单元结构的错误，以便明确地制订矫正教学的方针	在单元、学期、课程的终了，认定学分，评定成绩
实施时期	在单元、学期、学年开始时，正常的教学活动，尚未纳入轨道前实施，以便分班	在教学开始过程中	在单元、学期、学年终结时
评价重点	认知能力、情意及技能 生理因素、心理因素、环境因素	认知能力	一般侧重认知能力，有的学科则强调技能和情意能力
评价手段的类型	摸底用的形成性测验与总结性测验 标准学力测验 标准诊断测验 教师编制测验 观察与检验表	特别制作的正式测验	期末测验或总结性测验

[资料来源] 转引自[日]筑波大学教育学研究会编，钟启泉译.《现代教育学基础》，上海教育出版社，1986 年版，第 411—412 页。

2. 正式评价和非正式评价

这是根据评价的计划性和组织性来划分的。正式评价是指教学活动中那些比较正规、有目的、有计划的评价方式，如期末考试，教学督导等。非正式评价则是那些弥散在一切教学活动中，随处可见和比较随意的评价方式，经常是在不自觉的状态下进行的，如学生对某位老师的议论，教师对学生的发展变化特点的分析。非正式评价的特点是隐蔽性强，具有较强的主观性。

3. 过程评价和结果评价

这是根据评价者所关注的重点不同来划分的。过程评价重在对活动过程和发展过程的分析，重视教学过程的特点，师生主动性和创造性的发挥等。结果评价强调教学的实际效果，关注教学目标的完成程度。

4. 常模参照评价和标准参照评价

根据评价标准的不同，可以把教学评价分为常模参照评价和标准参照评价。前者以评价对象所处的群体作为参照系，是以学生所处的团体的平均成绩或团体中的常模作为参照标准，根据个体的相对位置（或名次）报告评价的结果；后者是以理想或固定的目标作为参照系,预定一个客观的或理想的标准,并运用这个固定标准去评价每个对象的评价方式。

二、教学评价的发展[①]

教学评价和整个教学系统一起经历了漫长的历史发展过程。当然,对于东西方来说,其教学评价的发展也存在着一定的差异。

(一)中国古代教学评价的发展历程

早在西周时期,就有文献记载了周王命令静在学宫中掌管射猎,并在一段时间后考验其教学效果和赏赐他的史实。

我国古代最早的一部教学论专著《学记》中记载:"比年入学,中年考校。一年视离经辨志;三年视敬业乐群;五年视博习亲师;七年视论学取友;谓之小成。九年知类通达,强立而不反,谓之大成",表明当时的学校已建立了稳定的具有明确内容和标准的"考校"制度,即教学评价体制。这可以说是世界上最早的教学评价思想。

我国的科举考试从公元 606 年开始。隋炀帝大业六年(公元 606 年),置进士科,创立科举考试制度。自此以后,科举考试就成为我国封建社会教育及教学评价的主要方式。科举考试的内容,主要是儒家经典,科举考试的形式,"唐取士以诗赋,宋取士以经义论策,明、清取士用八股文"。清朝光绪三十一年(公元 1905 年),清政府正式废除科举考试。科举考试前后历时 1300 年,在世界上开创了文官考试的先河,既是一种通设科考试并根据学科考试成绩录用官吏的考试制度,也是古代社会最有影响的教学评价体系,针对学生学力水平进行考核。科举制度的历史意义在于能够破朋党之私,对选拔统治人才有积极作用,但由于题少面窄,评价标准的客观性不强,并且容易导致士子醉心于功名利禄、荒废学理,使学校成为科举的附庸。

我国教学评价活动在古代一直与选士制度密切关联,到了近代则是中西方文化交融的产物。

(二)西方现代教学评价的发展历程

19 世纪末 20 世纪初,随着实验心理学个体差异研究的进步和教育统计学的发展,教育理论工作者们开始探讨如何将心理测验的方法应用于教学领域,实现学业成绩考核客观化、标准化与数量化。现代教学评价就是在这个基础上逐步确立的,并不断得到完善和发展。美国学者 E. 枯巴和 Y. S. 林肯研究指出,现代教育评价经历了四个不同的发展阶段,形成了四代不同的教育评价理论和方法。与此相联系,现代教学评价的发展也可以区分为相应的四个基本阶段。

---

① 参见黄甫全、王本陆主编.《现代教学论学程》,北京:教育科学出版社,1998 年版,第 275—277 页.

1. 1900—1930 年是现代教学评价的第一个发展阶段

这一时期的特点是测量理论的形成和测验技术在教学中的广泛应用。美国学者莱斯 1894 年开始研究儿童学习拼音的成绩测量问题,并于 1897 年发表了测量量表;1905 年心理学家桑代克发表《精神与社会测量导论》,提出"凡存在东西都有数量,凡是有数量东西都可测量",1909 年又发表"书法量表"。桑代克被称为"教育测验之父",拉开了美国教育史上著名测验运动的序幕。在此期间,各种学科学习量表先后问世,形成教育测量热。例如,斯东(1908 年)和克梯斯(1909 年)发表了算术成绩测量量表,有关拼字、作文、语文等方面的学习成绩量表也纷纷出现。各种学绩量表产生后,很快为许多学校所采用。例如,1911—1912 年,纽约市曾对 3 万名儿童进行了多种学科的学绩测验。总的来看,这一时期的教学评价,基本等同于教育测量,评价者在评价中仅扮演测量技术员的角色,评价的中心任务是"用科学的方法,求客观的标准,以矫正主观方法的弊端",对教学评价中如何科学地解决教学信息的收集问题作出了贡献,并在一定程度上克服了传统考试主观、笼统和偏于事实性知识与死记硬背,但也存在明显不足。它企图用数字来表示受教育者的全部特征,难免流于形式机械化。学生态度、兴趣、创造力、鉴赏力等十分复杂,很难全部量化。

2. 1930—1940 年前后是现代教学评价发展的第二个阶段

最早倡导从"测验"转向"评价"的是美国教育评价与课程理论专家泰勒。在美国的"八年研究"中,由泰勒领导的评价委员会的工作是这一时期教学评价领域最有代表性的工作。泰勒认为,评价必须建立在清晰的陈述目标基础上,根据目标来评价教学效果,促进目标实现。枯巴等人认为,这一时期的特征是对测验结果作描述,评价的目标不再是学生本身,而是什么样的学习目标模式对学生学习最有效。例如,泰勒他们编制了许多测验去测量学生是否掌握了教师要求他们学习的那些东西,据此辨别、区分有效的目标模式。

3. 20 世纪 50 年代至 70 年代是现代教学评价发展的第三个阶段

这一时期注重了真正的价值判断问题。目标参考测验在这一阶段发展起来。目标参考测验以教学目标为评价标准,关注的是教学是否达到了教学目标,它和教育目标分类学的出现联系在一起,关心教学目标的实现,注重以目标为参照系进行价值评判,是教学评价第三个发展时期的突出特色。这一阶段对评价标准的发展作出了积极贡献。

4. 20 世纪 80 年代以后现代教学评价进入了第四个阶段

项目反应理论把教学评价引向了计算机化和因人施测的方向。模糊评价法发展了教学评价的数据处理技术。枯巴等人提出的"第四代教育评价",突出了教学评价中的人文主义精神,强调评价者和评价对象之间的不断交互作用、共同建构、全面参与,对教学评价做了有益的反思和建设性构想。阿莫纳什维利在总结六七十年代实验的基础上,提出了实质性评价理论。实质性评价是贯穿于教学过程始终的特殊教学活动,包括教师的评价、在集体的学习—认识活动中的评价、在学生个别独立的学习—认识活动中的评价三种形式,特别重视学生自我评价能力的形成以及教学评价的良好心理氛围的设计,强调了教学评价中的定性和描述等侧面。总的说来,20 世纪 80 年代以后的教学评价,比较关注教学评价的人文精神和教育作用,可视为现代教学评价的第四个发展阶段。

(三) 未来教学评价发展的趋势

1. 评价模式的多样综合

迄今为止,已发展出了各种各样的教学评价方法和技术。不同的教学评价方法、技术,各有不同的优势和不足。为了保证教学评价的准确性和全面性,必须把各种不同的评价技术进行必要的综合、组合、改造和创新。事实上,当前的教学评价改革已注意到了评价模式的多样综合问题,比如强调定性和定量结合、模糊与精确结合、日常观察和系统测验结合、他评与自评结合,等等。这种多样综合的特点在今后将更加明显。

2. 注重教学评价的教育性功能

在教学评价中,人们最初重视的是管理性功能。历史发展表明,过于关注管理性功能而忽视教育性功能的教学评价,往往给学生的身心发展带来消极影响。在现代教学评价发展的过程中,教育性功能就逐渐受到了重视。它强调教学评价作为教学活动的一个重要环节,应自觉地服务于教学宗旨,成为实现教学目的的促进性力量,促进学生身心全面发展。当前,教育性功能已逐渐突出出来,形成性评价和实质性评价的出现和发展就是有力的论据。今后,这一方面的功能将得到进一步的加强。

3. 重视学生的评价能力的发展

在现代社会,人们面临着日益复杂的社会环境,只有具有良好的评价能力,才能合理地选择和行动。帮助学生发展评价能力,是现代社会对学校提出的重要要求。学生的评价能力需要通过评价活动才能发展。在整个学校教育活动体系中,教学评价是最基本的评价活动,是发展学生评价能力的基础性活动。教学评价的未来发展和改革,将突出通过评价培养学生评价能力的重要性。也就是说,要通过教学评价来使学生掌握有关评价的原理、标准和方法,给予学生评价自我和他人的机会,从而提高评价能力。

三、教学评价原则

教学评价原则是指在进行教学评价时必须遵循的基本要求。在教学评价中,必须遵循的原则有方向性原则、科学性原则、发展性原则、客观性原则、整体性原则、目的性原则、可行性原则、评价和指导相结合原则、自评和他评相结合原则等。

(一) 方向性原则

教学评价必须以党和国家的教育方针,国家颁布的课程计划、审定的教材为依据,通过评价使教学坚持正确的方向,促进学生的全面发展。对教学各个环节的评定、考核,要体现出相应的教学目标要求。对教学的评价要全面,要体现出教学要求的目标方向,既要评价知识、技能的掌握情况,又要评价智能发展和思想道德水平提高情况;既要评价教师在课堂教学中的表现,又要评价学生的参与情况,要评价教学是否面向全体学生,是否全面完成大纲规定的教学任务,是否达到了课程计划中规定的培养目标。总之,教学评价必须坚持正确的方向。

(二) 科学性原则

教学评价必须具有可信度与可靠性，必须建立在科学的基础上，有充分的科学依据和科学方法。教学评价要以正确的教育思想和教学理论为指导，遵循课堂教学的规律，适应深化课堂教学改革的要求和各学科的特点。在建立教学评价指标体系时，要有相应的理论依据，每个指标项目要有相对独立的、准确的科学含义。在确定各项指标的评价标准时，要考虑到指标本身的科学内涵和操作的方便实用。教学评价的方法要力求科学、完整。在评价过程中，要根据教学目标与教学的管理要求，注意从教学过程入手，从教学的计划设计、备课上课、批改作业等方面进行。在评价信息搜集、处理上，要力求全面、客观、公正，注意其可靠性和合理性。教学评价只有坚持科学性原则，反对形式主义，才能真正起到评价的作用，调动教师教学的积极性、主动性和创造性，提高教学质量。

(三) 发展性原则

虽然教学评价具有选拔淘汰、评定等级等方面的功能，但从一般意义上来说，教学评价的最为主要的功能之一就是为教学活动提供相应的反馈、诊断及改进服务。因此，教学评价还应遵循发展性原则。教学评价的发展性原则主要包括两个方面的内容：一是有利于学生的发展。教学评价的基本目标之一就是通过切实的评价与诊断，帮助教师积极自主地构建和应用新的教学策略，不断调整教学的组织方法与过程，从而促进学生在认知、情感等方面的全面发展。二是有利于教师的专业发展。教学评价的重点是关注教师的课堂教学过程，而这个过程的效率和师生间的互动交流直接关系着教学目标的完成。因此，需要考虑如何通过评价来进一步提高教学的效率，找到教学中还应该改进的地方，而不仅仅是评判教师的教学过程现状。同时现代教学评价强调，教学评价主体之一就是教师自己，课堂教学评价本身也应该是教师对课堂教学过程与行为的批判性的反思，是教师与同行、专家交流与分享的过程，因此，通过课堂教学评价能有效促进教师的专业发展。

(四) 客观性原则

教学评价必须采取客观的实事求是的态度，要客观地反映被评价对象的真实价值，不能主观臆断或掺杂个人感情。在编制评价指标体系时一定要进行深入的调查研究，广泛征求老师的意见，使评价指标体系尽可能准确地反映教学实际情况。在评价过程中，评价者要熟悉评价指标体系和指标的界定，并严格按标准实施。

(五) 整体性原则

教学是教师的教与学生的学的双边活动，也是促使学生的知识、能力、智力、品德发展的过程。构成教学过程的诸多因素如师生、教材、设备等，不仅各自发挥作用，而且相互关联、相互影响，形成整体的功能。因此，教学评价时要注意影响教学质量的诸因素及它们之间的联系，要抓住主要矛盾，全面系统地进行分析评价。在确定指标时，要从整体出发，分析各个因素在教学过程中的地位和它们之间的联系，根据各自在教学过程中的作用及其效应，确定指标及其权重。

（六）目的性原则

教学评价实际上是一种管理手段，每一次评价就是对教学进行的一次调控。目的性原则是指在进行评价时必须有明确的目的。评价的具体目的决定着采用什么样的评价标准，也决定着评价的具体做法。教学作为一种有目的的活动，评价绝不能随心所欲。

（七）可行性原则

教学评价要从当地教学实际情况出发，评价的内容、方案、指标、力法等都要符合当地的具体条件，能够实行。在编制评价指标体系时，要充分考虑当地的教学实际水平。

（八）评价和指导相结合原则

评价是按照一定的原则、标准对评价对象已完成的行为做出肯定或否定的判定，使被评价者从中受到启发和教育。指导是评价的继续和发展，它把评价的结果上升到一定的理论高度加以认识，并根据评价对象所具有的主客观条件，从实际出发，使评价对象能掌握自身在今后一个时期内发展的方向。从教学管理上讲，有对教学问题的评价，就有对教学问题的指导，否则评价就失去了意义和价值。从评价到指导，再从指导到评价，循环往复，这是提高教学质量、保证教学沿着科学性轨道发展的关键。

（九）自评和他评相结合原则

教学评价的根本目的是提高教学质量，因此，把评价的标准、原则、方法交给师生，让他们在教学实践中经常地进行自我评价，会不断地改进师生的教与学，有利于提高教学质量。在自评的同时重视他评，可有针对性地对某一教学问题进行专门评价，能准确地发现教师教学的优缺点，有利于明确今后的努力方向。

四、教学评价内容与技术

教学评价作为对教学活动及教学结果进行价值判断的活动，其内容非常广泛。可以说，所有教学活动及教学结果都可以作为教学评价的内容。

从教学评价实践来看，人们一般把教学评价的内容概括为四个方面，即课程设计与教学设计评价、教师教授质量评价、学生学业成就评价和教学管理评价。教师教授质量和学生学业成就无疑是教学活动中最为重要的两个方面，因此也是教学评价中尤为关注的方面。因此，这里就以这两个方面的内容来交待教学评价的技术。

（一）教师教授质量评价

1. 教师教授质量评价的内容和要求

（1）教师教授质量评价的内容

教师教授质量评价即教师教学活动效果的评价，是对教师的教学行为及其成效所进行的评价。

教师教授质量评价的内容主要包括六个方面的内容：一是教学目标方面，涉及教学目标是否明确、全面和具体;二是教学内容方面,要看教学内容的组织和安排是否合理;三是教学方法方面,要看教学方法运用的是否得当;四是教学结构方面,即教学环节或教学程序是否优化;五是教师的教学基本功,要看教师的教学基本功是否扎实;六是教学效果方面,要看教学所取得的实际效果怎样。

(2) 教师教授质量评价的要求

对教师教授质量的评价应遵照以下三个方面的要求:

一是坚持客观性。即对教师的教授质量进行实事求是的评价,一是一,二是二,既不过分夸大,也不刻意压低。

二是重教学质量。对教师教授质量评价,自然应把教师的教学质量放在重要的地位。当然,在对教师的教学质量进行评价时,应注意将教学水平与教师的专业水平区分开来,并着重考察教师的教学水平。

三是强调发展性。对教师的教授质量进行评价,还应看到教师本人教授质量的前后变化,通过前后的对比,既可以看出教师教授质量的发展,也可以促进教师教授质量的改善。

2. 教授质量评价的途径和方法

(1) 教师教授质量评价的途径

教授质量评价的途径主要有自我评价、学生评价、同事评价、领导评价。

自我评价,即教师自己对自己的教授质量进行评价。通过自我评价,可以促进教师对自己的教授质量进行反思,从而可以更好地促进他们改善自己的教授质量。

学生评价,即让学生对教师的教授质量进行评价,通常也称为学生评教。学生作为教学的对象,既是教学活动的全程参与者,也是教学活动的主要受益者。因此,他们对教师的教授质量了解的比较全面,对教师的教授质量评价也最有发言权。表7-1即学生评价教师教授质量的一个样例。

表7-1 学生评价

等级 项 目	非常赞成 5	同意 4	一般 3	不同意 2	反对 1
1.该教师备课是认真、充分的					
2.该教师常用举例方式讲解、条理清楚					
3.该教师讲课能激发我的兴趣					
4.该教师能随时和我讨论问题					
5.该教师关于发现我不懂的地方					
6.该教师对我比较真诚、热情					
7.该教师布置、批改的作业,我是满意的					
8.听该教师每一堂课我都是有收获的					
9.该教师经常研究与教育教学有关的问题					
10.该教师上课无迟到、早退、拖堂或无故缺课现象					
11.我欢迎该教师继续给我们上课					
总 分					

同事评价,即教师的同事对教师的教授质量进行评价。教师的同事作为同行和专业人员,对教师的教授质量有着更为深刻的了解和全面的认识,自然也可以对教师的教授质量进行科学、合理、客观的评价。

领导评价,即学校里的管理层面的人员,如校长、副校长、教务主任等对教师的教授质量进行评价。学校管理层面的人员作为学校的管理者,不但应该了解教师的教授质量,而且还可以通过对教师教授质量的评价引导学校教学的发展方向,以营造科学、合理的教学评价氛围。

上述四条评价途径,各有其优点,也各有其不足。因此,在进行教学评价时,需要把这些途径有机地结合起来进行。表7－2即是把这四条途径结合起来的一种尝试。

表7－2 教师教授质量评价途径登记

应得分＼评价内容＼任课教师姓名	领导评价 ($r_1=0.25$)	同行教师评价 ($r_2=0.20$)	学生评价 ($r_3=0.45$)	自我评价 ($r_4=0.10$)	总分

(2) 教师教授质量评价的方法

教师教授质量评价的方法很多。这里着重介绍一种模糊综合评价的方法。

所谓模糊综合评价法,是一种基于模糊数学的综合评价方法,是根据模糊数学的隶属度理论把定性评价转化为定量评价,即用模糊数学对受到多种因素制约的事物或对象做出一个总体的评价。这种评价方法具有结果清晰、系统性强的特点,能较好地解决模糊的、难以量化的问题,适合各种非确定性问题的解决。

对教师教授质量评价也可以运用模糊综合评价法。

运用模糊综合评价法,可以有效地把定性评价转化为定量评价,从而使教学评价具有较强的直观性。表7－3、7－4反映了模糊综合评价从定性转向定量的转化过程。

表 7-3　教师教授质量模糊综合评价一（定性评价）

评价项目（主因素）	序号	评价内容（子因素）	评价等级				
			好	较好	一般	较差	
教学内容	1.1	教材深广度的处理					
	1.2	教材重点和难点的处理					
	1.3	教材中能力和思想教育因素的挖掘					
	1.4	科学概念和规律的讲解					
	1.5	比喻或联系实际					
	1.6	演示实验的操作和讲解					
教学方法	2.1	教学过程中的启发思维					
	2.2	教学过程中的因材施教					
	2.3	教师的语言表达					
	2.4	教师的板书、板画					
	2.5	演示实验的选择和运用					
	2.6	课型的选择和教学环节的安排					
教学态度	3.1	掌握教材的程度					
	3.2	课堂习题的选择					
	3.3	课外作业的布置					
	3.4	教态					
	3.5	教学过程中的时间利用率					
	3.6	课堂进度和学生负担					
教学效果	4.1	学生的学习行为					
	4.2	学生的学习意识					
	4.3	课堂教学秩序					
	4.4	学生对知识的理解					
	4.5	学生学习能力的表现					
	4.6	对思想教育的效果					

表 7-4　教师教授质量模糊综合评价二(定量评价)

主要因素 F_i	...	F_i										...	
		F_{i1}					F_{ij}						
等级选择 评价人员	...	好	较好	一般	较差	差	好	较好	一般	较差	差	...	
A_1													
A_2													
A_3													
A_4													
A_5													
A_6													
⋮	⋮	⋮					⋮					⋮	
A_x	...												
∑	...												

(二) 学生学业成就评价

1. 学生学业成就评价概述

学生学业成就有广狭两义:广义的学业成就是指学生在教师的指导下,通过学习活动所获得的各方面的成果,具体包括知识的掌握、智能的发展和个性心理品质的形成,狭义的学业成就主要指学生在知识和能力(其中以认知能力为核心)方面的发展与变化。这里用的是狭义的学业成就的概念。因此,学业成就评价,就是指对学生在知识和能力方面获得发展状况的判断。

学生学业成就评价的方法有很多。这些方法从性质上来看,主要有量化的方法和质性的方法两大类。前者有观察法、谈话法、实习作业、实验操作、测验等,后者主要有档案袋方法、表现性评定等。这里着重介绍测验法、档案袋评价(portfolio assessment)、表现性评价(performance assessment)三种学生学业成就评价的方法。

2. 测验法

测验法,就是通过学生完成测验任务的情况来推断其学业成就的教学评价方法。因此,编制科学合理的测验就是测验法的关键。

(1) 测验的类型

根据不同的要求,可以把测验分为多种类型。根据测验时机,可分为事前的准备性测验、事中的形成性测验和事后的终结性测验;根据测验试题类型,可分为客观性试题的测验和主观性试题的测验;根据测验的标准化程度,可分为标准化测验和教师自编测验;根据解释分数的标准,可分为常模参照测验和标准参照测验。

(2) 测验的要求

好的测验有一些技术指标上的要求。一般说来,反映测验质量的指标主要有信度、效度、区分度、难度。

信度是指测量工具所测出的结果的可靠性和稳定性程度,即测验结果是否反映了被测者的稳定的、一贯性的真实特征。一般多以内部一致性来加以表示该测验信度的高低。信度系数愈高即表示该测验的结果愈一致、稳定与可靠。

效度即有效性,是指测验所能测出其所要测量的知识、能力或其他方面的结果的有效性程度,或所要测量的东西和实际所测出的东西之间的一致性程度。测量结果与要考察的内容越吻合,则效度越高;反之,则效度越低。

区分度即测验题目的鉴别力,是指测验区分被试水平高低的量度。区分度越高,越能把不同水平的受测者区分开来,该道题目被采用的价值也就越大。区分度与试题的难度密切相关。

难度即测验题目的难易程度,是指被试完成项目作答任务时所遇到的困难程度。难度和区分度共同影响并决定测验的鉴别性。难度的计算一般采用某题目的通过率或平均得分率,即 $P=R/N$(P 为通过率,R 为答对人数,N 为总人数)

一般说来,一个测验比较理想的指标要求是高效度、高信度和适当的难度。

(3) 测验的题型

根据测验对受测者反应结构的封闭性可以把测验的题型分为主观性试题和客观性试题。

主观性试题适合于测量较高层次的认知目标(综合、评价),并能很好地洞察学生的认知结构、分析推理水平以及解决问题的策略。比较常用的主观性试题题型包括作文题、论述题、分析题等。

主观性试题有三个方面的优点:一是试题比较容易编制,省时、省力。一般说来,主观性试题的题目不会太多,不但编制起来相对比较容易,而且评判也相对比较省时、省力。二是有利于培养和评价学生的创造性思维。一般说来,主观性试题往往也都是比较开放的,允许学生根据自己的理解和判断来进行相对自主的回答。这有利于学生的创造性思维的培养和评价。三是还可以间接测量学生的态度和价值观。在评价领域,态度和价值观相对来说是比较难以测量的。通过主观性试题留下来的反映空间,也可以在一定程度上反映和推断学生的态度和价值观。

主观性试题的缺点也比较明显:一是试题覆盖面小,不能有效地代表全部教学内容;二是无固定严格的评分标准,无法客观评分;三是作答耗时较多。

客观性试题是让学生从事先拟定的答案中辨认出正确答案或回答范围明确的试题类型。最常见的有选择题、是非题、匹配题、填空题、简答题等。其中,前三种属于固定答案题,其答案是提供了的,只要求回答者标明数字或标上符号;后两种属于自由问题,要求回答者以简单的文字回答。

客观性试题也同样既有优点也有缺点。而且,其优缺点刚好与主观性试题相反。因此,在运用测验法时要注意主观性试题与客观性试题的有机结合。

3. 档案袋评价

(1) 档案袋概述

档案袋又称成长记录袋,取自英文的 portfolio,即"代表作选辑"的意思。因此,档案袋也称为成长记录袋,是存放学生的学习作品的地方。有研究者将其定义为:"用于显示有关学生学习成就或持续进步信息的一连串表现、作品、评价结果以及其他相关记录和资料的汇集。"①

档案袋有两种比较有代表性的不同分类:一种是格莱德勒(M. E. Gredler)根据档案袋的功能的分类,一种是比尔·约翰逊(Bill Johnson)根据入选材料性质的分类。

格莱德勒根据档案袋的五种功能,即理想、展示、文件、评价、课堂,分别提出了档案袋的构成及目的,具体内容见表7-5。

表7-5 格莱德勒档案袋的分类

类型	构成	目的
理想	作品产生和入选说明,系列作品及代表学生分析和评价自己作品能力的反思。	提高学习质量。通过一段时间的成长,帮助学习者成为自己学习的思索者和非正式的评价者。
展示	主要由学生选择出来的最好和最喜欢的作品集。自我反思与自我选择比标准化更重要。	给由家长和其他人参加的展览会提供学生作品范本。
文件	根据一些学生的反映以及教师的评价、观察、考察、轶事、成绩测验等得出的学生进步的系统性、持续性记录。	以学生的作品、量化和质性评价的方式,提供一种系统的记录。
评价	主要由教师、管理者、学区所建立的学生作品集。评价的标准是预定的。	向家长和管理者提供学生在作品方面所取得成绩的标准化报告。
课堂	由三个部分组成:(1)依据课程目标描述所有学生取得的成绩的总结;(2)教师的详细说明和对每一个学生的观察;(3)教师的年度课程和教学计划及修订说明。	在一定情境中与家长、管理者及他人交流教师对学生成绩的判断。

比尔·约翰逊根据入选材料的性质的不同,把学生档案袋分为最佳成果型、精选型和过程型三种。其中:

最佳成果型学生档案袋(best-works portfolio)是通过收集学生在某一学科或某一

---

① 转引自施章清.《论档案袋评定和学生评价》,《课程·教材·教法》,2004年第1期.

领域的最佳成果,来对学生在这一学科或这一领域内的达到水平做出评定。选入的材料不拘形式,只要能反映出学生在这一学科或这一领域内的最高水平即可。

精选型学生档案袋(selection portfolio)要求学生收集的不只是最高水平的反映,还应是他们感到最困难的典型成果例证。这样的学生档案袋能深刻反映学生成长的概要,高度揭示学生取得的一般成绩。

过程型学生档案袋(process portfolio)致力于寻求为学生的不断发展积累信息与证据,为师生双方及时地提供学生学习进展的实际情况,以便调整下一步的学习与指导。

(2)档案袋评价的内涵

档案袋评价是通过汇集学生作品样品的形式来展示学生的学习和进步状况,是对以个人的方式经过长期的、有目的、有计划地对自己学习过程和成果的信息、资料累积起来的集聚物进行价值判断的活动。因此,这也是通过记录学生在一定时期内的一系列成长历程,然后基于这样的成长历程进行的形成性评价。

这表明,档案袋评价具有如下要义:

①档案袋的基本成分是学生的作品,而且数量很多。而且,档案袋的创造者是学生本人。档案袋作为学生对于自己学习过程的总结和展示,只有学生本人才有权建立,其他人无权干涉。

②作品的收集是有意而不是随意的。档案袋的形成过程实际上也就是学生对与自己有关的各项活动、材料等的收集、选择和反思的过程。这也即档案袋的内容不是简单堆积,而是经过精心选择的。

③档案袋评价应提供学生发表意见和对作品进行反省的机会。学生作为档案袋的创建者,作为自己作品的亲历者,无疑对自己的作品有着更多的感受,更深的感情。因此,在运用档案袋进行评价时,还必须允许学生发表自己的意见以及自我反思的机会。

④教师要对档案袋里的内容进行合理的分析和解释。虽然学生本人是档案袋的创造者,他人无权干涉,但这并不意味着其他人没有提出建议的权利。之所以建立学生档案袋,涌现出档案袋评价,实际上就是想借助教师的反馈指导以更好地促进学生成长。当然,需要说明的是,教师对档案袋进行反馈指导是随机进行的,否则,既会增加教师的工作负担,又会增加学生的心理压力。

档案袋评价既有优点,也有缺点。档案袋评价的优点主要有以下六个方面:一是能够提供学生学习过程中的形成性信息,有助于形成性评价与终结性评价的有机结合;二是能够促进学生对学习过程的自我监控和自我反思,有助于学生元认知能力的发展;三是能够全面反映学生学习与发展过程中的重要信息,有助于评价的开放性与全面性;四是能够真正使学生成为评价的主体,注重学习过程中的动态评价;五是能够充分体现学生的个性化发展,有助于教师进行有针对性的指导;六是能够促进教师与学生间的沟通与交流,有助于形成和谐、友好的师生关系。

档案袋评价的缺点主要有两个方面:一是档案袋评价的效度很难保证;二是档案袋评价工作量太大,需要教师付出更多的时间和精力。

4. 表现性评价

(1) 表现性评价的内涵

表现性评价是通过学生完成特定任务的外部行为表现来评价学生的评价方法。这是一种与传统的纸笔型评价相迥异的评价方式，需要学生自己创造出问题的答案或用自己的行为表现来展示自己的答案，而不是像过去的纸笔测验那样从规定好的项中选择出自己的答案。

表现性评价具有如下特点：

①表现性评价是通过真实的问题情境来进行的。现代认知心理学认为，问题空间是影响问题解决的重要因素。一般说来，那些直接的、具体的问题由于其可感性强，问题空间相对而言较为明晰，而那些间接的、抽象的问题由于其可感性弱，问题空间相对而言较为模糊。因此，表现性评价主要是基于真实的、直接的、具体的问题来进行评价，而不是对那些严重脱离现实情境的、抽象的问题来进行评价。

②表现性评价可以用多个评价标准来进行复合型评价。一方面，任何活动都会有多种可能的解决思路；另一方面，就是同一解决进路，又会有不同的解决水平。两相交织，使得解决问题的方式各不相同，相互间甚至根本不具有简单可比性。因此，必须用多个标准进行复合型的评价才能全面、客观地反映出学生解决问题的水平和能力。

③表现性评价关注知识技能的实际应用和非智力因素的发展。相对于知识本身的理解而言，表现性评价更加关注知识技能的实际运用，即运用这些知识技能解决实际问题的能力，而不是掌握知识的数量。与此同时，表现性评价还关注在运用知识技能解决问题过程中，学生的情感、态度、兴趣、动机等一些非智力因素方面的展现。

④表现性评价需要综合运用多个学科的知识和技能才能加以解决。直接、真实、可感的问题并不意味着问题本身是简单的。恰恰相反，这些问题由于需要多个方面的知识和技能而往往较为复杂。解决这样的跨学科的问题需要综合运用多个学科的知识和技能。

(2) 表现性评价任务的类型

①结构性表现任务。这是指评价者事先精心设计并指定的、相对比较简单的表现性任务。通过对学生完成这种任务时所开展的活动及活动结果的评价分析，可较清楚地判断学生在某一知识和技能领域基本的发展状况。结构性表现任务可以是纸笔表现，也可以是非纸笔表现。在纸笔表现任务中，经常使用"设计"、"建立"、"创作"等行为动词，如"设计一个电路图"、"创作一首诗"等。非纸笔表现是指事先设计的要求学生使用除纸笔以外器具来完成的表现性行为。例如，要求学生用一套四个三角形拼出不同的几何图形，拼出的几何图形越多越好；演示如何将酸和水混合等。

②口头表达。口头表达是指要求学生以独白或对话的形式来完成的表现性任务，如课堂演讲、参与辩论等。通过这种测试任务，可以较好地反映学生的表达能力、思维的逻辑性和概括能力、临场发挥能力，也能反映出学生对知识的深刻理解。

③模拟表现性任务。这是以配合或代替真实情境中的表现，局部或全部模拟情境而设立的表现性任务。例如，学生以角色扮演的方式模拟法庭审判、招聘会、市政会议等进

行社会课程的学习。在模拟表现性任务中学生的综合素质可以得到较好的表现。在许多情境下,学生在模拟情境中的表现,是其在真实情境中表现的准备。

④做实验或调查。实验和调查可以涉及自然科学和社会科学两大领域,活动的方式可以是实地调查、问卷调查和实验室实验(主要用于自然科学),也可以是自然情境下的体验(主要用于社会科学)。例如,开展一系列研究来寻找水污染的原因、调查家庭一天的用水量等,这类任务可以由个人独立完成,也可以由小组合作完成。

⑤作品创作。这类任务是要求学生创作一首诗歌、一幅画或制作一个东西等。这类任务主要考查学生的表现力、想象力和制作能力等。

⑥完成研究项目。这类任务一般要求学生针对某一研究课题开展研究,运用多种科学研究方法完成某种特定的研究项目。这类任务非常接近于科学研究活动,是对科学家的科学研究活动的模拟,有的时候就是真实科学研究活动的一部分。所以,这类任务可以充分而全面地反映出学生运用知识的能力、科学探究的能力。

第二节 教学管理

一、教学管理的概述

(一)教学管理的内涵

1. 教学管理的定义

教学管理有狭义和广义两种不同的理解。狭义上的教学管理是指学校管理者为完成教学任务,实现教学目标,提高教学质量,运用一定的原理和方法,组织、协调、指挥和控制各种教学因素的行为总和。这也是人们经常使用的教学管理。而广义上的教学管理不仅包括学校教学管理,还包括教育行政机关对各级各类学校及其他教育机构教学的管理和指导。由于广义上的教学管理往往包容在相应的教育管理之中,因此这里只交待狭义上的教学管理。

对于狭义的教学管理的理解,需要把握以下四个方面的要义。

(1)教学管理主体多元

从类别上来看,教学管理的主体至少有两大类:一是来自于组织层面的管理主体,如学校领导、教务管理人员等,承担对教学活动的行政管理;一是来自于课堂层面的管理主体,如教师、学生等,肩负教学管理的实践运行。

(2)教学管理目标丰富

从上述界定中可以看出,教学管理的目标有三个方面,分别是完成教学任务、实现教学目标、提高教学质量。而且,这三者间有着非常密切的关联,共同构成了教学管理的目标体系。其中,教学任务的完成是实现教学目标的前提,而教学目标的实现又是提高教学质量的应有之义。

(3) 教学管理方式多样

教学管理作为对各种影响教学活动的因素进行的组织、协调、指挥和控制,因此教学管理的方式也是多种多样。既有行政上的,也有经济上的,还有心理上的,不一而足。

(4) 教学管理内容丰富

教学作为学校的中心工作,涉及方方面面,如人、事、物等。所以,对其进行管理的内容也非常丰富。

2. 教学管理的特点

(1) 约束性

教学管理作为对影响教学活动的各种因素进行的组织、协调,实际上也就意味着对其做出相应的规范和约束。这实际上也符合管理最初的含义。在我国古代文献中,"管"通"官",即管辖或管制。因此,教学管理具有约束性的特点。

对于教学管理的约束性来说,有以下三个方面要求:

①公正。教学管理对其所管理的人、事、物等一视同仁,不能因人而异、因时而异。否则,教学管理的约束性就会大大降低,甚至流于形式。这不但对教学管理不利,对教学活动也不利。

②规范。管理一词其实包括两个方面的内容:一是管,即这里所说的约束;二是理,即道理、事理。这也就意味着管本身要符合道理、符合常理。如果管不符合道理,没有根据,仅仅是为管而管,也同样不符合教学管理的要求,收不到应有的效果。

③系统。教学管理本身涉及多个方面,如教学过程、教学系统等,所以,教学管理应针对教学中所涉及的各个方面都进行管理,而不能只管理其中的一部分而忽略或遗漏另一部分。如果这样,也同样会降低管理的效果。

(2) 人文性

教学管理在具有约束性的同时,还具有人文性。教学管理的人文性,即在教学管理中还要充分考虑人的因素,调动人的积极性。

虽然影响教学活动的因素很多,但归根结底,人是其中最为关键的因素。所以,教学管理还必须对这一因素进行关注,在进行约束性的同时还要考虑人文性。

教学管理的人文性也有以下三个方面的要求:

①激励。如上所述,人是教学管理中最为关键的因素。因此,在进行教学管理时,必须充分考虑调动人的积极性,要通过一些起到激励作用的管理措施来调动他们的积极性,诱发他们对教学的热情,激励他们的教学活力和职业潜能,使他们满怀热情投身教学活动。

②差异。从约束性方面来看,教学管理应该一视同仁,不能因人而异。但这也并不意味着在进行教学管理时完全无视个别差异。教学管理一方面要做到公正,另一方面也还要考虑差异。其实从某种意义上来看,对差异的尊重也是公正的要求和反映。

③灵活。教学管理对教学活动中的各个方面所做出的要求一般来说是统一的、固定的,但在实际教学管理过程中往往会出现一些新的情况或问题。对于这些新的情况或问题,一方面原来的规定中并没有,另一方面也还确实需要去处理。对于这类情况或问题,在进行管理时就需要根据实际情况进行灵活处理,既不能生搬硬套原来规定当中的某些条条框框,也不能置之不理。

总之,教学管理一方面要管,具有约束性;另一方面也要有情,具有人文性,是约束性和人文性的统一。

3. 教学管理的相关范畴

(1) 教学管理与教育管理

教学管理与教育管理具有高度的相关性,但亦有一定的区别。从相关性方面来看,两者不但同属于管理,而且也都服务于教育,是对教育或者是教育中的部分方面进行的管理。

从区别方面来看,主要表现为两者在管理范围上有着明显的差异。教育管理是针对整个教育活动进行的管理,其中也包括教学管理在内;教学管理只是针对教育活动中的教学这一专门活动进行的管理,是教育管理的重要组成部分。

(2) 教学管理与教学领导

目前,人们越来越认识到,管理只是保证做事正确,而领导则是做正确的事情。

这在教学活动中也同样存在。一方面,教学需要管理,需要照章办事,以保证做事正确;另一方面,教学也需要领导,需要做正确的事情。在教学活动中,通过照章管理的教学管理可以保证教学活动的有序进行,但在教学活动中仍然有些不能完全照搬制度或者根本没有制度可照搬的情况。这时希望靠制度来进行教学管理显然就无法奏效,需要运用教学领导。另外,上述教学管理的人文性特点也暗示了教学不仅需要管理,也需要领导。

(二) 教学管理的任务

教学管理的总任务是认真贯彻我国的教育方针,按照学校培养目标的要求,遵循教学规律,通过制订计划、组织实施、检查监督、指导激励等活动,提高教学工作的效率和质量,获得最佳的教育效果。

教学管理的具体任务有以下六个方面:

1. 端正教学思想,正确确定教学管理目标,明确教学管理重点,结合实际,进行必要的改革和创新。

2. 健全教学管理的组织系统,形成一支有较高水平的干部队伍和教师队伍,明确管理职责,发挥教学管理机构和人员的作用。

3. 完善学校有关教学的各项规章制度,制订学校教学工作计划,使学校教学工作有计划、有步骤地协调运行,组织对教学工作质量的检查和评估工作,对教学实施科学管理。

4. 稳定教学秩序,深入教学实际,加强检查指导,及时总结教学工作经验,提高教学质量。

5. 优化教学过程,充实教学设备,改善教学环境,做好教学服务工作。

6. 组织开展教学研究活动,促进教学工作改革。

(三) 教学管理的意义

1. 落实教学目标

教学目标作为对教学活动筹划,表明了对教学对象在发展上的要求。这些要求需要通过切实有效的方式来落实。教学管理作为对教学活动的调控,旨在促成教学目标的全面实现。

2. 提升教学质量

教学质量既是学校生存和发展的基础,也是教学管理的重点。也正是在这一意义上,人们往往把教学质量视作学校的生命,并为此采取各种教学管理方式来确保教学质量,提升教学质量。

3. 提高教学效益

对于教学管理来说,除了考虑教学质量外,还要关注教学效益。教学质量只是反映教学管理的最终结果。有些学校,虽然教学质量得到了提高,但为了提高教学质量所采用的方式本身是不够恰当的,如增加学习负担、延长教学时间等。教学管理不但要保证教学质量得到提高,而且还要保证提高的教学质量是一种内涵式的提升,而不是外延式的提升。这也即教学管理还可以提高教学效益。

二、教学管理的内容

教学管理的内容很多,涉及教学思想、教学制度、教学质量、教学行政、教学组织、教学计划、教学过程七个方面。这里着重介绍前五个方面的内容,后两个方面则放在教学管理的实务中进行探讨。

(一) 教学思想管理

思想是行动的先导。所以,在教学管理活动中,首先应做好教学思想上的管理。在苏霍姆林斯基看来,"领导学校,首先是教育思想的领导,其次才是行政上的领导"[①]。确实,作为对教学活动诸要素之间相互关系的认识、主张和信念,教学思想随时随地都影响着教学行为并在教学行为上得到体现。因而,在教学管理工作中,抓住教学思想的管理就抓住了关键。

教学思想管理实际上是帮助师生澄清并消除被教学实践证明落后的教学思想,接受新的进步的教学思想并付诸行动。新的教学思想层出不穷,凡是经教学实践证明有利于学校培养目标的实现和学生素质的全面发展、符合教学规律性的教学思想都在需要理解和接受之列,诸如,教学合目的性与合规律性统一的思想;发展主体性与主体间性统一的

---

① [苏]瓦·阿·苏霍姆林斯基著,赵玮等译.《和青年校长的谈话》,上海:上海教育出版社,1983年版,第 33 页.

思想;培育感情与发展智慧统一的的思想;激励创新精神与发展创新能力统一的思想;一般发展与因材施教统一的思想;适度减轻负担与提升教学质量统一的思想,都是当代具有积极意义的教学思想。① 反之,凡是不利于培养目标的实现,有害于学生身心健康发展,违背教学规律性的思想,都是消极的、错误的教学思想。

在教学思想管理方面,要采取行之有效的措施,既重视教学理论的学习,又重视优秀教师的现身说法,组织教师听课、交流和对话,从而把个别人的典型经验变为大家共同的精神财富。实践证明,引导教师开展教学科研,扎实推进以"小课题、小课例、小沙龙、小论文、小展示"为主要形式的教学研究活动,对端正和提升师生的教学思想有十分明显的效果。

(二) 教学制度管理

这类管理是借助教学制度的约束力和激励作用进行的管理。教学制度是指有关部门制定的教学行为规范或准则,可以分为国家教育主管部门颁发的和学校自身制定的两大类。国家教育主管部门颁发的有课程(教学)计划、各科课程标准、学生守则等,这些文件体现了国家对中小学教学工作的基本要求,具有法律约束力。学校制定的规章制度,是学校根据上级的政策条例制定的各种常规制度和实施细则,包括教师的教学工作制度、学生的学习制度、教师和学生的考勤考绩制度等。

制定规章制度要注意刚性、周延性、针对性和可操作性。所谓刚性,就是制度严格、严厉、严肃,人人平等。所谓周延性,就是制度涉及全面,各条文间要衔接、连贯,不前后矛盾,不左右撞车。所谓针对性,是指制度要结合实际,突出重点,针对教学工作的薄弱环节,有的放矢。所谓可操作性,是指制度要力戒空泛,要求具体、简明、有衡量标准、易于执行。

规章制度的制定过程是发扬民主的过程,经过师生充分酝酿和讨论并达成共识的规章制度,才有权威性。而且,教学制度一旦建立,必须在一定的时空条件下保持不变。因为,师生的道德规范、行为习惯以及优良教风、学风的形成,都是在一定规范的指导下经过长期的熏陶和训练的结果。相反,对规章制度朝令夕改,或者有章不循,都会使得师生无所适从,最后导致规章制度有名无实。

(三) 教学质量管理

如前所述,教学质量是立校之本,是学校一切工作质量的集中反映,因而是教学管理的重要内容。

1. 教学质量管理的流程

教学质量管理就是学校教学管理部门,履行教学管理的各种职能,促使教学达到预期的质量标准的过程。其程序大体包括:确立教学质量标准→进行教学质量控制→教学质量问题分析→教学工作的改进,然后再回到新的教学质量标准的确立。

---

① 熊川武著.《理解教育论》,北京:教育科学出版社,2005年版,第235—240页.

其中,教学质量标准是教学工作的目标,是检查教学质量的依据,也是教学质量管理的基础。其制定方法参看本章第一节"教学评价"。

建立了教学质量标准,就要用之检查实际教学情况。这是一种督促,也是对标准的可行性、科学性所做的考量,以便发现问题,及时进行处理。教学质量检查最常用的手段之一是对学生考试成绩等进行质量分析。

教学质量分析,是对教学质量检查所获得的资料和数据进行全面的统计处理,以发现教学现实与预期目标的差距。常用的分析方法有:一是原因分析,将影响教学质量的各因素,分类别群,找出主要因素,以便着手解决。二是动态分析,将每个班级、年级甚至全校的各项教学成果绘制成表,直观地展示教学质量的变化情况。三是层次分析,就是根据年级层次、学业成绩的优劣层次等分层次分析,从而发现不同层次的特点或问题。四是对比分析,就是把各项具有可比性的教学指标筛选出来,将相应的数据进行比较,发现问题,提出有针对性的改进措施。

2. 教学质量管理的内容

教学质量管理的具体内容主要包括以下四个方面:

(1) 学业成绩考核、评定和管理。学生学业成绩考核,不仅是对学生学习成绩结果作出的评价,也是对照教学目标检查教学质量的信息反馈,并把这些信息作为对教学质量进行分析、监控、研究改进教学工作的重要手段。

(2) 开展教学检查。教学检查是教学管理中的常规性工作,也是教学质量监控的重要环节,是获取教学质量信息的有效途径。教学检查要贯穿在教学的全过程,不仅要检查各阶段、各个环节的教学质量,也要检查各教学班级、有关教学部门的工作开展情况。为了抓好教学检查,需在主管教学副校长的领导下,由教务部门组织一个检查组实施。

(3) 教学督导。教学工作是学校经常性的中心工作,努力提高和保证教学质量是教学工作的核心。学校为了做好教学质量的监控工作,要及时收集有关教学质量反馈的信息,为教学基本建设、教学改革及有关教学工作的重大决策提供科学的可行性的依据。因此,不仅要对教学工作进行检查,还要加强对教学工作的督导,以利改进工作,提高教学质量。

(4) 教学评估

教学评估工作是宏观调控教学工作,促进教学管理规范,提高教学质量、办学水平和办学效率的重要手段。开展教学评估工作要建立科学的评估指标体系,目标明确,坚持"以评促建,以评促改,以评促发展"的原则,要与学校的激励机制和约束机制相结合。

(四) 教学行政管理

教学行政管理是指在学校整体安排下教务处具体发挥行政职能,以完成教学行政事务的管理活动。

教学行政管理的主要内容有:

1. 招生、编班

招生,即对学生进行录取,是一项政策性很强的工作。学校在招生过程中,要按照规定的要求和一定的标准进行录取。

编班是指在录取后要把学生分配到相应的班级里。在编班时要根据学生的年龄、知识水平等合理地分配到各平行班。另外,在编班时还应保证各平行班男女学生的比例应大致相等,这样班级之间在劳动、文娱、体育竞赛中不会出现大的悬殊,可以增强班级之间的友谊和团结。同时,在编班之后还要保持班级相对稳定,不要轻易变动,使学生有一个稳定的学习环境。

2. 编制校历、课程表和作息时间表

(1) 校历

校历是学校学期工作计划进度表的简称,一般依据上级教育行政部门总的工作安排、学校工作计划中各职能部门工作计划的重要内容和重要活动、各年级和各科教学、教育计划的重要工作和重要活动、学校和社会的常规性的重要活动来进行编制。

校历的编排一般采用表格式,主要内容有周次和时间,全校性的大型活动等。

(2) 课程表

课程表是学校日常教学工作和其他各项工作的指挥调度表,有全校总课表、教师任课表、教学班课表三种形式。

课程表不仅成为教学过程的组织标志,而且是提高教学质量的有效手段。所以课程表的合理性、科学性十分重要。

编制课程表应遵循以下要求:

①严格执行教育部颁布的课程计划。要按照课程计划所规定的课程门数和开设课程的时间顺序进行安排,不得随意增加或减少课程门数和教学时间。

②有利于提高学生的学习效率。要根据教育学、心理学和卫生学的要求来编制课程表。例如,每周二、三、四,每天一、二、三节,学习效率高,应将语文、外语、数学、物理、化学等教学时数多的学科排入;如果全天排课,数、理、化一般排在上午,史、地、体、音、美一般安排在下午;自习课最好排在理科后面;体育课和劳动课不要排在同一天。此外,各学科宜交错安排,以免学生课业负担过重;低年级除作文外,一般不要两节连排。以上这些排课的要求,主要是从提高学生的学习效率考虑的。

学校的课程表有三种类型:全校总课表、教师任课表、教学班课表。

(3) 作息时间表

作息时间表规定了全校的上课、下课、用餐、休息的时间,是全校的总调度表,应按季节的不同,及时调整。

3. 学籍管理

学籍是学生在校学习期间的各种表现、学业成绩等的记录,是判断学生是否达到毕业标准,能否取得毕业证书的依据。因此,学籍也是教学行政管理的一项重要内容。学籍管理要指定专人负责,装订成册,归档保管。

学籍管理中还包括报到注册。注册是新生报到并取得学籍的必要手续。而且,此后每个学期开学时,学生都要到学校报到注册,并需要记录在案,成为学籍管理的一个重要组成部分。

4. 教学档案管理

教学档案包括由上级部门下发的各类有关教学的文件以及各种教学计划、经验总结、统计报表,历次考试的试题汇总、成绩统计及试卷分析,教学质量分析,教师自编教材、发表的论文等。对这些教学档案的管理也是教学行政管理中的重要组成部分。

(五) 教学组织管理

学校教学工作虽是由各个教师分别进行的,但它却是一个完整的系统。只有全体教师互相配合、互相促进,才能组成一个教学的整体,保证教学质量的提高。这就要求建立有效的教学指挥系统,加强教学研究组的建设,合理分配教师力量和安排教学活动时间,以加强教学的组织管理。

1. 建立有效的教学指挥系统

教学是一个系统,对教学管理要从整体出发,建立健全的教学指挥系统。一个健全的指挥系统的要求是:一方面领导者的指令能迅速、准确下达,指挥渠道畅通;另一方面,能及时获得指挥效果的反馈,使指挥过程不断得到调整。

教学第一线的工作人员是教师,他们了解教学过程,熟悉教学规律,学校要依靠教师办学。要建立校长领导下的,包括教导主任、各科教研组组长和各科优秀教师代表在内的教学咨询机构,充分发挥教学组织和优秀教师在提高教学质量过程中的作用。通过他们听取群众意见,研究教学措施,改进教学管理方法,提高教学质量。与此同时,还要建立包括教导处、班主任、班长、学习委员和各科代表参加的学习管理系统,明确他们管理学习的职责,发挥他们的作用。有了以上两个系统,学校的教学任务就能做到层层有人负责,各个环节有人把关,上行下达,渠道畅通,教学指挥就能更加完善和更有成效。

2. 加强教务处的建设

教务处是在校长领导下的学校管理教学和教务行政工作的职能机构,是教学管理指挥系统的中枢,在整个学校的教学管理中,起着十分重要的作用。首先,教务处负责组织和安排整个学校的教学、教育活动,起着调度的作用;其次,教务处具体负责组织学校工作计划中有关教学工作部分的实施,并在实施过程中进行督促、检查和随时向学校领导反映实施过程中的情况并提出建议,起着参谋和助手的作用;最后,教务处要从组织上、时间上和教学仪器设备上为教学工作创造各种必要的条件,起到为教学服务的作用。因此,学校领导人应当充分发挥教务处的职能作用。

加强教务处的建设,要做好以下两个方面的工作:

(1) 选好教务主任。教务主任是校长管理教学的助手,是学校教务工作的具体组织者和管理者。发挥教务处的职能作用,就要充分发挥教务主任的作用。校长应根据干部"四化"的要求,选择德才兼备的教师担任教务主任。应使教务主任明确自己的职责范围,放手让他们工作,使他们有职、有权、有责,把主要精力用于教学管理上。

(2) 教务人员精干。教务处在学校教学工作管理中,处于枢纽地位,学校关于教学管理工作的各种指令,要通过它下达,各年级、各学科的教学情况要通过它去收集、整理,并及时反馈给校长。学校的教学活动,要通过它去具体组织实施,大量的教学行政事务工作,要通过它去完成。因此,教务处的人员要精干,能胜任所承担的工作。同时,要注意人员结构的合理配备,做到职责分明,建立一套周密的常规工作制度,以便更好地发挥整体功能。

3. 加强教研组的建设和管理

教研组是学科教师的教学研究组织,是学校管理组织系统中的一种业务组织。它的主要任务是组织教师进行教学研究工作,总结交流教学经验,提高教师思想、业务水平和教学工作能力,改进教学工作,提高教学质量。

教研组的设置应以有利于教学和开展教学研究为原则,一般以学科为单位设置,同一学科教师在三人以上者,即可设教研组。不足三人者,则可联合相近学科成立教研组。规模较大的学校,同一学科教师人数较多,可在教研组内,按年级设备课组。规模很小,教师人数很少的农村学校,可以在当地教育行政机关或中心小学的帮助下,联合邻近学校组织校际教研组。

教研组长可由学校任命,也可以由教师选举产生。要充分发挥教研组长的作用:首先,应当明确教研组长的职责范围和要求,使他们进行工作时有所依据;其次,要加强培养,提高他们的思想、文化、业务水平和工作能力;再次,要支持和鼓励教研组长开展工作,发挥其主动性、积极性;最后,对教研组长的工作要有严格的要求,使他们在教学上对本组教师起模范带头作用。

搞好教研组的建设,必须加强思想工作,培养教研组的优良风气,包括培养教师热爱教育事业、热爱学生的思想感情;实事求是、认真扎实的治学精神,严肃负责、勤勤恳恳的工作态度;团结互助、密切协作、互相尊重、互相支持的集体主义精神;勇于探索、大胆改革的创新意识等。这种优良的思想作风是搞好教研组工作,提高教学水平的巨大动力。学校管理者要善于组织好各教研组之间的协作,协调好各学科教师之间的关系,使各教研组、各学科的教学形成有机的整体,更好地发挥整体功能,全面地提高教学质量。

4. 合理分配教师的力量

根据教学需要和教师的专长、特点,合理分配教师的教学工作,也是教学组织管理的一项重要内容。它关系到每一个教师积极性和专长的发挥,也关系到教师队伍的建设。同样水平和数量的教师,安排配备得当,水平就能充分发挥出来;配备不得当,教学工作就会大受影响。学校管理者应选择最佳的配备方案,安排教师的工作。

(1)知人善任,扬长避短

学校管理者对每位教师的业务水平、教学特点等应有较深入的了解。一般说来,每个教师都有所长,也各有所短,作为教学管理者,要用其所长,避其所短,把他们安排在能够充分发挥长处的教学岗位上,以便发挥优势,人尽其才。

(2)新老搭配,以老带新

我国目前中小学教师特别是农村学校、偏远地区的教师的水平较低,不能充分胜任教学工作的教师比例不少,提高教师的业务水平是当务之急。必须从这个实际出发,分配好教师的工作,既要保证各个年级各门学科的教学质量,又要考虑教师的培养和提高。因此,要注意新老教师的搭配,尽可能做到主要学科各个年级都有一位老教师起传、帮、带的作用。

（3）不同情况,不同要求

每个学校的教师队伍,一般都是由老、中、青三部分组成。对不同的教师应提出不同的要求,分配不同分量的工作。有经验的老教师,应要求他们把主要精力放到总结经验、研究教育理论和培养新教师方面；中年教师既有教学经验,又有较旺盛的精力,提高教学质量主要依靠他们；青年教师朝气蓬勃,但缺乏教学经验,工作分量不宜过重,应当把他们的部分精力引导到熟悉业务和进修提高方面,促使他们加快成长。

（4）立足当前,着眼长远

安排教师工作要立足于教学工作的全局,合理地安排好各年级、各学科、各教学班的教师工作。要尽量保证每个年级都有把关的骨干教师,又要从长远考虑,尽量把低年级的教师配备强一些,切实打好基础。

专栏 7-2

创新性教学管理举隅

与常规性教学管理相对的创新性教学管理有说不尽的奥秘与数不清的形态,这里结合教学实际介绍几种创新意味较浓的创新性教学管理。

一、危机管理

教学的危机管理是教学人员发现并转化危机,使之成为教学质量提升的机遇的管理思想与实践。

学校教学的危机管理既要注重情境性危机的及时化解,更要考虑如何通过改革追求卓越管理,解决发展性危机的问题。

二、反思管理

教学的反思管理是指教学人员借助反思发现教学管理的正反两方面经验、发扬成绩、解决问题的管理思想和实践。

教学的反思管理的大体环节有发现问题、观察分析、理论重构、主动实验。

三、品牌管理

教学的品牌管理是在明确的品牌意识的指导下开发并不断完善教学特点,从而形成独特教学风格和较高教学质量(即教学品牌)的管理思想与实践。

教学品牌管理大致分为树立教学品牌意识、坚持主攻方向和持之以恒三个方面。

[资料来源]熊川武主编.《教学通论》,人民教育出版社,2010年版,第194-202页.

三、教学管理的实务

（一）教学计划管理

凡事预则立,不预则废。这在教学管理中也同样存在。

教学计划管理是学校教学工作赖以有序进行,顺利完成教学任务,实现培养目标的重要保证,是学校管理的首要的主导性职能。它一般包括两层意思:一是用计划去管理教学工作;二是把各方面的教学工作计划都管起来。教学工作计划管理的任务,就是按照党的教育方针和国家颁发的课程计划、课程标准的要求,结合学校实际,制定一个学年或一个学期的教学工作奋斗目标,确定实现这一目标的具体措施,并组织实施,以保证各科教学任务的完成。

1. 制订教学计划的注意事项

在制订教学工作计划时,要注意以下四个方面:

(1) 坚持以教学为主,稳定教学秩序,包括教师要稳定,学生要稳定,教材要稳定,规章制度要稳定。

(2) 抓教学思想问题。教学是在一定的思想指导下进行的,教学工作计划不仅要反映教学的过程,而且要反映教学过程中的教学思想。要以素质教育思想作为教学计划的指导思想,纠正不正确的教学思想。

(3) 抓教学改革,鼓励创新。科学技术日新月异,知识量成倍增长,要使教学跟上时代发展的步伐,提高教学质量,必须进行教学改革。教学工作计划要反映改革的精神,要提倡在教学上搞科学实验。

(4) 抓教学中的倾向性问题。在制订教学计划时,要注意在克服一种错误倾向时,防止走向另一个极端,产生另一种倾向。

(5) 学校的具体实际情况是制订学校计划的基础。学校的具体情况包括教师队伍的构成情况、学生的基本情况、教学设备情况;学校所在地区的政治、经济、文化及其对学校可能产生的影响等。所有这些情况,学校领导者都要了如指掌,心中有数,并反映在教学计划的制订上。

2. 教学计划的结构体系

学校的教学计划,是一个以国家颁发的课程计划、课程标准为规范,层次分明,从属关系明确,结构严谨的结构体系。

(1) 全校教学计划

这是整个学校计划的主要组成部分,应在校长的直接领导和参与下,由教务主任具体制订。其主要内容如下:

①教学情况分析。对上学年或上学期教学工作进行简明的分析,指出所取得的成绩和经验,存在的问题和缺点,有利条件和困难以及本学年或本学期出现的新情况和新问题。

②本学年或本学期的教学目标和要求。应在分析上学年或上学期出现的新情况、新问题的基础上,进行科学预测,提出本学年或本学期的教学工作的目标和要求。它包括学生在德育、智育、体育、美育、劳动技术教育方面的具体培养目标,特别是在发展能力方面的要求以及学生各科成绩的及格率、优秀率、提高率、合格率、升学率与就业的适应率等数量指标。

③本学年或本学期的教学工作内容和措施。在内容方面,应清楚地规定本学年或本

学期教学工作的项目、各项工作的具体要求和工作进程。措施一定要具体、有力,包括加强领导的措施,提高和培养教师的措施,改革教学的措施,提高学生自学能力的措施,开展教学实验和科学研究的措施等。一般来说,计划不宜过于庞杂,切忌面面俱到,以致重点不突出,流于一般化。

(2) 教研组工作计划

这应以学校教学工作计划为依据,结合教研组的实际情况制订。主要包括以下内容:

①对本组前一学期教学工作所取得的成绩和问题的简要分析;

②本组在本学期改进教学的基本设想和教学研究活动的主要课题及其要求;

③按周安排好各次教学活动的内容和时间,如集体备课、专题讨论、观摩教学、总结交流经验等;

④本组课外活动的内容与时间安排。

(3) 学科教学进度计划

这是全校教学工作计划的最终落脚点,由任课教师制订,经教研组长确认后执行。其内容除有对前一学期学生学习情况和本学期教材内容的分析外,要明确提出本学期的教学目的、要求,实施措施和改进教学的方法,并且要具体安排本学期的教学进度表,具体写明章节课题,所需时间,起止日期以及各章节需要安排的教学实践活动,如实验、实习、参观等。

上述三种教学工作计划,反映了教学工作管理上的三个层次,应当使它们逐层落实,以便保证学校教学任务的全面完成。

3. 教学计划的执行

教学计划的执行关涉到教学计划能否落实。学校的各项教学计划制订的再完美,但如果落实不了,只能是空头支票,难以收到实效。因此,教学计划的执行也是教学管理中的重要内容和根本环节。

教学计划的执行需要把握好"三度":一是"尺度",在执行教学计划时要严格按照教学计划的要求,不打折扣,不走样;二是"速度",要按照教学计划规定的进度来进行执行,避免教学计划因各种原因而阻断和延误,甚至不了了之;三是"力度",在教学计划的执行上要始终如一,既不能虎头蛇尾,也不能因人而异。

为了保证教学计划的顺利执行,要着重在这些方面下工夫:第一,建设同心同德的教学团队,这种团队的特点:一是教师之间的沟通较为频繁,关系融洽;二是教师有较强的归属感,乐于参加教学研究活动;三是教师愿意承担更多的教学责任,维护教学群体的名誉与利益。第二,激发师生的士气。莱顿(A. H. Leighton)认为:"所谓士气,是一群人追求共同目的、持久地、首尾一贯地协力工作的群体能力。"[①]可见,士气本身就是执行力。第三,形成简洁高效的教学工作机制。大力精简过于复杂的教学工作审批制度,让教师有较多的自主权。第四,调动师生在执行方面的创造性。因为现在的执行力不再是例行式完

---

① 徐联仓,凌文辁.《组织管理心理学》,北京:科学出版社,1991年版,第260页.

成任务,而是需要"创造性完成"。

(二)教学过程管理

教学作为一个过程,需要依据规定的培养目标和制订的教学计划,通过科学而周密的组织来实现的。

教师的教学工作有一定的程序,是一个过程。这个过程一般包括以下环节,即备课、上课、布置和批改作业、辅导、检查和考核学生的成绩。对这些环节应提出相应的规格要求,才能保证教学质量。

1. 备课管理

备好课是上好课的前提。备课是教师根据课程标准(教学大纲)的要求和本门课程的特点,结合学生的具体情况,选择最合适的表达方法和顺序,以保证学生有效地学习。对教师来说,备好课是加强教学的预见性和计划性,充分发挥教师主导作用的重要保证。

学校管理人员,不但要向教师提出明确的备课要求,进行必要的指导和帮助,而且要给教师以时间的保证,要提供和创造必要的条件,要进行必要的检查和督促,增强教师备课的责任感,调动备课的积极性,切实把备课的管理搞好。不仅要加强对教师个人备课的管理,而且必须抓好教研组和年级备课组集体备课的管理。抓教师个人备课的管理,一般是采取向全体教师提出备课的一般要求与个别指导相结合的方法;抓教研组和年级备课组的集体备课的管理,主要是通过参加他们的集体备课会议的方式进行。

对教师备课的要求,主要有以下三个方面:

(1)深入钻研课程标准(教学大纲)和教材

教师要力求弄清本门课程在教学中的地位、作用和所要完成的教学任务以及它在各年级、各学期、各单元(课题)中分别所要完成的教学任务;熟悉教学的全部内容,了解整个教材的知识结构和逻辑体系,分清教材中重点章节和各章节中的重点和难点;在认真钻研教材的基础上,还要广泛阅读有关参考资料,以便更好地掌握教材,并从中选出一些材料用来充实教材内容。

(2)全面了解和分析研究学生情况,做到有的放矢

要了解学生的学习动机、知识基础、智力水平、学习能力、学习方法和学习习惯等。在全面了解学生的基础上还要对他们的情况进行分析研究,并考虑如何使自己的备课能面向全体学生,既要考虑多数学生的要求,又要满足部分学生"吃不饱"和"吃不消"的问题,尽量做到因材施教。备课时只有全面照顾,区别对待,才能使学生各有所得,充分调动学生学习的主动性,才能有步骤地引导学生达到教学大纲和教材的要求。

(3)精心设计教学程序和方法

教师要力求做到使教学的程序层次分明,结构严谨,选用的方法符合教材的特点和学生的年龄特征,有利于学生掌握知识、发展智力和培养能力。在考虑教学方法时,所设计的谈话、提问和讲解等方式,都力求富于启发性,启迪学生去探索和思考问题,使教师和学生的主导作用和主体作用都得到充分发挥。学校管理者对于教师所设计的教学方法,只要符合教材的性质和学生的年龄特点,能调动学生学习的积极性就行,不要强行推广某一

种模式的教学方法。要让教师灵活地运用各种教学方法,并鼓励他们不断创造新教学方法,允许不同意见的争论和不同方法的实验。

备课是一项复杂而又艰巨的脑力劳动,教师需要花费比较多的时间。学校管理者应保证教师有足够的备课时间,并为他们的备课创造一切必要的条件。

2. 课堂教学管理

课堂教学是教学的基本组织形式,是教学过程的中心环节,其他教学环节都是直接或间接地围绕课堂教学来进行的。因此,搞好课堂教学管理,对于搞好整个教学工作的管理,提高教学质量,具有特别重要的意义。

一个学生从入学到毕业,其大部分时间是在课堂教学中度过的。教师主要是通过课堂教学这种形式,来向学生进行科学知识的系统传授,而学生也主要是通过课堂教学这种形式来获得知识,发展能力,提高素质的。因此,学校管理者只要紧紧抓住课堂教学这个中心环节,搞好课堂教学的管理,充分发挥教师在教学中的主导作用和学生在学习过程中的主体作用,就能保证学校教学任务的顺利完成。可见,搞好课堂教学的管理,是搞好整个教学工作管理的核心。

教学是一门科学,也是一门艺术。由于教师各有所长,每门学科又有其不同的特点,因此,就很难用一把尺子去衡量。但是,从课堂教学的基本特点和一般规律来研究,学校管理者还是可以对课堂教学提出一些基本的要求,以加强对课堂教学的管理。

一般来说,一堂好课应具备下列几点基本要求。

(1)教学目的明确

这是课堂教学成败的关键。目的明确包含两层意思:一是指目的要求要提得正确,合乎教材和学生的实际,应包括掌握知识、技能、发展学生能力和培养思想品德等多个方面的目的,做到这些方面的有机统一;二是指课堂上的一切活动都应紧紧围绕教学目的进行。因此,教师应通过各种恰当的方法让学生了解所要达到的这些目的,做到师生密切配合。

(2)教学内容正确

教学内容正确就是保证教学内容的科学性、思想性。在进行教学时应注意教材的重点和难点,使学生明确知识之间的内在联系,并能正确掌握。讲课时不能做"大概"、"可能"之类的推测,绝不能用一些伪科学的东西做例子。

(3)教学方法恰当

教师善于启发、调动学生学习的积极性。各种方法能有机地结合,运用自如,使学生既有紧张的学习活动,又有生动活泼的学习气氛。要坚持启发式教学,使学生在教师的启发诱导下,自己独立地获取知识。

(4)教学组织严密

教师要精心设计每一堂课,充分发挥每一分钟的作用,使课堂教学获得最佳效果。要做好课前一切准备,按时上课;要组织好每个教学环节和步骤,使课堂的活动安排得很紧凑;要准时下课,按时完成课时计划。

总之,作为学校的管理者要懂得一堂好课的要求,并以此为标准来评价教师的教学效果。同时,一堂好课的要求也应作为教师的一个基本功,学校管理者要积极认真地培养和训练教师的这种基本功。

3. 作业布置与批改的管理

学生作业的布置与批改,是教学工作的有机组成部分。它对于学生理解教材,巩固知识,训练思维,增进智力,培养技能技巧,都有重大的作用。而且,作业还可以帮助教师检查教学效果,了解学生学习的质量。学校管理者应当把教师对作业的布置与批改,当作教学管理中的一项重要工作来抓。

(1) 控制作业量

严格遵照教育部有关文件的精神,控制学生的作业量。教育部的这些文件要求各地采取有效措施,尽快改变学生负担过重的状况。规定小学一、二年级不留书面家庭作业,其他年级书面家庭作业控制在一小时以内,严禁用增加作业量的方式惩罚学生。学校管理者应要求教师严格按规定的要求去做。

(2) 精选作业题

要选具有代表性的题目,要注意广泛性和具体性结合,具有针对性和连续性,让学生通过练习获得最大可能的知识效果和一定能力的提高。作业习题要难度适当,既不要过难为难学生,也不要过易起不到练习的效果。

(3) 及时认真批

为了及时掌握学生学习的情况,教师对学生的课外作业应进行经常性的检查和批改。批改的方式多种多样:全面批改、重点批改、轮流批改、当面批改、师生共同讨论批改、指导学生相互批改等。各种方式都应从实效出发去考虑。批改和检查的结果,除了通过评语和个别谈话对学生加以指导外,对一些有代表性的问题要对全班学生进行分析讲解。

4. 课外辅导管理

课外辅导是课堂教学的必要补充。根据班级授课制的特点,教师的课堂教学要从大多数学生出发,这样组织的教学,往往会出现后进生跟不上进度,而优秀生又"吃不饱"的现象。因此,在搞好班级课堂教学的同时,要注意因材施教,加强对学生的个别辅导。学校管理者应当重视并加强对课外辅导的管理。

课外辅导主要是对学生进行个别指导,其主要任务是析疑解难,启发思维,指导方法。重点对象是基础差和智力发展特别好的学生。学校管理者在课外辅导管理中,应注意抓好以下工作:

(1) 指导教师制订切实可行的辅导计划,定人、定时、定内容。

(2) 指导教师改进课外辅导方法,做到课外辅导形式多样。教师要从学生的实际出发,按照不同学生的不同特点,采用灵活多样的方式方法。对学习差的学生的辅导,除教师自己辅导外,还可吸收学习好的学生协助教师进行辅导。

(3) 指导教师注意保护学生学习的积极性,对基础差的学生要耐心细致,不厌其烦,鼓励进步。

(4) 严禁用课外辅导代替课堂教学。辅导只宜个别进行,不可采用集体讲课的办法。

有的教师利用课外辅导时间,给全班学生讲课,实际上是加班加点,增加学生的负担。

5. 学生成绩检查与评定的管理

学生成绩的检查与评定既是学校管理中的重要工作之一,也是检查教学效果、进一步改进教学工作的重要措施,它能起督促学生努力学习的作用。对学生学业成绩检查主要运用考试、考查两种方式进行。考试就是根据课程标准的规定,以教材为依据,对学生应该掌握的知识、技能和运用知识的能力进行全面系统的检查;考查就是对学生平时或非主要学科学习效果的检查。学校管理者在学生成绩检查与评定的管理中,应注意下列几点要求:

(1)学生学业成绩检查的范围应当严格按照课程标准和教材的规定进行,考试不出偏题、怪题、不搞突然袭击。

(2)有利于培养学生分析和解决问题的能力。试题要有利于发展学生的智力,鼓励学生的创新,反对死记硬背和只重知识、轻视能力的做法,更不允许引导学生猜题,弄虚作假。

(3)减轻学生负担,控制考试次数。不得对考试成绩排名次或张榜公布,不得以升学率作为评价教师工作的标准。

本章结语

第一,教学评价就是以一定的方法、途径,根据一定的标准对教学活动以及教学结果进行价值判断并为教学决策服务的各项活动的总称,具有评判性、反馈性、多样性、主客性、相对性的特点。

第二,教学评价的教育功能表现为通过教学评价为教学活动提供有效诊断和反馈,强化与改进教学,促进教学活动顺利进行,而其管理功能表现为可以利用教学评价来鉴别、区别学生的水平,给予选拔淘汰,适当安置,同时,评价结果也可以作为评价教师工作质量的依据。

第三,教学评价有多种分类。根据教育评价在教学工作中的作用分为诊断性评价、形成性评价和总结性评价;根据评价的计划性和组织性分为正式评价和非正式评价;根据评价者所关注的重点不同分为过程评价和结果评价;根据评价标准的不同分为常模参照评价和标准参照评价。

第四,教学评价和整个教学系统一起经历了漫长的历史发展过程。

第五,教学评价的原则作为在进行教学评价时必须遵循的基本要求,包括方向性原则、科学性原则、发展性原则、客观性原则、整体性原则、目的性原则、可行性原则、评价和指导相结合的原则、自评和他评相结合的原则等。

第六,教学评价的内容非常广泛,所有教学活动及教学结果都可以作为教学评价的内容。从教学评价实践来看,教学评价的内容一般概括为课程设计与教学设计评价、教师教授质量评价、学生学业成就评价和教学管理评价四个方面。教师教授质量和学生学业成就是其中最为重要的两个方面。

第七,教学管理有狭义和广义两种不同的理解。狭义上的教学管理是指学校管理者为完成教学任务,实现教学目标,提高教学质量,运用一定的原理和方法,组织、协调、指挥和控制各种教学因素的行为总和,有约束性和人文性两大特点。

第八,教学管理与教育管理和教学领导等相关范畴既有关联也有区别。

第九,教学管理可以落实教学目标、提升教学质量、提高教学效益。

第十,教学管理的内容涉及教学思想、教学制度、教学质量、教学行政、教学组织、教学计划、教学过程七个方面。

[讨论和思考]

1. 什么是教学评价?教学评价有哪些功能?
2. 未来教学评价的发展趋势是什么?教学评价应遵循的基本要求有哪些?
3. 什么是教师教授质量评价?教师教授质量评价的要求有哪些?有什么途径和方法开展教师教授质量评价?
4. 什么是学生学业成就评价?怎样理解档案袋评价和表现性评价?
5. 什么是教学管理?教学管理的意义是什么?教学管理与教育管理、教学领导的关系是什么?
6. 教学管理的内容有哪些?怎样对这些教学管理内容进行管理?

[阅读导航]

1. [苏]瓦·阿·苏霍姆林斯基著,赵玮等译.《和青年校长的谈话》,上海:上海教育出版社,1983年版.

该书是作者和青年校长的一些谈话,涉及教师集体的创造性劳动和教师的个人创造,课堂上的教育和教学过程,教师的教育学修养,怎样指导教学过程,怎样分析课,怎样做学年总结,教师和学生的相互关系,怎样教育难教的儿童等。

2. 中央教育科学研究所编译.《简明国际教育百科全书·教育管理》,北京:教育科学出版社,1990年版.

该书是根据我国的教育现状和发展趋势,从堪称第一部真正国际性的、全面反映当代教育现状和最新研究成果的大型教育工具书《国际教育百科全书》中精选出了61条词目,介绍了教育管理的历史和理论、教育系统责任制、初等和中等教育管理、高等教育管理、教学辅助设施、社会参与等内容。

3. 李德显著.《课堂秩序论》,桂林:广西师范大学出版社,2000年版.

该书以实证分析为基本特点,对现实状况进行反思;以变革为基本取向,对课堂秩序变革的未来走向进行了充分的分析说明,全书共8章,包括"课堂的性质与结构"、"课堂研究的取向"、"教师的课堂控制"、"课堂上的学生互动"、"课堂秩序的建设",较为细致地阐述了课堂秩序的改变及课堂管理的变革,旨在为建构新型课堂提供一种指引。

4. 刘志军著.《课堂评价论》,桂林:广西师范大学出版社,2002年版.

该书分为课堂评价的概念分析、课堂评价研究的历史与现状、课堂评价的理论透视、课堂评价论的标准、课堂评价的实施5章,强调课堂生活意识和创造体验的课堂教学质量观,提出了纵向和横向立体交叉,基础、提高和体验三个层次鲜明的课堂教学评价标准构想,为有效提高课堂教学质量提供了重要手段。

5. 熊川武著.《理解教育论》,北京:教育科学出版社,2005年版.

该书介绍了理解教育的基本理论与实践方法,展示了实施理解教育所带来的师生同益的教育境界。在科学理解论、人文理解论与实践理解论的指导下,理解教育情境中的师生齐心谱写理解歌,建设理解室,习练理解操,灵活运用21个消除误解策略,不断融合自我理解与相互理解的视界,筹划并实现师生的生命可能性。

6. 林进材著.《班级经营》,上海:华东师范大学出版社,2006年版.

该书以贴近教室现场的方式,将班级经营中的重要事项以及班级经营内涵,作理论与实际两方面的结合,提供多所中小学教师班级经营的处方性策略、班级领导的理论与策略、班级活动的设计与运用、班级组织的运用与管理、班级辅导的策略与运用、班级时间的管理与运用、亲师沟通的理论与实际、校园危机的处理与管理等。

7. 戚业国编著.《课堂管理与沟通》,北京:北京师范大学出版社,2008年版.

该书从分析课堂教学中经常遇到的问题入手,探讨了教师在控制和管理课堂时如何解决各种棘手的问题以及如何与学生进行有效的课堂交往;如何通过沟通与交流,调动学生的学习兴趣和动机,提高学生的学业成绩;如何将新课程的教学原则运用于课堂中。

第八章　教学资源与手段

【内容提要】
　　教学资源可以保障教学活动的进行,提高教学活动的效率,改善教学生活的质量。其中,教学时间和教学空间两类资源起到了非常重要的作用。教学时间资源教学作为一定时间的展现物,需要通过巧妙分配等方式进行充分的利用。教学空间可分为有形教学空间与无形教学空间。前者包括课堂教学空间和学校教学空间,后者包括教学风气和课外交往。教学空间的开发既有通过对现有教学空间进行适当变革的提升,也包括借助一定的手段对教学空间的拓展。
　　教学手段是师生为实现预期的教学目的,开展教学活动、相互传递信息的工具、媒体或设备的总称,经历了言语表达阶段、口头语言阶段、文字书籍阶段、直观教具阶段、视听媒体阶段和高新技术阶段。教学手段的选择和应用包括准备、预演、课堂展示、反馈四个环节,需遵循教育性、发展性、最优化、灵活性、学生主体性原则。

【学习目标】
1. 了解教学资源的两种含义及分类,掌握教学资源的价值。
2. 了解教学时间的意义及分类,掌握教学时间利用的要求。
3. 了解教学空间的类型,掌握教学空间开发的方式。
4. 了解教学手段的两种含义及其发展阶段。
5. 了解教学手段的分类,掌握传统教学手段和现代教学手段的作用及其运用要求。
6. 掌握教学手段选择和运用原则及环节。

【核心术语】
　　教学资源　教学时间　教学空间　教学手段

　　教学活动不但离不开时间和空间,也离不开一定的物质手段,而且还需要对它们进行更好地利用,以提高教学质量,优化教学活动。

第一节 教学资源

一、教学资源概述

(一) 教学资源的内涵

1. 教学资源的概念

教学资源也有广、狭两义。广义的教学资源是可为教学利用的人力资源与非人力资源的总称,如社会风气、科技水平、师资队伍、校纪班风、师生关系等。狭义的教学资源是指以客观条件为主要载体的支持教学活动的因素,如教学活动场所、教学时间、仪器设备、图书资料等。这里主要阐述狭义的教学资源。

2. 教学资源的特征

教学资源作为一种特殊资源,有如下主要特征:

(1) 多种资源相互补充而现综合性。从表面上看,教学资源是分类别群互不相干的。而实际上,它是由人、物、信息、时空等因素交互影响的综合体。这意味着利用教学资源,是复杂的系统活动,牵一发动全身,因而必须统筹规划,通盘考虑。

(2) 对资源加工制作形成的生成性。有些教学资源,如自然环境等是可直接利用的形态。但大多教学资源必须进行某种程度的加工后才能投入使用,所以这类资源是生成性的。在现代教学中,可直接利用的教学资源越来越少,而生成性的教学资源越来越多。

(3) 不同教学资源的特殊性对比而成的差异性。不同教学资源有不同的特性。有的可以生成,有的则不可再生,如教学时间。有的可重复利用,如教材,但有的不可,如损坏的电子设备。

(二) 教学资源的种类

根据不同的标准,可以对教学资源进行不同的划分。根据内容的不同,可将其划分为物力资源、人力资源、制度资源、时空资源等;根据来源的差异,教学资源可分为校内教学资源与校外教学资源;根据形态的相殊性,教学资源可分为显性教学资源和隐性教学资源。下面分而述之。

1. 物力资源、人力资源、制度资源、时空资源

(1) 物力资源

物力方面的教学资源主要包括学校中的固定资产、材料和低值易耗物品。[1] 这或许

---

[1] 顾明远主编.《教育大辞典》(增订合编本),上海:上海教育出版社,1998年版,第799页.

是从教育经济学的角度来认定物力资源的。而如果从比较宽泛的角度理解,教学的物力资源还包括校内外的一些设施、材料等。

(2) 人力资源

此处言及的人力资源主要是指能够支持教学活动开展的教学人员的体力与脑力。这在前面"教学主体与行为"一章已对教师和学生进行了较为详细的探讨。

(3) 制度资源

制度是人类相互交往的规则,可以分为内在制度和外在制度。内在制度指群体内随经验而演化的规则,外在制度则指外在地设计出来并靠政治行动由上面强加于社会的规则。① 这里所说的制度资源主要是指教学制度,它是师生为了顺利开展教学活动而遵循的有关教学行为的规则。良好的教学制度是保证教学活动顺利进行,营造积极的教学气氛,调动学生学习积极性的必要条件。

沿着制度的分类思考,教学的制度资源同样有内在制度资源与外在制度资源两个方面。内在教学制度资源是在学生群体内随经验而演化的群体习惯、学风、班风、礼貌等。当有学生违反这些教学的内在制度后,会受到学生群体多种形式的"惩罚",其中包括友善的责备、指责、训斥、冷落等。外在教学制度资源指学校和教师制定的教学规则。违反此类制度将会受到来自学校或教师的较为正式的惩罚。

(4) 时空资源

时空教学资源是指在一定条件下可以提供给师生使用的时间和空间,是有效的教学活动得以进行的第一位的条件。本节将在下面分别专门进行讨论。

2. 校内教学资源与校外教学资源

(1) 校内教学资源

校内教学资源指的是学校内部存在的或发生于学校中的支持课堂教学的条件,大体上可分为三类:一是校内场所和设施,如图书馆、实验室、专用教室、信息中心、实验实习农场和工厂等;二是校内人文资源,如教师群体、学生群体、师生关系、班级组织、学生团体、校风校纪、校容校貌等;三是与教学密切相关的各种活动,如实验实习、座谈讨论、文艺演出、社团活动、体育比赛、典礼仪式等。

(2) 校外教学资源

校外教学资源指位于学校之外的可用于学校教学活动的一切设施和条件,如社区的图书馆、植物园、科技馆、博物馆、纪念馆、气象站、地震台、水文站、天文馆、海洋馆、工厂、农村、部队以及科研院所等都是宝贵的校外教学资源。当然,不同的学校由于所处的地理位置、经济条件等方面的不同,所拥有的校外教学资源也各不相同。

---

① [德]柯武刚、史漫飞著,韩朝华译.《制度经济学:社会秩序与公共政策》,北京:商务印书馆,2000年版,第35、119页.

3. 显性教学资源和隐性教学资源

（1）显性教学资源

显性教学资源是指看得见摸得着，可以直接运用于教学活动的支持条件，如前面提及的物力资源（文本、实物、现代媒体和设施等）和人力资源（教师和学生等）。可以说，显性教学资源是支持教学开展的基本条件。

（2）隐性教学资源

隐性教学资源是指以潜在的方式对教学活动施加影响的因素，如师生感情、人际关系、班级风貌及文字教学资源所隐含的各种思想、观点等。

与显性资源不同，隐性资源的作用方式具有间接性和隐蔽性的特点，它们不能构成教育教学的直接内容，但是它们对教育教学活动的质量起着持久的潜移默化的影响。

（三）教学资源的价值

教学资源对于教学活动有着非常重要的作用。这些作用可概括为以下三个方面：

1. 保障教学活动的进行

如前所述，教学资源是支持学校教学活动的各项条件构成的总和。这也就意味着这些条件成为教学活动正常进行所不可或缺的方面。如果缺少了这些资源，教学活动将无法正常进行。即使有些教学活动勉强能够展开，但由于这些条件的缺少，将会影响或干扰着教学活动在深层次上的顺利进行。直言之，这些条件对教学活动的顺利进行起到保障作用。

2. 提高教学活动的效率

教学资源不但是支持教学活动的条件，而且还是影响教学活动效率的工具。这就对教学资源的使用提出了要求，即必须根据具体情况，对教学资源加以灵活运用。只有这样，才能使教学活动的效率得到保证。否则，教学资源不但无法对教学活动起到支持作用（即使能够起到一定的支持作用，也是非常有限的），有时甚至还会起到干扰、阻碍作用。

3. 改善教学生活的质量

从生活的视角来看，教学活动还是教学人员的一种生活状态。这种生活状态会受到多种因素的影响和制约。教学资源即是其中之一。一般来说，教学资源利用充分、运用恰当将会大大节约教学资源的投入量，减轻师生的心理负担，从而有助于教学生活质量的改善。

另外，这些节约的教学资源还会被教学人员用于给他们带来更有发展价值的方面，从而促使他们能够更进一步地节约教学资源，并由此更进一步地提高教学生活质量。这是一个良性循环的过程。

二、教学时间资源

（一）教学时间的意义

教学是一定时间的展现物。几乎每一种教学活动或每一个动作都落实在特定的时间点上。因此,如果实际时间比计划时间缩短,可能使教学活动变得仓促;实际使用的时间不连贯,会使教学活动断断续续;实际时间投入过多,会使教学活动冗长而使人疲惫或产生厌倦。可见,时间的利用大有学问。具体说来,合理利用教学时间有两个方面的意义。

1. 保证教学活动的顺利进行

根据教学任务、教学活动规模等计划时间,使之既略有余地,又不浪费,恰到好处,是教学活动顺利进行的保证。所以有研究者非常形象地把时间比做教育王国的金钱,认为"时间是教育王国的金钱,教育需要时间,它可能而且发生在时间的任何一个瞬间的过程"。"时间是教师必须给予的,假如他们要帮助其他人学习。时间是学习者必须花费的,如果他们想'买'他们所需要的教育"[①]。

2. 促使教学活动效率的提高

教学效率是单位教学时间里的教学质量。单位教学时间里完成的教学任务越多,质量越好,教学效率越高。简单地说,"事半功倍"就是合理地利用了教学时间,而"事倍功半"则是不合理地使用教学时间。

(二)教学时间的类别

1. 宏观教学时间、中观教学时间和微观教学时间

宏观教学时间包括整个学制内的教学时间、学段教学时间、学年和学期的教学时间。

中观教学时间主要包括各学期具体学科的教学时间,如每学期各学科课程、综合实践活动课程的课时数,德育、智育、体育等方面课程的具体教学时间。

微观教学时间主要指学日和学时教学时间。学日和学时教学时间深入教学的内层,是最现实、最可利用的时间。因此,怎样根据具体情况合理设计学日和学时结构对提高教学效率、减轻教学负担和促进学生个性发展具有十分重要的意义。

2. 名义时间、分配时间、群体实用教学时间、个体实用教学时间和个体学术学习时间

名义时间是学生名义上在校学习的时间总量,如学年天数、学日时数等。由于这些时间既包括了教学活动的时间,也包括了非教学活动的时间,因此,它的实际利用程度难以确定,对学生学业成绩的实际意义也是不确定的。

分配时间是名义时间中专门分配用于特定教学活动的时间,如教学计划中规定的各门学科的教学时数。与名义时间相比,它与学生学科成绩的关系愈益密切。然而,由于纪律维持、师生迟到等原因,分配时间实际上并非完全用于规定的教学活动,其中一部分时间成了"流失时间"。

群体实用教学时间是指在分配时间中扣除了"流失时间"后剩下的师生在群体意义上真正从事相关教学活动的时间。不过,这仍然是理想意义的教学时间。因为,在群体实用教学时间中,即使教师尽其所能,也不可能使每个学生都一直专心于学习活动。也就是

---

① 中央教育科学研究所编译.《简明国际教育百科全书·教学》(上),北京:教育科学出版社,1990年版,第405页.

说,在群体实用教学时间中,同一群体中学生的个体实用教学时间仍然存在着某种程度的差异。

个体性实用教学时间是学生个体专注于指定学习活动的实际时间。严格地说,只有这一层次的教学时间才具有促进个体发展的现实意义。但是,个体实用教学时间不仅有量的多少,更有利用率的高低,也就是说,专注学习时间或个体实用学习时间并非总是产生预期效果的。实际上,学生有时即使专注于某一活动,却只是表面地理解了所学的内容。这种学习的质量是可想而知的。

学术学习时间是指学生在其个体实用教学时间中完成与其自身"最近发展区"相一致的任务并取得了较高成功率的学习时间。换言之,学术学习时间就是给学生带来学术进步的学习时间。研究证实,学术学习时间的多少直接影响着学生的学业成绩。上述价值递增的时间环链启示我们,教学改革不能期望于大量地增加学科教学时间,而应通过在已有的教学时间的内部"挖潜",将学生的课堂学术学习时间最大化。

3. 制度化教学时间和自主学习时间

制度化教学时间是指学习时间和过程的安排、内容和任务的确定、学习方法的选择,完全受教师和学校控制,并以固定时间单位组织的教学。

自主学习时间是指学习时间和过程的安排、学习内容和任务的确定、学习方法的选择是由学生根据自己的喜爱、兴趣和实际自主决定的并以非固定时间单位开展学习的教学形式。制度化教学时间与自主学习时间是两种功能互补的教学时间,只有合理搭配,才能全面发展学生的个性,实现教育的整体目标。

4. 高效时间、低效时间和无效时间

一般而言,由于师生创设的课堂教学结构的合理性和学生知识准备状态的程度等方面的差异,每节课之间的教学时效常常是不一样的;同一堂课不同时段的教学时效也非一致,有些时段的效率高些,有些时段的效率则较低。这样,我们可以把课堂教学时间区分为高效时间、低效时间和无效时间三种类型。

5. 合法时间与非法时间

从教学时间的"合法性"角度,可将教学时间分为合法时间和非法时间。"合法时间"是指国家有关教育行政部门以文件形式"法定"或许可的教学时间。合法时间是国家有关部门在科学总结教学经验和大量研究的基础上,根据青少年身心成长规律、学科知识和社会实际做出的教学时间安排,对青少年的成长和学习具有重要意义。

"非法时间"是指学校或教师违反国家有关教学时间的规定擅自增减的教学时间。例如,有些教师不顾国家三令五申,擅自大量挤占学生自习时间和课外学习时间,加班加点,搞题海战术,或上课毫无计划和准备,教学大量超过"法定"时间,然后课内损失课外补。从"合法性"视角分析教学时间,就是要引导教师不但要看取得的成绩大小,也要看付出的时间多少,要提高课堂时间效率和质量,把教学时间控制在国家规定的合理的范围内,把"非法"占用的时间还给学生,让学生有自主学习和发展的时间保证。

（三）教学时间的利用

1. 巧妙分配教学时间

（1）根据整体情况分配

教师要对名义教学时间的总体分配情况做到心中有数，要依据课程标准的规定和教学的实际需要对整体教学时间做出合理规划。把握好整体时间分配，是提高教学效益以及顺利进行一系列后续时间设计的基本前提。

（2）根据活动过程分配

如前所述，根据教学活动的展开过程，可把教学时间分为教学导入、教学中期、教学结束等不同的时间段。它们要完成不同的任务，因而时间的分配长短不一。一般说来，教学的导入与结束两个阶段所占时间较短，而教学中期深入展开时所占的时间较长。当然，这里所说的较短与较长只是相对于整个课堂教学而言的。

（3）根据活动任务分配

在一般情况下，难度比较高的活动任务需要的时间相应地多一些。因为教学任务难度越大，意味着越需要更多时间与精力去探讨与解释。相反，难度比较低的活动教学任务需要的时间要少一些。

另外，要把一些难度比较高的教学任务安排在学生注意力相对集中、教学效率比较高的时间区间。有研究表明，每天学习效率比较高的时间区间是上午第二、三节课，较差的时间是下午第一节课；而每周的学习效率比较高的时间是周一、周二，周三开始下降。① 而且，每堂课也同样存在着教学效率高低不同的时间区间。通常情况下，课的前大半段时间的学习效率比较高，而临近结束的后小半段时间的学习效率比较低。②

（4）根据活动性质分配

从活动性质来看，教学活动主要有以动为主、以静为主和动静平衡三大类型。这三类教学活动的活动性质不同，对教学时间的要求也不相同。一般说来，动静平衡型的教学活动是适应大多数教学活动的形态。循此而为，教学时间的分配通常按照动静交替原则办事，既不宜久动不静，也不宜久静不动，而是不断地由动趋静，由静趋动。

（5）根据活动主体分配

从使用教学时间的主体来看，有教师使用的教学时间和学生使用的教学时间。因此，教学时间的分配也要从主体需要考虑。在分配的过程中，首先需要根据活动任务分别给教师和学生一定的教学时间，亦即教学时间不能由教师或学生一方支配。可以说，平等地占有教学时间资源也是平等融洽的师生关系的重要体现。

同时，在教学时间分配的过程中，还要根据学生的身心特点来进行。随着年龄的增长，学生的独立性、自主性等意识也逐渐增强，由他们支配的教学时间也应逐渐增加，逐渐

---

① 参见田慧生、李如密著．《教学论》，石家庄：河北教育出版社，1996年版，第320页。
② 瞿葆奎主编，朱家雄、陈玉林选编．《教育学文集·体育》，北京：人民教育出版社，1988年版，第482页。

过渡到以学生自学为主,真正实现教是为了不教。

2. 减少低效与无效教学

以教学时效为根据,可以把教学时间分为高效时间、低效时间和无效时间。对教学时间进行研究就是为了减少低效与无效教学时间,更好地提高教学效率。

教学中,较为常见的导致低效与无效教学的形态主要有以下 3 种,它们都属于应尽量减少之列。

(1) 无差别教学

很多教师都知道因材施教的理念,也大致了解学生的个体差异性。但在具体的教学实践中经常出现忽视学生差异的无差别教学现象。这普遍表现为对所有学生都是同样的要求、同样的方法。这种貌似"面向全体学生"的教学,实际上使得不少学生受益不大。

(2) 简单重复教学

所谓简单重复教学,就是不惜时间和精力,无论学生掌握与否,机械地重复讲解或练习。在部分老师看来,重复次数与教学效果成正比关系,重复得越多教学效果越好。当然,教学过程中需要一些必要的复习与巩固,但这并不意味着复习没有度的限制,而且复习需要变换方式。简单地重复讲解和练习,不仅不能使听懂了的学生获得新信息,而且单调的信息会使他们厌倦;而对未听懂的学生来说,简单地重复仍然解不开他们心中的"结",很难使他们由不知到知。

(3) 教师独白式教学

教师独白式教学是指在教学过程中教师既不关注学生的反应,也不与学生进行交流,而是照本宣科或一味地按照自己设定的程序讲授。在这样的教学情形中,教师只顾完成自己设定的教学任务,他们以自己的愿望代替学生的愿望,以自己的感受代替学生的感受,而不考虑学生的反应(包括感情、创新精神、能力发展等)和生命可能性的变化。

另外,教师独白式教学由于没有给学生留下自己支配的、自主学习的时间,忽略对学生自主学习、创新能力的培养,容易让他们养成依赖心理,出现离开教师的讲授就不知道该怎么安排自己的学习活动的情况。

3. 坚持"抓大放小"

这里的"大"通常指教学的重点、难点,和多数人共有的学习困难。"小"则指一些次要的、个别的问题,和极少数学生存在的问题。综合起来解读,"抓大放小"就是教学时要抓住教学的重点与难点,和带有全局性的问题,而不要在一些个别性教学内容,或者说细枝末节的问题上下过多的工夫。

这表面看来似乎仅关涉对教学内容的驾驭和把握,实则反映了教学时间资源的有效利用。因为在等量的教学时间中,巧拙不同的教学方法可能形成截然不同的教学效果即教学时间价值。

坚持"抓大放小",必须注意克服以下两种错误倾向:

(1) 凡事尽力而为,不能"有所为有所不为"。在教学实践中,部分教师唯恐在传授知识等上有所遗漏,因而"眉毛胡子一把抓",企图"滴水不漏"。其实,不得要领的教学,本身就是最大的漏洞。而且这样的教学必然使师生手忙脚乱,费力不讨好。

(2) 教师垄断时间,不给学生留寸分。有的教师把握支配教学时间的权力,按照他们的意志分配教学时间,因此几乎所有时间都用在讲课与做题上,学生没有任何可自由支配的自主学习的时间。这在表面上看似乎一点时间都没有浪费,但实际上迫使学生做了过多的重复学习,他们做了大量不需做的,听了不少无需听的,把许多时间用在了不该用的地方。

4. 让学生以适合自己的速度学习

这是学生的差异性在教学时间资源上的反映。早在20世纪60年代诞生的程序教学就对这种差异性给予了高度的关注。程序教学作为一种个别化的教学方式,提出了"自定步调"原则,强调让学生按自己的速度和能力进行学习。在他们看来,传统的课堂讲授方式不可能照顾到每一个学生,很可能会阻碍一部分学生的学习能力的发挥。因此,在班级里,要照顾学生在学习上的差异性,就不能强求统一进度,而必须以学习者为中心,鼓励每一个学生以他自己最适宜的速度进行学习。同时,通过一次次的强化,能够激发学生的学习兴趣,使他能够稳步前进。

虽然程序教学不无合理成分,但也存在一定的不足。比如,教师只能看到学生"自定步调"的结果,而无法了解他们进行"自定步调"的心理过程;完全让学生"自定步调",削弱了教师的指导作用等。

相较起来,教学中强调"知者先行",既能照顾学生的差异性,又能避免程序教学"自定步调"的不足。

所谓"知者先行"是指弄懂了教学内容的学生抓紧时间继续前进,自学新内容,而不要坐等他人。"知者先行"可以带来双重收获:从学生方面来看,可以使他们学得更多更快,发展他们的自学能力,使他们能够多学精进。从教师方面来看,由于这部分学生已经先行掌握某些学习内容,无形中也会减少教师花在这一具体教学内容上的时间,从而减轻教师的教学负担,获得额外的教学质量。

5. 创设与捕捉教学时机

时机是指"具有时间性的客观条件(多指有利的)"①。缘此思考,教学时机至少具有以下两个方面的内涵:第一,教学时机是指教学活动中所出现的有利的,能够对教学活动起到促进作用的一些客观条件;第二,教学时机的出现还与教学时间密不可分。可以说,教学时机是在特定的教学时间里出现的有利条件,展现出的有利作用。

可见,教学时间的利用还应包括对教学时机的利用,尤其是对教学时机的创设与捕捉。前者是教师通过对内容、环境等方面进行某种程度的改变,创造出适合的教学时机,而后者是教师在教学活动中对于那些稍纵即逝的教学时机的洞察和把握。

创设教学时机的途径很多:

---

① 中国社会科学院语言研究所词典编辑室编.《现代汉语词典》,北京:商务印书馆,1983年版,第1042页.

（1）利用学生的已知与未知之间的矛盾来激发。教师首先设计出一些难度适中的任务要求，使学生产生跃跃欲试的心情，直至将全身心投入到问题情境或任务上来。

（2）采用恰当的"偷懒"方式。教学过程中教师必须要学会科学地"偷懒"，并将因"偷懒"而有意留下的"任务"让学生来完成。比如，先放手让学生自己考虑解决方案而不要教师急于出示"标准答案"，或者在讲解时故意讲错然后让学生明白问题的关键等。

（3）创设适宜的教学情境。教师要根据教学内容的需要，结合其他相关资源，如物力资源、自然资源、社区资源等创设适宜的教学情境，让学生在情境中获得陶冶，不知不觉地受到教育。

与创设教学时机不同，捕捉教学时机则是指教师对教学中那些不期而至的，甚至可以说是可遇而不可求的教学契机的把握。这对教师素养的要求甚高，是教师的教育智慧的集中展现。对此，苏霍姆林斯基（В. А. Сухомлинский）写道："教师的教育素养的一个很重要的因素，就是要懂得各种研究儿童的方法。教育素养在很大程度上取决于教师是否善于在儿童的脑力劳动和体力劳动的过程中，在游戏、参观、课外休息时间内观察儿童，以及怎样把观察的结果转变为或体现为对儿童施加个别影响的方式和方法。"[①]

三、教学空间资源

（一）教学空间的类型

根据不同的标准，可对教学空间作不同的划分。根据显隐状态，可将教学空间划分为有形教学空间与无形教学空间。

1. 有形教学空间

有形教学空间主要是指作为教学主体的师生能够直观感知到的教学空间，主要有课堂教学空间和学校教学空间。

（1）课堂教学空间

课堂教学空间是基于课堂（班级或教室[②]）教学而展现的教学空间。从构成上来看，课堂教学空间主要由以下四个部分组成。

①教室属性

一般说来，教室属性主要有：

第一，教室的空间方位。包括教室所具体坐落的场所和教室的具体朝向。场所与朝向都要满足"有良好的位置和方向"[③]。

---

① ［苏］苏霍姆林斯基著，杜殿坤编译.《给教师的建议》，北京：教育科学出版社，1984年版，第428页.

② 课堂、班级与教室三者间一方面有区别，另一方面也有关联。这里是从关联的角度来说的，对于其间存在的区别存而不论。

③ 吴也显主编.《教学论新编》，北京：教育科学出版社，1991年版，第306页.

第二，教室的空间结构。教室内部空间从功能上来看主要有主教学区和辅教学区。前者主要包括教师和学生用于教和学的活动场所，占据了教室内部空间的主体部分，后者主要包括教室空间内部的辅助教学的区域，如图书角、植物角等。

第三，教室的空间面积。课堂教学空间与教室的面积大小密切相关。通常情况下，两者成正比关系。但如果通过某种形式的改造或创新，也会出现教室面积较小而课堂教学空间较大的情形。

②物化环境[①]

优雅、温馨的环境会生成有效的课堂教学空间。因此，教室环境也是课堂教学空间的重要组成部分。一般说来，教室环境主要包括以下内容：

第一，光线。适当的光线强度影响着教学活动的效率，是课堂教学空间的元素之一。一般说来，环境光线过强会给脑细胞以烈性刺激，使人感到烦躁甚至头晕，影响思维判断力；光线过弱则不能引起大脑足够的兴奋强度。

第二，颜色。教学环境的研究表明，颜色在促进人的智力活动方面也起着重要作用。浅绿色和浅蓝色可使人平静，易于消除大脑疲劳，提高用脑效率；而深红色、深黄色可使人大脑兴奋，随后则趋向抑制。据有关专家的研究发现，教室墙壁和家具的色彩过于强烈和鲜艳，容易使学生在课堂上兴奋好动，注意力分散，不专心听讲。

第三，温度。保持环境的适宜温度，可以提高大脑处理和解决问题的能力。古利兰德(J. W. Gilliland)关于教学环境温度实验研究表明，最适宜的教室温度是 20℃－25℃，环境温度每超过这一适宜值一度，学生的学习能力相应降低 2%。教室内气温超过 35℃以后，学生大脑的消耗会明显增加，智力活动水平和活动持续时间会大大降低和减少。而且，教室内温度过高，容易使学生烦躁不安，课堂上的不友善行为和冲突性行为随之增加，课堂秩序不易维持。

第四，声音。声音的大小对于教学活动也有着重要影响。音量适中，悦耳动听的声音则可以使人轻松愉快，易于使人在无意中进入智力活动的佳境。"暗示教学"中创造的音乐环境之所以能提高教学效率，主要原因就在于它成功地运用了这一原理。

第五，墙饰。很多教室里的墙壁上都张贴了一些名言锦句、风景图片等。它们一方面美化教室，另一方面激发教学热情、陶冶精神。

③座位安排

教室里的座位安排也与课堂教学空间有密切关系。这里从座位安排方式和座位影响两方面谈其与课堂教学效率的关系。

从座位安排方式来看，一般以传统的秧田型排列式为主，另有马蹄型、圆周型、双圆型、双U型等。秧田型排列式又称横排式，即一排排的课桌朝向教室前方，学生与学生前额对后脑，左肩邻右肩，其状如农村插下的秧苗。这种排列方式的优点是"教室常规较好

[①] 这一部分内容参考了田慧生、李如密著．《教学论》，石家庄：河北教育出版社，1996年版，第253－264页．

控制,学生比较不易分心,且适合讲述性的教学"①。但它似乎不利于培养学生的自主性。马蹄型排列式又称 U 型排列式,教师处在 U 字缺口的对面,师生和生生之间不仅可以闻其声,还能够见其形。这种排列方式的空间构成"有利于学生在课堂中的相互交往"②和师生之间的沟通。圆周型排列式,使学生围成一个圆周,可以大大增加师生之间、生生之间的言语和非言语交流,最大限度地促进学生间的社会交往活动。这种排列方式从空间特性上消除了座位的主次之分,有利于师生平等关系的形成。

毋庸讳言,不同的座位安排各有其长短。对此,亚当斯(Adams)和比德尔(Biddle)曾对秧田型排列方式进行过深入研究。③ 他们发现,教室前排和教室中间地带呈现出较为活跃的课堂气氛,他们将这个区域称为"行动区"。处在"行动区"的学生在课堂上表现比较活跃,能积极发言和回答问题,他们参与课堂活动及与教师交流的时间和次数明显比坐在教室后排的学生多。研究者们认为,这种状况在很大程度上是由这种座位模式的空间特点造成的。处在"行动区"的学生正好处在教师课堂监控的有效范围内。因此,教师监控对于前排和中排学生所造成的压力是较高或适中的,而对后排学生所造成的压力则明显减弱。因此,坐在前排和中排的学生能较好地约束自己的行为,认真听讲,积极反应,而坐在后排的学生则容易分心,搞小动作。另外,处在"行动区"的学生与教师距离远近适宜,又正好处在与教师交流的有效区域内,教师可以无意中通过眼神、表情、举止等传递自己对学生的关注和期望,使学生心理上产生感情共鸣,从而在行动上积极支持和配合教师的教学。而后排的学生往往因离教师太远,得不到这些暗示和教师的及时反馈,因而在课堂上行为散漫,对课堂活动退缩旁观,反应冷漠。

④班级规模

班级规模主要指一个班级内学生人数的多少。它通过对师生行为的影响彰显课堂教学空间的质量。其表现有三:

第一,影响学生参与课堂活动的机会和程度。在一个人数较少、规模适宜的班级内,每个学生都有机会参与课堂讨论,回答教师的问题,与教师及其他学生开展正常交往活动等。而在一个人数过多、规模膨胀的班级内,只有一部分学生能参与正常课堂活动,相当一部分学生则被剥夺了这种权利。

第二,影响学生课堂上的纪律表现。环境心理学的研究表明,人们在日常交往中,每个人都有自己的活动空间,人际间保持着一定的距离。当班级规模增大,个人活动空间相应缩小时,学生心理上的压力会莫名增加,其行为也会随之发生一系列的变化,教学效率的降低便接踵而至。有人曾在五岁儿童的学前班做过一项实验,结果发现,随着班内儿童人数的增加,儿童表现得好动,注意力分散,攻击性行为明显增加。日常教学经验也表明,人数较少的班级课堂纪律往往较好,教师用于课堂管理的时间较少。而在人数较多的大

---

① 林进材著.《班级经营》,上海:华东师范大学出版社,2006 年版,第 129 页.
② 伍宁.《课堂教学时空构成的社会学分析》,《教育研究与实验》,1996 年第 2 期.
③ 参见田慧生、李如密著.《教学论》,石家庄:河北教育出版社,1996 年版,第 260—261 页.

班中,由于单位面积内人口密度过大,学生的个人活动空间相对受到他人挤占,争吵和破坏课堂纪律的行为容易发生。

第三,影响教师对学生个性差异的关注。当班级规模过大时,教师无力关注所有学生,更无法照顾到学生的个性差异,纵有因材施教之心,也只能望"人"兴叹。

(2) 学校教学空间

学校教学空间又称课外教学空间,是指学校内部教室之外的其他一些担负着或支持着学校教学活动的空间。学校教学空间之所以被关注主要取决于学校空间功能的耦合和课堂教学空间的拓展。

一方面,现代"很多学校不再是简单地由围墙圈起来,然后在围墙内部搭建若干间房子而构成的封闭空间,而是根据活动任务把整体的物理空间进行细分,围绕整体物理空间划分成相对独立的若干结构功能区,如教学区、生活区、行政区、运动区、实验区等"[①]。虽然这些区域具有各不相同的功能,但实际上它们是从不同的角度为教学服务,故也可视作教学空间。

另一方面,现代教学空间并不仅仅局限于传统意义上的教室,而是从教室扩展到学校的其他一些场所。这些场所由于也担负着支持教学活动的作用,故可视为学校教学空间。"现代学校的教学场所除了教室之外,也包括其他许多活动的场所,如学校运动场、生物园地、气象站、学校工厂等"[②]。此外,还有各种带有技术装置及辅助工具的物理、化学、生物等实验室也是学校教学空间的重要组成部分。

2. 无形教学空间

相对于有形教学空间的实体化形态而言,无形教学空间具有明显的潜隐性。虽然人们能感受到无形教学空间的存在和影响,但却往往无法很直观地抓住它。

无形教学空间主要包括教学风气和课外交往两个方面。教学风气主要是指发生于课堂教学中的无形教学空间,而课外交往则主要是作为课堂教学之外的另一种无形教学空间。两者呈现出相互补充、相互支持的关系。

(1) 教学风气

①教学风气内涵

作为无形教学空间的重要类型之一,教学风气可指一个学校的教学风气,也可指特定班级的教学风气。这里是立足后者而言的,故又称教学氛围或课堂气氛,是指在课堂教学过程中形成的某种占优势的态度与感情的综合表现。这是在课堂教学情境的作用下,以学生需要为基础产生的情绪、情感状态,其中包括了师生的心境、精神体验和情绪波动以及师生彼此间的关系。这在不同的班级和课堂上有着不同的表现:有的教学风气积极而活跃,有的拘谨而刻板,有的则冷淡而紧张。即使是在同一个班级,也会存在着教学风气此一时,彼一时的情形。

---

① 徐秀华.《学校空间变革研究》,华东师范大学2006年度硕士学位论文,第12页.
② 吴也显主编.《教学论新编》,北京:教育科学出版社,1991年版,第306页.

②教学风气的构成与类型

第一,从构成上看,教学风气包括教的风气与学的风气两种。前者通常简称为教风,后者通常简称为学风。教风是由教师的教学思想、教学态度、教学能力、教学风格、治学精神、管理方式,特别是道德品质和行为等多种成分构成的。而学风则是通过学生的学习态度、道德品行、组织纪律、团结协作、尊敬师长、爱护公物、关心同学、热爱集体、自学互帮、勤学巧练等方面表现出来的学习态度与积极感情的综合表现。教风和学风作为教学风气的重要组成部分,既有各自的独特性,又有相互依存性。从独特性方面来看,教风与学风分别是对教与学这两种活动的主体的态度与感情的反映。从依存性方面来看,教风影响着学风的形成与发展,已经形成的学风又会反过来促进教风的改进。

第二,从类型上来看,教学风气有支持型与防卫型两种。前者是积极健康的教学风气,有利于师生间的感情交流和信息交流,有利于教师及时掌握学生的学习情况,得到教学效果的反馈信息,从而根据具体的教学情境不断调整教学内容和教学策略,取得理想的教学效果。而后者相反,是消极的教学风气,对教学活动起着干扰作用。

③教学风气的影响

从影响上来看,教学风气主要表现为从众影响和社会助长作用或社会致弱作用两个方面。

第一,从众。这是指个体因感到群体压力而在行为上与多数人取得一致的现象。从众对于课堂教学既有积极意义也有消极作用。由于学生会发生从众行为,因而通过倡导正确的教学风气,对学生造成一种心理压力,促使他们按照积极的教学风气的要求改变自己的不正确态度。对于个别后进学生,也可以把他们调入先进的班级,让他们在良好的教学风气下体验到群体压力,促使他们从众,转向进步。当然,如果教学风气不好,不良行为就会通过从众而像瘟疫一样在班级里蔓延开来,使那些意志薄弱者随波逐流。

第二,社会助长作用与社会致弱作用。这分别是指群体对个人活动所起的促进或促退作用。1920 年,阿尔波特(F. H. Allport)让被试分别在单独情境和社会情境里工作,发现社会情境里的被试在进行连锁联想、乘法运算、解决问题以及思维判断等活动中所取得的成绩都比单独一人活动好。这种群体活动对个人的促进作用就是社会助长。有时,群体活动会对个人的行为起着干扰促退作用。比如,有的教师课前做了很充分的准备,当他步入课堂发现许多学生无精打采时,一种挫折感袭上心头,上课效果也随之下降。

(2)课外交往

①课外交往的特点

作为无形教学空间的存在形式之一,课外交往是从事教学活动主体的师生在课堂之外所发生的教育性交往活动的总和。课外交往至少具有以下特点:

第一,交往空间的独特性。相对于主要存在于课堂里的教学风气而言,课外交往则主要发生在课堂之外。这也是课外交往得名的原因之一。

第二,影响因素的复杂性。课外交往受到交往主体的认知因素、感情因素和行为因素等方面的综合影响。通常情况下,课外交往的形态和质量与交往主体投入的影响因素的多寡有密切的关系。

第三,交往活动的教育性。一方面,与一般交往大致相同,课外交往主要发生在人际之间;另一方面,与一般交往颇为不同,课外交往带有鲜明的稳定的教育性,而一般交往的教育性则时强时弱、时隐时现,有些甚至没有教育性。因此,在课外所发生的人际交往中,有些是属于课外交往即具有教育性的交往,而有些则属于一般人际交往。

第四,交往形式的多样性。课外交往可以根据不同的标准进行划分。根据交往主体的不同,可将其划分为师生交往、生生交往、师师交往;根据交往人数的不同,可将其划分为一对一的交往、一对多的交往、多对一的交往和多对多的交往;根据交往性质的不同,可将其划分为合作交往和竞争交往;根据交往内容的不同,可将其划分为认知交往、感情交往和行为交往;根据交往空间的不同,还可划分为校内课外交往和校外课外交往。

与不同主体、人数、性质与空间的交往,往往影响交往的方法与效果,因此要根据情况选择不同的交往形式,以争取较好效果。

②课外交往的作用

作为课外发生的具有教育意义的交往活动的总和,课外交往具有多重作用。概略起来:

第一,增强相互理解。相互理解是作为理解主体的双方互相把对方当作自己的理解对象进行理解。课外交往是实现增强相互理解的途径之一。在课外交往中,以"意味着爱、喜欢或其他情感"①为基础的人际亲密度会使人际之间的沟通更为容易。这是因为,感情深厚的双方或多方通常由于相互信赖而较少产生一些误解,即使产生了一些小误解,他们也往往不予计较。反过来,他们之间越是相互理解或没有误解,感情就越深厚,人际亲密度就越增强,就越容易达到态度与价值观上的一致,越能够提升师生之间的相互理解。

第二,强化教学风气。虽然教学风气主要是在课堂教学活动中通过师生的占优势的态度与感情来表现,但并不意味着教学风气的形成只能依靠课堂教学来实现。换言之,课堂教学固然是教学风气形成的重要场所,但并不意味着可以排除其他一些场所对教学风气形成的影响。在某些情况下,其他一些场所如课外交往对教学风气的形成甚至起到决定性的作用,诸如使原有的教学风气产生较大的逆转等。这在那些教学风气发生根本性变化的班级里表现得最为明显。

第三,形成教学合力。课外交往还有助于形成教学合力。众所周知,虽然教学主要是在课堂上完成的,但这并不意味着教学活动可以排除课堂之外的其他空间。事实上,教学活动也同样需要教学合力。这一方面表现为通过校内的课外交往把各种教学主体和教学力量联合起来,共同承担教学的责任;另一方面还表现为通过校外课外交往把校外的各种有助于教学活动的力量,如家庭、社会的各方面的力量联合起来,共同育人。

---

① [美]L·罗恩·哈德著,杨红秋译.《有效理解的窍门》,北京:生活·读书·新知三联书店,1988年版,第46页.

③课外交往的条件

虽然课外交往具有非常重要的作用,但并不是所有的课外交往都能收到同样的效果。不仅不同的课外交往具有层次上的差异,而且有些课外交往的效果还相去甚远。

一般说来,高质量的课外交往至少要满足以下 3 个方面的条件:

第一,活动兴趣。众所周知,兴趣在人际交往中扮演着重要角色。课外交往也不例外。可以说,兴趣是生成课外交往的关键。一方面,兴趣可以有效地协调不同活动主体之间的关系。比如,交往双方可能关系很一般,但由于共同的兴趣爱好使双方的交往增加。另一方面,兴趣还可以增强双方的交往质量。由于兴趣相融,交往双方容易存小异而求大同,从而增强双方的相互理解。"理解教育"中的兴趣融合策略即是基于共同的活动兴趣来增强双方的相互理解和提高交往质量的。

第二,交往频率。交往频率通常是指在单位时间内的交往次数。一般说来,交往的次数越多,交往质量就越高。因为相互交往次数增多,双方的熟悉感就会增加,彼此喜欢的程度也会加深,交往质量也会提高。当然,交往次数是有一定界限的,如果超过了一定的界限就会使人产生厌烦的感觉。实验结果证明,中等次数的交往能增强彼此喜欢的程度,而过量的交往则可能减弱彼此的吸引力。

第三,交往距离。这是指交往双方之间在空间位置上的远近。一般说来,在其他条件相等的情况下,居住、工作和学习环境的空间位置越近的双方,彼此接触的机会就越多,因而相互间的了解也就越多,也越容易建立和发展高质量的课外交往。当然,空间距离近只是为高质量的课外交往提供了条件,绝非所有近距离的双方都能发展出高质量的课外交往。有些甚至会适得其反。

(二)教学空间的开发

根据教学空间开发过程中对原有教学空间利用的程度可将教学空间的开发概括为提升已有教学空间和开发新型教学空间两种。

1. 提升已有教学空间

作为教学空间开发中最为常见的方式之一,提升已有教学空间是指可以通过对现有教学空间进行适当变革以使其使用效益更大化的方式。

根据教学空间开发的实践来看,常见的提升路径有:

(1)改变现有的教学空间

这主要表现为通过弹性化设计和多功能设计对现有教学空间进行灵活变通的处理。所谓弹性化设计即为确保空间的最大使用和课程活动的完全扩展而应用空间的多用性、易变性及扩展性,包括室内空间组织形式的弹性化和空间结构的可移动性两个方面。[①]室内空间组织形式的弹性化主要表现为除了最为常见的秧田型外,还可以使用单矩阵型、

---

① 邓志伟著.《个性化教学论》,上海:上海教育出版社,2000 年版,第 105 页.

单圆型、间U型、双矩形、双圆型、双U型、开放型等多种形式。① 空间结构的可移动性是通过对构建教学空间的物质材料进行灵活移动和重新组合实现。现在一些学校的"一室多用"实际上就是借助空间结构的可移动性来实现的。

(2) 形成融洽的人际关系

师生关系和生生关系是教学中最为常见的两种人际关系。也可以利用这两种人际关系来提升已有教学空间,尤其是无形的教学空间。

①构建平等的师生关系

虽然通过创设优雅的物质环境可以生成无形的教学空间,但这并不是无形的教学空间生成的唯一途径。"在物资有限的国家,典型的学校建筑物已经大大地失去了它的重要性。虽然表现先进技术革新的现代建筑物,从理论上来说有许多优点,但经验告诉我们,学校设置上、设备上和建筑上的缺点,大部分可以借助于新型的师生关系,运用创造性的教育学和一般来说,树立新的教育气氛来得到补偿"②。也有研究者认为,"不管教的是什么(任何学科、任何内容、任何技艺、任何价值或信念),预期教学有效,师生关系的品质是一大关键。只要教师知道如何去与学生建立一种关系,彼此能够尊重对方的需要,则最难的学科都能使学生感到兴奋。反之,假使老师所造成的师生关系,使学生觉得自己被压制、被怀疑、被羞辱或被贬抑,则即令轻松的记忆学科,学生也会对之兴趣索然而不愿学习"③。这些实际上也就表明通过师生关系的改善可以生成无形的教学空间。

②形成和睦的生生关系

生生关系是学校中除师生关系之外的一类非常重要且富有教育意义的人际关系,也是生成无形的教学空间的重要方面。杰克逊(P. W. Jackson)认为"在学校里做的大多数事情都是和别人一起进行的,或者至少是在其他同学在场时,这个事实对于确定一个学生生活的质量有着深刻的含义"④。科尔曼研究学生同辈团体中的次级文化所作的结论之一就是,学生同辈文化的影响可以左右教学效果,其影响有时甚至大于教师同辈文化的影响⑤。

(3) 整合学校的外部力量

虽然学校及其教学空间在人的身心发展过程中扮演着重要角色,但这并不意味着学校及其教学空间是全能的。事实上,学校教学空间的作用很有限,且存在着许多局限性。因此,必须借助学校教学空间之外的力量来弥补其局限性,从而使学校内部的教学空间与学校外部的教学空间有机地结合起来,共同推进育人活动。

---

① 参见邓志伟著.《个性化教学论》,上海:上海教育出版社,2000年版,第106页.
② 联合国教科文组织国际教育发展委员会编著,华东师范大学比较教育所译.《学会生存:教育世界的今天和明天》,北京:教育科学出版社,1996年版,第173页.
③ 转引自王方林主编.《在自由与约束之间:班级经营的实践与原理》,上海:上海辞书出版社,2003年版,第84页.
④ Philip W. Jackson, Life in Classrooms. Teachers College Press, 1990, pp. 31—32.
⑤ 顾明远主编.《教育大辞典》(增订合编本),上海:上海教育出版社,1998年版,第1558页.

2. 开发新型教学空间

开发新型教学空间是指借助一定的手段拓展教学空间,开发出原先并不存在的教学空间。

此类开发包括实体化的新型教学空间的开发与虚拟化的新型教学空间的开发。前者主要是指对有形的新型教学空间的拓展性开发,它常常表现为量的增加和功能的扩展,如增设新型的功能室、开辟新的校外教学基地、增加课外实践基地等。后者主要是指借助现代信息技术手段对无形的教学空间的开发。由于这种新开发的虚拟空间既是一种新型的教学空间,也是对现代教学手段的使用。因此,关于这类教学空间将放在下节"教学手段"中交待。

第二节 教学手段

一、教学手段概述

(一)教学手段的内涵

1. 教学手段的定义

教学手段也有广义和狭义两种不同的理解。从广义上来看,教学手段是指在教学活动中所采用的一切物质手段和指导有效使用这些物质手段的方式和方法。从狭义上来看,教学手段是指师生为实现预期的教学目的,开展教学活动、相互传递信息的工具、媒体或设备的总称。

由于教学方法在前面已经专门进行过交待,故这里选择狭义的教学手段,主要是指教学当中所运用的传递信息的工具、媒体或设备。对于这一界定,有以下两个需要说明的方面。

(1)服务教学

顾名思义,教学手段就是用于教学活动中的手段。也正是因为它们被用于教学活动之中,这些设备才被称为教学手段。否则,这些工具或设备只能称为相应的手段,而不会被称为教学手段。

(2)种类丰富

教学手段的种类多样,如粉笔、黑板、多媒体、实验器具等,不一而足。教学手段就是对这些方面的一种总和性的称谓。

2. 教学手段的特点

(1)动态性

教学手段是教师与学生在教学活动过程中运用的手段。一切设备自身并不是教学手段,只有当教师与学生在教学活动中利用并应用这些教学设备时,才成其为教学手段。而教学手段在运用的时候,就表现出相应的教学方法,体现出一定的教学过程,显示出一定的教学目的。

(2) 服务性

教学手段是为了达到让学生接受知识、掌握学法、形成技能、习得行为规范的目的而服务的手段,不是为了运用而运用。各种教学手段,必须紧密围绕教学目的和任务,协调一致,从而产生有益的教学效果。反之,如果"作为骗人玩意儿的影片和电视演出,节目中缺乏内容或风格的电视系统,对琐细事物象形文字式的生动描绘——这些,对教师,对学生都没有帮助"①。

(3) 组合性

教学活动从形式上说是丰富多彩、变化多端的,而这种丰富和变化,从教师的角度看来,就表现为多种教学手段的交叉组合运用。单一的教学手段只能用于解决具体的问题,也只能用于个别的教学环节,以单一的教学手段来主宰一个完整、系统的教学活动,是不可想象的。单一的教学手段可以独立用于解决细节问题,但不能解决教学过程的全部问题或整体问题。要完整地解决教学活动过程中的所有问题,教师必须交叉组合运用多种教学手段。这就是说,教学手段总是组合运用的,其组合特征是非常鲜明的。

3. 教学手段的作用

(1) 变革教学方式。它不受时间与空间、微观与宏观的限制,可以将教学内容中涉及的事物、情景、过程再现于教学过程中,让学生通过事物固有的信息,通过事物的形、声、色、变化和发展等去获得知识,认识世界,而不是通过信息的抽象、事物的符号去获取知识,它能使学习和教学以希望和需要的方式进行。

(2) 开展生动、有趣的教学。它能提供替代的经验,使抽象概念得以具体化,具体事物概念化,从而使学习和教学变得比较容易。尤其是现代教学手段具有引起注意的因素,例如生动的画面和形象、动画、特技效果、声音效果、清晰的信息等,都会激发学生的学习兴趣,促进学习动机,促使学生积极思考,主动参与。

(3) 提高教学质量和教学效率。精心选择和使用的教学手段可以在较短的时间内向学生呈现和传递大量的信息,并调动学生的各种器官,使学生多途径和渠道加工、理解信息,发挥各自的认知优势,从而获得最佳的教学效果,同时也实现学生的个性化方式的学习。

(4) 降低教学难度,使全体学生得到发展。教学手段可以利用各种各样的技术解决由形象到抽象、概念到具体等等学习过程中相互转换的认知难题,从而使得教学化难为易,每个学生都能得到发展。

(5) 实施个性化教学,因材施教。随着科学技术的飞速发展,教学手段的功能日益强大,教师可以根据学生不同的学习程度,创设不同的学习条件和情境,利用个别化的学习

---

① 转引自李定仁著.《教学论研究》,兰州:甘肃教育出版社,2002年版,第283页.

软件,为学生的个性化学习提供方便条件,学生可以自己决定学习的进度、时间和地点,实现因材施教。

(二) 教学手段的发展

教学手段的发展经历了一个漫长的历史过程,大致可分为以下 6 个阶段:

1. 言语表达阶段

在语言还没有产生之前,人类原始的教学主要借助自己的身体器官作为教学手段,以手势、面部表情、喊叫、动作等类语言或体态语为主,辅助以简单的图像符号进行的。

2. 口头语言阶段

语言的产生,极大地促进了知识、经验的教与学。语言作为教学手段的新发展,完善了口耳相传的教学形式,大大提高了传意能力和教学能力,同时也丰富了传意内容和教学内容,使人类创造的生产、生活经验得以广泛地传播和延续。

3. 文字书籍阶段

文字体系的形成、造纸术和印刷术的发展,为教学活动创造了极其有利的条件。记录语言的文字符号成为传播社会意识和经验的重要工具;专为教学目的编印的教科书成为重要的教学手段。

4. 直观教具阶段

直观教具是随着学校教学的发展,为弥补语言、文字的实感性差的不足而出现的以提供感性经验为特点的教学手段。直观教具又称视觉教具,它主要通过学生的视觉器官接收视频信号所载送的知识信息。近代以来,直观教具已形成比较完整的体系。

5. 视听媒体阶段

视听媒体是应用先进的科学技术发展起来的现代化教学手段,像幻灯、电影、唱片、收音机、录音机、录像机、电视、语言实验室、教学机器等均属此类。视听媒体的出现大大突破了直观对象本身和人的感觉本身的局限性,标志着教学手段的发展进入现代化阶段。

6. 高新技术阶段

作为人脑的延伸的电子计算机应用于教学领域,应该说,这又是一次新的质的飞跃。目前,综合了高新技术的通讯卫星、信息高速公路等,正为教学手段的革命带来新的突破,给人类教学领域展示着广阔的发展前景。

> 专栏 8-1
>
> **学校中最早使用现代教学物资设备情况**
>
> | 年代 | 学校使用的设备 |
> | --- | --- |
> | 19世纪末 | 幻灯 |
> | 20世纪初 | 无声电影、唱片 |
> | 20世纪20年代 | 无线电收音机 |
> | 30年代 | 有声电影 |
> | 40年代 | 钢丝录音机 |
> | 50年代 | 广播电视、磁带录音机、语言实验室、程序教学机 |
> | 60年代 | 闭路电视 |
> | 70年代 | 电子计算机 |
> | 80年代 | 卫星通讯 |
>
> [资料来源]刘克兰主编.《现代教学论》,西南师范大学出版社,第282页.

综观人类教学手段发展的历史,可以发现教学手段的发展具有如下特点:

一是社会性。即教学手段发展直接反映着人类社会的进步和科学技术的水平,同时又反过来促进人类社会的进一步发展和科学技术水平的提高。

二是革命性。即每当教学手段取得一次突破性的发展,整个教学领域都会引发一场深刻的革命。

三是加速性。即人类完成一次教学手段革命的周期正在逐步缩短,教学手段的发展呈现明显的加速度特点。

四是累积性。即新的教学手段的出现,并不意味着已有教学手段的废弃,而是以累积并用的方式丰富、巩固这一领域取得的所有成果,多样化的教学手段为人类教学理想的实现创造了有利条件。

(三)教学手段的分类

1. 根据教学手段产生时间和技术水平划分为传统教学手段和现代化教学手段

(1)传统教学手段

传统教学手段又可分为两类:

①基本教学手段,即教师凭借其自身的身体器官就能完成的,如通过口耳相传、身体的示范、模仿、练习等。教师本身的语言、表情、动作、体态也都是这类教学手段的组成部分。教师主要是通过自己的言传身教来对学生施加影响。基本教学手段的历史最悠久,寿命也最长,无论是过去、现在,还是将来,只要有教学活动存在,基本教学手段就不会消亡。它是教师与学生在教学活动中打交道的最起码方式,也是传递教学信息的最基本传播方式。教师通过自己的言传身教影响、感染学生,同时也展现出自己的教学风格、个性魅力与教师基本功。基本教学手段不需要设备与经费上的投入,却能够作为依凭而完成教学任务。因此,基本教学手段又是最经济、最不需要物质投入的教学手段。同时,基本

教学手段也是看不见、摸不着的,一次性难以保存的,正因为如此,往往容易被人忽视。

②直观辅助教学手段,即在基本教学手段的基础上产生,是人体器官的初级延伸,主要包括完成教学活动用的教材、课本等文字书籍以及特别设计的各种教具,如粉笔、黑板、算盘、图片、模型、标本、教鞭等。

(2) 现代化教学手段

现代化教学手段是指利用现代科学技术制作的储存和传递教学信息的工具和媒体,按照存储和传递信息的不同,大致上可以分为四类:

①光学媒体:有幻灯机、投影器、放映机等以及相应的教学软件;

②音响媒体:有收音机、扩音机、传声器、录音机、电唱机等以及相应的教学软件;

③声像媒体:有电影放映机、电视机、录像机等以及相应的教学软件;

④综合媒体:有语言实验室、程序教学机、学习反映分析机、计算机辅助教学系统等以及相应的教学软件。

2. 根据教学手段的感觉通道,可将教学手段分为

(1) 视听教学手段。这一类教学手段包括视觉的、听觉的以及视听结合的三种,它们将信息诉诸师生的视听觉,是师生获取信息的主要来源。

(2) 实际操作的教学手段。这类教学手段是使学生通过实际操作来获取信息的,如算盘、计算尺、计算器以及供实验用的各种必要工具等。

(3) 人工智能教学手段。这一类教学手段主要指电子计算机。利用电子计算机辅助教学、管理教学、模拟教学,均能取得其他教学手段无法比拟的效果。

3. 根据所传递的信息与现实事物的关系分类,可将教学手段分为

(1) 真实性教学手段。指实物、现场、标本等,它们所传递的是该事物的全部特性。

(2) 模拟性教学手段。指模型、图片、电视等,它们所传递的是经过加工和概括的信息,保留了事物的主要特征,删剔了部分非主要特征。

(3) 符号性教学手段。指教科书、图表、地图等,它们所传递的是客观事物的概括反映,其信息符号与所表达的意义没有必然联系。

4. 根据教学手段的常用性分类,可将教学手段分为

(1) 周围环境中的各种物体,包括实物或教学专用标本(活的和压干的植物、动物及其标本,矿石、土壤和矿物样品,机器及其零部件,文物,等等)。

(2) 活动模型(机器、机械、器材、建筑物,等等)。

(3) 模型(植物及其果实、机器设备、人体及其某些器官,等等)。

(4) 教学实验用的仪表器械。

(5) 图表(画、图片、地图、图表,等等)。

(6) 教学技术手段(玻璃幻灯片、幻灯片、透明片、教学电影、广播和电视、录音和录像,等等)。

(7) 课本和教材。

(8) 检查学生知识和技能的测试机。

这些教学手段虽然还不够完全,但都是最常用的。

二、传统教学手段的运用

(一)传统教学手段在教学中的作用

无可否认,在现代教学手段强大而又来势汹汹的冲击下,传统教学手段在某些方面表现出了明显的不足,比如在传递知识量、信息量方面,在呈现方式的多样化、新颖化方面等等。在许多方面,"人—机"或"人—机—人"式的现代化的教学手段和学习模式显示出了其无与伦比的优势,但"人—人"对话式的传统教学手段和学习模式也并非像一些人说得那样已经过时,失去了存在的意义和价值。相反,只要有课堂存在,只要有教学存在,传统教学手段就有它散发永恒魅力的方面。这是因为传统教学手段有它独特的优势存在,主要体现在以下几方面。

1. 传统教学手段为学生内化知识创设了最佳情境

传统教学手段能够通过生动、丰富多彩、富有人性化的课堂教学为学生接受和理解知识创设良好的学习环境与心理氛围,这就为学生内化和巩固知识提供了一个最佳的体验情境。体验是知识内化的直接基础,教师在学生面前通过各种教学手段对所要传授知识进行巧妙的设计,把学生引入问题情境、思维困境,从而让学生产生强烈的探求欲望,这无疑给学生创设了最佳的体验空间。而且教师是否与学生直接面对面深入交流,所激发的情感是不同的,产生体验的准备状态也不同,相应的知识内化的程度也就有差异。

布鲁纳指出:"教师不仅是知识的传播者,而且是模范。看不到数学的妙处及其威力的老师,就不见得会促使别人感到学门学科的内在刺激力。"[①]教师对学科、对教学的热情,通过自己的言语、动作、表情、神态都可以传染给学生,激发起学生对所学学科的热情,产生学习兴趣,通过内心的体验而内化巩固下来。古人云"亲其师而信其道",在实际的教学中,学生常常是由于喜欢某一学科的老师而对这一学科产生浓厚的学习兴趣,学生年龄越小,此影响越显著。因为这样的教学是有温度的,是符合学生心理与情感需要的,硬邦邦的知识随时都可以无限制的拷贝、复制、温习,而当时的感受、体验、共鸣却永远都不会重现,而这些即时性的内容不仅仅同样属于教学目的的范畴,而且对知识的学习与巩固同样发挥着至关重要的作用。就像是演唱会一样,如果你问一个学生是愿意看电视转播,还是愿意看现场,答案不言而喻。

2. 传统教学手段在培养学生的健全人格上独具教育魅力

现代教学不仅要关注学生的智力发展,也要关注其非智力因素的培养,培养学生健全的人格与鲜明的个性。从某种意义上来说,教学过程是一个实现学生"知"、"情"、"意"三方面和谐发展的过程。如果说教学过程"知"的任务部分地可以用现代教学技术手段来完

---

① [美]布鲁纳著,邵瑞珍译.《教育过程》,北京:文化教育出版社,1982年版,第97页.

成,那么,"情"和"意"的任务则主要还是靠师生之间以及学生之间的直接接触得以完成的,学生舍弃集体环境的个人活动,是不利于他们个性的完善、和谐发展的,学生的情感意志、思想品德方面的进步往往离不开教师的潜移默化的作用和榜样示范作用。即便是"知"这一因素上,现代教学技术手段也不能取代教师的地位与作用,在知识、教材或一些简单的思维方式方面,的确是电脑比教师更有效些。它所能贮存的信息是如此之大,它所能做出的判断和推理是如此的准确,它传递的信息是如此的迅捷,可以说在许多方面都远远超过了教师的力量。但是,由于"知"的因素包括了许多方面的内容,电脑只能部分地而不是全部地承担"知"的任务。例如,电脑是按照规范化、形式化、程序化来处理信息的,但许多知识很难达到规范化和程序化,这部分知识的传递非得靠教师来承担不可。再如,电脑可以在训练学生的某些思维能力方面通过经常性的提问、要求学生作出独立判断、向学生呈现解决问题的严密的推理步骤等方式,训练学生严格的逻辑推理、综合分析、独立思考、独立解决问题的能力,但是,人类思维除了"理性形式"外,还有一些重要的"非理性思维",如直觉思维、形象思维等,这些思维能力的培养也往往是电脑难以胜任的。正如国外一些学者指出:"计算机不能凭直觉认识问题,也不能幻想。如果把计算机用来教育一个一个的人,那么可能会出现这样的世界前景:利用幻想能力将低下。所以更希望计算机是教师的工具,而不是取代教师。"[1]更值得指出的是,教学的任务不止是向学生传递知识成果,更重要的是向学生传授科学的态度、精神、方法,诚如英国高等教育专家阿什比所指出:"教师传授给学生的最宝贵的本领,不是事实和原理,而是精神状态和思想方法。"[2]

3. 学生的社会化必须有效依赖传统教学手段

学校教育的一大功能——个体的社会化,是社会赋予的一项主要任务。同时,社会化也是学生自身发展的一个重要方面,是对学生在社会组织中符合社会规范和传统习俗的共性的行为方式的培养,如对传统价值观的接受,对伦理道德的遵从,对社会组织中各种社会关系的应付等等。从某种意义上讲,现代化的教学手段在教学实践中一定程度上体现出来的是去社会化,最典型的就是青少年的网瘾,由此出现的种种问题都与脱离现实的去社会化相关,这可以说是完全与学校教育的目的背道而驰的。而事实也表明,这往往又与在学校、家庭教育中缺乏情感需求有关。因此需要依赖传统的教学手段中充分的师生互动来加以弥补和消除。

在学生的社会化方面,教师无疑是学生的模范、榜样和引导者。教师不仅传授知识,更教学生如何做事与做人。教师是班级"组织人格"的设计者和维持者,具有良好的社会修养、渊博的知识及丰富的组织管理经验。师生之间面对面直接的互动与交往,使学生充分体验情感、价值、管理、协作、规范、认同、成就感、归属感、挫折感,并内化为初步的社会观念。这是任何现代化的教学机器都无法完成的。

---

[1] 转引自陈列.《现代教学手段的几个价值观探讨》,《教育研究与实验》,1987年第2期.
[2] [英]阿什比著,滕大春等译.《科技发达时代的大学教育》,北京:人民教育出版社,1983年版,第43页.

4. 教师的人格本身也是一种重要的教学手段,在学生的成长当中发挥着特殊作用

有人说,教育就是一种以人格塑造人格、以心灵耕耘心灵、以精神铸就精神的过程。教师的人格作为一种重要的教学手段,不仅单独发挥着特有功能,而且在实际的教学中,更与其他教学因素、手段交互发挥作用,促进或阻碍其他教学手段作用的发挥。教师的人格因素可以产生一种"过滤器"的作用,它为受影响者过滤、提供、选取、放大或缩小所用功用信息。这样,实际上就成为受影响者接受信息时的"把关者",它可以直接左右一个人对全部而广泛的教育影响的选择性和趋向性,从而决定受影响的效果。一项关于教师就读阶段权威的制约因素的程度变化研究证明:随着学生就读阶段的变化,教师的人格魅力一直具有比较重要的影响,变化幅度不大,反映出学生对于教师作为"人"所应有的品质的较为恒常的要求,如图8-1所示:

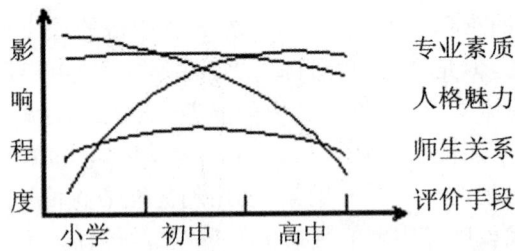

图8-1 教师就读阶段权威的制约因素的程度变化①

(二)教师创造性发挥传统教学手段生命力的主要途径

传统教学手段经过了漫长的历史过程,在今天的教学实践活动中仍发挥着重要的作用,作为教师有必要创造性地挖掘传统教学手段在现代教学中的教学价值,焕发传统教学手段应有的生命活力。教师可以从以下三个途径提高自身运用传统教学手段的作用。

1. 创新自己的教育教学理念

我们知道,教学手段有两个层面,物质形态层面和智能形态层面。对教师个人而言,智能形态往往更重要。因为教学的物质设备对每一位教师都是一样的,而如何运用则体现了教师个人的教学能力和教学风格,是跟教师的教育教学理念息息相关的。教学手段的改进,不仅仅是现代化科学技术成果的运用,更是先进性教学思想的体现。因此,在教学中,每一位教师都要树立一种"教师是主导,学生是主体,手段是辅助"的教育教学理念,正确理解教师、学生与教学手段之间的关系。

2. 注重和提升自身为人师表的教育价值

教师本身也是教学手段中的一部分,要对自身具有教学价值的因素,如语言、体态、人格、精神面貌、教学热情、职业道德等等,有充分的认识,有意识的不断提高为人师表的教师素养。

3. 创造性地改进或自制各种教学用具

与现代教学手段提供的精彩展示相比,教师颇具个人匠心和感情而制作的各种教学

---

① 转引自鲁洁主编.《教育社会学》,北京:人民教育出版社,1990年版,第463页.

用具更能引起学生的注意和兴趣,特别是师生一起改进和制作的教具,它所带来的教学效果更是意想不到的。

三、现代教学手段的运用

(一)现代教学手段的意义

1. 扩大教育规模

利用现代化教学手段进行教学,可以扩大教学信息的传播范围,提高信息的增殖率,使凡有收音机、电视机、计算机终端的地方都可以成为课堂。

2. 提高教学质量

现代化教学手段具有极丰富的表现力,它可以不受时间和空间的限制,使古今中外、天文地理、风土人情尽收眼底,生动形象地进入课堂。

3. 提高教学效率

提高教学效率,对教师来说,是在一定的时间内,完成比原计划更多的教学任务;对学生来说,是指在一定的时间内,学到比原先更多的知识。

(二)现代教学手段对教学理论的影响

现代教学手段在教学中的作用及其应用所带来的问题,越来越引起人们的重视,它不仅促使人们的教育思想、教育观念的更新,而且也对教学理论和实践产生强烈的冲击和深刻的影响。

1. 传统教学手段与现代化教学手段的关系问题

有人认为现代化教学手段具有传统教学手段所不可比拟的优势,必将取代传统教学手段而使教学领域发生根本性的革命。其实,这种观点有它的偏激之处,每种教学手段都有其独特价值,不存在着谁取代谁的问题。

现代教学手段多长于知识的传授、长于智力发展,而不足于品德、情感、审美教育,师生之间缺乏人际交往、情感互动,而这恰恰正是传统教学手段的优势所在。学生难以从各种现代化的"机器"那里感受到思想、情感、人格、精神等方面的熏陶和感染,却可以在与教师、同学的交流互动中彼此激励和共鸣。

此外,现代化教学手段与传统教学手段相比,在具体的技能、技巧的培养方面,还存在着不足,而且各种视听器材的过度使用以及对眼、耳等感官的过度刺激,也在很大程度上危害着学生的健康。因此,现代教学手段与传统教学手段皆不可偏废,需要有机地把二者结合起来。

2. 对教师角色的影响

先进技术手段的应用,能使教师从繁重的教学工作中解放出来,有更多的时间和精力从事教育科研和自身培训,这使得教师得以成为一位教育"研究者"和终身"学习者",从而更好地发挥教师的主导作用。因此,面对现代教学手段,教师应从多个方面转变角色。

首先，教师要转变观念，树立正确的教育观、知识观、人才观，提高教育技术意识。应该认识到，教师是现代教学手段的直接使用者和受益者，现代教学手段的出现为教师施展才华提供了契机。

其次，教师要积极地投入到教学实践中，开展现代教学手段应用方面的科学研究，不断探索，有所发现，有所创新。

最后，教师要加强自身的培训和学习，不断接受新的知识，提高运用现代教学手段的能力，完成对自己角色形象的重新塑造。

3. 对学生学习的影响

对学生来说，如何适应这种新的学习环境和学习模式，如何将自己已经习惯于文字学习的思维定势改变过来，如何创造性地利用新的学习形式等，就成为现代教学需要解决的问题。

第一，学生要提高认识，摆正自己的位置，从接受灌输的被动地位转变为有机会参与教学、参与操作、发现知识、掌握知识的主动地位。

第二，要加强学生的操作技能训练，提高运用现代教学手段进行学习的能力。

第三，还需要教师严格要求，加强教学管理和监督，培养学生的自觉性和自制力，注意净化社会育人环境，使学生免受负面影响。

4. 对师生关系的影响

现代教学手段在教学中的运用，一方面对师生的角色特征和交往时空等产生显著的积极影响，从而使师生关系表现出民主、平等、和谐的本质特色，向着建立新型师生关系的方向发展；另一方面，教学中的"人－机"关系或"人－机－人"关系，都会削弱师生之间的直接交流。作为活生生的人的教师与学生之间直接交流的教育价值是不可替代的。

（三）现代教学手段的发展趋势

现代化教学手段的发展趋势主要有以下几方面：

1. 微型化。现代教学手段正向着小型化、微型化发展。
2. 智能化。许多现代化教学手段都有了自动装置，帮助教师省去了许多操作麻烦。
3. 超容化。现代化教学手段的存储容量越来越大。
4. 多媒化。现代化教学手段综合运用多种媒体，在教学中有机结合，发挥整体效益，以求教学功能的最优化。
5. 交互化。国外新出现的一种激光电视程序教学系统，又称双向信息传递录像教学系统，无疑地，这种人机关系的新发展，将会对教学实践产生重要的影响。
6. 网络化。随着计算机技术、通讯技术、信息处理技术发展起来的计算机网络通讯，可使网络中具有独立功能的计算机都实现相互之间的通讯及资源共享。

> **专栏 8—2**
>
> 教学手段的未来走向
>
> 一、基本教学手段的永恒魅力
>
> 基本教学手段,指教师用于组织教学的最常规教学手段,包括听的手段、说的手段、模拟的手段与要求的手段四种。只要有教师的教和学生的学同时共存,基本教学手段就是不可缺少的……不可丢弃的……不可取代的。
>
> 二、辅助教学手段的发展完善
>
> 辅助教学手段,指教师利用外在物质条件组织教学而采用的常规教学手段,包括读的手段、写的手段、演示的手段与展示的手段四种。由于辅助教学手段中供教师利用的外在物质条件,不管是机器设备,还是软件材料,都直接是科学技术发展的结果。因此,辅助教学手段本来就是一种受外在条件影响和制约的教学手段。随着外在经济条件与科学技术条件的发展与改善,辅助教学手段必将不断发展与完善。
>
> 三、数字化网络的有益补充
>
> 把数字化网络技术移用于学校教育,使之成为组织教学活动后种基本技术,已经成为现实。它为网上教学、远距离教学、多媒体教学、多功能教学等作法提供了现实土壤。
>
> [资料来源]张良田著.《教学手段论》,湖南教育出版社,第 172—177 页.

(四）现代教学手段运用的要求

1. 处理好三种关系

(1) 人与工具的关系

随着教学技术在使用中初步获得一些成功经验后,西方国家的教育界中出现了一种过分夸大其作用的倾向,甚至认为今后的教学活动将不再需要教师,教师的工作可以完全由教学机器来代替了。这种观点把教学这一创造性的活动降低成了一种仅仅是传输信息的机械活动,特别是忘记了任何一种现代化的教学手段都只是教师开展教学活动所凭借的工具,必须依靠教师科学地设计、精心地组织,才能充分发挥它的效能。有些教学手段如计算机,虽然可以分担教师许多繁重的劳动,甚至还能代替某些技术性的工作,但是即使是这样精细的机器,也不能完全代替教师的作用。教师对学生特有的人格影响是任何先进机器都无法代替的。国外有研究表明,信息的总效果＝7％的文字＋38％的音调＋55％的面部表情[①],因此教学中师生直接对话很有必要。学生在教学过程中的个性发展正是在师生间、同伴间直接交往中才能实现的。所以人—机关系永远不能代替人—人关系。

(2) 手段与技术的关系

现代教学手段离不开教育技术的支持,教育技术的发展极大地促进着现代教学手段的改革与应用。但这种关系并非简单的对应关系,教学手段在某一阶段可以超越、可以滞

---

① 沈力军.《课堂上的非语言行为》,《外国中小学教育》,1983 年第 4 期.

后教育技术的发展。一方面教学手段可以为教育技术的改进提供智力支持,另一方面教育技术转化为教学手段也需要一个智力参与和熟悉适应的过程。可以说,教育技术对教学手段而言,更多体现出的是物质形态层面的内容。

(3) 图像和文字的关系

学生的认识是事实和概括在头脑中的统一,因此在教学中要防止过于迷恋视听教学手段的直观作用。在视听教学手段日益普及的情况下,有些人认为,视听教学手段可以使学生学会一切,甚至认为文字符号已经"贬值",而没有认识到真正的现代化教学是不能用形象去否定抽象,用图像去否定文字的。因为形象虽然是概括的感性支柱,但如果形象图像占过分优越的地位,也会抑制概括而造成由第一信号系统的兴奋优势引起第二信号系统抑制过程的一种负诱导。同时只依靠视听教学手段也是不能发展学生的实际操作能力和表达能力的。对此,联合国教科文组织 21 世纪国际教育委员会曾郑重指出:"虽说书籍不再是唯一的教学工具,但它在教学中仍保留着中心地位,它解释教师讲的课,同时又能使学生复习所学的知识和获得独立自主能力。它仍是最便于使用和最经济实惠的载体。"[①]

2. 避免三种问题

(1) 容易加快教学节奏

由于减少了书写板书的时间,使教学进程加快、信息量加大,造成学生忙于追随教师的教学节奏,没有充分思考的时间,没有时间和精力对教师的讲解进行同步领会和理解。

(2) 容易将课堂教学变成"操作演示课"

使用大屏幕投影和多媒体进行课堂教学后,使得有些操作性很强的内容讲解起来方便省力,学生也对这种讲法可能感到更直观、更形象,因而也更感兴趣。但是等到学生自己实际操作时,却发现无从下手,就是出现问题了也不知如何处理。这种以操作演示为主的课堂教学,造成的后果是:看起来简单,做起来糊涂。

(3) 容易出现"黑板搬家"的现象

一些教师在制作多媒体课件时,只是将自己的讲稿或原来黑板讲课时需要板书的内容提前做成一张张的幻灯片,上课时从头到尾再放一遍,把大屏幕当成黑板用,这不但没有提高教学的质量,反而造成了现代教学手段的低效化,造成教学资源的滥用与浪费。

四、教学手段的选择和应用

(一) 教学手段选择和应用的原则

1. 教育性原则

教学手段的选择与运用必须具有目标指向性,尽量满足教学目标所提出的要求。教

---

① 国际 21 世纪教育委员会著,联合国教科文组织中文科译.《教育:财富蕴藏其中》,北京:教育科学出版社,1996 年版,第 171—172 页.

学手段的设计是为了有效的辅助教学,不是为了运用而运用,更不是为了哗众取宠。教学手段的设计与选择要做到"五入",即入情、入理、入耳、入脑、入心,使学生在轻松愉悦的教学氛围中,学会求知、学会做人,同时激发起学生的创造激情,促进学生内在的改善与成长,这是真正的教育效能的体现。

另外,随着现代化教学手段的引入与普及,如何正确引导学生健康安全的使用网络,也是摆在广大教育工作者面前的迫切需要解决的新课题。

2. 发展性原则

发展性原则就是指选用教学手段时应考虑它在多大程度上能发挥教育作用,促进学生各方面的发展。无论是传统教学手段,还是现代教学手段的设计,要尽量避免"人灌"、"电灌"的填鸭式灌输。教学手段的设计要突出发展性,把学生有效引导到"探究—发现—提问—解疑"的主动学习过程中去,让学生以探索者与发现者的姿态进行活动。

此外,学生的发展性还主要体现于创新能力和科学精神的培养上。在 21 世纪,衡量人才的标准,已经不是看一个人有多少知识,而在于其是否具有检索知识、运用知识的能力,是否具有创新思维。因此,如何改进我们的教学手段和教学方式,培养学生的创新能力和科学精神是摆在我们面前的迫切问题。

3. 最优化原则

教学过程本身是一个复杂的系统,各个环节、要素彼此紧密联系,针对一个特定的共同目标组成了一个有机的统一体。最优化原则就要把教学手段的设计放在整体的教学设计中,充分考虑教学的各种因素,协调教学手段与教学的其他方面的关系,使教学手段的功效服从于整体教学设计。也就是说教学手段的设计既要考虑教学过程的要求,又要考虑学生已有的准备状态,还要客观分析现实的教学环境和条件,力求所选择的教学手段以最小的代价取得最大的收效。

这一原则最容易走入两个误区:一是盲目追求教学手段的先进性,认为现代化教学就是教学手段的现代化;二是过分追求现代教学手段的运用,认为现代教学手段用得越多越好。

4. 灵活性原则

灵活性原则是指教学手段的选择和应用随着问题情境的变化而变化。教师应根据不同手段的特点、功能,结合学生的年龄、性格特点以及教学的目标、内容,在教学过程中灵活组合、调整教学手段。

5. 学生主体性原则

教学手段从设计到选择与运用,都要在学生的主体参与上下工夫,要让学生参与进来。推进教学手段设计与改革的核心就是能够充分调动学生参与的主动性与积极性,培养创造激情。教学手段在应用过程中要设计出多方面、多层次、多形式的目标选择,让每个学生都有质疑和探索的余地,使问题贯穿整个教学活动的始终,避免人与机两方面的疲劳轰炸、满堂灌,让教师或机器牵着学生的鼻子,整齐划一地"齐步走"。

（二）教学手段选择和应用的环节

教学手段的选择和应用一般包括准备、预演、展示、反馈等四个环节。

1. 准备

教学手段的准备包括环境准备、材料准备和技术准备。其中环境准备主要是为所要使用的教学手段创造相应的条件；材料准备则是对所需要使用的教学手段进行相应的准备，这包括从相关部门借用及对教学手段本身进行检查等；技术准备则主要是指在撰写课时教学计划时，教案内容应列出课堂上要用到的较为特殊的教学手段及其使用目的、内容、时长、过程及相关解说等内容。

2. 预演

预演，即对所要使用的教学手段在正式教学之前进行演示。通过预演一方面可以对准备工作进行检查；另一方面也可以预测教学手段在课堂教学中的使用情况，熟悉教学手段的运用。

3. 展示

展示，即在课堂教学中实际运用教学手段，这是教学手段应用中最为关键的环节。在课堂展示教学手段时应注意：一是注意选择恰当的展示空间和教师个人站立的位置和姿势；二是配合教学方法，熟练运用教学手段；三是要控制学生注意力在教学活动上，而不是把注意力集中在教学手段上。

4. 反馈

教学手段的良好使用，需要学生的反馈意见和教师自身的体悟，需做好课后的反思和小结工作。

本 章 结 语

第一，从广义上来看，教学资源是可为教学利用的人力资源与非人力资源的总称，而狭义的教学资源是以客观条件为主要载体的支持教学活动的因素，可以保障教学活动的进行，提高教学活动的效率，改善教学生活的质量。

第二，教学时间资源的利用要求有巧妙分配教学时间、减少低效与无效教学、坚持"抓大放小"、让学生以适合自己的速度学习和创设与捕捉教学时机。

第三，教学空间资源可分为作为教学主体的师生能够直观感知到的有形教学空间和无法直观感知的隐形教学空间。前者包括课堂教学空间和学校教学空间，后者包括教学风气和课外交往。有形教学空间和无形教学空间呈现出相互补充、相互支持的关系。

第四，教学空间资源既可以通过对现有教学空间进行适当变革提升，也可以借助一定手段进行拓展。

第五，从广义上来看，教学手段是在教学活动中所采用的一切物质手段和指导有效使用这些物质手段的方式和方法，而狭义的教学手段是师生为实现预期的教学目的，开展教学活动、相互传递信息的工具、媒体或设备的总称，具有动态性、服务性、组合性的特点。

第六,教学手段的发展经历了言语表达阶段、口头语言阶段、文字书籍阶段、直观教具阶段、视听媒体阶段和高新技术阶段。

第七,传统教学手段为学生内化知识创设了最佳情境,也在培养学生的健全人格上独具教育魅力,也还是学生社会化必须有效依赖的载体。因此,这就需要教师通过创新自己的教育教学理念、注重和提升自身为人师表的教育价值、创造性地改进或自制各种教学用具来展现传统教学手段。

第八,现代教学手段在扩大教育规模、提高教学质量、提高教学效率等方面发挥了重要作用,而且也对教学理论产生了重要影响。现代教学手段的发展趋势主要表现在现微型化、智能化、超容化、多媒化、交互化和网络化。现代教学手段运用需要处理好人与工具、手段与技术、图像和文字三个方面的关系,避免容易加快教学节奏、将课堂教学变成"操作演示课"、出现"黑板搬家"三种问题。

第九,教学手段选择和应用包括准备、预演、课堂展示、反馈等四个环节,需要遵循教育性、发展性、最优化、灵活性、学生主体性等原则。

[讨论和思考]

1. 什么是教学资源?教学资源有哪些价值?
2. 教学时间利用的要求有哪些?
3. 教学空间资源有哪些类型?怎样开发教学空间?
4. 什么是教学手段?教学手段的发展经历了哪些阶段?
5. 传统教学手段有哪些作用?教师怎样才能更好地利用传统教学手段?
6. 现代教学手段的作用有哪些?未来发展趋势是什么?与传统教学手段的关系怎样?怎样更好地利用现代教学手段?
7. 教学手段选择和运用的原则有哪些?

[阅读导航]

1. [英]阿什比著,滕大春等译.《科技发达时代的大学教育》,北京:人民教育出版社,1983年版.

该书收录了作者在20世纪60年代和70年代的10篇讲演稿,对大学进行了多维的审视。其中的"教育工艺学"以超前的视野审视了当时仍处于发展中的以计算机为代表的现代教学手段和教师的关系,颇有启发意义。

2. [苏]苏霍姆林斯基著,杜殿坤编译.《给教师的建议》,北京:教育科学出版社,1984年版.

该书原名为《给教师的一百条建议》,是为解决中小学的实际问题,切实提高教学质量而写的。在译成中文时,选择了其中的精华部分,又另从作者的其他著作中选择了有益于教师开阔眼界、提高水平的精彩条目补充进来,全书仍有一百条,改称《给教师的建议》。书中每条谈一个问题,既有生动的实际事例,又有精辟的理论分析,具有很强的可读性。

3. 中央教育科学研究所编译.《简明国际教育百科全书·教学》(上、下),北京:教育科学出版社,1990年版.

该书是根据我国的教育现状和发展趋势,从堪称第一部真正国际性的、全面反映当代教育现状和最新研究成果的大型教育工具书《国际教育百科全书》中精选出了110条词目,分上下两册。上册介绍了课堂管理过程和问题、环境对教学的影响、教学研究模式、课堂的教学法考虑、学生的特征、课堂活动的主要过程和认知过程等方面的内容;下册的内容主要是教师特征、教师的思维和教学方法。

4. 田慧生著.《教学环境论》,南昌:江西教育出版社,1996年版.

该书对教学环境进行了专门、全面、系统和深入的研究。全书共11章,包括两大部分:第一至七章着重从理论的角度阐述了教学环境的基本理论问题,总结了国内外教学环境研究的历史、现状和发展趋势,探讨了教学环境对师生身心发展的多方面影响及其作用机制;第八至十一章则从更偏重于实际操作的角度探讨了教学环境的设计、评价和调控优化问题。

5. 张良田著.《教学手段论》,长沙:湖南教育出版社,1999年版.

该书对教学手段进行了专门的探讨,从教学手段内涵的解读开始,在探讨了教学手段的心理机制、与相关要素关系的基础上对听、说、读、写、模拟、演示、展示、要求等方面的教学手段进行了立体审视,填补了很多教学论教材中没有涉及或极少涉及的空白。

第九章 教学研究及实践

【内容提要】
　　教学研究是关于教学现象的各种思考及表达。这些思考和表达既可以生成教学理论,也会改善教学实践。教学研究人员主要有理论研究者和实践研究者两大类。理论研究者是以教学为研究对象,对教学活动进行多样化的、整体性的探讨和思考,形成关于教学的系统化表达,而实践研究者则是在教学实践中进行研究的人员(通常由教师担当)结合学校的实际情况,贴近教学实践开展研究,校本教研、课例研究和培育研究是其中比较有代表性的教学研究方式。

【学习目标】
1. 掌握教学研究的内涵及价值。
2. 理解理论研究者和实践研究者在教学研究上的同和异。
3. 掌握校本教研的内涵,理解校本教研的要素。
4. 掌握课例和课例研究的内涵,了解课例研究的步骤和方式。
5. 掌握培育研究的内涵及其方式。

【核心术语】
教学研究　校本教研　课例研究　培育研究

　　教学既是具体活动的展开,同时也还包括对活动本身进行的审视和回答,即教学研究。而且,随着时间的推移,人们会发现对教学活动进行更加广泛、深入的审视和回答显得愈发重要。

第一节　教学研究

一、教学研究概述

(一)教学研究的内涵

　　教学研究作为教育研究的重要内容之一而备受关注,形成了多种关于教学研究的界定。有研究将其定义为:"教学研究就是运用科学的理论和方法,有目的、有意识地对教学领域中的现象进行研究,以探索和认识教学规律,提高教学质量"①;也有研究认为,"所谓教学研究,就是运用一定的理论和方法,有目的、有意识地对实际教学问题进行研究的过程"②;还有研究认为,"以教学问题为对象,以科学方法为依托,以探索教学规律为目的的创造性认识活动"③。尽管这些关于教学研究的界定各不相同,但也有着高度的共同性。这就是把教学研究看作关于教学现象的各种思考及表达。

教学研究具有如下特点。

1. 复杂性

教学现象既是鲜活的,也是复杂的。因此,关于教学现象的研究也具有复杂性。教学研究的复杂性表现在以下三个方面:一是研究对象的复杂。教学研究虽然是对教学现象的研究,但引起教学现象的对象却极为复杂,涉及课程、教师、学生、环境及社会等多个方面。这些方面中的任何一个都会使得教学现象比较复杂。更重要的是,教学现象还是由这些方面共同作用的综合体。由于多个方面共同交织,使得教学活动非常复杂,教学现象也非常复杂,自然也就使得教学研究具有复杂性。二是研究过程复杂。教学现象中很多方面都会涉及人的因素。人的因素的参与,特别是人的多样性、主观能动性使得教学过程具有复杂性。这自然也会使教学研究具有复杂性。而且,从研究过程上来看,教学研究不能像自然科学对物质那样进行单向度的线性的研究,恰恰相反,教学研究是一种属人的、非线性的研究。这也从另一个侧面表明了教学研究的复杂性。三是研究结论的复杂。除了教学现象复杂会导致教学研究的复杂外,还由于教学研究人员的复杂使得他们对教学现象的认识也各不相同。对不同的教学现象,研究结论自然不会相同,甚至对同一教学现象,由于教学研究者的立场不同、视域有别,也会得出各不相同的结论。这也可以说是教学研究复杂性的一种表现。

2. 创造性

教学研究,作为一种研究活动,同人类其他研究活动一样,也具有创造性的特点。教学研究的创造性主要表现在以下两个方面:一是对新的教学现象的关注。在教学活动中,随着时代的进步和发展,教学现象也在不断地发生变化。有些教学现象逐渐退出历史舞台,也有些教学现象逐渐涌现出来。教学研究作为对教学现象的思考和表达,自然应该对这些新增的教学现象进行相应的探讨。这既是教学研究本身的使命和责任,也是教学实践发展的需求和呼唤。教学研究对于这些新增教学现象的解读,自然体现出相应的创造性。二是对教学现象的新解读。在教学实践中,除了会涌现出新的教学现象外,也还会随着时代的发展和进步,对原有的教学现象提出不同于以往的解读,进而丰富和完善原有的解读。这种对原有解读的丰富和完善,既是对教学现象的回应,也是教学研究的创造。当

---

① 李定仁.《论教学研究》,《教育研究》,2000年第11期.
② 裴娣娜主编.《教学论》,北京:教育科学出版社,2007年版,第339页.
③ 裴新宁,王茂江.《关于当前教学研究的思考》,《山东教育》,1998年第Z2期.

然,对教学现象的新解读在性质上可能并不会完全相同。有些属于全新的解读,得出全然不同于已有研究的结论,也有些可能只是在某一个方面丰富或完善了原有的解读。无论是全新的解读,还是部分新的解读,都会使得对教学现象的认识与已往发生了改变。这也同样表现出创造性。

3. 理论性

教学研究作为对教学现象的思考和表达,还具有理论性的特点。教学研究作为对教学现象的思考和表达,虽然与教学现象密切相关,但毕竟不同于教学现象,是对教学现象的高度概括,是对一类教学现象的整体反映。因此,教学研究虽然是对教学现象的表达,但不是对具体教学现象的摹写,而是对一类教学现象所进行的概括,是对教学现象的系统化的表达。即使在目前有些研究方式如教育叙事研究中存在着大量的对教学现象的深描,但需要说明的是,这种深描的手法也只是其开展研究的工具,而不是研究的结论。从研究的结论来看,仍然反映的是对一类教学现象的高度概括。

尤其是有些教学研究所作出的思考和表达还具有系统性、严谨性,是对多种不同类别的教学现象进行体系化的思考和表达,比如我们经常所说的传统教学论、现代教学论等就是涵盖多种教学现象的系统化的称谓和表达。

4. 时代性

教学研究还会随着时代的发展而发展。这种发展有三个方面的表现:一是随着时代的发展,提出与时代相应的前所未有的新的思考和表达,即涌现出过去未曾有过的、全新的教学研究成果;二是随着时代的发展,会对原有的思考和表达进行修正,剔除其中的不合理的成分,使教学研究能够更好地解释教学现象,增强其对教学现象的解释力;三是随着时代的发展,同一教学现象也会随着时代的发展发生一定程度的改变,从而需要对原有的认识和表达加以丰富。这些情况既是教学研究创造性的表现,同时也是时代性的反映。因此,教学研究还会随着时代的变化而发展,随着时代的变化而变化。

(二) 教学研究的价值

1. 生成教学理论

教学研究的理论性特点表明教学研究不但是理论的,而且还是不断生成理论的。事实上,生成教学理论是教学研究的旨趣之一。

教学研究对教学理论的生成主要有以下三种方式:

(1) 对教学实践的回应。众所周知,实践是理论的源泉。教学实践也同样是教学理论的源泉。在教学理论的生成方式中,教学实践为教学理论提供了最原初的、也是最为根本的源泉,为教学理论的生成提供了坚实的基础。很多教学理论也正是建立在教学实践的基础上而生成起来的。对教学实践的回应,不但是教学理论生成的根本来源,而且还能使教学理论富有生机与活力。

(2) 对教学理论的完善。教学理论的生成,还表现为教学理论的完善,即随着各个方面的变化,原有的教学理论也要不断地发展,从而不断地完善。这既是教学理论关照教学实践,对教学实践回应的必然,也是教学理论自身发展的必然,是教学理论科学化的应有之路。只有不断地完善教学理论,才能使教学理论能够更好地解释教学现象,才能更好地促进教学理论的发展。

(3) 提出新的教学论域。教学研究对教学理论的生成还表现在为教学研究提供新的研究领域,从而拓展教学论的研究领域。教学论不但是一门学科,而且也还是一个学科群,是包含多个分支学科的内涵丰富、空间广阔的学科群。这些新的分支学科的涌现,既是教学理论繁荣的象征,也是教学理论深化的反映。

2. 改善教学实践

教学研究虽然来自于教学实践,但同时也还会反过来作用于教学实践,通过对教学实践的滋养来优化教学实践,改善教学实践。

教学理论对教学实践的改善主要通过以下途径来进行:

(1) 为教学实践提供理论依据。教学实践既是实践的,同时也是理论的。在教学实践中不但存在着教学理论,而且教学理论的运用还将有助于教学实践的完善,有助于教学实践的优化。很多优秀教育家之所以优秀,就在于在他们的教学实践中自觉或不自觉地运用了相应的教学理论。魏书生在谈到他的教学实践时,曾经说过一句这样的话,"我的教学不过是雕虫小技而已,任何人只要把教育学、心理学的知识学好了,都可以成功"。[①]

(2) 优化原有的教学行为。教学作为活动,必然涉及一些行为,如讲授行为、对话行为等。这些行为既是教学活动顺利进行的必然要求,也会影响到教学活动的顺利进行,影响到教学活动的效益。虽然在教学实践中,人们已经对这些教学行为给予了高度的重视,教学行为也具有相当程度的合理性和实效性,但由于人们认识的局限或原有理解的偏差,教学行为还可能会存在着一定的不足之处。特别是随着教学理论的深入,人们越来越容易发现曾经看来是很完美的教学行为也会存在着一定的问题。因此,通过教学理论,可以使原有的教学行为得以优化,从而优化教学实践。

(3) 提升教学细节的合理性。在教学活动中,还存在着大量的细节,"它可能是教师的一句话、一个动作、一种表情,可能是师生之间互动的行为组合,也可能是在特定情境中学生对教学的一种重要的行为反应"[②]。但这些细节并非小节、并非小事。有些细节决定着教学的方向、影响着教学的成败。在现代教学研究中,越来越注意对一些教学细节进行研究,越来越强调教学细节中的理论成分。经过教学理论滋养的教学细节,不但其自身的合理性得到了升华,而且其对教学实践的影响也今非昔比,从而带动教学实践的改善。

[①] 魏东主编.《魏书生教育文选》,沈阳:辽宁教育出版社,1985年版,第7页.
[②] 彭钢、蔡守龙主编.《教学现场与教学细节》,北京:教育科学出版社,2004年版,第6页.

> **专栏 9—1**
>
> 教学理论与教学实践之关系
>
> 　　教学理论是概括地反映教学活动的概念、原理的体系,具有抽象性、逻辑性和系统性。教学实践是一种特殊的实践活动,它是教师向学生传授知识、促进学生品德、智力、体力和个性全面发展的活动,具有客观性、社会历史性和主观能动性。教学论领域,教学理论根源于教学实践,并对实践具有指导作用;同时教学实践是教学认识的基础,是检验教学理论正确与否的唯一标准。在二者的结合上表现出两大特点:第一,两者的结合是具体的、有层次的。从教学理论的层次性看由抽象到具体可划分为哲学层次、中间层次和运用层次的教学理论;而从教学实践的层次性看,按其复杂性、创造性和自觉性程度可划分为创造型、科学型和经验型的教学实践。两者之间的层次关系并非一一对应。教学实践层次越高,它对教学理念的依赖就越大;同样教学理论层次越高,它对教学实践指导范围就越广。第二,两者的结合需要一系列中介,需要理论的具体化、操作化、现实化等环节被创造性地运用,并首先在教学实验改革中表现出来。
>
> 　　[资料来源]李定仁、徐继存主编.《教学论研究二十年》(1979—1999),人民教育出版社,2001年版,第496页。

二、教学研究的人员

　　从类别上来看,从事和参与教学研究的人员主要有两大类,即理论研究者和实践研究者。

（一）理论研究者

　　理论研究者是以教学为研究对象,对教学活动进行多样化的、整体性的探讨和思考,形成关于教学的系统化表达。

　　理论研究者的优势是善于对教学现象进行比较系统的、理论性的思考。众所周知,教学实践是鲜活的,教学现象是具体的。而理论研究者就是要从这些大量的鲜活的、具体的教学实践中提炼出理论性的结论和成果出来。陶行知先生关于"教学法"的倡导即是其中颇有代表性的一例。他通过对当时众多教学实践洞悉了当时的教学现状,即"先生只管教,学生只管受教……论起名字来,居然是学校,讲起实在来,却又像教校"[①]。也正因如此,他才力主改"教授法"为"教学法",以期让教与学真正统一起来。

　　当然,理论研究者关注教学实践,是对教学实践进行研究,因而既不能等于教学实践,也不能取代教学实践者的教学实践。也正因如此,才让一部分人产生了一种错觉,认为理论研究者似乎都是远离教学实践的。事实上,真正的理论研究者是不会远离教学实践,也不可能远离教学实践的。甚至有些时候,为了更好地进行教学研究,他们还需要亲自参与

---

① 华中师范学院教育科学研究所主编.《陶行知全集》(第一卷),长沙:湖南教育出版社,1984年版,第17页.

教学实践。但这毕竟只是参与,不能代替教学实践。

(二) 实践研究者

实践研究者即在教学实践中进行研究的人员,通常由教师担当。相对于理论研究者而言,实践研究者的身份比较特殊。对于他们来说,既要从事教学实践,又要开展教学研究。而且,从某种意义上来说,人们更加注重的是他们的教学实践情况。随着人们认识的发展,逐渐地在重视他们的教学实践的同时也重视他们的教学研究。"教师即研究者"、"研究型教师"等就是这一转向的反映。

相对于理论研究者来说,教师作为实践研究者有其得天独厚的优势。

一是置身的教学实践现场有着丰富的开展教学研究的机会。教学实践既是广大教师教学活动展开的场所,同时也是他们开展教学研究的最佳场所。在这样的教学实践现场中,丰富的、鲜活的教学现象会不断地上演,从而带给他们许多富有活力的教学研究资源。在这样的教学实践现场,只要你愿意去思考,就会有取之不尽、用之不竭的教学研究资源。

二是最佳的教学研究观测位置提供更为真实的教学实践感。置身于教学实践之中,不断为教师提供大量的教学研究资源,而且还带给他们最佳的开展教学研究的观测位置。他们作为教学实践的创造者,既推动着教学实践的展开,也使他们具有最佳的投身于教学研究的观测位置。

三是开展教学研究能更有效地促进教师的专业成长。教师不但需要发展,而且还需要终身发展。只有这样,教师才能更好地胜任教学工作,才能更好地为社会服务。开展教学研究,不但有助于教学实践的优化,有助于教学实践中所遇到的问题得到解决,而且还在此过程中促进教师不断地发展和成长,促进教师的专业成熟。

四是切身感受到的成功体验会带来更大的教学研究动力。教学工作既是创造的,也是辛苦的,同时也可能是单调的、乏味的。一旦开展了教学研究,特别是通过教学研究取得一些收获后产生成功的体验将会极大地改变这种不利的状况,不但会使他们对教学的倦怠感降低,而且还会产生更加强烈的教学研究动力,促使他们更加自觉、自愿地开展教学研究。

当然,由于种种原因,现在还有一些教师对教学研究有着种种不够科学、不够正确的想法。但随着他们对教学研究的投入的增多,教学研究成果带来的高附加值的收获将会极大地改变这种状况。

> 专栏 9－2
>
> 实践研究者的教学研究呈现出来的矛盾取向
>
> 一、是名称,还是内需?
> 二、是应付,还是自求?
> 三、是规训,还是"降压"?
> 四、是负担,还是提高?
> 五、是课题,还是问题?
> 六、是结果,还是过程?
> 七、是理论,还是实践?
> 八、是科学,还是艺术?
> 九、是旁观,还是参与?
>
> [资料来源]裴娣娜主编.《教学论》,教育科学出版社,2007年版,第360—367页.

理论研究者和实践研究者虽然都是面向教学现象进行的系统化的思考和表达,但由于两者各自的工作性质和研究素养上的不同,也使得他们在教学研究上呈现出明显的区别。为了让实践工作者更好地开展教学研究,下面将着重交待若干比较适宜实践研究者的教学研究方式。

第二节 教学研究实践

相对于宏大叙事的普适性研究而言,实践研究者可以结合学校的实际情况,贴近教学实践开展研究。校本教研、课例研究和培育研究即是其中比较适宜的教学研究方式。

一、校本教研

（一）校本教研的内涵

1. 校本教研的概念

校本教研,即"以校为本的教学研究"的简称,是实践研究者从教学实际出发,以研究为线索,结合自己的本职工作开展的教学研究活动。校本教研实际上也就是教学研究的重心下移,与教师的日常教学工作、日常教学实践紧密结合的研究方式。这表明校本教研有以下四个方面的要义。

（1）校本教研是一种以校为本的教学研究制度。校本教研就是以学校为基地,以学校内教学实践中的实际问题为研究内容,以教师为研究主体,以促进师生共同发展为研究目的所开展的教学研究制度。通过这种制度,落实教师的专业成长,促成教学实践的优化。

（2）校本教研是一种特殊的研究方式。这种由实践研究者担纲的教学研究，有别于理论研究者研究的研究方式。在校本研究中，更注重的是对一些日常教学实践中遇到具体问题进行思考、尝试和改进，研究的周期比较短，研究的内容也比较具体。校本教研的主要目的不在于验证某个教学理论，而在于改进、解决教学中的实际问题，提升教学效率，实现教学的价值。

（3）校本教研是教学与研究合一的活动。在校本教研中，教学不再是单纯的一项事务性的活动，而且还是一种具有创造性的活动。教师所从事的实践——教学本身就是研究，而且也应该是研究。因为一方面教师面对着复杂的充满情感和想象力的不同个体——学生，要使教学真正促进每一个学生的成长，教学必须是研究；另一方面，教师面临着复杂的教学情境也需要教师在自身的教学实践中不断加以研究。

（4）校本教研是促进教师专业成长的活动。校本教研不但让教师在教学中研究，而且还能够让他们在研究中成长。在此过程中，教师通过教学实践的反思、研究来检验自己的教学行为，验证自己的教学思想，从而提高自己的教学水平和理论素养。

2. 校本教研的特点

（1）微型性

校本教研，从某种意义上来说，也可以看作微型的或小型的研究。校本教研的微型性表现在以下 3 个方面：

一是研究的问题比较细微。由于校本教研是实践工作者结合教学实践工作的需要，根据教学实际来进行研究的，所以研究的问题一般都是教师在日常教学工作中所遇到的一些小问题。当然，这些问题虽然本身不算大，但同样也会影响到教学效率。而且，这些问题如果不及早解决，长期积累下去还有可能会变成更加难以解决的棘手问题。

二是研究的人员比较少。校本教研由于是教师结合自己的教学实践工作来进行的，是从自己的实际工作中发现的问题来进行研究，所以研究者主要是教师本人。当然，由于有些问题在学校中还具有一定的普遍性，有些问题的解决还需要得到其他老师的支持，所以，校本教研中研究的人员比较少也只是相对而言的。

三是研究的周期比较短。由于研究的问题是教学实践中的小问题，所以这些问题的研究过程并不复杂，研究结论也很容易做出，因而这种研究的周期往往比较短，研究很快就会完成。

（2）针对性

校本教研的针对性可以从以下三个方面来体现：

一是为了教学。校本教研的主要目的不在于验证某个教学理论，而是为了改进、解决教学中的实际问题，提升教学效率，实现教学的价值。因此，这是一项针对教学，特别是教学实践而进行的研究活动。

二是在教学中。由于校本教研是为了教学而进行研究，所以其研究的对象主要是教学之内的问题而不是教学之外的问题；研究的是自己面临的教学问题而不是他人的教学问题。

三是通过教学。既然校本教研所要研究的问题是来自于教学中的问题,其研究的成效也应放在教学实践中去检验。因此,校本教研还要通过教学来判断研究工作的成败得失,通过教学来衡量、评价校本教研工作。

(3) 多样性

校本教研还具有多样性的特点。校本教研的多样性体现在以下三个方面:

一是教学实践的多样性。教学作为一项活动,实际上包括很多方面。仅从过程上来看,就包括准备、实施和课后三个大的阶段。而且,每一个阶段还会包括很多方面和环节。这些方面和环节就使得教学实践具有多样性。教学实践的多样性自然也会使之以为研究根基的校本教研也具有多样性的特点。

二是教学实践的复杂性。教学实践不但是多样的,而且也还是复杂的。教学实践作为一种人际之间的双向的对象化活动,其复杂性自然也就不言而喻了。特别是在班级教学作为最为主要的开展教学的组织形式下,教学对象之间的个体差异性也会进一步增加教学实践的复杂性。这些也会使得校本教研具有多样性。

三是教学实践的发展性。随着各个方面的变化,比如时代的发展、教学手段的改革等,也会使得今天的教学实践与以往的教学实践有着明显的不同。而且,这种不同在今天还有进一步加速的趋势。为更好地应对教学实践的发展,校本教研自然也需要不断地变化和发展,从而带来校本教研的多样性。

(二) 校本教研的要素

教师个人的自我反思、教师集体的同伴互助和教师发展的专业引领是校本教研的三个核心要素。

1. 自我反思

自我反思是教师与自我的对话,是开展校本研究的基础和前提。反思是教师以自己的职业活动为思考对象,对自己在职业活动中的行为以及由此产生的结果进行审视和分析的过程。

反思不是一般意义上的回顾(或回头看)、检讨,而是反省、思考、探索和解决教学活动中存在的各个方面问题,是对观念、行为、目标设定、实施、教学智慧等方面的反思,具有研究的性质。通过反思,可以将隐性知识显性化,即将难以明确表达的技能、技巧、经验、诀窍、直觉、灵感、心智模式等外显,转化成有价值的教学实践知识。这些在传统教研中是很少提及的。也正因如此,自我反思被认为是"教师专业发展和自我成长的核心因素",校本教研只有转化为教师个人的自我意识和自觉自愿的反思行为,校本研究才有基础,才得以真正的落实。

(1) 反思的进程和阶段

按教学的进程,教师的自我反思可分为教学前、教学中、教学后三个阶段。教学前的反思是凭借以往的教学经验,对新的教学活动进行批判性的分析,并作出调整性的预测。这种反思具有前瞻性。教学中的反思,是指对发生在教学过程中的问题及时发现、自动反思、迅速调控。这种反思表现为教学中的一种机智,具有敏感性。教学后的反思,是在某一教学活动告一段落(如上完一节课,或上完一个单元的课等)后,在一定的理念指导下,去发现和研究过程中的问题,或者对有效的经验进行理性的总结和提升。这种反思具有批判性。

(2)自我反思的内容和作用

教师的自我反思在内容上包括教学观念、教学行为、教学效果三个方面。教师在教学中,把自己作为研究的对象,研究自己的教学观念和实践,反思自己的教学观念、教学行为以及教学效果。形成自己对教学现象、教学问题的独立思考和创造性见解,使自己真正成为教学和教学研究的主人,通过反思、研究,教师不断更新教学观念,改善教学行为,提高教学工作的自主性和目的性,克服被动性、盲目性,提升教学水平。

2. 同伴互助

如果自我反思是教师的自我对话,那么同伴互助则就是教师与同行的对话。校本研究强调教师在自我反思的同时,开放自己,加强教师之间在课程实施等教学活动上的专业切磋、协调和合作,共同分享经验,互相学习,彼此支持,共同成长。同伴互助是教师同伴之间实现知识共享、共同发展的机制。学校作为一个知识共同体,通过在校本教研中的对话、交流、协作以及骨干教师的传、帮、带等形式,来实现教师之间的知识共享、共同发展,并实现学校的知识管理,提高校园文化的知识含量。教师最需要的知识是教学实践的知识,而这类知识有很大一部分是从同伴中习得的,也就是说,教师通过观察、学习、吸收其他教师的经验来提高自己。教师集体的同伴互助,是学校文化建设和学校凝聚力的重要标志,也是校本教研的标志和灵魂。

(1)同伴互助的类型

同伴互助在活动形式上有组织型和自发型两种类型。组织型是指学校有目的、有计划组织的研讨活动。自发型是指教师本人主动与教学伙伴(或学校管理者或同仁或专家)进行研讨,这种研讨不拘时间、不拘地点、不拘形式,可随时发生,也可随时结束。实际上,这种形式的互助是大量的,具有经常性的特点。

(2)同伴互助的主要方法

同伴互助的实质是教师作为专业人员之间的交往、互动与合作,其基本方法有对话、协作、帮助。

①对话

对话的类型有以下四种:

第一种是信息交换。比如,信息发布会——大家把自己拥有的信息公之于众;读书汇报会——彼此交流看到过的书、观点以及心得体会。

第二种是经验共享。举行经验交流或经验总结会——大家把自己的成功事例和体会,失败的教训和感想与同事分享、交流。

第三种是深度会谈。深度会谈可以是有主题的,也可以是无主题的。它是一个自由的开放发散过程,它会诱使教师把深藏于心的甚至连自己都意识不到的看法、思想、智慧展示出来、表达出来,这个过程同时也是最具有生成性和建设性的,会冒出和形成很多有价值的新见解。

第四种是专题讨论(辩论、质疑、答疑)。专题讨论是大家在一起围绕某个问题畅所欲言,提出各自的意见和看法。

②协作

协作指教师寻找伙伴共同承担责任完成对某个问题的研究任务,既有共同的研究目的,又有各自的研究责任。协作强调团队精神,群策群力。因此,既要发挥每个教师的兴趣爱好和个性特长,使教师在互补共生中成长;还要发挥每个教师的作用,每个教师都要贡献力量,彼此在互动、合作中成长。在合作中,教师思想交流是自由的,许多实用和创新的想法正是在合作中生成的,他们在合作中不断受到一些启发。

教研组活动作为教师之间相互合作,共同反思最主要的方式,已成为学校促进教学的有效内部组织形式,也是建立统一的教学研究管理系统的重要措施。同时,跨学科教师之间的团队工作在校本研究中也备受关注。

集体备课、集体听课和集体评价是开展协作活动的表现方式之一,教师有了互相切磋教学问题的伙伴,共同磋商教学改进策略,分享备课资料和课堂教学技巧。

③帮助

帮助指教学经验丰富、教学效果突出的优秀教师,指导新任教师或教学能力需要提升的教师,发挥传、帮、带的作用,使其尽快适应角色和环境的要求。学校各类骨干教师要在同伴互助中通过"老带青"、"结对子"等教师之间日常的互相合作形式发挥积极作用。公开课展示也是学校内部或学校之间教师同伴互助的常见形式,使教师有互相交流与学习的机会,有助于教师深入研究教学和学生,提高教育质量。

3. 专业引领

专业引领的实质是先进教育思想和教育榜样的引领,其主体可以是教育专家,也可以是有经验的教师、有专业背景的研究人员和教研员等。需要说明的是,校本教研虽然是以学校教师为主体,是在"本校"展开的,但它不完全局限于本校内的力量。校本教研作为在一定理论指导下的实践性研究,如果缺少先进理念的引领,就可能只停留于经验总结水平上,甚至导致形式化、平庸化。

(1) 专业引领的主要方式

专业引领就其实质而言,是理论对实践的指导,是理论与实践之间的对话,是理论与实践关系的重建。引领的主要方式,一是靠教师自觉学习并吸收先进的教学理论,并运用于反思和互动的教学研究活动之中;二是靠专家、学者的指导,包括学校与大学建立伙伴关系,通过建立研究或实验基地,指导学校的教改实验和推行研究者的实验成果。

(2) 专业引领的主要形式

从形式上来看,专业引领的形式主要有学术专题报告、理论学习辅导讲座、教学现场指导以及教学专业咨询(座谈)等。每一种形式都有其特定的功用,有助于达到某种目的,但就其促进教师专业化成长而言,教学现场指导是最有效的形式,也是最受教师欢迎的形式。实践证明,专业研究人员与教师共同备课(设计)、听课(观察)、评课(总结)等,对教师帮助最大。

(3) 专业引领的若干要求

在对校本教研进行专业引领时,需要注意以下五个方面的结合:

一是坚持理论培训和实践指导相结合。以教学实践中遇到的各种具体教学问题为对象,以经验的总结、理论的提升、规律的探索、自身的专业发展为目的,把理论培训有针对性的与教师在教学实践中的实际问题紧密结合起来。

二是案例评价与教师讨论反思相结合。案例教学作为发挥专业引领作用的一种重要形式,是实现教学理论与教学实践协同提升的一种形式。案例可以采用录像形式、文字形式,也可采用口头形式、现场表演形式,使教师从中有所感受和体会。学校或教研员、专家组织教师参加案例的评价、讨论,既强调教学理论的掌握和获取,又强调教学实践的改进和优化,实现教学理论与教学实践的深度融合。

三是教师的授课与专家点评相结合。专家在点评中肯定教师的优点和成绩,指出不足,会使授课教师和参加听课、评课的教师同时受益。

四是骨干教师、教研员做示范课与教师参与听课、评课相结合。专家型教师通过教学现场示范指导,发挥专业人士的专业引领作用,丰富教师的教学实践知识。

五是坚持课题研究与教学实践相结合。学校或教师将教学实践中普遍存在的共同性的难点、热点问题上升为课题,用科学的研究方法去研究探索,通过"做中学"来提升教师的理论修养,解决实践中的困惑和迷茫。

自我反思、同伴互助、专业引领三者具有相对独立性,同时又是相辅相成、相互补充、相互渗透、相互促进的关系。只有充分地发挥自我反思、同伴互助、专业引领各自的作用并注重相互间的整合,才能有效地促成以校为本的教学研究制度的建设。

二、课例研究

课例研究也是基于学校和教学实践、教学实际的教学研究方式。"课例研究是从日文术语 jugyokenkyn 直译而来的"[①],最早发端于 20 世纪早期的日本,称为"授业研究",是日本在校内对教师专业培训的重要手段。20 世纪 60 年代中期,课例研究的做法就已经相当成熟。20 世纪 70 年代,经过日本政府的鼓励和支持,课例研究在日本迅速普及和推广。第三次国际数学与科学研究(TIMSS)使"授业研究"在世界范围内得到重视,并被推广至美国、英国、香港。我国也在这一时期开始关注到课例研究,并积极进行了解和实践。

---

① CleaFernandez,MakotoYoshida 著,马晓梅等译.《课例研究》,石家庄:河北人民出版社,2007 年版,第 8 页.

(一) 课例概述

1. 课例的内涵

关于课例,有两种不同的理解:一种把课例看作课堂教学实录,或课堂教学纪实,是真实记录教师课堂教学全过程的一种实用文体。比如,听了一堂优秀教师的观摩课后感触较深,认为这堂课较好地体现了某一种教育教学思想,有总结推广的价值;或者自己上了一堂课,对教学改革有了切身的体会,想总结交流一下,于是根据录音录像或者记录稿,把这堂课的教学过程、教学方法、教学措施等加以整理写出来,并适当加上评析说明,这就形成了一篇课堂教学的纪实性文章,即课例。

另一种观点认为课例是一个课堂教学改进的实例(成果),是对教学改进过程中的问题和教学决定的再现和描述。这实际是在"讲教学背后的故事"。因此,课例不仅仅是最后的课堂教学实录,还要交代之所以这样教学的理由和认识,要有研究的成分在其中,要阐述课生成的过程,改进的过程。

这两种关于课例的理解,既有共同的成分,也有一定的区别。从共同方面来看,主要有以下两个方面:

一是都把课例看作教师研究课堂、改进教学、促进专业发展的最佳载体之一。相对于其他载体或途径来说,课例无疑是其中最佳的载体,是最能贴近教师实践、最能调动教师积极性的载体。

二是都强调必须有基于课堂的教学实录。课例,特别是后面要交待的课例研究,都必须要有相应的课堂教学实录,或者是相应的教学实践现场。这既是课例应有的成分,也是课例研究展开的基础。没有课堂教学实录或者课堂教学实践现场,就无所谓课例,自然也就无所谓课例研究。

从区别方面来看,两者的区别主要有两个方面:

一是研究的成分不同。虽然两种理解都有研究的成分,但相对来说,第二种理解中研究的成分更充分一些,研究色彩也更浓厚一些。

二是研究的主体不同。第一种理解主要强调课例本人的研究,是他们对自己的课堂或观摩的课堂进行课堂实录及反思;第二种理解除了课例本人的研究外,还可能会有其他主体,如教师同伴、专业人员等主体的研究。

2. 课例的特点

(1) 真实性

课例的真实性有两个方面的表现:一是课例是对课堂教学的记录。只有真实发生的课堂及其记录,才能称之为课例。换言之,没有真实发生的课堂及其记录,就不能称之为课例。二是课例还必须是对真实的课堂教学的记录。这也即,课例不但所涉及的课堂是真实的,而且所涉及的过程和现象也应是真实的,不能歪曲事实,更不能主观杜撰或臆测。

(2) 典型性

课例的典型性也有两个方面的表现:一是课例应该是对经典的课堂或者比较有特殊性或代表性的课堂进行的课堂教学实录而成的课例。这也即课例不是对所有的课堂教学进行实录,课例只能是众多课堂中精心挑选或选择的一部分。二是课例选取的课堂教学事件应在指导教师教学上具有典型意义和普遍意义,其教学中的成功经验或失败教训对教师的专业成长有着普遍的借鉴与帮助作用。这也即,课例虽然是对课堂教学的实录,但并不是仅仅对课堂教学进行照录,而是在此过程中,有重点地、有计划地对某些方面加以强调或突出。

（3）叙事性

课例作为对课堂教学的实录,是对课堂教学中的事实和现象进行描述后的再现,在表达方式上包含着叙事的成分。

3. 课例的相关范畴

课例与教学案例和教学随笔在内容选择和撰写表述上既有相同之处,也有一定的差异。

课例和教学案例都是对教学情境的描述,但课例属于教学实录,反映的课堂教学是全景式的,对整堂课进行的记录,而教学案例则是有所选择的,反映的是课堂教学中的一个片断,一个局部的教学事件。

课例和教学案例的表达方式是以叙述和描写为主的,也有说明和评价的成分,而教学随笔是夹叙夹议式的,以议论为主,叙事是为议论服务的。

教学案例的选材与撰写相对于教学随笔要严格些,教学案例讲述的应该是一个故事,要有一个从开始到结束的完整情节,并包括一些戏剧性的冲突（包含有一个或多个疑难问题）；案例的叙述要具体、特殊,不应是对活动大体如何的笼统描述,也不应是对活动的总体特征所作的抽象化的、概括化的说明；案例的叙述要把事件置于一个时空框架之中,也就是要说明事件发生的时间、地点等；案例对行动等的陈述,要能反映教师工作的复杂性,揭示出人物的内心世界,如态度、动机、需要等；案例的叙述要能反映出事件发生的特定的教育背景。

教学随笔撰写内容的选择是多角度的,事件也不要求一定完整,可以反思教育失败的因素,也可以分析教育成功的原因,也可以提出教育教学中遇到的问题和困惑,还可以对某种教育思潮或教育理念进行思考。教学随笔在写法上也是多种多样,不拘一格。

（二）课例研究的内涵

1. 课例研究的概念

课例研究,即围绕课例展开的研究,即以一节课的全程或片段作为案例进行解剖分析,找到成功之处或是不足之处,或者说是对课堂教学实践活动中特定教学问题的深刻反思及寻找解决这些问题的方法和技巧的活动。因此,课例研究就是有目的、有计划、有基点地对一堂课进行改进的实践及其尝试的活动。

课例研究有以下三个方面的要义：

一是课例研究试图让教师学会有目标、有方法地研究课堂教学的改进。众所周知,教师是课堂教学中最为活跃的、最为能动的要素。怎样看待自己的课堂？希望自己的课堂是什么样的？怎样来实现自己理想的课堂……这些既是老师们关注的问题,也是他们困感的方面。课例研究无疑就为老师们提供了这样一个改进的路径、改进的工具,可以让老师更快地学会有目标、有方法地分析、研究、改进自己的课堂。

二是课例研究也是教师专业发展的重要途径。有效地促进教师的专业发展、专业成长是最近一个时期以来政府和学校高度关注的事情,并为此采取了很多的措施。通过课例研究,不但可以学会分析和改进自己的课堂教学,而且还可以促进教师的专业发展,提升他们的专业素养。

三是课例研究以课例为载体,有效地克服了以往教师开展研究时过于宏大叙述的不足。依托于具体的课例,通过连续多次的互动和改进,可以为教师提供真实的教学实践场景和教学研究场景,使得他们既是研究的观察者,也是研究的参与者而置身其中。

另外,对于课例研究,还有两点需要交待:

一方面,课例研究既有课例又有研究,是课例和研究的紧密结合。没有课例,研究就失去了基点,研究也就谈不上课例研究。同理,没有研究,课例也就失去了存在的意义,仅仅是课例也不能称作研究。

另一方面,课例研究既不同于课例,也不同于一般的研究。课例研究的目标不仅仅是上好这堂课,而是让老师在研究这堂课的过程中,掌握改进这类课或更多课的方法。因此,课例研究不是课例,而是课例的延伸和深化。同时,课例研究以课例为基点的"做课例"的研究过程,是传统教研活动的精致化的研究。这种研究基于课例及其改进,具有极强的针对性,不同于一般研究的泛化性。

2. 课例研究的特点

(1) 研究性

课例研究是教师通过研究的方式去解决实践中遇到的问题。在此过程中教师的角色不仅仅只是知识传授者,同时还是一名教育研究者,所以,课例研究的实施过程就是一个研究的过程。课例研究中教师的研究能力和素养显得尤为重要,它要求教师善于发现教学中出现的各种问题,并善于利用各种条件和方法解决该问题。这些问题是教师开展课例研究的源起,教师综合利用观察法、访谈、测验等方法进行研究并最终解决该问题。

(2) 针对性

如上所述,课例研究是以课例为基点的研究,离开了课例,也就谈不上课例研究。但是,课例本身是选择的,是经过精心挑选的,是从教学实践中发现需要研究或者值得关注的方面后经过认真的思考确定的。因此,以课例为基点的课例研究具有很强的针对性。一方面,是针对课例。没有课例,就没有课例研究;同时,课例不同,课例研究也就不同。另一方面,是针对具体的教学实践。课例来自于教学实践中的现象或事实,课例研究就是针对这些现象或事实来进行研究的。

(3) 合作性

课例研究既是合作的过程,也是合作的结果,是以教师为主体而构成的研究共同体通过集体备课、观课以及反思评课等步骤以合作的方式完成课例研究的全部过程。通过合作,一方面可以使教师们能够相互交流、共同学习和提高,另一方面也可以使他们能够解决共同面临的问题,共同提高。

另外,课例研究中的合作除了学校内部教师之间的合作外,还包括与校外一些人员如教研员、大学研究人员、校外专家教师、家长等的合作。课例研究中的研究共同体是以教师为主导的,但这并不意味着只有教师才是课例研究的主体,还应该有其他人员参与。而且,加入其他人员对于课例研究的开展有着重要的促进作用:一方面是有助于改变传统教研活动的形式化、表面化、重复性和低效性,使教研活动获得专业引领与资源支撑;另一方面,异质人员的参与还有助于冲破校内或松散或封闭或保守的人际关系形态,构筑更为团结、开放和积极进取的人际关系,为课例研究共同体的建构创造良好的人际氛围。

（4）情境性

课例作为真实的课堂教学的再现,强调对课堂教学过程及活动的叙述。因此,基于课例而展开的课例研究具有情境性,是围绕着具体的教学情境而展开。脱离了课堂,就不会有课例,自然也不会有课例研究。

（5）微型性

相对于理论研究者的研究来说,以实践研究者为主体所进行的课例研究还具有微型性的特点。课例研究的微型性主要有两个方面的表现：

一是研究对象的微型。基于课例的课例研究源于课堂,在呈现出情境性的同时也表明这样的研究往往是聚焦于教学实践中的一些细节、环节来进行研究。这些细节、环节虽然不可小觑,但从总体上来说,并不是一些至关重要的、决定教学及教育的根本问题。对这些问题进行研究,相对而言是微型化的研究。

二是研究过程的微型。课例研究是一个不断展开的过程。尽管这一过程从大的方面来看,与一般性的教育研究没有太大的区别,同样包括问题的确定、研究假设、问题的解决等。但这些过程的执行相对来说比较灵活,在环节的展开上也用时较少。这些都使得课例研究的过程比较微型。

（三）课例研究的实践

1. 课例研究的步骤

一般说来,课例研究有以下五个步骤：

（1）确立研究主题

研究主题来源于客观现实问题,只有从现实问题中确定的主题才具有研究的价值,才是课例研究真正的起点。教师确定的问题必须是围绕着课堂里曾经发生或经常出现的现象或问题,而不是教师主观臆想出来的问题。为此,就需要教师不断地观察和反思课堂教学。在观察和反思的基础上,明确提出研究的问题或任务,并进而把这些问题或任务提炼成研究主题。

（2）设计教案

课例研究的教案设计和传统教案是不一致的。首先,课例研究教案的设计是由课例研究共同体内所有成员共同参与完成的,强调教师集体合作;其次,课例研究教案的设计基于传统教案根据研究主题进行设计而来,既有共性又有特性;再次,课例研究教案的设计需要在查阅资料的基础上进行,对于如何解决确定的问题要有较为清晰的认识;最后,课例研究教案的设计还应该包括"预期的学生反应"和"应对策略"等部分。

(3) 上课和观课

上课是对设计的课例研究教案的检验,观课则是为了从课堂实践中发现问题和不足从而进一步修改课例研究教案的设计。这两部分是缺一不可的,因为正在上课的教师必须对学生的反应立即做出判断,没有充裕的时间去思考这么做是否合适或者能否做得更好,而观课教师则正好可以弥补这一缺陷。一方面,使得上课的教师能够更加客观地了解自己的教学;另一方面,集思广益为下一轮课例研究教案的设计提供丰富的资源。

(4) 评价与反思

课例研究也需要评课。但这种评课不同于传统的对课的好坏进行的评价,而是对课的改进情况进行判断,提出进一步的改进建议。"研讨教学问题的目的绝不是对授课情况的好坏进行评价,因为对上课好坏的议论只会彼此伤害"①。

(5) 总结与分享

在整个课例研究结束后,有关教师在一起对整个的研究过程,包括研究的对象、研究的目标、研究的结果等方面进行总结和交流,从而可以进一步分享各自在此过程中的收获,实现共同进步和发展。通过与他人分享和展示自己的成果,不仅可以对其他教师产生积极的借鉴作用,还可以激励自己进一步开展课例研究以获得更深层次的发展。

需要说明的是,有些课例研究比较简单,只需要一个轮次即可完成,上述五个步骤依次进行即可。而有些课例研究比较复杂,需要多个轮次才能完成,所以其中的有些环节,如上课和观课、评价和反思等就需要根据实际情况需要不断地反复,上述五个步骤就不一定能够完全照搬。

2. 课例研究的方式

从课例研究的实践来看,目前比较常用的课例研究的方式主要有以下四种。

(1) 同课循环

所谓同课循环,就是围绕有关课例的所有老师每人都上同样的一节课,然后大家围绕着这些课在讨论、交流的过程中进行研究。这类课例研究的前提是大家都要上同样的一节课。通过同上一节课,大家有更多的共同体验,也就有了更好地进行研究的基础。

(2) 同课异构

对于同样的内容,先由不同的教师独自进行教学设计,构想不同的方法,然后大家相互交流、比较。在此过程中进行讨论、研究,扬长避短,共同提高。这类课例研究的关键是在进行研究之前,不同的老师分别独立地进行教学设计,然后在此基础上进行上课和研究。

---

① [日]佐藤学著,李季湄译.《静悄悄的革命:创造活动、合作、反思的综合学习课程》,长春:长春出版社,2003年版,第67页.

(3) 多课一题

这类课例研究的前提是先确定研究主题,然后由不同的教师围绕同一研究主题上不同内容的课,然后在此基础上进行相应的交流和研究。这类课例研究必须先确定研究主题,然后再去上课和交流。需要说明的是,这里所说的多课,既可以是同一门学科不同内容的多课,也可以是不同学科之间的多课。

(4) 同课多轮

这类课例研究是由一位老师围绕同样的内容进行多轮授课,在每轮授课后都进行相应的讨论和研究。当然,同课多轮又有两种不同的亚型:一种是同课多法的多轮,即同样的内容,在不同的课堂里采用不同的上法。这种同课多轮着重在于比较和判断不同方法的差异,选择最优的方法。另一种则是改进性的同课多轮。这种同课多轮的内容是同样的,但每一轮都是在前轮的基础上经过研究,有所改进。

在教学实践中,可以根据需要,灵活地选择一种或多种方式来进行课例研究。而且,还可以把其中的有些方式结合起来,或者对其中的有些方式进行创新。

三、培育研究

(一) 培育研究的内涵

培育研究是培育式教学研究的简称。为更好地理解培育式教学研究的价值,这里有必要就培育及培育式教学研究进行交待。

《现代汉语词典》(2002年增补本)中将"培育"解作"培养幼小的生物,使它发育成长"[1]。

《新华词典》(2001年修订版)中把"培育"释为"栽培,护理;培养,教育"[2]。

《辞海》中虽未直接收入"培育"一词,但我认为其对"培"字的解释已经暗含有培育的意思。《辞海》是这样解释"培"字的:"在植物根株上壅土。引申为有目的的使成长、壮大"[3]。

通过这些工具书的解释,我们可以看出,培育就是以已有或固有的某种东西为支撑或基础,对之进行培养、养育,使之茁壮成长。

把培育的理念或方式引入到教学研究中形成的教学研究方式即培育式教学研究。具体说来,就是在研究过程中,理论研究者通过观察、对话等方式发现实践研究者在实际教学活动中原始的、零星的闪光点,然后通过理论滋养和系统整合使这些原始的、零散的闪

---

[1] 中国社会科学院语言研究所词典编辑室编.《现代汉语词典》(2002年增补本),北京:商务印书馆,2002年版,第956页.

[2] 商务印书馆辞书研究中心修订.《新华词典》(2001年修订版),北京:商务印书馆,2001年版,第741页.

[3] 辞海编辑委员会编.《辞海》(第六版彩图本),上海:上海辞书出版社,2009年版,第1713页.

光点逐渐系统化、完善化。在这一过程中,理论研究者与实践研究者通过对话、互动与合作等方式各自贡献自己的聪明才智,形成良性的合作、参与研究机制,明显有别于"进入式"教学研究。这主要表现在:

一是尊重教师在教学实践中形成的实践智慧。教学实践活动丰富而鲜活,教师们面对此情此景的即时处置方式彰显着他们对教育实践的理解和洞察,也反映出他们的教学实践智慧。实际上,"教育的情景通常不允许教师停顿下来进行反思,分析情况,仔细考虑各种可能的选择,决定最佳的行动方案,然后付诸行动"[①]。恰恰相反,现实的教育情景迫使他们迅速表征问题,在最短的时间里寻找最为合理的解决方式。这实际上就是教师的实践智慧。它往往是教师对既有规则的突破、创新后形成的知道如何做的知识和经验,并且这样的知识和经验能有效地解决他们在教育实践中遇到的问题。一般说来,教学实践智慧是教师个体个别化的、主观化的知识,既与普遍性的、客观化的理论知识有别,又不能简单迁移和照搬。培育式研究不是把教师的优秀做法全盘抛弃,另起炉灶,而恰恰相反,强调对教师在教育实践中形成的个别化、主观化的知识进行培育,以使之更好地发挥效能。

二是深化教育理论与教育实践的关联。在教学理论与教学实践的关系这一问题上,人们经常犯知其然,但却不知其所以然的毛病,都能够从一般的原理层面将之概括为教学理论来源于教学实践,教学实践需要教学理论的指导。但是,进一步深入下去,具体到教学理论如何来源于教学实践又如何指导实践的回答则往往语焉不详。培育式教学研究因注重从过程出发、从现状出发、从合作出发,充分发挥理论研究者和实践研究者的双重智慧,通过智慧的交流、碰撞,升华各自的智慧境界,形成两者间的互促,共同获得发展,从而深化教学理论与教学实践的关联。在培育式教育研究中,理论研究者通过多种途径和方式进行实地调研,发现教师在教学实践活动中转瞬即逝的智慧之光和虽能感受但无法言说、尚未系统化的闪光点,在此基础上,通过相应的理论滋养和系统整合完善,使那些转瞬即逝的智慧之光不断地得到强化,成为自己的经常性行为,使那些只知其然而不知其所以然的闪光点不但能知其然,而且更能知其所以然,形成教师个人系统化的、常识性的教学行为,增强对教学实践中的问题的表征能力,优化自己的认知资源。

三是突显关怀情怀。培育式研究是从科学和人文两个层面展开对教学活动的深层关怀。教学研究的科学关怀就是通过对教学活动的客观性、必然性和普遍性进行探讨,一方面总结教学知识,揭示教学活动规律;另一方面概括基本规范,为教学活动提供活动框架,从而使教学活动更加科学、合理。因科学关怀而带来教学活动实践合理性提升的情况比比皆是。由于培育本身的持续性、动态性,培育式教学研究强调在研究过程中对教学活动中的闪光点进行发现与滋养,这也就意味着它从研究活动的开始就与教学实践产生密切关联,伴随着教学实践活动的始终。这也即培育式教学研究全程参与教学实践,对之进行

---

① [加]马克斯·范梅南著,李树英译.《教学机智——教育智慧的意蕴》,北京:教育科学出版社,2001年版,第144页.

的是全程关怀。而且由于培育式教学研究以闪光亮点发掘为突破口,通过理论滋养和实践优化而展开的对教学活动的关怀是一个持续动态的、永无止境的过程,强调通过连续不断的培育使闪光亮点茁壮成长。

从某种意义上来看,教学研究就是从教学活动的属人性质出发,为了教学活动主体的更加幸福美好的现实与未来生活服务的。培育式教学研究由于充分考虑、尊重教师的智慧劳动,采取固本而进的培育方式,在为教师带来更多实惠的同时也更易为他们接受,赢得心理认同,在愉悦中改进教学实践。

(二) 培育研究的方式

培育研究主要有以小见大、常识警觉、合理升华三种方式。

1. 以小见大

这里所说的小与大分别指具体的教学实践和与之相应的教学理论。所谓以小见大,即对某一具体的教学实践中所蕴涵的教学理论进行剖析和揭示,从而优化教学行为和教学实践的培育方式。

众所周知,个体的任何行为都是在其意识支配之下进行的。只不过,有些行为是在显性意识的支配下,自己在行为的同时也清晰地知道自己为什么要这样做,而有些行为则是在无意识的支配下,自己在行为时并不是很清楚地知道自己为什么要这样做。对于前者来说,由于明显地受到意识的调控,所以个体对自己的行为的调控也更加明确和直接,而对于后者,由于无法明确地感受到意识的调控,个体对自己的行为及其调控相对而言也就比较弱。这种情形在教学实践中不但大量存在,而且也同样会影响教学实践,甚至有些时候还会对教学实践起着决定性的影响。因此,有必要通过个体行为,特别是意识不够明显的行为进行剖析,探询其背后的意识成分及相应的理论假设,帮助教师明确其行为是否合理,从而优化其教学行为。

2. 常识警觉

教学活动中存在着大量的习以为常的教学常识。这些常识从性质上来说,具有两分性,即表面性与深刻性共存。[①] 教学常识对教学实践既有正向的促进功能,亦有负向的阻碍功能。前者表现为借助教学常识能够"迅速表征教育实践问题,做出判断,寻找解决的方案"[②],而后者表现为教学常识容易导致主体的思维定势,干扰寻找新的问题解决方式。

教学常识在性质上的两分性以及存在着普及性,促使人们必须对之保持高度的关注,以更好地利用教学常识,优化教学实践。这就要求,一方面可以把大量的未曾意识到的教学常识纳入到意识的范畴,进行科学的审视;另一方面也可以把很多习以为常的似是而非或者看似合理实则未必的教学常识重新进行审视。对教学常识进行审视需要通过一定的途径和手段来进行。培育研究应该是进行审视的途径和手段之一。特别是通过培育研

---

① 林德全等.《论教育常识及其功能》,《教育理论与实践》,2004年第6期.
② 林德全等.《论教育常识及其功能》,《教育理论与实践》,2004年第6期.

究,把其中合理的方面进行固化,把不合理的方面进行优化,将会使教学常识能够更好地在教学实践中运用,提高教学效益。

3. 合理升华

在教学实践中,还有很多教学行为有很大的改进空间。通过培育研究,将会使这些潜在空间变为现实效果,能够极大地改善教学实践,提升教学实践的效果。

具体说来,培育研究对教学行为的合理升华主要通过以下三条途径来进行:一是提供理论支点。在为教学行为提供理论支撑的同时,也为其行为注入持久性的动力,并能触类旁通,举一反三;二是把主体在不经意间偶尔为之、转瞬即逝但又卓有成效的行为通过反思与物化,转化为自己的经常的、必然的行为;三是把自己在无意识下的教学行为转化成有意识教学行为,在熟练后再次转化成无意识的自动行为,运用于自己的教学实践中。

本 章 结 语

第一,教学研究是关于教学现象的各种思考及表达,具有复杂性、创造性、理论性、时代性的特点。教学研究既可以生成教学理论,也还会改善教学实践。

第二,从事和参与教学研究的人员有理论研究者和实践研究者两大类。理论研究者是以教学为研究对象,对教学活动进行多样化的、整体性的探讨和思考,形成关于教学的系统化表达。实践研究者往往是指在教学实践中进行研究的人员(通常由教师担当)在从事教学实践的同时结合教学实践开展教学研究。相对于宏大叙事的普适性研究而言,实践研究者结合学校的实际情况,贴近教学实践开展研究。目前,人们逐渐在重视他们的教学实践的同时也重视他们的教学研究。而且,相对于理论研究者来说,实践研究者有其得天独厚的优势。

第三,校本教研,即"以校为本的教学研究"的简称,是实践研究者从教学实际出发,以研究为线索,结合自己的本职工作开展的教学研究活动,具有微型性、针对性、多样性的特点。

第四,教师个人的自我反思、教师集体的同伴互助和教师发展的专业引领是校本研究的三个核心要素。其中,自我反思是教师与自我的对话,是开展校本研究的基础和前提;同伴互助是教师与同行的对话,在教师同伴之间实现知识共享、共同发展;专业引领是理论对实践的指导,是理论和实践之间的对话,也是理论与实践关系的重建。

第五,课例研究也是基于学校和教学实践、教学实际的教学研究方式。课例即课堂教学为例或实例,具有真实性、典型性和叙事性的特点。课例研究就是围绕课例展开的研究,即以一节课的全程或片段作为案例进行剖析,是有目的、有计划地对一堂课进行改进的实践及其尝试的活动,具有研究性、针对性、合作性、情境性和微型性的特点。

第六,课例研究包括确立研究主题、设计教案、上课和观课、评价与反思、总结与分享五个步骤,有同课循环、同课异构、多课一题和同课多轮四种方式。

第七,培育研究是把培育的理念或方式引入到教学研究中形成的教学研究方式,是理论研究者与实践研究者通过对话、互动与合作等方式各自贡献自己的聪明才智,形成良性的合作、参与研究机制的教学研究。培育研究尊重教师在教学实践中形成的实践智慧、深化教育理论与教育实践的关联、突显关怀情怀,有以小见大、常识警觉、合理升华三种方式。

[讨论和思考]

1. 什么是教学研究?教学研究有何价值?
2. 理论研究者和实践研究者各自在教学研究上有何异同?
3. 什么是校本教研?校本教研包括哪些要素?
4. 什么是课例?什么是课例研究?课例研究的方式有哪些?
5. 什么是培育研究?培育研究的常见方式有哪些?

[阅读导航]

1. 徐继存著.《教学理论反思与建设》,兰州:甘肃教育出版社,2000年版.

该书着重从方法论的角度对教学理论的发展与建设进行的反思,提出以教学理论的经验科学基础、逻辑结构、形成过程和方法等三方面的情况作为评判教学理论科学性的标准,并对教学理论的应用问题作出了较为深入的考察,具体分析了教学理论建设应有的方法论。

2. [加]马克斯·范梅南著,李树英译.《教学机智——教育智慧的意蕴》,北京:教育科学出版社,2001年版.

该书以独特的现象学研究方法,以大量的教师、父母和学生的生活和学习经历为原材料,从实际情境中探讨教育学的问题,为理性的教育学注入了丰富的情感,许多观点令人耳目一新。无论是作为初为人师者,还是经验丰富的教育工作者,或是对教育感兴趣的孩子父母,都能从该书中吸取精华,产生灵感,获得一种反思方式,从而观察、行动并与孩子交互作用。

3. 李定仁著.《教学论研究》,兰州:甘肃教育出版社,2002年版.

该书收入作者有关教学论研究方面的文章,分为四个部分:教学基本理论问题研究、教学论问题的比较研究、外国教学思想研究、教师问题研究。

4. 刘良华著.《校本教学研究》,成都:四川教育出版社,2003年版.

该书以"叙事"思维来谈论教学的理念与教学研究的方式,从叙事研究和有效教学两个部分分别阐述了校本教学研究应有的"方法"和"眼光",以期为校本教学研究建立一条从复杂中寻找简单,从杂乱中寻找秩序的思路。

5. [日]佐藤学著,李季湄译.《静悄悄的革命:创造活动、合作、反思的综合学习课程》,长春:长春出版社,2003年版.

该书是日本东京大学佐藤学教授的力作之一,以创造活动、合作、反思的综合学习课程为主线,以期创造以学为中心的教学,创造以学为中心的课程,进而将学校发展成为一个学习的共同体,引发课堂和学校一场静悄悄的革命。

6. 彭钢、蔡守龙主编.《教学现场与教学细节》,北京:教育科学出版社,2004 年版.

该书从教学现场和教学细节这一对教学基本范畴,一个独特而有趣的角度来描述教学、分析教学和研究教学,通过对教学现场的描述以期在反思惯常教学细节的基础上改造、创新教学细节,提升教学理念,提高教学实效。

7. 裴娣娜主编.《现代教学论》,北京:人民教育出版社,2005 年版.

该书是我国教学论研究工作者的跨世纪著作,集中反映了教学论研究工作者学术群体对我国教学论学科现代化发展进行的理性思考和实践探索。全书共分三卷:第一卷在全面梳理了近百年来教学论学科发展进程的基础上,以现代教学论的核心概念、内涵、理论基础的剖析作为起点,重点阐述了现代教学观、现代课程观、现代学习观以及相应的课程与教学论基本原理;第二卷对中国现代教学论发展的若干理论和实践问题,如课程设计、综合课程、课程文化、教与学的关系、教学交往、教学的社会性、教学的艺术性、教学病理学等进行了多维度、多视角的专题研究;第三卷展示了由我国教学论理论工作者主持的在国内有影响的教学思想实验、课程改革实验以及教学策略方法实验,并在此基础上从研究方法论角度对教学改革实验进行评析。

8. Clea Fernandez,Makoto Yoshida 著,马晓梅等译.《课例研究》,石家庄:河北人民出版社,2007 年版.

该书展示的是日本课例研究的细节,以细致而简洁的描述将真实、地道的日本课例研究展示出来,并通过这些课例及课例研究的不断改进和完善,让每一节课的教学变成了一件艺术精品。

参考文献

一、工具书

1. 中国社会科学院语言研究所词典编辑室编.《现代汉语词典》,北京:商务印书馆,1983年版.
2. 中国社会科学院语言研究所词典编辑室编.《现代汉语词典》(2002年增补本),北京:商务印书馆,2002年版.
3. 商务印书馆辞书研究中心修订.《新华词典》(2001年修订版),北京:商务印书馆,2001年版.
4. 辞海编辑委员会编.《辞海》(第六版彩图本),上海:上海辞书出版社,2009年版.
5. 顾明远主编.《教育大辞典》(增订合编本),上海:上海教育出版社,1998年版.

二、外文及译著

1. Philip W. Jackson, Life in Classrooms. Teachers College Press, 1990.
2. [俄]达尼洛夫、叶希波夫编著,北京师范大学外语系1955级学生译.《教学论》,北京:人民教育出版社,1961年版.
3. [俄]安·谢·马卡连柯著,刘长松等译.《论共产主义教育》,北京:人民教育出版社,1979年版.
4. 华东师范大学教育学系编.《现代西方资产阶级教育思想流派论著选》,北京:人民教育出版社,1980年版.
5. [俄]列·符·赞科夫著,杜殿坤译.《和教师的谈话》,北京:教育科学出版社,1980年版.
6. [美]布鲁纳著,邵瑞珍译.《教育过程》,北京:文化教育出版社,1982年版.
7. [英]阿什比著,滕大春等译.《科技发达时代的大学教育》,北京:人民教育出版社,1983年版.
8. [苏]瓦·阿·苏霍姆林斯基著,赵玮等译.《和青年校长的谈话》,上海:上海教育出版社,1983年版.
9. [捷]夸美纽斯著,傅任敢译.《大教学论》,北京:人民教育出版社,1984年版.

10. [苏]苏霍姆林斯基著,杜殿坤编译.《给教师的建议》,北京:教育科学出版社,1984年版.

11. [苏]休金娜著,华东师范大学比较教育研究所译.《中小学教育学》,北京:人民教育出版社,1984年版.

12. [美]L. 罗恩·哈德著,杨红秋译.《有效理解的窍门》,北京:生活·读书·新知三联书店,1988年版.

13. [美]L. A·怀特著,沈原等译.《文化的科学:人类与文明研究》,济南:山东人民出版社,1988年版.

14. [美]保罗·D. 埃金著,王维城等译.《课堂教学策略》,北京:教育科学出版社,1990年版.

15. 中央教育科学研究所编译.《简明国际教育百科全书·教学》(上、下),北京:教育科学出版社,1990年版.

16. 中央教育科学研究所编译.《简明国际教育百科全书·教育管理》,北京:教育科学出版社,1990年版.

17. 国际21世纪教育委员会著,联合国教科文组织中文科译.《教育:财富蕴藏其中》,北京:教育科学出版社,1996年版.

18. 联合国教科文组织国际教育发展委员会编著,华东师范大学比较教育研究所译.《学会生存:教育世界的今天和明天》,北京:教育科学出版社,1996年版.

19. [英]约翰·洛克著,傅任敢译.《教育漫话》,北京:教育科学出版社,1999年版.

20. [德]第斯多惠著,袁一安译.《德国教师培养指南》,北京:人民教育出版社,2001年版.

21. [加]马克斯·范梅南著,李树英译.《教学机智——教育智慧的意蕴》,北京:教育科学出版社,2001年版.

22. [俄]苏霍姆林斯基著,蔡汀等选编.《苏霍姆林斯基选集》(第四卷),北京:教育科学出版社,2001年版.

23. [美]J. M. Arhar等著,黄宇等译.《教师行动研究:教师发现之旅》,北京:中国轻工业出版社,2002年版.

24. [美]S. D. Brookfield等著,罗静等译.《讨论式教学法:实现民主课堂的方法与技巧》,北京:中国轻工业出版社,2002年版.

25. [美]Lynda Fielstein等著,王建平等译.《教师新概念:教师教育理论与实践》,北京:中国轻工业出版社,2002年版.

26. [美]B. L. McCombs等著,伍新春等译.《学习动机的激发策略:提高学生的学习兴趣》,北京:中国轻工业出版社,2002年版.

27. [美]D. J. McIntyre等著,丁怡等译.《教师角色》,北京:中国轻工业出版社,2002年版.

28. [美]S. R. Steinberg等主编,易进译.《学生作为研究者:创建有意义的课堂》,北京:中国轻工业出版社,2002年版.

29. [美]F. J. Stephenson 主编,周渝毅等译.《非常教师:优质教学的精髓》,北京:中国轻工业出版社,2002年版.

30. [美]D. R. Cruickshank 等著,时绮等译.《教学行为指导》,北京:中国轻工业出版社,2003年版.

31. [美]T. 帕森斯著,张明德等译.《社会行动的结构》,南京:译林出版社,2003年版.

32. [日]佐藤学著,李季湄译.《静悄悄的革命:创造活动、合作、反思的综合学习课程》,长春:长春出版社,2003年版.

33. [美]Diane Hart 著,国家基础教育课程改革"促进教师发展与学生成长的评价研究"项目组译.《真实性评价:教师指导手册》,北京:中国轻工业出版社,2004年版.

34. [美]Lynda Fielstein 等.《教学导论》(影印版),北京:中国轻工业出版社,2005年版.

35. [美]帕克·帕尔默著,吴国珍等译.《教学勇气:漫步教师心灵》,上海:华东师范大学出版社,2005年版.

36. [美]G. D. Borich 著,么加利等译.《教师观察力的培养:通向高效率的教学之路》,北京:中国轻工业出版社,2006年版.

37. [美]普莱斯顿·D. 费德恩等著,王锦等译.《教学方法:应用认知科学,促进学生学习》,上海:华东师范大学出版社,2006年版.

38. [美]Rick Wormeli 著,池春燕等译.《50种教与学的总结技巧》,北京:中国轻工业出版社,2006年版.

39. Clea Fernandez,Makoto Yoshida 著,马晓梅等译.《课例研究》,石家庄:河北人民出版社,2007年版.

三、中文著作

1. 叶圣陶著.《叶圣陶语文教育论集》,北京:教育科学出版社,1980年版.
2. 高平淑编.《蔡元培全集》(第三卷),北京:中华书局,1984年版.
3. 华中师范学院教育科学研究所主编.《陶行知全集》(第一卷),长沙:湖南教育出版社,1984年版.
4. 王策三著.《教学论稿》,北京:人民教育出版社,1985年版.
5. 李秉德主编.《教学论》,北京:人民教育出版社,1991年版.
6. 吴也显主编.《教学论新编》,北京:教育科学出版社,1991年版.
7. 刘克兰主编.《现代教学论》,重庆:西南师范大学出版社,1993年版.
8. 滕大春主编.《外国教育通史》,济南:山东教育出版社,1993年版.
9. 张楚廷著.《教学原则今论》,长沙:湖南师范大学出版社,1993年版.

10. 田慧生、李如密著.《教学论》,石家庄:河北教育出版社,1996年版.
11. 曾天山著.《教材论》,南昌:江西教育出版社,1997年版.
12. 黄甫全、王本陆主编:《现代教学论学程》,北京:教育科学出版社,1998年版.
13. 李森著.《教学动力论》,重庆:西南师范大学出版社,1998年版.
14. 吴立岗主编.《教学的原理、模式和活动》,南宁:广西教育出版社,1998年版.
15. 谢利民著.《现代教学论纲要》,西安:陕西人民教育出版社,1998年版.
16. 韩钟文、李如密主编.《教育学》,济南:山东大学出版社,1999年版.
17. 李如密编著.《教学艺术论》,济南:山东教育出版社,1999年版.
18. 施良方、崔允漷主编.《教学理论:课堂教学的原理、策略与研究》,上海:华东师范大学出版社,1999年版.
19. 邓志伟著.《个性化教学论》,上海:上海教育出版社,2000年版.
20. 李德显著.《课堂秩序论》,桂林:广西师范大学出版社,2000年版.
21. 张华著.《课程与教学论》,上海:上海教育出版社,2000年版.
22. 李定仁、徐继存主编.《教学论研究二十年》(1979-1999),北京:人民教育出版社,2001年版.
23. 李定仁著.《教学论研究》,兰州:甘肃教育出版社,2002年版.
24. 刘志军著.《课堂评价论》,桂林:广西师范大学出版社,2002年版.
25. 王方林主编.《在自由与约束之间:班级经营的实践与原理》,上海:上海辞书出版社,2003年版.
26. 彭钢、蔡守龙主编.《教学现场与教学细节》,北京:教育科学出版社,2004年版.
27. 裴娣娜主编.《现代教学论》(三卷),北京:人民教育出版社,2005年版.
28. 熊川武著.《理解教育论》,北京:教育科学出版社,2005年版.
29. 林进材著.《班级经营》,上海:华东师范大学出版社,2006年版.
30. 裴娣娜主编.《教学论》,北京:教育科学出版社,2007年版.
31. 戚业国编著.《课堂管理与沟通》,北京:北京师范大学出版社,2008年版.
32. 陶行知著.《陶行知文集》(修订本),南京:江苏教育出版社,2008年版.
33. 熊川武主编.《教学通论》,北京:人民教育出版社,2010年版.

四、论文

1. 沈力军.《课堂上的非语言行为》,《外国中小学教育》,1983年第4期.
2. 罗黎辉.《教育目标分类理论探讨》,《华东师范大学学报》(教育科学版),1986年第4期.
3. 陈列.《现代教学手段的几个价值观探讨》,《教育研究与实验》,1987年第2期.
4. 魏立言.《教育主体性问题论争述略》(下),《上海教育科研》,1994年第4期.
5. 伍宁.《课堂教学时空构成的社会学分析》,《教育研究与实验》,1996年第2期.

6. 李定仁、张广君.《教学本质问题的比较研究》,《华东师范大学学报》(教育科学版),1997年第3期.

7. 裴新宁、王茂江.《关于当前教学研究的思考》,《山东教育》,1998年第Z2期.

8. 林德全.《教育主体性的误区及互为互动的师生关系略论》,《柳州师专学报》,1999年第1期.

9. 曹树真.《论罗杰斯的师生观》,《外国教育研究》,2000年第6期.

10. 李定仁.《论教学研究》,《教育研究》,2000年第11期.

11. 林德全等.《论教育常识及其功能》,《教育理论与实践》,2004年第6期.

12. 施章清.《论档案袋评定和学生评价》,《课程·教材·教法》,2004年第1期.

13. 吴维屏.《关于教学目标设立的思考:以美国一个州的社会学科为例》,《外国中小学教育》,2007年第12期.

14. 熊川武、邵博学.《"自然分材教学"的理念与实践探析》,《课程·教材·教法》,2009年第2期.

15. 徐秀华.《学校空间变革研究》,华东师范大学2006届硕士学位论文.

16. 吕春枝.《中国近代教学方法史论》,河北大学2008届博士学位论文.